Kunst-Reiseführer in der Reihe DuMont Dokumente

Zur schnellen Orientierung – die wichtigsten Orte und Sehenswürdigkeiten auf einen Blick:
(Auszug aus dem ausführlichen Ortsregister S. 359 ff.)

Bonn

Alter Friedhof	89
Beethoven-Haus	55
Ernst-Moritz-Arndt-Haus	145
Godesburg (Bad Godesberg)	186
Kreuzbergkirche/ Heilige Stiege	129
Münster	26
Museum Alexander Koenig	149
Rathaus	45
Redoute (Bad Godesberg)	160
Rheinisches Landesmuseum	109
Schloß Clemensruhe (Poppelsdorf)	101
Schumann-Haus	112
St. Klemens (Schwarzrheindorf)	196
Universität/ Kurfürstliche Residenz	58

Umgebung

Alfter	248
Bad Honnef	264
Brühl	238
– Schloß Augustusburg	215
– Schloß Falkenlust	236
Drachenfels	283
Heisterbach	286
Königswinter	284
Meckenheim	250
Rheinbach	250
Rolandseck	261
Sechtem	241

In der vorderen Umschlagklappe: Bonn und Umgebung

In der hinteren Umschlagklappe: Bonn, Innenstadt

Hermann Josef Roth

Bonn

Von der römischen Garnison
zur Bundeshauptstadt

Kunst und Kultur zwischen
Voreifel und Siebengebirge

DuMont Buchverlag Köln

Umschlagvorderseite: Marktplatz mit Rathaus
Umschlaginnenklappe: »Zur Lindenwirtin Aennchen«
Umschlagrückseite: Hauptpost mit Beethovendenkmal
Frontispiz: Beethovendenkmal auf dem Münsterplatz. Lithographie, 19. Jh.

CIP-Titelaufnahme der Deutschen Bibliothek

Roth, Hermann Josef:
Bonn : von d. röm. Garnison zur Bundeshauptstadt ; Kunst u.
Natur zwischen Voreifel u. Siebengebirge / Hermann Josef
Roth. – Köln : DuMont, 1988
 (DuMont-Dokumente : DuMont-Kunst-Reiseführer)
 ISBN 3-7701-1970-3

© 1988 DuMont Buchverlag, Köln
Alle Rechte vorbehalten
Satz und Druck: Rasch, Bramsche
Buchbinderische Verarbeitung: Bramscher Buchbinder Betriebe

Printed in Germany   ISBN 3-7701-1970-3

Inhalt

»Bonn ist mehr« 7

Lage und Infrastruktur 8

Geschichte 13

Bonn – Innenstadt 26
Münster, Sterntor, Marktplatz, Rathaus, Kunstmuseum, St. Remigius, Namen-Jesu-Kirche, Beethoven-Haus, Universität (Kurfürstliche Residenz), Akademisches Kunstmuseum, Alter Zoll, Kreuzkirche, Stadttheater, Kennedy-Brücke

Nördliche Stadtteile und Altstadt 87
Beethovenhalle, Stiftskirche, Landgericht, Stadthaus, St. Marien, Alter Friedhof, Dietkirchenfundamente, Wichelshof, Friedrich-Ebert-Brücke, Graurheindorf

Der Südwesten Bonns 101
Schloß Clemensruhe (Poppelsdorfer Schloß), Botanischer Garten, Sternwarte, Universitätsinstitute, Rheinisches Landesmuseum, St. Sebastian, Endenicher Burg, Schumann-Haus, Kreuzbergkirche und Heilige Stiege, St. Peter, St. Laurentius, St. Nikolaus, Kottenforst

Südstadt 138

Adenauerallee und Regierungsviertel 144
Juridicum, St. Cyprian, Ernst-Moritz-Arndt-Haus, ehemaliges Postministerium, Auswärtiges Amt, Museum Alexander Koenig, Villa Hammerschmidt, Palais Schaumburg, Bundeskanzleramt, Bonn-Center, Abgeordneten-Hochhaus (»Langer Eugen«), Bundeshaus, Freizeitpark Rheinaue, Adenauer-Brücke

Bad Godesberg und Muffendorf 155
Hochkreuz, Plittersdorf, Stadthalle, Redoute, Rathaus, Rigalsche Kapelle, Kleines Theater, Kammerspiele, St. Marien, Gasthaus »Zur Lindenwirtin Aennchen«, Godesburg, Rüngsdorf, Muffendorf, Lannesdorf, Mehlem

Beuel und Umgebung 191
Rathaus, Mehlemsches Haus, St. Joseph, St. Paulus, Schwarzrheindorf, Vilich, Pützchen, Limperich, Küdinghoven, Oberkassel

Bonner Peripherie 214
Brühl, Schloß Augustusburg und Schloß Falkenlust, Vorgebirge, Alfter, Meckenheim, Rheinbach, Tomburg, Swisttal, Drachenfelser Ländchen, Nonnenwerth, Rolandseck

Siebengebirge 263
Bad Honnef, Königswinter, Kloster Heisterbach, Nieder- und Oberdollendorf, Oberpleis, Aegidienberg, Niederpleis, Stieldorf

Bonn für Naturfreunde 291

Literarisches Bonn
von Detlev Arens 306

Glossar 319

Praktische Reisehinweise 321

Ausgewählte Literatur 345

Abbildungs- und Copyrightnachweis 350

Register 353

»Bonn ist mehr«

Werbesprüche vereinfachen. Sind sie gut, spürt jeder, was gemeint ist. Die Bonner Eigenwerbung hielt diese Losung den verbreiteten Vorurteilen entgegen, die sich überheblich in der Rede vom »Bundesdorf« äußerten. Das mag sich anhören, als ob die Bonner Geschichte erst 1949 begonnen habe und sich die Rolle der Stadt mit dem Regierungssitz erschöpfe. Das »Mehr«, mit dem die Werbung lockte, ist das Bonn der Mehrheit: der Bürger und Studenten, Unternehmer und Arbeiter, der Gelehrten und Angestellten, Künstler und Händler, der Handwerker und Gastwirte.

Bonn ist mehr als die Hauptstadt der Bundesrepublik Deutschland. Zwar wirken Politiker und Verwaltungsspitzen im »Regierungsviertel«, daneben aber lebt die alte Stadt ihr eigenes Leben wie eh und je. Zu Recht hat man daran erinnert, daß »Bonn« nie ein Synonym für die Republik werden konnte, wie dies einst mit Weimar geschah. Vielleicht hat rheinische Lebensart die völlige Vereinnahmung durch die große Politik verhindern helfen. Und wenn man schon von Werbung spricht, so möchte man ihr ebenso den roten Kußmund abnehmen, der Plakate und Aufkleber ziert: »Bonn wie Bützchen«, wie der Volksmund statt Küßchen sagt.

Auch von Politik, besser von ihren Folgen, wird die Rede sein müssen. Mehr aber von den Jahrtausenden, in denen hier Menschen leben, und den Spuren, die sie hinterlassen haben.

Indem der Leser bereit ist, dem Autor zu folgen, hat er bereits einige Vorurteile überwunden. Vielleicht entdeckt er, angeregt durch die Lektüre, mehr noch, als der Autor weiß. Dann bewahrheitet sich das Motto: »Bonn ist mehr.«

Das große Stadtsiegel mit der Abbildung der Münsterkirche

Lage und Infrastruktur

Man sagt gern, Bonn sei »die nördlichste Stadt Italiens«. Das ist gar nicht so abwegig, denkt man an die Weinberge, deren Pflege bei Bonn gerade noch lohnend ist, oder an das Klima, das im Tal den Schnee schmelzen läßt, wenn ringsum die Höhen noch weiß sind, und das Fremde wie Einheimische im Sommer als drückend empfinden.

Von den natürlichen Gegebenheiten wird am Schluß dieses Buches ausführlicher die Rede sein. Einstweilen genügt die Feststellung, daß hier der Rhein sein enges Tal verläßt und in die Weiten der norddeutschen Tiefebene zu strömen beginnt. Rheinabwärts verschwinden rasch die Höhen am Horizont, nachdem rechtsrheinisch die imposante Silhouette des Siebengebirges einen letzten landschaftlichen Höhepunkt gebildet hat. Linksrheinisch verläuft der Abschied vom Rheinischen Schiefergebirge viel weniger dramatisch. Eine Zeitlang begleitet der langgestreckte Sporn des Vorgebirges in dezentem Abstand das Strombett.

Seinen geographischen Tiefpunkt hat Bonn bei der Siegmündung mit 45,6 m. Im Ennert bei Beuel steigt das Stadtgebiet bis auf knapp 195 m Höhe an. Bonn liegt annähernd auf demselben Breitengrad wie Brüssel und Kiew sowie auf fast gleicher Länge wie Cannes. Etwa Dreiviertel des derzeitigen Stadtgebietes liegt linksrheinisch.

Das Rheintal bildet eine natürliche und weitreichende Nord-Süd-Verbindung, der seit jeher der Mensch zu Wasser und zu Lande gefolgt ist. Zusätzlich bahnt das Siegtal einen, wenn auch weniger bedeutenden Weg in west-östlicher Richtung, während das Flachland ungehinderten Zugang in den Raum Aachen und in die Niederlande zuläßt.

Seiner Lage verdankt Bonn, daß sich atlantische Klimaeinflüsse noch günstig auswirken können. Sie mildern die Winterkälte und mäßigen die sommerliche Hitze. Im Vergleich zu den hohen Niederschlagsmengen auf den nahen Höhen von Westerwald und Bergischem Land (ca. 1100 mm) hat Bonn mit 690 mm ein ausgesprochen geringes Jahresmittel aufzuweisen. Dennoch ist die relative Luftfeuchtigkeit recht hoch, weil die Luftbewegung im engen Talkessel nicht intensiv genug ist. Man zählt im Jahr 35 schwüle Tage, wodurch Bonn die entsprechenden Mittelwerte von Frankfurt (22) oder Berlin (20) weit übertrifft.

Doch erfaßt der pauschale Vergleich nicht die ganze Wirklichkeit Bonns. Das gelästerte »Treibhausklima« gibt es nicht. Feucht mögen manche Stadtteile sein, deren Untergrund längst verlandete Altrheinarme sind. Die höher gelegenen Wohngebiete werden dagegen gut mit frischer Luft versorgt (z. B. Hardthöhe und Venusberg). Erst der Massenverkehr mit seinen Emissionen und die deplazierten Beton-Hochhäuser mit dem durch sie erzeugten Luftstau dürften an den klimatischen Unerträglichkeiten schuld sein.

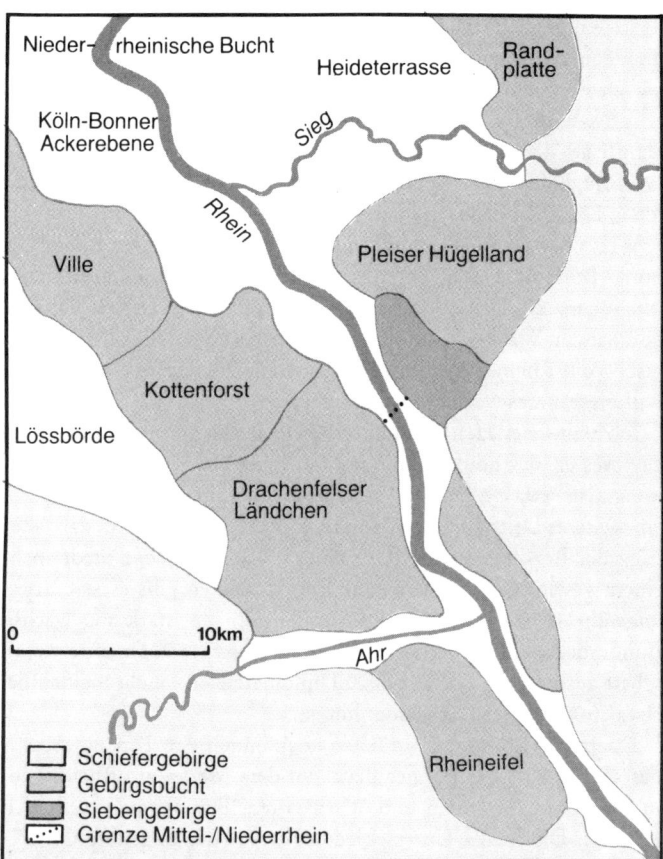

Das Rheintal bei Bonn. Geologischer Überblick

Die Römer fühlten sich offensichtlich wie zu Hause, als sie sich hier dauerhaft niederließen. Lange vor ihnen schlugen namenlose Jäger und Sammler im klimatisch angenehmen Bonner Raum ihre Lager auf.

Nächst dem Klima waren es die günstigen Verkehrswege, die hier früh Siedlungsplätze entstehen ließen. Am Ausgang des Rheintales konnten diese Straßen leicht überwacht werden. Die Wächter selbst lagerten auf dem höher gelegenen, hochwasserfreien Uferstreifen. Die geringe Strombreite (heute 400 m im Mittel) führte schon in prähistorischer Zeit zu einem regelmäßigen Fährbetrieb.

Liegt die Stadt also »auf einer landschaftlichen und klimatischen Drehscheibe«, so ist sie im Laufe ihrer Geschichte immer stärker auch zu einer verkehrsmäßigen »Drehscheibe« geworden. Schon die linksrheinische Lage teilt sie mit allen alten Römersiedlungen zwischen Basel und Köln, mit denen sie über eine Landstraße verbunden war. Die Geschichte hat bis

LAGE UND INFRASTRUKTUR

heute ein enges Netz verschiedenartiger Verkehrswege um Bonn gewoben, das innerhalb dieser einen Mittelpunkt bildet. Heute ist Bonn an die verschiedenen Autobahnen unmittelbar angebunden. Der Hauptbahnhof ist Haltepunkt für das IC-/EC-System und für den Airport-Expreß Düsseldorf–Frankfurt. Am Kai legen zwischen Holland und Basel fahrende Schiffe an, darunter fahrplanmäßig verkehrende Linienschiffe. Nur 20 km entfernt liegt der Großflughafen Köln/Bonn mit internationalen Anschlüssen. Kleinere Privatflugzeuge dürfen in Hangelar nahe der Stadtgrenze starten und landen.

Weit über eine halbe Million Menschen leben in der Rhein-Sieg-Region, deren Mittelpunkt Bonn ist. Das Stadtgebiet ist durch Eingemeindung auf heute 141 km^2 angewachsen. Nicht ganz ein Drittel davon ist Siedlungsfläche, der Rest wird landwirtschaftlich genutzt oder ist von Wald bedeckt. Die Verwaltungseinheit Groß-Bonn wird links- und rechtsrheinisch vom Rhein-Sieg-Kreis umschlossen. Wiederum etwa die Hälfte der Menschen dieses Ballungsraumes wohnt in Bonn selbst.

In rheinischer Heiterkeit unterscheidet man gerne zwischen den »Bönnschen«, den Alteingesessenen, und den »Bundesbonnern«. Die Sprachregelung trägt dem Umstand Rechnung, daß etwa ein Drittel der Stadtbevölkerung erst nach Kriegsende zugewandert ist, dem ein weiteres Drittel seit 1960 folgte. Es liegt auf der Hand, daß eine so nachhaltige Veränderung der Bevölkerungsstruktur einer traditionsreichen Stadt auch deren Charakter bis zu einem gewissen Grad verändert hat. Studenten gibt es seit Beginn des 19. Jh., aber mit ungefähr 40 000 ist ihre Zahl unverhältnismäßig stark angewachsen. Stark fallen auch die Bundesbediensteten ins Gewicht, die mit etwa 70 000 einen gewichtigen Teil der Einwohnerschaft ausmachen. Die fast 6000 Diplomaten sind nicht meldepflichtig. Ihnen gesellen sich etwa 20 000 weitere Ausländer hinzu.

Doch die »Bönnschen« dürften noch immer den Ton angeben. Man hört's buchstäblich, das »Bönnsch«, das Bonner Platt: auf dem Markt, am Rhein, in den Vororten, in Ämtern und Kirchen, in Läden und Werkstätten. Der Fremde fühlt sich an kölnische Mundart erinnert. Die feinen Unterschiede überhört das ungeübte Ohr. Der Bonner Schriftsteller Ludwig Verbeek empfindet den »eigenen Klang« so: »Westlicher Singsang, aber weniger auffällig als in Aachen. Wortschatz und Intonation sind zwar dem Kölnischen verwandt, aber weniger breit und hart.«

Als Nachfahren des erzbischöflichen Kurstaates sind die Bonner mehrheitlich katholisch. Heinrich Böll freilich, der in den »Ansichten eines Clowns« und zuletzt in »Frauen vor Flußlandschaft« Bonner Milieu geschildert hat, vermag diesem Traditionskatholizismus wenig Gutes abzugewinnen. In diesem letzten Roman erlebt »Erika« die feierliche Messe »sozusagen als Staatsakt – daran könnte sogar der sowjetische Botschafter teilnehmen«. Und hernach wird ihr »bang bei dem Gedanken« an die gläubige Schar: »Schließlich sind immer sie es gewesen, die bestimmt haben, was Christentum zu sein hat, immer und überall.«

Vielleicht überzeichnet der Katholik Böll die Lage. Toleranz hat diese Stadt längst überzeugend gelernt. Bonn war Zentrum antipäpstlicher Theologie, ist heute Bischofssitz der Altkatholiken und der Griechisch-Orthodoxen. Und im Bundestag bestand sogar einmal eine »Große Koalition« zwischen Partnern, die man früher für unvereinbar gehalten hätte.

Bei allem Gewicht der Bundesregierung und ihrer Einrichtungen innerhalb der Stadt hat Bonn immer noch im wesentlichen seine traditionelle Struktur als Universitätsstadt und Standort für mittlere Industrie- und Gewerbebetriebe. Vielfältiges Nebeneinander verleiht den Stadtteilen ihr eigenes Gesicht. Neben der geschichtsträchtigen Altstadt führen die Wohngebiete ihr Eigenleben. Da wird die Nordstadt in ihrer vielleicht etwas herberen Schönheit jetzt wieder mehr gewürdigt. Da gilt die Südstadt auch als »Müdstadt«, als Wohn- und Schlafviertel vornehmlich von Studenten. Bad Godesberg, von manchen als »Diplomaten-Appendix« abgetan, bleibt Bonns »gute Stube« mit internationalem Kongreßzentrum und Kurmittelpunkt oder seit eh und je als elegante Wohnstadt für Pensionäre, Rentner und Diplomaten. Hardtberg besticht durch weitläufige Wohngegenden, während sich Duisdorf zu einem gewerblichen und industriellen Stadtteil entwickelt hat. Beuel vereinigt beides erkennbar innerhalb seiner Verwaltungsgrenzen. Die Andeutungen lassen schon ahnen, wovon Bonn eigentlich lebt. Natürlich fallen die Dienstleistungen in einer Universitätsstadt und am Sitz der Bundesregierung überproportional ins Gewicht. Beides wiederum und dazu die landschaftlichen Vorzüge beleben den Fremdenverkehr, der ein gewichtiger Faktor des Wirtschaftslebens darstellt.

Erstaunlich ist aber auch die breite Produktpalette der einheimischen Industriebetriebe. Es ist kein Zufall, daß in der Metallindustrie neben Maschinenbaubetrieben die Hersteller von Orden und Abzeichen stehen. Aus Bonn kommen bekannte Füllhalter und Kugelschreiber. Hier werden Behälter und Verpackungen hergestellt, Aluminium verarbeitet, Baumaterialien (Kacheln, Schamotte, Dachpappen u. a.) produziert, Chemikalien, Arzneimittel, Lacke und Farben erzeugt. Es gibt Fabriken für Heizkessel, Radiatoren und Magnete. Spezialbetriebe für Elektrogeräte sorgen für Geräte zur Luftüberwachung, für Starkstrom-Schaltungen, Lüftungsanlagen und Kältemaschinen. Geradezu zwangsläufig wird in einer Stadt wie Bonn auch an der Perfektionierung der Bürotechnik gearbeitet. Für gehobene Stimmungen ist eine Orgelbaufirma mit Weltruf ebenso zuständig wie die alte Bonner Fahnenfabrik. Eingemachtes konservieren nicht nur bundesdeutsche Haushalte in Einweckgläsern aus Bonn. Überhaupt wird das leibliche Wohl durch hiesige – zum Teil weltbekannte – Betriebe nachhaltig gefördert.

Auch das Handwerk kann nicht vollständig aufgezählt werden. Für seine Vielseitigkeit spricht der Umstand, daß in der Handwerksrolle weit über 2000 Betriebe aus mehr als 60 Branchen verzeichnet sind.

Die extrem hohe Kaufquote, die um etwa 35 % den Bundesdurchschnitt übersteigt, erklärt sich aus der besonderen Situation Bonns. So klein die Stadt ihrer Einwohnerzahl nach ist, so liegt sie in der Kaufkraft pro Kopf in der Spitzengruppe bundesdeutscher Städte.

Folgerichtig spielt das Bankwesen in der Stadt eine bedeutende Rolle, haben Wirtschaftsorganisationen und einschlägige Verbände ihren Sitz in Bonn.

Wovon also leben die Bonner? Mehr als ein Drittel der Beschäftigten arbeitet im Dienstleistungssektor, knapp ein Viertel in der Produktion. Weit mehr als ein Viertel ist – wen wundert's – im Öffentlichen Dienst tätig.

LAGE UND INFRASTRUKTUR

Wofür aber leben die Bonner? Die Frage läßt sich wie überall nur nach äußeren Anhaltspunkten und daher unzureichend beantworten. Manche möchten den mittlerweile über die Stadtgrenzen hinaus bekannten »Bonner Sommer« mit seinen vielen Theateraufführungen, Konzerten (von Pop bis Klassik) und anderen künstlerischen Darbietungen als aufschlußreiches Indiz werten. Viel älter ist der Karneval, der hier nicht so laut ist wie in Köln, aber nicht minder mitreißend in seinen Höhepunkten sein kann: bei der Weiberfastnacht in Beuel, dem großen Rosenmontagszug oder bei den Umzügen in den früher selbständigen Vierteln. Anfang Mai steht »Der Rhein in Flammen«, wenn Bonn und das Siebengebirge durch Feuerwerk illuminiert werden. Sonst sorgt dieser an sich heitere Monat eher für ernste Anlässe: Kammermusik an Christi Himmelfahrt, öffentliche Vorlesungen am »Dies academicus« der Universität, die fromm-bunte Prozession an Fronleichnam. Rücken die Termine mal in den Juni, berühren sie fast das Sommerfest, das in Universität und Hofgarten oft lautstark vor sich geht. Dieser Jugendattraktivität steht im gleichen Monat das Familienfest im Rheinaue-Park gegenüber. Beim Schützenfest im September schießt die grüne Zunft wie überall im Rheinland auf einen Holzvogel. Nicht alljährlich kann das Internationale Beethovenfest stattfinden, was sicher seine Exklusivität nur noch steigert. Deutschlands drittgrößte Kirmes rotiert beim »Pützchens Markt«, der in dieser Größenordnung wie viele andere Bonner Feste nicht nur für die »Bönnschen« ein Ereignis ist. Ende September dann treten die Bonner Behörden der verbreiteten Meinung entschieden entgegen, Beamte und Verwaltungsangestellte seien untätig. Am »Tag der offenen Tür« kann man sich vom Gegenteil überzeugen lassen. Der Bundespresseball im November ist fernsehweit bekannt. Noch einmal öffnet die Universität jetzt ihre Pforten zu einem »Dies academicus«. Die Kinder aber ziehen im November singend mit Lampions oder Fackeln im Martinszug mit und empfangen dafür eine Brezel zur Belohnung.

So ist Bonn auf vielen Gebieten etwas anders, als man sich eine Hauptstadt von internationalem Rang vorstellen mag. In vielem kommt die örtliche Besonderheit zum Durchbruch. Da verblaßt die früher als »Provisorium« bezeichnete Hauptstadt hinter dem geschichtlich gewachsenen Gemeinwesen mit seinen überlieferten Lebensgewohnheiten. Bonn bedeutet eben mehr als die Anonymität der Ministerien. Die Impulse für die lebendige Entwicklung liefern stets Einzelpersönlichkeiten. Bonn hat da seine Erfahrungen sammeln können.

Geschichte

Die ältesten bekannten Rheinländer lebten im Bonner Raum. Am Fuß der Rabenlay in Oberkassel entdeckte man 1914 bei Steinbrucharbeiten das Grab eines Paares aus der jüngeren Altsteinzeit. Den vor weit mehr als 10 000 Jahren Bestatteten waren eine verzierte, feingeschliffene Knochenlanzette und eine Elfenbeinplastik beigegeben. Die Funde ruhen heute im Rheinischen Landesmuseum, wo auch die Schädelkalotte eines Neandertalers (ca. 50 000 v. Chr.) ihren Platz gefunden hat. Während letzterer noch nicht den Jetztmenschen repräsentiert, gehören Mann und Frau von Oberkassel zum weiterentwickelten Typ von Cro-Magnon, dessen kulturelle Leistungen durch die Höhlenmalereien in Frankreich weltberühmt sind.

Keltische Siedler ließen sich im Bereich der heutigen Altstadt nieder. Zwischen dem Strom und seinem weiter westwärts verlaufenden Altarm, der Gumme, fanden sie Schutz. Später rückten germanische Stämme in die keltischen Siedlungsgebiete vor. Gleich dem Menschen der Vorzeit wußten die Römer die günstige Lage zu schätzen. So meint man heute aufgrund archäologischer Funde sagen zu können, daß Cäsar die Brücke bei Üdorf und nicht bei Neuwied über den Rhein geschlagen hat (58/56 v. Chr.). Drusus, ein Stiefsohn des Augustus, legte entlang des Rheins um 39–38 v. Chr. eine Kette von Befestigungen an. Für diesen Platz übernahm er den Ortsnamen ›Bonn‹ von der nichtrömischen Bevölkerung. Dies geschah zwischen 13 und 9 v. Chr. Die Bonner haben sich auf ein Fixdatum 11 v. Chr. geeinigt und begehen daher 1989 ihre 2000-Jahr-Feier. Grabungen haben das Drususkastell im Bereich des Bonner Rathauses ermittelt (1952).

Als Köln Zivilsiedlung wurde, verlegte man eine der beiden dort stationierten Legionen nach Bonn. Nahe der alten Fährstelle über den Fluß entstand ein festes Legionslager von 525 m Seitenlänge. Seine Umrisse zeigen sich ungefähr noch in dem heutigen Stadtplan mit dem Quadrat zwischen Rheinufer, Rosental, Rheindorfer Straße und Augustusring. Südlich der Festung erstreckte sich eine römische Kleinstadt (vicus). Westwärts breitete sich vor dem Lager eine Vorstadt (canabae) aus.

Im Aufstand der Bataver (69 n. Chr.) fiel das Lager, wurde aber rasch wiederhergestellt. Tacitus erwähnt in diesem Zusammenhang auch die ›castra Bonnensia‹. Erst sehr viel später zwangen die Franken Rom zur endgültigen Aufgabe dieses Stützpunktes (um 400 n. Chr.). Sie sprachen weiter von der ›Bonnburg‹, die nicht spurlos verschwinden sollte. Eine römische oder doch römerzeitliche Christengemeinde hatte außerhalb des Lager- und Siedlungsbereichs ihre Toten auf einem nicht mehr benutzten heidnischen Gräberfeld beim heutigen

GESCHICHTE

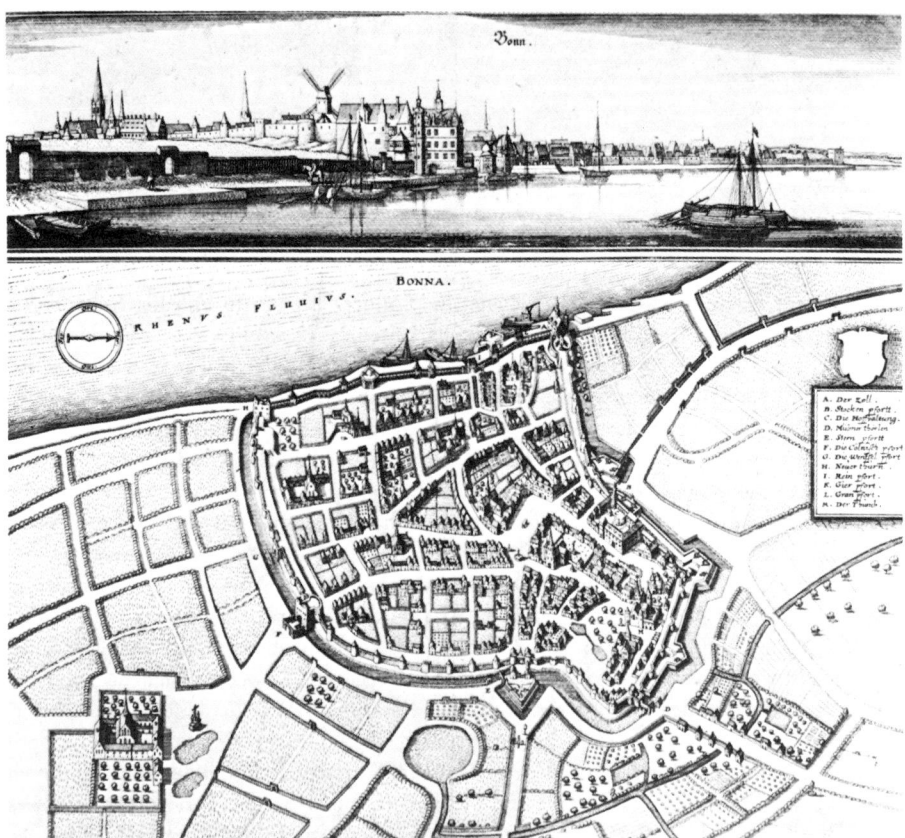

Plan und Ansicht von Bonn. Kupferstich nach Matthäus Merian 1646

Münster bestattet, dort eine Grabkapelle und noch gegen Ende des 4. Jh. an deren Stelle eine Saalkirche errichtet. Sie war den legendären Märtyrern Cassius und Florentius geweiht. Wie auch andernorts sollte sich der Besitz solcher Gräber von Heiligen als vorteilhaft erweisen.

Die anfangs noch heidnischen Franken respektierten die christliche Kultstätte. Ihre Anführer trafen sich ohnehin in der Bonnburg. Hier residierten möglicherweise auch ihre Grafen für den Bonn- und den Ahrgau. König Pippin wählte diesen Ort um 753 zum Brückenkopf. Mit der Annahme des Christentums durch die Franken war die ›Dietkirche‹, eine Gemeindekirche in der Südwestecke der Bonnburg, zu einem eigenen Zentrum geworden, das über die kultische Bedeutung hinaus den Mittelpunkt eines Marktortes bildete.

Zunehmend wurden die Reliquien der legendären Märtyrer bekannt. Die Grabkapelle der Heiligen lockte zahlreiche Pilger herbei, die Wallfahrtsstätte überflügelte die Dietkirche.

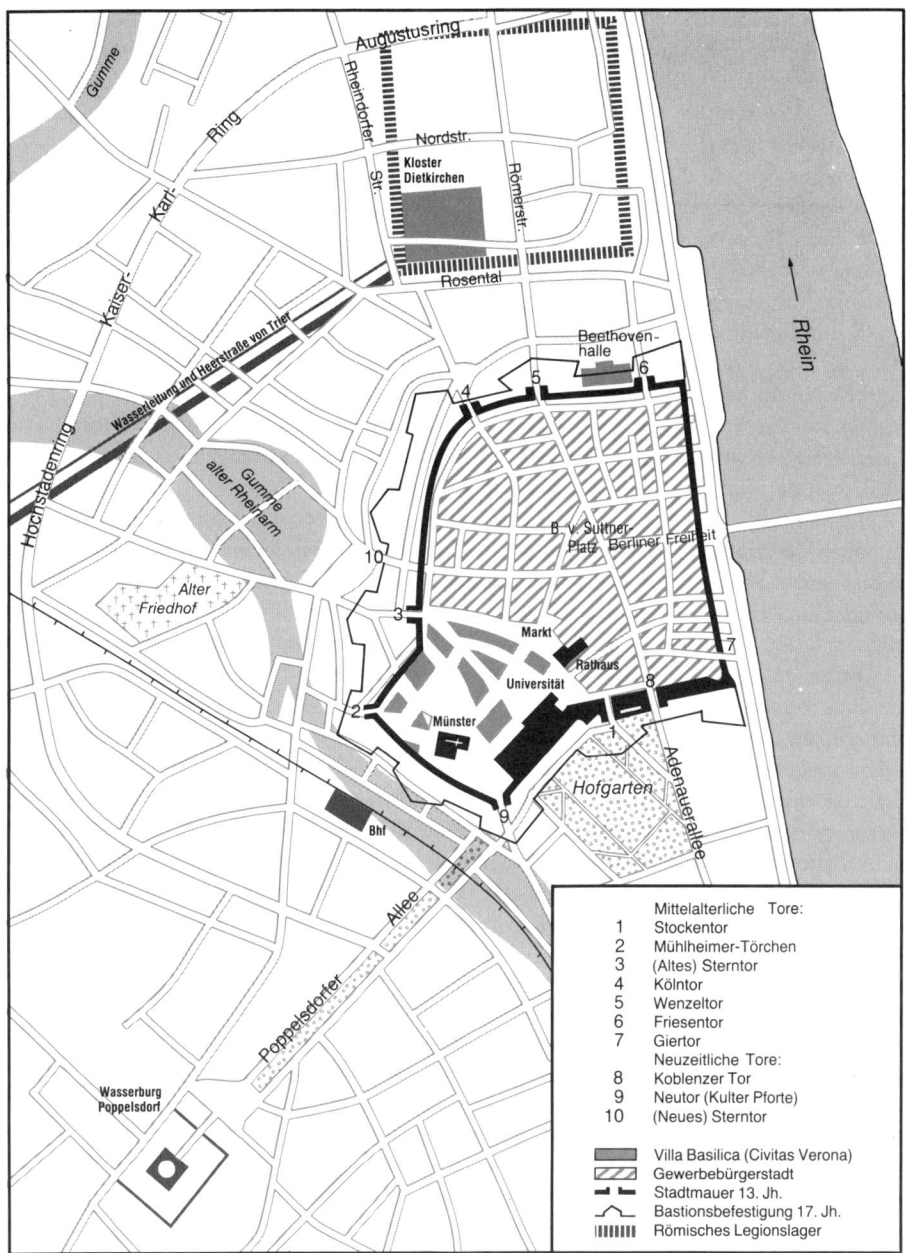

Das alte Bonn im heutigen Stadtbild

GESCHICHTE

Unter den Karolingern hatte sich um die Grabeskirche eine Siedlung (villa Basilica) gebildet. Von der Verwüstung durch die Normannen 881 erholte sich die ehemalige Römerstadt nie mehr. Die Antike fand ihr unwiderrufliches Ende. Zwischen ihr und dem Mittelalter vermittelte das Christentum. Die Verlagerung des Siedlungsschwerpunktes wirkt in diesem Zusammenhang symbolhaft.

Nun bedurfte ein derart prominentes Gotteshaus eines angemessenen Betreuungsstabes aus Geistlichen. So entwickelte sich ein Kanonikerstift, das 691 n. Chr. erstmals erwähnt wird. Seine Pröpste (Vorsteher) waren gleichzeitig Archidiakone (Erzdiakone) der Kölner Kirche und als solche Leiter der höchsten Verwaltungseinheit innerhalb eines Bistums. Unermeßliche Liegenschaften rückten das Stift fast an die Spitze der reichen Großgrundbesitzer und Grundherren am unteren Mittelrhein. Nur eine solche Institution konnte sich den Bau der Münsterkirche leisten, die noch heute von Ansehen und Macht des Stiftes Cassius und Florentius kündet.

Die Stiftskirche diente in erster Linie den Kanonikern und der Heiligenverehrung. Die angrenzende Martinskirche war hingegen vor allem den Pfarrangehörigen des Stiftes, Bediensteten, Verwaltern und anderen vorbehalten.

Die alte ›villa Basilica‹ war noch keine Stadt, ebensowenig der Stiftsbezirk. Aber im Schatten der vielbesuchten Wallfahrtsstätte hatten sich Händler niedergelassen und eine geschlossene Siedlung im Zuge der heutigen Remigiusstraße entstehen lassen, den vicus Bonnensis (795 n. Chr. zuerst erwähnt). Die burgartige Befestigung des Stifts bildete eine weitere Keimzelle für die spätere Stadtentwicklung, die zur Kaiserzeit einsetzte.

Doch muß zunächst daran erinnert werden, daß ›Bonnburg‹, ›vicus Bonnensis‹ oder ›villa Basilica‹ keine isolierten Siedlungsplätze waren. Sie besaßen lediglich gewisse Mittelpunktsfunktionen. Deutlich kommt das zum Ausdruck, indem ›Bonna Castro‹ (Bonnburg) in der Merowingerzeit auch zeitweilig Münzstätte gewesen ist (Mitte 6. Jh.). In der Umgebung hatten sich mehrfach fränkische Siedler niedergelassen und den Grundstein für die späteren Orte und heutigen Stadtteile Dransdorf, Graurheindorf, Kessenich oder Poppelsdorf gelegt.

Als älteste Verwaltungseinheit in nachrömischer Zeit begegnet uns der Bonngau. Hier regierten die Ezzonen, ein Pfalzgrafengeschlecht, für das Bonn einen wichtigen Stützpunkt bildete. Sie herrschten über den Raum zwischen Aachen und Siegburg, von der Ahr bis Brauweiler. Das wiederum weckte die Gegnerschaft des Kölner Erzbischofs, der in Bonn begütert war und seit dem 12. Jh. erfolgreich als Stadt- und Gerichtsherr auftrat. Die befestigte Stiftsburg, nunmehr »civitas Verona« geheißen, sollte aus naheliegenden Gründen eine entscheidende Machtbasis für den Erzbischof bilden.

Eine Entscheidung von europäischer Tragweite fiel im Jahr 921, als die Könige Heinrich I. und Karl der Einfältige auf einem Rheinschiff bei Bonn Friedensvereinbarungen trafen, die den Anschluß des aus den karolingischen Reichsteilungen hervorgegangenen Lotharingiens (Lothringen) an das Deutsche Reich zur Folge hatten (925). Die Kaiser Otto II. und Heinrich II. erwiesen dem von da an zum deutschen Reich gehörenden Bonn 975 und 1015 die Ehre längerer Aufenthalte. Von der Händlerkolonie, dem alten »vicus Bonnensis«, hört man jetzt nichts mehr. Vielleicht war sie in den Normannenstürmen (881, 892) untergegangen.

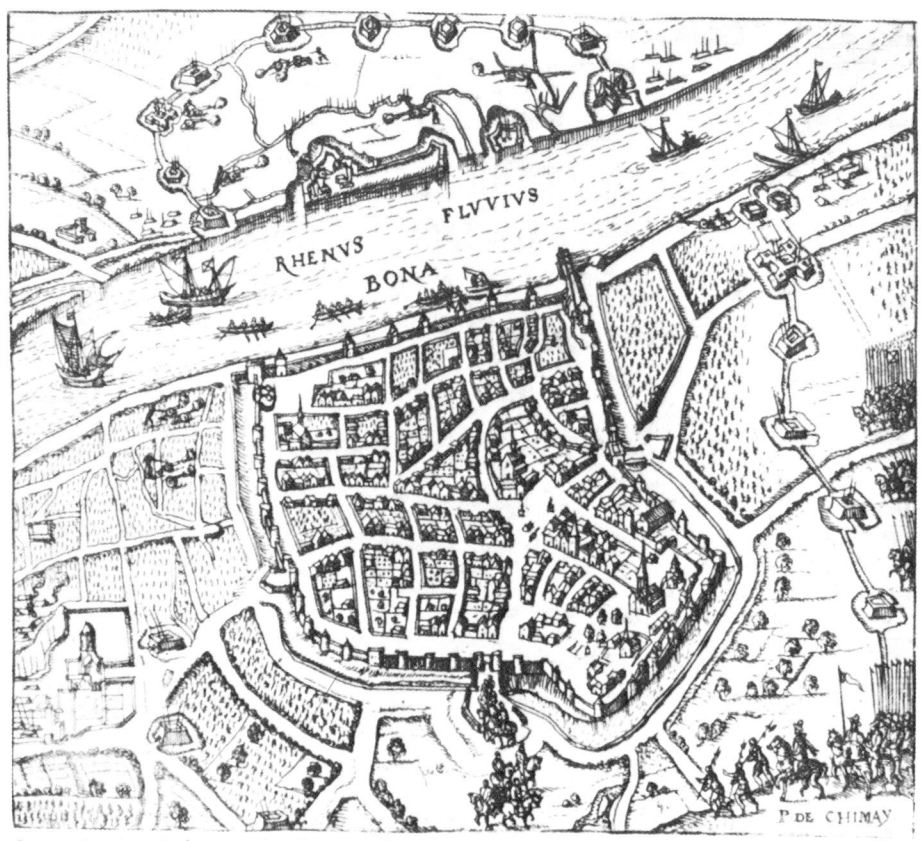
Bonn mit seinen Befestigungswerken. Kupferstich von Jean Bosquet 1599

Dafür entfaltet sich bei der Stiftsburg auf kirchlichem Boden eine Marktsiedlung mit weitem Platz als Mittelpunkt. Das relativ dicht besiedelte Umland und die günstige Verkehrslage machten den Markt rasch zu einem bedeutenden Warenumschlagplatz. Wein aus Bonner Anbau war besonders geschätzt. Erheblichen Anteil an Handel und Wandel hatten schon damals die Juden, die in Bonn seit langem eine eigene Gemeinde bildeten. Der Erzbischof verdiente kräftig mit, hatte er doch den Bonner Rheinzoll in der Hand.

Dem Vormachtstreben des Kölner Erzbischofs im Raum zwischen Rhein und Maas traten die Herzöge von Brabant entgegen. Im Verlauf dieser Auseinandersetzungen wurde Bonn 1198 verwüstet. Noch lag der Marktflecken unbefestigt, bis Erzbischof Konrad von Hochstaden 1244 seine Ummauerung anordnete. Gleichzeitig bestätigte er die Rechte und Gewohnheiten des ›oppidum Bonnense‹ auch für Hinzugezogene. Der Mauerverlauf nutzte die Geländevorteile zwischen dem Rheinbett und einer ehemaligen Stromrinne, der

GESCHICHTE

Die Erstürmung Bonns im Truchsessischen Krieg. Kupferstich Ende 16. Jahrhundert

Gumme, die sich in der Geländeabsenkung beim Kaiserplatz (etwa der Bereich des Bahnhofs) noch heute abzeichnet. Außer der Marktsiedlung waren sämtliche Klöster und kirchlichen Höfe mit eingeschlossen. Allerdings blieb der Bereich der alten Bonnburg und damit Dorf und Stift Dietkirchen ausgeklammert. Dort, wo heute die Beethovenhalle steht, stieß die Mauer, von Westen herkommend, wieder an den Rhein. Gleichwohl gehörten Dietkirchen und die ländlichen Vororte Dransdorf und Graurheindorf zum Stadtgerichtsbezirk.

Mit der Einführung der Ratsverfassung kam 1286 die Stadtentwicklung auch rechtlich zum Abschluß. Wie anderswo trachtete auch die hiesige Bürgerschaft danach, die Privilegien des Stadtherrn zu ihren Gunsten zu verändern, was aber nur in Einzelbestimmung gelang und nicht mit den Verhältnissen in Köln verglichen werden kann, das sich weitgehend von der bischöflichen Vorherrschaft emanzipieren konnte. Die Beteiligung Bonns am Rheinischen Bund und an regionalen Zusammenschlüssen stärkte zwar das bürgerliche Eigengewicht, tastete aber die Stellung des Erzbischofs in keiner Weise an. Während er Köln verlassen mußte, blieb Bonn sein bevorzugter Aufenthaltsort.

Bevor es so weit gekommen war, hatte Bonn durch die Auseinandersetzungen seines Stadtherrn mit anderen Mächten mitunter erheblich zu leiden gehabt. König Philipp der Staufer hatte im Feldzug gegen die Koalition des Erzbischofs mit dem Welfenkönig Otto

Bonn 1198 gebrandschatzt. Abermals wurde die Stadt im Ringen zwischen dem Stadtherrn und dem Herzog von Brabant 1239 vom Feinde eingeäschert. Die Befestigung der Stadt erwies sich vor diesem Hintergrund weniger als soziale Tat, sondern vielmehr als militärische Vorkehrung der Erzbischöfe zur Festigung der eigenen Macht.

Doch wusch auch hier eine Hand die andere, und so zogen die Bonner mancherlei Vorteile aus dieser Situation. Schon Konrads Nachfolger, Erzbischof Engelbert II., hielt sich häufiger in Bonn auf und wurde als erster im Münster beigesetzt. Dort schritt man dann 1274 auch zur Wahl seines Nachfolgers, Siegfried von Westerburg. Stadt, Stift und Münster hatten eine spürbare Aufwertung erfahren. Noch dreimal sollte das Münster zur Grabstätte für Kölner Erzbischöfe werden. Glanzvoll waren die Königskrönungen – allerdings Notkrönungen, da Aachen als rechtmäßiger Krönungsort nicht zur Verfügung stand –, die im Münster vollzogen wurden: es waren 1314 Friedrich der Schöne von Österreich durch Heinrich von Virneburg und 1346 Karl IV. durch Erzbischof Walram.

Durch seine engen Bindungen an den Bischof wurde Bonn auch stärker in die Auseinandersetzungen während der Reformation gezogen. Zweimal unternahmen Erzbischöfe den Versuch, hier den evangelischen Glauben einzuführen. Erster war Hermann V. von Wied, der Philipp Melanchthon, Martin Butzer und Caspar Hedio zur ideologischen Vorbereitung seines schließlich gescheiterten Vorhabens nach Bonn rief. Später machte Erzbischof-Kur-

Martin Butzer. Kupferstich des 16. Jahrhunderts

GESCHICHTE

Kurfürst Joseph Clemens. Kupferstich von Nicolai Vischer, 18. Jahrhundert

Clemens August, Kurfürst von Köln. Kupferstich von Jacques Nicolas Tardieu 1784

fürst Gebhard Truchseß von Waldburg Bonn zum Ausgangspunkt seiner ergebnislosen Reformationsbestrebungen. Er war zum evangelischen Glauben übergetreten, ohne auf seine Würde zu verzichten. Gegen ihn kam es 1581–84 zum Krieg, den die katholischen Wittelsbacher gewannen und damit zugleich den Kölner Kurstuhl erlangten. In seinem Verlauf kam es 1583 zur Sprengung der Godesburg durch bayerische Truppen. Bis 1761 hatte diese Familie ununterbrochen die Kölner Kurwürde inne. Von weitreichender Bedeutung für Bonn wurde aber 1525 die Verlegung der Landeskanzlei des Kölner Erzbischofs, die Zentralbehörde des Kurstaates, von Brühl nach Bonn. Nunmehr war Bonn endlich Haupt- und Residenzstadt. Neugegründete Ordensniederlassungen halfen, den inneren Frieden der Stadt wiederherzustellen und in katholischem Sinne zu festigen. Dank geschickter Neutralitätspolitik Erzbischof Ferdinands (1601–50) überstand Bonn einigermaßen unbeschadet den Dreißigjährigen Krieg.

Nach dem Friedensschluß löste sich Kurköln wieder aus seiner neutralen Haltung und lehnte sich stärker an Frankreich. Dessen finanzielle Investitionen erlaubten den Ausbau Bonns zur Festung nach modernsten Gesichtspunkten. Die Widersacher Frankreichs antworteten mit dreimaliger Belagerung (1673, 1689, 1703), wobei die von 1689 durch intensives Bombardement am verheerendsten war. Holland setzte 1715 die Schleifung der Festung durch, nachdem Frankreich von Bonn aus einen Kriegszug gegen die Niederlande

Maximilian Franz, Kurfürst von Köln. Kupferstich von Christian Vinazer/Joachim Ernst Mansfeld 1782

Eulogius Schneider. Kupferstich von Christian Wilhelm Ketterlinus 1790

vorbereitet hatte. Nur der Alte Zoll am Rhein erinnert noch heute als letzter an die Bastionen der Stadt.

Ein friedliches und märchenhaft glanzvolles Jahrhundert sollte folgen. Unlösbar mit ihm verbunden ist der Name jenes Herrschers, den man sich einprägen muß: Kurfürst-Erzbischof Clemens August (1723–61). Er setzte energisch den von seinem Vorgänger Joseph Clemens begonnenen Ausbau Bonns zur barocken Residenz fort. Er wollte eine weitläufige und landschaftsbezogene Gliederung der Stadt unter funktionalen und ästhetischen Aspekten. Durch Geldmangel blieb das Projekt schließlich in den Anfängen stecken. Doch diese sind imposant genug und machen bis heute eines der eindrucksvollsten Stadtbilder aus. Kernstück sind die beiden durch eine Allee verbundenen Schlösser: das eigentliche Residenzschloß (heutige Universität) und das Poppelsdorfer Schloß Clemensruhe. Die mit dem Hofgarten beginnende und durch die Poppelsdorfer Allee fortgesetzte Freiraumfolge läßt den Blick weiterschweifen bis zum Kreuzberg im Hintergrund. Auch das geschickt mit dem Marktplatz verbundene Rathaus kam damals noch zur Vollendung. Die aufwendige Bautätigkeit des Kurfürsten nicht nur in Bonn, sondern auch in Brühl und anderen Orten, führte zu hoher Staatsverschuldung.

Sein zweiter Nachfolger, Kurfürst-Erzbischof Max Franz von Habsburg (1784–1801), führte ein sparsames Regiment. Die bereits von Clemens August eingerichtete Akademie erhob er 1786 zur Universität, sehr zum Verdruß der Nachbaruniversität Köln. Sie sollte, durchaus im Sinne des Kurfürsten, Unwissenheit und Aberglauben bekämpfen, was zu jener Zeit einem Bekenntnis zur Aufklärung gleichkam. Der Herrscher gebot dementsprechend auch die Aufnahme von Auswärtigen, Protestanten und Juden. Dieser Kurs war zumindest bei den Konkurrenten heftig umstritten. Erst der Eklat um den freisinnigen Franziskaner Eulogius Schneider, der zur französischen Revolution wechselte und schließlich auf der Guillotine endete, zwang den Kurfürsten zu einer vorsichtigeren Bildungspolitik.

Berühmtester Student ist vielleicht Ludwig van Beethoven gewesen, der sich 1789 immatrikulierte. Dieser gehörte, wie Vater und Großvater, der Hofkapelle an. Bedeutungsvoll wurde für ihn wie für Bonn, daß der Habsburger die Musik Wiens am Rhein hoffähig machte.

Die französische Revolution setzte dem Kurstaat ein Ende. Mit dem gesamten linksrheinischen Raum gehörte Bonn jetzt zum französischen Staatsgebiet (1798–1814). Statt der für die Stadt einträglichen kurfürstlichen Hofhaltung saß hier lediglich eine bescheidene Unterpräfektur des Departements Rhein-Mosel.

Nach den Befreiungskriegen wurde Bonn 1815 preußisch und gehörte damit zur Rheinprovinz. Jetzt spielte die Universität eine entscheidende Rolle für die weitere Entfaltung der Stadt. Im Streit um ihre Neugründung entschied die protestantische Regierung gegen die Ansprüche des traditionell katholischen Kölns zugunsten Bonns, offensichtlich mit Blick auf den freieren Geist an der kurfürstlichen Hochschule. Die Erwartungen wurden weit übertroffen, denn Bonn nahm bald im geistigen Leben Deutschlands einen maßgebenden

Gottfried Kinkel. Lithographie von Bernhard Hoefling

Barthold Georg Niebuhr. Kupferstich von Ferdinand Buscheweyk 1831

Platz ein. Ernst Moritz Arndt verkörperte den Enthusiasmus der Freiheitskriege, August Wilhelm von Schlegel formulierte die Gedanken und Stimmungen der Romantik und begründete die indische Philologie. Barthold Georg Niebuhr wies der Geschichtswissenschaft neue Wege. Die Restauration sollte bald von Teilen des Lehrkörpers als Herausforderung begriffen werden. Die Bonner Professorenschaft entsandte sieben Abgeordnete in die Paulskirche (1848), darunter Friedrich Christoph Dahlmann, einen der »Göttinger Sieben«. Gottfried Kinkel gar beteiligte sich am badisch-pfälzischen Aufstand und starb schließlich im Schweizer Exil. In den Zusammenhang mit Aufklärung und demokratischen Strömungen gehört, daß der Kurfürst-Erzbischof Franz von Habsburg bereits 1787 die Entstehung einer bürgerlichen Gesellschaft in Bonn begünstigt hatte. Sie sollte durch Bereitstellung von neuester Lektüre und der Möglichkeit zum Gespräch zusammenzukommen, aufklärerisches Gedankengut fördern helfen. Dieser »Lesegesellschaft« (heute: Lese- und Erholungsgesellschaft) gehörten eine Vielzahl berühmter Gelehrte an, die an der geistigen Entwicklung Preußens wie auch Deutschlands maßgeblichen Anteil hatten.

In der zweiten Hälfte des 19. Jh. begann Bonn wie viele alten Städte immer rascher über den mittelalterlichen Bering hinauszuwachsen. Wichtige Einrichtungen, wie die Landwirtschaftliche Lehranstalt (später: Landwirtschaftliche Akademie Bonn-Poppelsdorf), waren schon früher (1847) außerhalb angesiedelt worden. Seit 1844 verkehrte zwischen Köln und Bonn eine Eisenbahn. Die größer gewordene Stadt erhielt 1850 ein eigenes Landgericht und wurde 1887 kreisfrei.

Die Umgebung geriet nun stärker in den Sog Bonns. Entscheidende Verbesserungen der linksrheinischen Verkehrsverbindungen trugen dazu bei, wie die Dampfstraßenbahn nach

GESCHICHTE

Bonn von Südosten. Ansicht aus der ersten Hälfte des 17. Jahrhunderts. Kupferstich um 1820

Godesberg und Mehlem (1893), die massive Rheinbrücke und die Rheinuferbahn nach Köln (1898). Wie kurz zuvor Godesberg konnte auch Bonn Nachbarorte eingemeinden: Dottendorf, Endenich, Kessenich und Poppelsdorf. Nach Königswinter und Siegburg fuhren seit 1911/13 elektrische Straßenbahnen.

Der Erste Weltkrieg und seine Folgen raubten Bonn und seiner Umgebung die Grundlagen des bisherigen Wohlstandes. Die Einwohnerzahl nahm nur noch langsam zu (1914–39 von 91000 auf 100000). Nach dem Abzug der Besatzung (1926) erfolgte die Gründung der Pädagogischen Akademie Rheinland. Die erste Autobahn in Deutschland verband 1932 Bonn mit Köln; ihr Ausbau wurde durch den damaligen Oberbürgermeister von Köln, Konrad Adenauer, gefördert.

Bombenangriffe, besonders der am 18. Oktober 1944, richteten schwere Schäden an, die aber nach Kriegsende relativ schnell beseitigt werden konnten, mit Ausnahme des nicht mehr aufgebauten Boeselager Hofes, eines Stadtpalais des 18. Jahrhunderts.

1945 wurde Bonn durch die Aufteilung der ehemaligen preußischen Rheinprovinz zur Nordrheinprovinz geschlagen und ist seit 1946 dem Land Nordrhein-Westfalen eingegliedert.

Das entscheidende Ereignis in der Geschichte Bonns, nicht nur der letzten Jahrzehnte, war die neue Bestimmung zur Bundeshauptstadt. Zwar mag Bonns Rolle als kurfürstliche Residenz seiner jetzigen ebenbürtig sein, aber die Dimensionen sind wesentlich andere, vergleicht man den Kurstaat und seine Bedürfnisse mit der jetzigen Funktion Bonns als Parlaments- und Regierungssitz eines führenden Industrielandes mit 61 Millionen Bürgern. Aus historischer Sicht darf man feststellen, daß sich Bonn unter den Kurfürsten und in preußischer Zeit (Oberbergamt, Landgericht) als politisches und administratives Zentrum schon früh hatte profilieren können.

Von den Militärgouverneuren der drei Westzonen dazu ermächtigt, bestimmte die westdeutsche Ministerpräsidentenkonferenz am 16. August 1948 Bonn zum Tagungsort einer verfassungsgebenden Versammlung. Dieser Parlamentarische Rat trat bereits am 1. September zur konstituierenden Sitzung im Museum Koenig zusammen. Am 8. Mai des folgenden Jahres konnte hier das Grundgesetz beschlossen und am 23. Mai verkündet werden. Am 10. Mai hatte er dann Bonn als vorläufigen Sitz der Organe des Bundes bestimmt. Zum ersten Bundespräsidenten wählte die Bundesversammlung am 12. September 1949 Professor Dr. Theodor Heuss, der anschließend von der Treppe des alten Rathauses zur Bevölkerung sprach. Der Bundestag bestätigte am 3. November das »Provisorium«, das längst nicht mehr als ein solches empfunden wird. Das Gesicht der Universitäts-, Gewerbe- und Rentnerstadt ist infolge dieser Entscheidung nachhaltig verändert worden.

Freilich verhinderten noch lange der Gedanke an ein »Provisorium« und das Fehlen einer Raumplanung jede weitblickende und großzügige Stadtplanung. Dadurch sind allerdings auch jene gigantischen Übertreibungen, die andernorts alten Städten mitunter das Gesicht geraubt haben, Bonn weitgehend erspart geblieben. Seit ungefähr 1970 wendet man sich entschiedener der Zukunft der Hauptstadt Bonn zu. Zahllose Auseinandersetzungen um Planungsvorhaben künden von regem Interesse der Öffentlichkeit, verzögern aber auch manche »weltstädtische« Lösung. Nicht zuletzt die veränderte Haushaltssituation, dazu das gegenüber damals veränderte Denken eröffnen heute die Chancen, bei aller geforderten Großzügigkeit den historisch vorgegebenen Rahmen nicht im Übermaß zu strapazieren und die Bundeshauptstadt überschaubar und schön zu erhalten, ferner lebens- und liebenswert zu belassen.

Bonn im Jahre 1888. Blick nach Süden auf das Siegengebirge und Bad Godesberg. Lithographie von Ludwig Wagner

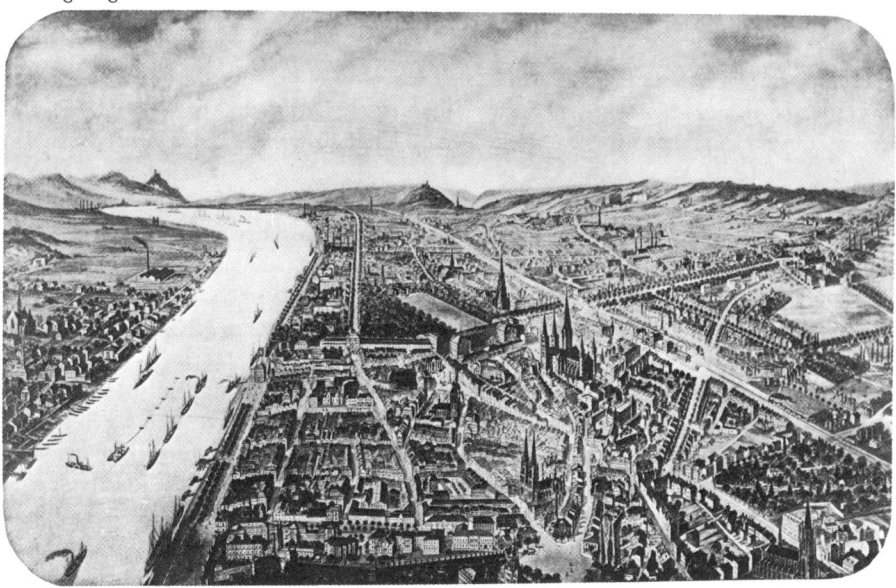

Bonn-Innenstadt

Unter Berücksichtigung des unterschiedlichen Gewichtes der Siedlungskerne bei der Stadtentwicklung kann die ursprüngliche Altstadt auf den Bezirk um Münster und Markt eingeschränkt werden. Das entspräche der alten ›Villa Basilica‹ oder ›Civitas Verona‹ aus Stiftsbezirk (Stiftsimmunität, innerhalb derselben sich auch der Bischofssitz (Schloß) befand) und aus dem Marktflecken. In etwa könnte man diese »Altstadt« heute durch Universität, Stokkenstraße, Markt, Sternstraße, Bottlerplatz und Maximilianstraße umschreiben. Die Eckpunkte der übrigen Siedlungsbereiche innerhalb der mittelalterlichen Stadtmauer, die sich außerhalb des älteren Kernes von Stiftsbezirk und Marktflecken entwickelt haben, lassen sich im heutigen Stadtgebiet durch Friedens- und Wilhelmsplatz im Westen sowie durch Beethovenhalle und Alten Zoll im Osten am Rheinufer bezeichnen. Die Stadtentwicklung der Nachkriegszeit sowie der moderne Straßenverkehr haben die historischen Zusammenhänge jedoch stark verwischt. Wir beugen uns dieser Realität und rechnen ungeachtet der geschichtlichen Bezüge jene Stadtteile zur Innenstadt, die im Norden vom Alten Friedhof bis zur Kennedybrücke und im Süden etwa vom Hofgarten, Kaiserplatz, Hauptbahnhof und Thoma-Straße begrenzt werden.

Gegen manche architektonische Scheußlichkeit unserer Zeit behauptet das **Münster** noch immer seinen beherrschenden Rang in der Silhouette der Altstadt. Geradezu hartnäckig scheint es so in Erinnerung halten zu wollen, wem das mittelalterliche und neuzeitliche Bonn seine Existenz verdankt.

Man steht an einer Stätte, die dank ihres politischen und ökonomischen Gewichtes erheblichen Einfluß auf die frühe Geschichte des mittleren Rheinlandes ausgeübt hat, darüber hinaus aber auch im damaligen europäischen Rahmen ihre Stimme zu Gehör zu bringen verstand. Das Märtyrergrab aus dem 3./4. Jh., über dem bereits eine Saalkirche stand, war nicht nur eine attraktive und daher viel besuchte Kultstätte, sondern erhöhte gewaltig das Prestige seiner geistlichen Hüter. Diese bildeten sicher seit dem 8. Jh. eine Gemeinschaft, das nachmalige Kollegiatstift, das bis 1802 bestand. Nach dem Kölner Domstift war es das vornehmste überhaupt in der alten Erzdiözese, was sich zusätzlich daraus ergab, daß es Sitz eines alten und bedeutenden Archidiakonates war. Die oft höchst weltlichen Wirkungen der ursprünglich rein geistlichen Stiftung zeigen sich in der Veränderung des Lebensstils der Stiftsherren vom Gemeinschaftsleben zur Errichtung eigener Haushalte. Meßfeier und Verrichtung des Chorgebetes blieben zwar bis zuletzt Hauptaufgabe, doch trat zu sonstigen Aufgaben eines Klerikers zunehmend die Verwaltung der Einzelpfründe.

Münster. Stahlstich um 1850

Als die Erzbischöfe 1288 nach der Schlacht von Worringen endgültig aus Köln vertrieben worden waren, residierten sie fortan in unmittelbarer Nachbarschaft des Stiftes, was bei entsprechendem Einvernehmen dessen Prestige nur noch steigerte. Vier Erzbischöfe fanden ihr Grab in der jetzigen Stiftskirche, die in der Stauferzeit neu gebaut worden war (seit etwa 1140). Bei der bis dahin erreichten geistlichen und politischen Bedeutung genügte die bisherige Kultstätte über den Märtyrergräbern nicht mehr, obwohl auch sie in drei Phasen schrittweise erweitert worden war, worüber Ausgrabungen recht guten Aufschluß gegeben haben.

Noch im späten 3. oder 4. Jh. war auf dem schon erwähnten spätrömischen Gräberfeld eine einfache Totenmemorie, eine Gedächtnisstätte für Verstorbene zur Feier des Toten-

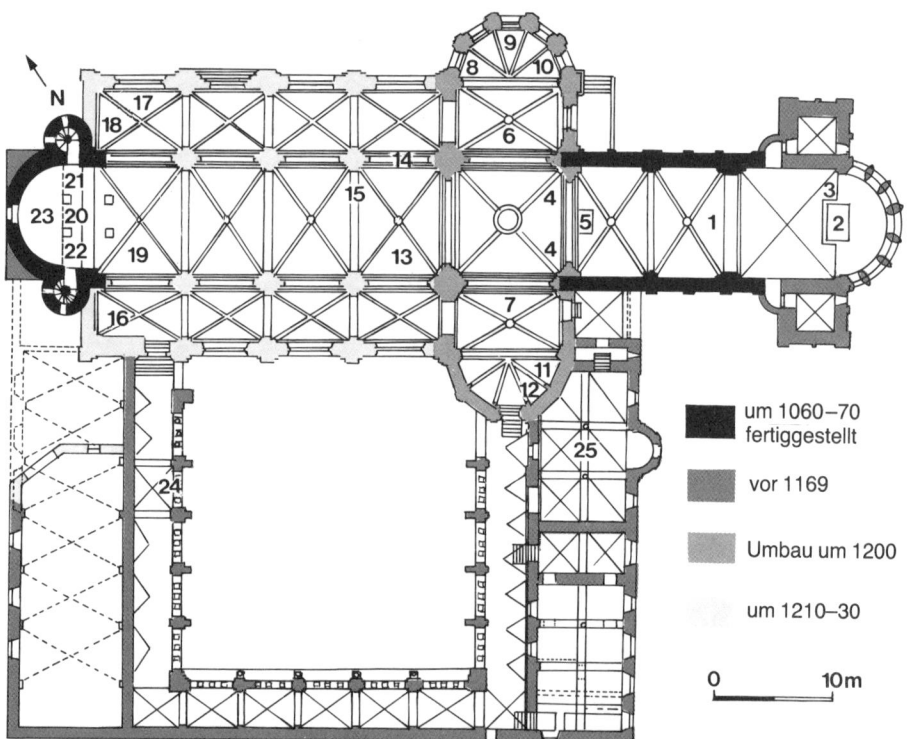

Grundriß der Münsterkirche mit den ehemaligen Stiftsgebäuden 1 Wandmalerei 13. Jh., im 19. Jh. übermalt 2 Hochaltar (1863) 3 Sakramentshaus (1619) 4 Altäre und Treppenanlage (1734/35) 5 Moderner Altar 6 Engel, Gestühlswange (um 1210) 7 Teufel, Gestühlswange (um 1210) 8 Wandmalereien (1894) 9 Grabmal Erzbischofs Ruprecht (1480), dahinter Wandmalerei 10 Allerseelenaltar (1699) 11 Sakramentsaltar (1608), Wandbild (Schweißtuch) um 1400 12 Tabernakel (1608) 13 Krippenaltar (1622), daneben Madonna (um 1400) 14 Dreikönigsaltar (1713) 15 Rokoko-Kanzel 16 Magdalenenaltar (um 1600) 17 Dreifaltigkeitsaltar (1704) 18 Taufstein, 12. Jh. 19 Hl. Helena (um 1630) 20 Empore (1652) mit Orgel (1960ff.) 21 Platte vom Grab Gerhard v. Ares (1169) 22 Denkstein 12. Jh. 23 Grabmal Engelberts II. (um 1400) 24 Kreuzgang mit Fundament der Brunnenkapelle 25 ehem. Kapitelsaal

mahles entstanden. Die Anlage läßt innerhalb der Eintiefung (3 × 1,5 m) einen der beiden Speisetische für das Totenmahl erkennen. Er hat zwei Vertiefungen für die Sigillataschale und ein weiteres Gefäß. Vom anderen Speisetisch ist der Sockel zu sehen. Beide haben umlaufende Sitzbänke. Obwohl zeitweise verschüttet, blieb der Platz in Erinnerung. Diese Kultanlage konnte zwischen 1928–30 ergraben werden. Sie ist wiederhergestellt und im Rheinischen Landesmuseum zu besichtigen.

Über dem Kultraum errichtete man wohl um 400 n. Chr. eine steinerne Saalkirche bescheidenen Ausmaßes (8,9 × 13,8 m lichte Weite) mit kurzem Chorraum. In den Fundamenten wurden römische Weihesteine als Spolien mitverwendet. Die neue Religion setzte sich einfach über das hinweg, was den Vorfahren heilig war. Vermutlich zwang die Existenz der mittlerweile gebildeten Klerikergemeinschaft in karolingischer Zeit zu einem Erweiterungsbau (um 780), bei dem der größere Chor auffällt.

Die Namen der Märtyrer, denen spätestens seit dem 4. Jh. an dieser Stelle kultische Verehrung zuteil wurde, erscheinen allerdings erst seit dem 7. Jh. als Cassius und Florentius, zu denen später noch der hl. Mallusius hinzukam (1166). Die beiden ersteren rechnete man schließlich auch der legendären Thebäischen Legion zu, die für den christlichen Glauben geschlossen den Märtyrertod erlitten haben soll. Aus ihren Reihen fanden und finden weitere Namen im Rheinland große Verehrung, wie z. B. der hl. Gereon in Köln oder der hl. Viktor in Xanten. Was an historischem Kern in dieser Verehrung ist, vermag heute niemand mehr zu sagen. Der Fund sterblicher Überreste, die Existenz alter Steinsärge und entsprechende Wunder am Fundort begründeten rasch eine volkstümliche Verehrung.

Als um die Mitte des 11. Jh. der heutige Bau vorbereitet wurde, bereinigte man gründlich die bisherige Situation und orientierte die neue Anlage genau in West-Ost-Richtung. Die römischen Sarkophage, die als Märtyrergrab galten, überfing man mit einem Gruftgewölbe. Darüber entstand zunächst eine dreischiffige, wohl flachgedeckte Basilika mit Querschiff, langgestrecktem und von Kapellen begleiteten Chor, halbrunder Apsis und einer von Türmen flankierter Westapsis (Abb. 1). Reste dieses bereits monumentalen Bauwerkes stecken im heutigen Münster, das von diesem unmittelbaren Vorläufer im wesentlichen seinen

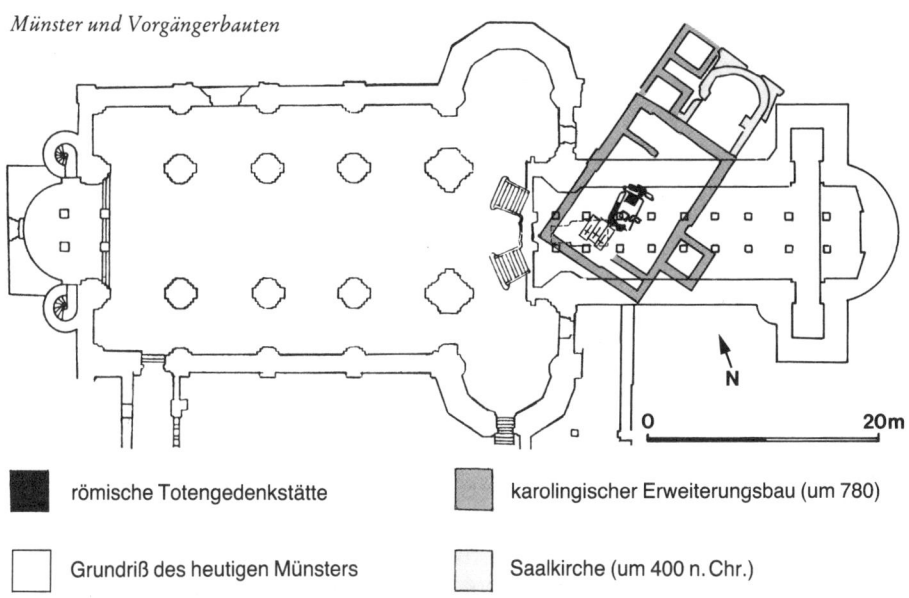

Münster und Vorgängerbauten

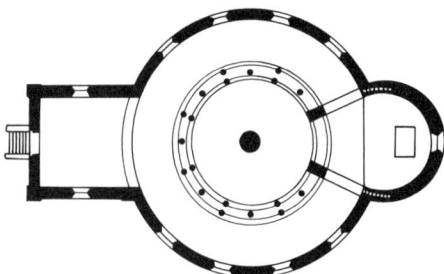

Martinskirche, rekonstruierter Grundriß

Grundriß erhalten hat. Initiator des Neubaus war wohl Erzbischof Hermann II. (1036–56), unter seinem Nachfolger Anno II. wurde er vollendet.

Allerdings würden sich heutige Zeitgenossen nur schwer zurechtfinden, denn die Umgebung des Münsters weicht völlig von der damaligen ab. Ähnlich wie die mittelalterlichen Dome in die Enge ihrer Städte eingekeilt waren, so befand sich auch unser Münster inmitten des geschlossenen Stiftsbezirks, der selber wiederum am Rande der alten Stadt Bonn lag und nicht wie heute im Stadtzentrum.

So lag vor der Ostapsis die für die Pfarrgottesdienste der Stiftsangestellten bestimmte *Martinskirche*. Ihr Grundriß ist in das Pflaster eingelassen und zeigt einen Rundbau (12. Jh.), der 1812 trotz der Bemühungen des französischen Präfekten abgerissen worden ist. Auch andernorts verfuhr man nach Auflösung der Stifte so, da nun die viel größeren Stiftskirchen für die Bevölkerung zur Verfügung standen und die ehemaligen Pfarrkirchen entbehrlich geworden waren. Köln bietet gleich mehrere Beispiele für dieses Vorgehen.

Der bauwütige Stiftspropst Gerhard von Are (1124–69) ließ in der Folgezeit den alten Langchor ostwärts erweitern als ein von zwei Türmen flankiertes Geviert mit vorgesetzter Apsis, die 1153 ihre Weihe empfing.

Dreizehn Jahre danach übertrug Erzbischof Rainald von Dassel in feierlicher Zeremonie die Märtyrergebeine in den neuen Chor, wo sie auf dem Hochaltar in kostbaren Schreinen zur ständigen Verehrung ausgesetzt blieben.

Weitere Baumaßnahmen haben später dem Münster seine endgültige Gestalt verliehen, wie wir sie noch heute bewundern: Aufstockung und Einwölbung des Langchores (gegen 1200), Neubau von Vierung und Kreuzschiff samt Querkonchen (frühes 13. Jh.), Erneuerung des Langhauses samt Arkaden (1220/30), Verbreiterung der Seitenschiffe, Neuanlage des Westchores unter Aufgabe der Westkrypta. Trotz des weitgehenden Abbruchs des annonischen Münsters blieb dessen Gesamtkonzeption, etwa die Doppelchörigkeit, doch ganz erstaunlich gewahrt. Stark vereinfachend könnte man sagen, daß das Ziel des staufischen Neubaues eine zeitgemäße Gewölbekirche war, teilweise mit gotischer Konstruktion. Das kommt besonders gut in der Aufstockung der östlichen Flankentürme und in der Bekrönung der Vierung durch den achtseitigen Turm zum Ausdruck. Im wesentlichen bietet das Münster noch jenen Anblick, wie er sich um die Mitte des 13. Jh. geboten hat und wie ihn, von Süden gesehen, das damalige Stadtsiegel unverkennbar wiedergibt.

*Martinskirche.
Kupferstich von
August Meyer, 1821*

Freilich haben die Einwirkungen von Kriegen und Feuersbrünsten wiederholt zur Erneuerung und Veränderung der Dächer geführt. Die gotisierenden Knickhelme auf den Osttürmen etwa gehen auf das 17. Jh., die achtseitigen Aufsätze auf den Türmen im Westen auf das späte 19. Jh. zurück. Der Spitzhelm auf dem Vierungsturm entstand nach feindlichem Beschuß (1689) in der jetzigen Form (1717).

Noch stärker ist der Unterschied zu damals im äußeren Erscheinungsbild dadurch, daß der Außenputz fehlt, der jahrhundertelang die Mauern verdeckt hat. Die romantische Forderung nach »Materialechtheit« hat nicht nur hier die mittelalterlichen Kirchen ihres Kleides beraubt. Man mag sich seither an das nackte Dasein gewöhnt haben, es sogar schön finden, aber beim Betrachten der Mauern entdeckt man auch die unzähligen Narben, die Renovierungen und Materialersatz erzeugt haben. Das Münster sollte man sich diesbezüglich etwa wie Schwarzrheindorf vorstellen, dessen Kirche längst wieder ihre alte farbliche Fassung trägt. Vielleicht erzwingen Umweltschutzmaßnahmen gegen die Emissionsbelastungen auch hier die Rückkehr zum Altbewährten.

Ein solches Bauwerk ist nie die geniale Schöpfung eines Einzelnen, sondern gehört zu einer »Kunstlandschaft«, kennt Vorbilder und findet Nachahmer. Die Ostansicht des Münsters verrät bereits einiges (Farbabb.1). In abgewogener Weise sind Apsis und Unterteile der Türme in Geschosse aufgeteilt. Über dem Sockel laufen Rundbogenblenden um, die voneinander durch Säulenvorlagen abgehoben, vom höheren Geschoß durch Gesimse getrennt sind. Die Zahl der Fenster dürfte in der Spätgotik von drei auf sieben erhöht worden sein. Krönender Abschluß ist die Zwerggalerie, die zugleich die Apsis gegenüber den Türmen betont, mit denen sie ja im übrigen Geschoßaufteilung und Blendengliederung teilt, wenn

Martins-, Münster- und Gangolfkirche vor 1771

man die späteren Erweiterungen entsprechend berücksichtigt. Anfangs fehlte noch der Chorgiebel, und die Flankentürme besaßen nur zwei Freigeschosse.

Diese Gliederung der Apsis verleiht dem Bonner Münster den Rang eines »Schöpfungsbaues«. Propst Gerhard von Are übertrug diesen Bautypus bei seiner Versetzung nach Maastricht auf den Neubau der dortigen Servatiuskirche. Ebensolche »Etagenchöre« sind aber auch in der Bonner Nachbarschaft zu finden, etwa in Maria Laach oder an St. Gereon in Köln. Vorbereitet wurde diese Bauweise bei den Apsiden von Worms und Speyer sowie etwas früher noch bei der Westapsis des Trierer Domes (um 1070).

Der Blick auf den Querschiff-Komplex enthüllt andere Zusammenhänge. Für den Vierungsturm lieferte St. Andreas in Köln das Vorbild. Ähnlich wie dort können die beiden Querkonchen in Bonn als »Nachklang der berühmten Dreikonchenanlagen« gedeutet werden, die unter den romanischen Kirchen Kölns in Meisterleistungen vertreten sind. Aber es ist eben lediglich ein »Nachklang«, denn die fünfseitigen Außenwände der Querkonchen mit der starken Betonung der Kanten bedeuten einen Bruch mit der Apsis, die im übrigen durch den Langchor unverhältnismäßig vom Querhaus entfernt ist. Der kleeblattähnliche Grundriß einer Dreikonchenanlage ist in Bonn ebensowenig erfüllt wie bei St. Andreas in Köln.

Der Betrachter lernt bei der Besichtigung des Äußeren, die jüngeren Bauteile zu erkennen, denn die Kontraste sind recht einprägsam. Einiges wurde bereits genannt und braucht nur ergänzt zu werden. So haben die Langseiten des Chors noch teilweise die alte Außengliederung durch flache Rundbogenblenden bewahrt, neben denen die Spitzbogenfelder fremd wirken. Auch im Langhaus äußert sich die spätere Entstehungszeit (um 1210/25) durch die spitzbogige Blendgalerie. Sie ruht auf Säulen, zwischen denen offene Strebebogen – im Gegensatz zu bloßen Strebepfeilern in älteren Teilen – ansetzen. Dieses Motiv ist einerseits der burgundischen Baukunst entlehnt, tritt aber zusammen mit dem Strebesystem an St. Gereon in Köln als architektonische Neuerung im Rheinland auf. Die siebenpassigen Fächerfenster der Seitenschiffe sind gleichfalls spätere Baueigentümlichkeiten des Münsters. Sie lassen sich ähnlich an St. Quirin in Neuß beobachten.

So äußert sich in den älteren wie jüngeren Teilen des Münsters klar sein niederrheinischer Charakter, wie andererseits immer wieder die französische Baukunst als erste Anregerin durchschimmert. Die Durchmusterung des *Innenraumes* wird diesen Eindruck bestätigen.

Auch hier läßt sich die zeitliche Abfolge des Bauvorganges an den Details recht gut ablesen. Noch schmucklos zeigt sich der gewölbte Ostteil des Hochchores (um 1150). Die folgenden spitzbogigen Rippengewölbe gehören schon in jene Zeit, in der Vierung und Querhaus neu aufgebaut worden sind (um 1190/1200). Während der Vierungsturm innen nicht weiter in Erscheinung tritt, wiederholt sich in den Querkonchen im wesentlichen die außen bereits registrierte Gliederung des zweigeschossigen und fünfseitigen Abschlusses. Aber die Art des inneren Wandaufbaus ist detailreicher: Dreibündelsäulen stützen die Schildbögen und fünfteiligen Rippengewölbe, das umlaufende Gesims ist über den Nebensäulen verkröpft. Bereits aus der französischen Baukunst kannte man solche Arrangements, in deren Nachahmung wieder einmal Bonn voranging. Andere folgten seinem Vorbild, wie etwa St. Severin in Köln und St. Peter in Sinzig.

Von außerordentlichem Rang ist der plastische Schmuck von Chor und Querschiff. Um 1200 müssen in Frankreich geschulte Steinmetzen im Chor den Rankenfries und die Laubkonsolen, die Kelchblockkapitelle und die Rahmungen der Kreuzgangportale geschaffen haben. Man will den Einfluß oder gar die Beteiligung des Samsonmeisters von Maria Laach in einigen Arbeiten erkennen.

Die Gewölbe im Langhaus setzen höher an als die im Chor, was auf einen Wechsel des leitenden Baumeisters hindeutet. Der Wandaufbau ist dreigeschossig mit einem Triforium und einem hinter der Dreibogenstaffel des Lichtgadens versteckten weiteren Laufgang. Abermals begegnen uns in diesem Wandaufbau Parallelen zu anderen Bauwerken. Die frühgotische Baukunst von Burgund hatte dieses Gliederungsprinzip bereits vorweggenommen. Aber in Bonn wird nicht einfach kopiert, vielmehr bleibt das Münster bei allem Fortschritt in der Architektur der spätromanischen Tradition des Niederrheines verpflichtet, wofür in diesem Falle St. Andreas in Köln und Liebfrauen in Roermond angeführt werden könnten. Die Dienste und Kelchknospenkapitelle im Westchor fanden Nachahmung in den Schmuckformen der zwischen 1208 und 1222 erbauten Adelheidiskapelle in Vilich.

Die Westapsis besitzt im Prinzip noch den Zuschnitt des annonischen Bauwerkes. Allerdings sind der Ziergiebel außen und die beiden Obergeschosse der Flankentürme spätere

Münster. Innenansicht mit der Statue der heiligen Helena im Vordergrund. Stahlstich um 1840

Zutaten (1883–89). Etwa zur gleichen Zeit ist das Westportal gebrochen worden. Der alte Haupteingang führte durch das Portal am Münsterplatz, das ursprünglich eine Vorhalle besaß. Die östlichen Eingänge unter den Querschiffemporen führten zu Seitenkapellen, die heute nicht mehr existieren. Die Pforten an der Südseite gestatten den Zutritt zum Kreuzgang. Die Orgelbühne ist bereits 1652 eingebaut worden.

Von den beiden Krypten ist nur die dreischiffige, kreuzgratgewölbte im Osten erhalten. Im Westteil dieser *Krypta* befindet sich der Besucher in den ältesten erhaltenen Raumteilen des Münsters. Die kräftigen Säulen mit ihren attischen Basen und schlichten Würfelkapitellen sprechen die herbe Sprache des 11. Jh. Anklänge daran zeigen die Kapitelle der Querschiffkrypta der Abteikirche in Siegburg. Der höher gewölbte Ostteil erweist sich leicht als Ergebnis des Erweiterungsbaues im 12. Jh. Nächst der veränderten Raumhöhe bezeichnen die jetzt geometrisch verzierten Würfelkapitelle und die Eckblätter an den Basen den Fortschritt. Die Seitenkapellen bilden den Unterbau der Flankentürme.

Die Krypta barg einst unter den drei westlichen Pfeilerpaaren die Märtyrergräber. Glasgemälde (1930) von Heinrich Campendonk, die kleine Marmorstatue der hl. Helena (ca. 1700) sowie der moderne Schrein der Stadtpatrone Cassius und Florentius sind heute das einzige nennenswerte Inventar.

Bis auf wenige Reste ist die bewegliche *Innenausstattung* des Mittelalters verloren gegangen. Hohe Verluste zogen die Wirren der Reformationszeit nach sich, während der das Münster geplündert (1583), verwüstet (1587) und zu allem Überfluß noch durch Blitzschlag geschädigt (1590) worden ist. Was diese Katastrophen überstand, ist später verschwunden, so der Lettner (1734/35), der in den Querhausemporen über den östlichen Eingängen einst Fortsetzung und architektonische Verankerung fand. An die Stelle des Lettners trat die barocke Freitreppenanlage. Sie unterstreicht das festlich-kühle Gepräge, das die Einrichtung des 17./18. Jh. mit den Hell-Dunkel-Kontrasten ihres Marmors vermittelt. Erst das 19. Jh. hat die bisherige Atmosphäre verändert, als nach Auflösung des Stiftes und einer Phase der Verwahrlosung hervorragende Stücke aus aufgelösten Kirchen hierher gebracht wurden. Erst im 20. Jh. versuchte man stärker, der großartigen Architektur gerecht zu werden. Dies kam vor allem darin zum Ausdruck, daß man die damalige »uniforme« Ausmalung durch die jetzige Fassung ersetzte, die sich besser der Architekturgliederung anpaßt. Neue Glasmalereien versuchten ähnlich, einen neuen Raumeindruck zu erzeugen. Statt diesen Einzelheiten weiter chronologisch nachzuspüren, empfiehlt es sich, sie bei einem Rundgang nacheinander zu betrachten.

Bei der Rückkehr in die Oberkirche sollte sich die Aufmerksamkeit zunächst auf die Wandmalereien im Chor richten, die – soweit erhalten – noch aus der ersten Hälfte des 13. Jh. stammen. Die Stirnseite des Chorbogens zeigt die Himmelfahrt Mariens, eine schon damals sehr beliebte Glaubensvorstellung, die allerdings erst 1950 für die Katholiken als Dogma verbindlich wurde. Die sonstigen Reste spätromanischer Malereien sind stilistisch total verfremdet, da sie bei der von August Martin entworfenen Neufassung (1891–94) am alten Ort lediglich kopiert und in den modernen Gemäldezyklus eingegliedert wurden. Um es gleich vorwegzunehmen: Auch den spätromanischen und gotischen Wandmalereien im Querschiff widerfuhr ein ähnliches Schicksal. Originale Substanz bewahrte lediglich das eindrucksvolle Antlitz Christi auf dem Schweißtuch der Veronika an der Ostwand der Südkonche.

Einen Blickfang bildet der neoromanische Hochaltar (1863), der auf einen Entwurf von Heinrich Wiethase zurückgeht. Das hohe fünfstöckige Sakramentshaus (Abb. 3) stiftete 1619 der Stiftsdechant Johannes Hartmann. Der neben dem Tuffstein verarbeitete Marmor ist das zu jener Zeit bevorzugte Material, durch das – wie oben bereits erwähnt – eine kühle Festlichkeit in den Raum getragen wurde. Der Typ des im Mittelalter geläufigen turmartigen Tabernakels blieb vielleicht deshalb gewahrt, weil das Sakramentshaus als Ersatz für ein älteres gedacht war. Engel tragen den Schrein, den Freifiguren der alttestamentlichen Priester Aaron und Melchisedech flankieren. Beziehungsreich erscheinen über dem eucharistischen Schrein Reliefs mit dem Abendmahl und der Ölbergszene, umgeben von den Figuren der hl. Helena und den legendären Märtyrern der Thebäischen Legion. Im Marmorbaldachin darüber steht die Muttergottes mit Kind. Den krönenden Abschluß bildet der Auferstandene. Als vermutlicher Urheber ist der Kölner Bildhauer Gerhard Scheber († 1610) ins Gespräch gebracht worden. Jedenfalls schlagen sich in Entwurf, Schmuckformen und Art der figürlichen Plastik niederländische Einflüsse nieder.

Entlang der Chorwände steht das Gestühl (1778). Sein mittelalterlicher Vorgänger ist bis auf zwei Fragmente am Choraufgang verlorengegangen (Abb. 5).

Vor den Vierungspfeilern stehen zwei im Aufbau einander entsprechende Marmoraltäre (1734/35) mit großen Standbildern: An der Nordseite der Kreuzaltar mit dem auferstandenen Christus, südlich der des damals gerade heiliggesprochenen Johannes Nepomuk. Als ausführende Meister gelten die Kölner Bildhauer Josef Metzler und Johannes van Damm, dessen Name auf eine südniederländische Herkunft (Antwerpen) verweist. Wohl alle Kölner Werkstätten, die zu jener Zeit für das Münster gearbeitet haben, unterhielten enge Beziehungen zu den Meistern der niederländischen Barockskulptur, was sich allenthalben stilistisch äußert.

Beiderseits vom Choraufgang erinnern die spätgotischen Querschiffemporen an die mittelalterliche Raumsituation mit dem an dieser Stelle den Chor abschließenden Lettner. Nach dessen Abbruch sind sie über Treppen und Balustraden in die Neugestaltung des Überganges zwischen Schiff und Chor einbezogen worden. Auf die Nordempore gelangte erst nachträglich das auf Holz gemalte Triptychon eines älteren Dreifaltigkeitsaltares (1603). Vor dem sogenannten Gnadenstuhl auf der Mitteltafel kniet die Gestalt des Kanonikus Johann von Vreden, der den Altar gestiftet hat. Die Innenflügel zeigen die Heiligen Cassius und Helena, die äußeren Maria und Barbara. Das Gegenstück auf der Südempore hat als Mittelbild die Verkündigungsszene, gleichfalls mit Abbildung des (unbekannten) Stifters. Auf den Innenflügeln erscheinen Christus und Helena, diese mit dem Baumodell des Bonner Münsters, außen Maria und Johannes der Täufer.

Neben dem nördlichen Aufgang sind als Pfosten die ältere schwarze Inschriftentafel und neben dem südlichen die Wappentafel des Kanonikus Rutger Vehelen (1696) eingebaut. Davor steht auf der Brüstung jeweils eines der erwähnten Fragmente aus dem mittelalterlichen Chorgestühl. Die Voluten weisen sie als Seitenwangen eines steinernen Gestühls aus. Die Skulpturen werden dem Laacher Samsonmeister zugeschrieben, der auch die Rankenfriese im Langchor geschaffen haben dürfte. Die nördliche Plastik stellt einen Engel dar, das Gegenstück den Teufel. Beide setzen die Füße auf Fabelwesen oder Dämonen. Mit einem Stift notieren sie die andächtigen oder ausschweifenden Gedanken der Kanoniker während ihrer Gebete.

Im nördlichen Querschiff folgt nun als erstes der marmorne Allerseelenaltar. Den Aufsatz (1699) stiftete Kanonikus Johann Arnold de Reux, das jüngere Antependium (1761) der Kanoniker Johann Lorenz Stamberg. Die vergoldete und wohl schon damals stark übermalte Sitzmadonna aus Holz (Mitte 13. Jh.) in der Mittelnische gelangte aus dem Bonner Franziskanerkloster hierher. Darüber zeigt ein Relief die Verlobung von Maria und Joseph.

Das spätgotische Hochgrab des Kurfürsten Ruprecht von der Pfalz († 1480) in der Querhausapsis ist als einziges altes Grabdenkmal im ursprünglichen Zustand überliefert. Auf der mit Blendarkaturen und Wappen geschmückten Tumba ruht die gut durchgebildete Figur des Verstorbenen.

Als Gegenstück zum Allerseelenaltar hat im südlichen Querschiff an entsprechender Stelle der Sakramentsaltar Aufstellung gefunden, der auch Johannes-Evangelist-Altar heißt.

Der Marmoraufsatz (1608) stellt die Taufe Jesu im Jordan dar, wobei die schwebende Taube, Symbol des Heiligen Geistes, zwischen den beiden Reliefs vermittelt. Daneben erscheinen Engel in den Rahmungen. Die Standfiguren oben stellen einen Bischof und die hl. Katharina dar. Die Mensaverkleidung stiftete 1753 Kanonikus Peter Friedrich Stamberg. Erst 1732 ist die Sakramentsnische eingesetzt worden. Sie enthält jedoch eine Schmerzhafte Muttergottes (seit 1730). Später erst bekam die Mensa ihre sarkophagähnliche Form (1753). Ein nur unter dem Monogramm H K aus Köln und Bad Münstereifel bekannter Meister gilt als Schöpfer der originalen Teile.

Der Wandtabernakel (1608), rechts daneben, vom Kanoniker Rembold Horn gen. Goltschmit gestiftet, ist in eine romanische Kleeblattbogen-Blende eingelassen. Beim Epitaph darüber kniet der Stifter, Kanonikus Johann Grewel, freifigürlich vor dem Auferstandenen (1624).

Zwei weitere Marmoraltäre bilden vor den westlichen Vierungspfeilern den optischen Abschluß des Mittelschiffs. Der nördliche trägt die Bezeichnung Dreikönigsaltar (1713) und war vom Stiftsscholaster Gottfried Friedrich Contzen in Auftrag gegeben worden. Die Mensa hat man nachträglich sarkophagartig verändert, wie auch den entsprechenden Altar auf der anderen Seite. Beide Male bilden Mensen aus der Spätromanik den Kern. Die Anbetungsszene des Ölgemäldes folgt einer im Rubens-Umkreis üblichen Komposition.

Den Geburt-Christi-Altar südlich gegenüber stiftete ausnahmsweise kein Kanoniker, sondern der kurfürstlich-trierische Statthalter Damian von der Leyen, der auf dem Marmorretabel in Ritterrüstung abgebildet ist (1622). Das Relief mit der Anbetung der Hirten hat dem Werk die volkstümliche Bezeichnung Krippenaltar eingetragen. Eigentlich müßte es Urbanaltar heißen. Die Sitzfigur des gleichnamigen Papstes umrahmen im Aufsatz sechzehn Wappenschilde. Urban zur Seite stehen die Heiligen Cassius und Helena. Ein Rundbild mit Gottvater bildet die Bekrönung.

Die wertvolle Rokoko-Kanzel (um 1750/60) stammt noch aus der alten Remigiuskirche. Brauner Holzton und Randvergoldungen liefern den Rahmen für die figürliche Darstellung alt- und neutestamentlichen Priestertums und Gesetzes. Am Schalldeckel erscheinen Moses und Aaron als Repräsentanten Israels, am Kanzelkorb dagegen das Lamm Gottes und die Symbole für die vier Evangelisten.

Beim Durchschreiten des Mittelganges fallen die verzierten Wangen (um 1700) der Kirchenbänke auf. Manche sind den älteren durchaus gelungen nachgearbeitet.

Nördlich der Kanzel befindet sich ein hölzernes Vesperbild, das im 18. Jh. nach dem Gnadenbild in Bornhofen (15. Jh.) für die hiesige Bornhofener Bruderschaft kopiert worden ist. Es befand sich früher in der Bonner Franziskanerkirche.

Am westlichen Ende des nördlichen Seitenschiffs stößt man auf den romanischen Taufstein (12. Jh.), dessen schlichte Schale ein Bogenfries ziert. Er stand ursprünglich in der abgerissenen Martinskirche. An der Wand hat der Dreifaltigkeitsaltar seinen Platz gefunden. Er ist 1704 aus dem Nachlaß des Stiftsscholastikus H. E. Contzen finanziert und in einer Kölner Werkstatt hergestellt worden. Der marmorne Aufbau mit Engeln und Wappen umschließt halbrund ein interessantes Gemälde, das einen Blick gleichermaßen auf Himmel und Erde gewährt: Im größeren himmlischen Teil sieht man unter der Dreifaltigkeit die hl. Helena mit dem von ihr wiederentdeckten Kreuz Christi sowie die schon erwähnten Stiftspatrone Cassius, Florentius und Mallusius. Unter den Wolken erscheint eine realistische Ansicht der Stadt Bonn, wie sie sich damals dem Betrachter geboten hat. Die Heiligen Cassius und Helena flankieren als Marmorfiguren auch eines der beiden Epitaphe (17. Jh.) mit Bildnissen von Kanonikern, die am entgegengesetzten Ende des nördlichen Seitenschiffs zu sehen sind.

Neben der Kreuzgangtür im Westjoch des südlichen Seitenschiffs befindet sich das Holzretabel des Maria-Magdalena-Altars, der um 1600 von dem Stiftsscholaster Leonhard Mestorff gestiftet, vielleicht aber erst später vollendet worden ist. Das Gemälde mit der Grablegung Christi wird Hans von Aachen zugeschrieben, der anscheinend ein ähnliches des italienischen Künstlers Barocci (1582) gekannt hat. Das kleinere Bild oben zeigt Christus, wie er Magdalena am Ostermorgen als Gärtner erscheint.

Die hl. Magdalena kehrt auch auf einem Gemälde wieder, das in der Nähe des Westeingangs hängt, eingerahmt von marmorierten Architekturleisten (18. Jh.). Gegenüber befindet sich die gotische Sandsteinplatte mit der Reliefgestalt des Erzbischofs Engelbert II. von Falkenburg († 1275) von dessen verlorenem Hochgrab (Ende 14. Jh.). Beschädigungen an der roten Sandsteinplatte sind neuerdings ausgebessert worden. Über den Türen, die zu den Türmen führen, sind die beiden geschichtlich interessanten Inschrifttafeln (12. Jh.) angebracht, auf denen die Bautätigkeit des Propstes Gerhard von Are gerühmt wird, dem im wesentlichen das heutige Münster zu verdanken ist.

Die romanische Raumkomposition verstand den Westteil ursprünglich als Gegenchor (Abb. 7). Als 1652 die Orgelbühne erbaut und zuletzt noch das Westportal gebrochen wurde, sind diese Verhältnisse erheblich verunklart worden. Den von dort Eintretenden empfängt das vielleicht beste Ausstattungsstück des Münsters, die Bronzefigur der hl. Helena (Abb. 4). Das Modell für den Guß lieferte um 1630 der in Köln tätige Augsburger Meister Jeremias Geißelbrunn. Graf Franz Wilhelm von Wartenberg, der seit 1629 Propst in Bonn war, hatte das Werk gestiftet. Unweit der heutigen Stelle fand die Plastik ihren Platz bei einem heute nicht mehr vorhandenen Bronzegrabmal des Erzbischofs Siegfried von Westerburg. Auf einem nachträglich erneuerten Marmorsockel kniet die überlebensgroße und sehr lebendig wirkende Freifigur.

Der als Heilige verehrten Mutter Kaiser Konstantins des Großen schrieb man, wie schon angedeutet, die wunderbare Wiederauffindung des Kreuzes zu, im Rheinland galt sie außerdem als die eigentliche Gründerin der drei »Thebäer«-Stifte Gereon in Köln, Viktor in Xanten, Cassius und Florentius in Bonn. Heutigem Denken mag das belanglos scheinen, doch war damals eine solche Auffassung nicht selten von großer Bedeutung. Die Berufung auf die heilige Kaiserin und gleichzeitig auf die Märtyrer der legendären Thebäischen Legion begründete ganz handfest das Ansehen derer, die solche Beziehungen bemühten. Die Berufung auf den gemeinsamen Ursprung schlug sich dann in konkretem – heute möchte man eher sagen politischem – Handeln nieder, indem die drei genannten Stifte 1262 eine Konföderation bildeten und so ihren Einfluß mehrten.

Die ehemaligen Stiftsgebäude lehnten sich an die Südseite des Münsters an, indem sie in vier Flügeln einen offenen Hof umschlossen. Der im Erdgeschoß umlaufende *Kreuzgang* ist der besterhaltene der rheinischen Romanik (Abb. 2). Auch hier war Propst Gerhard von Are die treibende Kraft für den seit 1140 in Etappen voranschreitenden Bau. Der Plan folgt dem üblichen Schema westeuropäischer Klöster, obwohl das Stiftsleben schon damals recht individuell und keineswegs mehr mönchisch verlief.

In Klöstern war der Kreuzgang Mittelpunkt des alltäglichen Lebens. Im Stift dagegen besaß er mehr repräsentative und liturgische Funktionen. Der Nordflügel verschwand bei der Erweiterung des Langhauses. Die ehemaligen Stiftsgebäude am Ostflügel hat man nach den Kriegszerstörungen wiederaufgebaut (bis 1955).

West- und Ostflügel sind tonnengewölbt, während der Südflügel Kreuzgratgewölbe besitzt. Viererarkaden öffnen sich über der durchlaufenden Brüstung zum Binnenhof. Im Südflügel überfangen vorspringende Rundbogen, die auf Freisäulen aufsetzen, die Arkadengruppen. In seinem Obergeschoß verläuft eine offene Galerie. Von besonderem Interesse sind die Kapitelle, die eine gute Auswahl an Mustern bieten, die in der frühstaufischen Bauplastik Verwendung fanden. Ihre Weiterentwicklung kann am Münsterbau abgelesen werden.

Den großen, dem Münster benachbarten Raum des Ostflügels baute Gerhard von Are zu seiner Grabkapelle aus, indem er nachträglich dem Raum eine Ostapsis anfügte. Nach Art der Doppelkirche in Schwarzrheindorf war diese *Cyriakuskapelle* über eine Öffnung im Gewölbe mit dem Obergeschoß verbunden. Unten war ursprünglich das Grabmal des Bauherrn. Die übrigen romanischen Räume des einstigen Stifttraktes sind nachhaltig verändert, die Grabplatten und Sarkophage erst später hierher übertragen worden.

Allen heutigen Begleitumständen zum Trotz vermittelt der Kreuzgang noch einen guten Eindruck von der einstigen Atmosphäre des Stiftes. Um das Münster herum hat der Abbrucheifer leider nach der Säkularisierung um so ärger gewütet. Ein Aquarell von Levé mit der bereits erwähnten Martinskirche zeigt im Hintergrund noch den damaligen Zustand (heute etwa der Blick auf Leffers und die Universität). Inmitten des hektischen Getriebes muß man regelrecht Spurensuche betreiben, um die letzten Anhaltspunkte an die Vergangenheit zu finden. In der Mauer, die östlich an das Münster anschließt, sind korinthisierende Kapitelle eingelassen, die unter annonischen Münsterbauteilen entdeckt wurden und römischer Herkunft sind. Von der Martinskirche blieben ebenfalls nur einige Säulen mit einfachen Würfelkapitellen, die im Rheinischen Landesmuseum aufbewahrt werden. Außer der Martinskirche gab es im Stiftsbereich noch zwei weitere kleine Pfarrkirchen: St. Gangolf gleich vor der Westfront des Münsters (bis 1806) und St. Remigius auf dem Römerplatz (bis 1807).

Damals wie heute bildet der Münsterplatz – eigentlich Stiftshof oder auch Großer Hof genannt – einen wichtigen Punkt städtischen Lebens. Der Lärm der Gegenwart spricht so eindringlich, daß er hier nicht geschildert werden muß. Aber auch in der Vergangenheit konnte es gelegentlich laut zugehen, wenn etwa unter der Gerichtslinde Recht gesprochen werden mußte. Das Hoheitszeichen, der »Leopard« oder volkstümlicher das »steinerne Wölfchen« steht heute im alten Rathaus. Dafür blieb aber die **Gerichtssäule** vor dem Nord-

BONN-INNENSTADT/HAUPTPOST, HELENAKAPELLE, BEETHOVEN-DENKMAL

Gerichtssäule auf dem Münsterplatz

portal des Münsters erhalten (Abb. 6), wo das Gericht in einer vorgebauten, jetzt nicht mehr erhaltenen Halle tagte (im Pflaster markiert). Einer romanischen Sandsteinsäule setzte man als Gerichtszeichen die Weltkugel aus Trachyt auf. Die Dübellöcher sollen von den Halseisen für die Übeltäter herrühren. Wendet man sich vom Westportal des Münsters dem kürzesten Weg in Richtung Hauptbahnhof zu, fällt der Blick auf den **Martinsbrunnen.** Er erzählt von dem beliebten und in Bonn mit Begeisterung geübten Brauch der Martinsumzüge, wobei die Kinder wie die Knabenfigur am Brunnen Lampions tragen. Die Gänseliesel unten ruft das bekannte Märchen in Erinnerung.

Alle Gebäude, die das erwähnte Aquarell andeutet, sind verschwunden wie auch fast alle übrigen außerhalb seines Blickwinkels. Die einzige Ausnahme bildet die heutige **Hauptpost** (Abb. 8), das ehemalige Haus des Stiftsdechanten Radermacher (1751–53). Das Relief im Giebelfeld bezieht sich allerdings schon auf die heutige Bestimmung des Gebäudes. Immerhin vermittelt es einen Eindruck von der vornehmen Wohnweise der Kanoniker; jedoch mochten die Häuser der einfachen Stiftsherren bescheidener als dieses gewesen sein.

Auch ein anderes, hochinteressantes Überbleibsel aus der alten Stiftsimmunität ist nicht ohne weiteres zu finden. Es handelt sich um die **Helenakapelle,** einen Andachtsraum in einem Kanonikerhaus (Abb. 10). Sie liegt heute im Obergeschoß eines Hauses in Münsternähe (Am Hof 32/34). Über eine eigene Treppe ist sie seit 1960 erreichbar.

Die Helenakapelle besteht aus einem rechteckigen, kreuzgratgewölbten Raum mit halbrunder Apsis, in der ein gemauerter Blockaltar steht. Bogenöffnungen stellten früher die

Verbindung zur westlich anschließenden Wohnung des Geistlichen her. Solche Hauskapellen waren beim höher gestellten Stiftsklerus üblich, sind aber nur selten derart intakt aus so weit zurückliegender Zeit (um 1150/60) erhalten. Die Innenwände tragen spätmittelalterliche und barocke Malereien (15. u. 18. Jh.). Während das Erdgeschoß des Hauses völlig verändert ist, sind oben die freistehende rückwärtige Nordseite mit Rundbögen und die vorspringende Apsis außen erkennbar.

Als Kontrapunkt zu diesen Erinnerungen mag man das **Beethoven-Denkmal** empfinden, das 1843 von dem Bildhauer Ernst Hähnel aus Dresden geschaffen wurde. Als König Friedrich Wilhelm IV. von Preußen und Königin Victoria vom Balkon der Hauptpost aus die Einweihungsfeierlichkeit verfolgten, blickten sie zwangsläufig auf die Kehrseite des Komponisten. Für die antipreußischen Rheinländer gab das Anlaß zu manch bissiger Bemerkung.

Im Spott äußert sich das bürgerliche Selbstbewußtsein, das in dem als typisch geltenden Denkmal Gestalt angenommen hat. Bonn wollte nicht nur den großen Komponisten ehren, sondern in diesem auch sich selber. Im Standbild möchte man den selbstverantwortlichen Menschen darstellen, oder wie man damals die Plastik interpretierte: »Der Meister ist im

Münsterplatz mit Beethoven-Denkmal und dem Palais des Stiftsherrn Radermacher. Kupferstich erste Hälfte 19. Jahrhundert

Momente der Begeisterung und künstlerischen Tätigkeit aufgefaßt. (...) Man sieht es der ganzen Haltung der Figur und dem energischen Ausdruck des Gesichtes auf den ersten Blick an, daß das ein Mann ist, der etwas Großes, Außerordentliches will und der sich dabei der Kraft, es auch zu können, mit Sicherheit bewußt ist.«

Vier Reliefs am Sockel umschreiben allegorisch verschiedene Bereiche seines musikalischen Schaffens. Die springende Sphinx mit reitender Leierspielerin und Putten steht für die Symphonie. Die hl. Cäcilia personifiziert die Kirchenmusik, eine entsprechende Gestalt auf der anderen Seite die dramatische Musik.

Wenn weiter oben die seit Stiftszeiten eingetretenen Veränderungen angesprochen wurden, so muß ebenso auf die während des letzten Jahrzehntes hingewiesen werden. Seitdem ist der Platz Teil der Fußgängerzone (Farbabb. 17). Gottfried Böhm leitete die Umgestaltung. Aber auch viele Fassaden wandelten seitdem ihr Aussehen. Der Kaufhof tauschte seine Aluminium-Glas-Front gegen die passendere Steinverkleidung. Das Kaufhaus Leffers gliedern an der Marktseite speziell zu diesem Zweck entwickelte Beton-Fertigteile. Bruchlos fügt sich die derart gestaltete Fassade an die gründerzeitliche Fassade an der Ecke. Eine Kölner Architektengruppe erhielt einen Preis für diese vorbildliche Lösung, durch die bewiesen wird, daß auch Beton gestalterisch und sensibel verwendet werden kann.

Den Übergang zwischen Innenstadt und Bahnhofsvorplatz – über dessen Neugestaltung zur Zeit verhandelt wird – vermittelt städtebaulich nicht ganz glücklich ein modernes

Ansicht des früheren Bahnhofes der Köln-Bonner Eisenbahn von der heutigen Quantiusstraße aus. Links das Münster, ganz rechts der Beginn der Poppelsdorfer Allee. Lithographie um 1860

Sterntor. Zeichnung von Mathias Frickel 1872

Geschäftszentrum. Der **Hauptbahnhof** (1885) aus gelbem Backstein und mit rötlicher Sandsteinverblendung ist zweifellos für die heutige Beanspruchung etwas zu klein (Abb. 9). Seine zur Innenstadt gerichtete Fassade wirkt dennoch repräsentativ und käme noch stärker zur Geltung, wäre bei der neuen Bebauung darauf mehr Rücksicht genommen worden. Seinerzeit hatte man die Bahnlinie hier wie anderswo – etwa in Brühl oder Köln – so trassiert, daß der Reisende unmittelbar an die Sehenswürdigkeiten bequem heranfahren konnte. Die Architekten Carl Schellen und Franz Unger wollten ganz offensichtlich dem Triumph der Technik huldigen. Der Risalit des Hauptportals wirkt wie ein Triumphbogen und folgt in etwa dem Schema antiker Vorbilder. Begrüßung (Salve) und Abschied (Vale) feiern nun keine militärischen Sieger mehr, sondern den Reisenden und heute allenfalls einmal Schlachtenbummler, die zu Sportwettkämpfen oder politischen Demonstrationen in die Bundeshauptstadt kommen. Allegorien von Handel, Industrie und Verkehr verkörpern die Mächte der Gründerzeit.

An der Nordseite des Bottlerplatzes steht das **Sterntor,** das zum Teil aus der mittelalterlichen Stadtbefestigung stammt, die Konrad von Hochstaden anlegen ließ (Mitte 13. Jh.; Abb. 18). An seinem ursprünglichen Platz am Ende der Sternstraße bildete es schließlich ein so großes Verkehrshindernis, daß es gegen die Proteste der Denkmalschützer und Heimatfreunde 1898 abgerissen und verändert an der jetzigen Stelle wiederaufgebaut wurde. Den Torbogen schloß man dabei an einem Halbturm der alten Stadtmauer an und fügte noch den eckigen Turm hinzu. Dort sind zwei Bildnisse eingelassen: Der Gekreuzigte mit Maria und Johannes (spätgotisch) und die Muttergottes mit siebenfach durchbohrtem Herzen (»Sieben Schmerzen«, um 1650). So ansprechend der Komplex auch wirkt, so muß man doch die tiefgreifende Veränderung und den Verlust der ursprünglichen Anlage beklagen, weil das Sterntor insgesamt durch seine Ausstattung eines der bemerkenswertesten Denkmäler seiner Art gewesen ist und die noch bestehenden Stadttore in Köln an künstlerischem Rang übertroffen hat.

Hotel »Zum Goldenen Stern« mit Rathaus und Marktbrunnen. Prospektillustration. Stahlstich 1847

Die Sternstraße war die alte Bäckerstraße und leitet ihren Namen wohl von ›Zisternenstraße‹ ab. Sie bezeichnet in ihrem Verlauf recht genau die Grenze der einstigen Stiftsimmunität. Als Studenten wohnten hier Emanuel Geibel (1856; Nr. 56) und Adolf Kolping (1843; Nr. 59). Eines der Häuser (Nr. 102) zeigt schöne Jugendstilornamente. Die Straße läuft am Friedensplatz entlang, wo das modern verkleidete Gebäude der Stadtsparkasse einen markanten Eckpunkt und Blickfang bildet. Teile der alten Mauer werden hier z. Zt. rekonstruiert. Beim Florentiusgraben blieben bescheidene Reste der Stadtmauer erhalten. Auch der Straßenname selber hält die Erinnerung an die alte Stadtbefestigung wach, die an dieser Stelle nicht mit jener aus dem Mittelalter verwechselt werden darf. Graben und Mauer waren einst Teil der Bastion »Heinrich« im neuzeitlichen Befestigungsring, der sich weiter außerhalb um den mittelalterlichen Stadtkern legte. Das Sterntor gehörte also zu dem älteren Bering.

Vom Münster führt Bonns Hauptgeschäftsstraße, die Remigiusstraße, unmittelbar zum Marktplatz. Beide gehören, wie die zuletzt zurückgelegten Wege, zur Fußgängerzone, der größten in Deutschland. Der dreieckige **Marktplatz** lag hart an der Grenze des Stiftsbezirks und bildete den Mittelpunkt des alten Marktfleckens (vicus Bonnensis), an dem sich ursprünglich eine Heer- und Handelsstraße gabelte, was ihm seine eigentümliche Gestalt

Prospect des neuen Bronen bey dem Rathhauß in der Residenz des Churfursten zu Kölln

Vuë de la Fontaine nouvellement erigée, en face de l'Hôtel de Ville, en la Residence de S. A. C. E. de Cologne.

Der neue Brunnen vor dem Rathaus. Guckkastenbild von Balthasar Frédéric Leizel, nach 1777

verliehen hat; Obst- und Gemüsemärkte finden noch heute werktags hier statt. Bei günstigem Wetter wird im Freien serviert, wo sich im übrigen buntes Leben wie einst abspielt, von Theateraufführungen angefangen bis zu gelegentlichen Demonstrationen.

Den *Marktbrunnen* widmete die Stadt 1777 dem Kurfürsten Max Friedrich. Sein Trachytobelisk hat einen schmuckreichen Unterbau mit Wasserspeiern, Ziergirlanden und Medaillons. Zwei ovale Becken fangen das Wasser auf. Das rege Treiben auf dem Platz hat der Bonner Schriftsteller Wilhelm Schmidtbonn treffend in seinem Roman »Der dreieckige Marktplatz« (1935) geschildert. An der Ecke zur Bonngasse (Markt 42) steht sein Geburtshaus.

Eindrucksvoll beschließt das **Rathaus** (Titelbild) mit seiner ausgewogenen Fassade den Marktplatz. Seiner Schönheit wegen gilt es als »eines der begehrtesten Fotomotive Bonns« – doch nicht nur deshalb. Schließlich hat der fotogene Winkel manche geschichtsträchtigen Augenblicke erlebt. Von der Treppe schwenkten im Revolutionsjahr 1848 Carl Schurz und Gottfried Kinkel die schwarzrotgoldene Fahne. 75 Jahre später ergriffen Separatisten vom Rathaus Besitz. Nach seiner Wahl zum ersten Bundespräsidenten am 12. September 1949 sprach Theodor Heuss auf der Freitreppe zur Menge, hinter sich die Ruine des kriegszer-

BONN-INNENSTADT/RATHAUS, STÄDTISCHES KUNSTMUSEUM

Aufriß der Fassade des Rathauses. ▷
Entwurf von Michael Leveilly vor 1737

Michael Leveilly. Anonymes Ölgemälde des 18. Jahrhunderts

störten Gebäudes. Wohl unvergessen bleiben die historischen Staatsbesuche Mitte der sechziger Jahre: die von John F. Kennedy, Königin Elisabeth II. und vor allem am 5. September 1962 der von General de Gaulle.

Seitdem sich der Marktflecken von Erzbischof und Stift emanzipieren, ferner Stadtrechte erlangen und sie auch wahrnehmen konnte, war bald an dieser Stelle ein Rathaus entstanden. Als Kurfürst Friedrich III. von Brandenburg 1669 die von den Franzosen besetzte Stadt freikämpfen wollte, beschädigte das Artilleriefeuer das Rathaus derart, daß es nur noch bedingt zu gebrauchen war. Nach achtzigjährigem Behelf beschloß der Magistrat einen Neubau und beauftragte den kurfürstlichen Baumeister, den Franzosen Michael Leveilly, mit dem Planentwurf. Im Herbst 1736 vorgelegt und im folgenden Frühjahr vom Kurfürsten genehmigt, wurde er unverzüglich zur Ausführung gebracht, so daß bereits am 5. November desselben Jahres das Richtfest begangen werden konnte. Während der Bauarbeiten war als Provisorium die neben dem Rathaus gelegene Gastwirtschaft »Zur Blomen« (heute: »Em Höttche«) angemietet worden.

Am 29. Oktober 1738 traten Stadtmagistrat, Bürgermeister, Schöffen und Rat zur ersten gemeinsamen Sitzung zusammen. Die Feier blieb in bescheidenem Rahmen, hatte der Neubau doch der Stadtkasse ein erhebliches Defizit beschert. Dadurch erhielt die Freitreppe erst 1765 ihr Geländer. Verputz und Fassadenschmuck waren endlich um 1780 fertig.

Da der dreigeschossige Bau die gesamte Schmalseite des Marktes einnimmt, wird seine Wirkung noch gesteigert. Der Mittelrisalit vor der zweiläufigen Treppe tritt nicht besonders stark hervor. Die Einzelformen nehmen Anregungen des Brühler Schlosses auf, das gerade eben vollendet worden war. Bei der Wiederherstellung nach dem letzten Krieg galt es, die moderne Bebauung des Marktplatzes zu berücksichtigen. Deshalb zog man das Mansardgeschoß etwas höher als ursprünglich.

In der Eingangshalle steht eine prächtige Muttergottesstatue aus Marmor (1748), deren Urheber – Hofbildhauer Johann Franz van Helmont oder Antonius Murnau – noch nicht sicher identifiziert ist. Weiter sieht man das »steinerne Wölfchen« vom Pranger, das sich bei näherem Zusehen als Löwe oder Leopard entpuppt, der einen Eber schlägt. Es handelt sich um eine Grabplastik aus Sandstein, die noch aus römischer Zeit stammt und später jener neuen Bestimmung zugeführt wurde.

Im Gobelinsaal hängen zwei wertvolle Wandteppiche. Sie sind Teil einer ganzen Serie, die um 1750 in Aubusson hergestellt worden ist. Die Entwürfe lieferte Jean-Baptiste Oudry. Sie waren Teil der Inneneinrichtung des Boeselager-Hofes, der im letzten Krieg total zerstört wurde.

Im Anbau des Rathauses (Rathausgasse 7) ist bislang noch das **Städtische Kunstmuseum** mit seiner Sammlung deutscher Malerei und Plastik des 20. Jh. untergebracht (Abb. 77–88).

Das Rathaus nach der Zerstörung 1944

Rein privater Initiative verdankte das Museum sein Entstehen. Der Bonner Medizinprofessor Franz Obernier (1839–82) hinterließ nämlich nach seinem Tode der Stadt eine Sammlung von Gemälden und Skulpturen vorwiegend aus dem 19. Jh. sowie eine Villa an der Koblenzer Straße. Mit seiner Stiftung schuf er die Grundlage für die Städtischen Kunstsammlungen. Wie er damals sein Hauptaugenmerk auf die zeitgenössische Kunst richtete, knüpfte die hier geübte Sammelpraxis nach dem letzten Krieg an dieses Vorbild an. Eine umfangreiche Spezialbibliothek erschließt auf ihre Weise die Kunst des 20. Jh. Erst seit 1954 befindet sich das Museum in den Räumlichkeiten hinter dem Rathaus, die ihrer Bestimmung aber längst nicht mehr genügen. Eine neue Kunsthalle ist geplant.

Besondere Aufmerksamkeit gilt dem Schaffen des Malers August Macke (Abb. 77–80), der seit 1909 in Bonn ansässig war, wo auch seine Eltern lebten. In Meschede 1887 geboren, studierte er in Düsseldorf (1904–06), Berlin (1907) und Paris (1907/08).

Seinen eigenen künstlerischen Weg schlug er bereits in Düsseldorf ein, wo ihn das rein akademische Nachzeichnen von Gipsmodellen gelangweilt zu haben scheint. Neben dem Studium vervollkommnete er seine technischen Fertigkeiten. Er fand Zugang zu dem Kreis um Louise Dumont, wo auch die Schriftsteller Herbert Eulenberg und Wilhelm Schmidtbonn verkehrten. Diese boten Macke die Möglichkeit, beim Entwurf von Kostümen und Dekorationen für das Schauspielhaus mitzuwirken. Dabei lernte er, Stimmungen ausschließlich durch Farben zu erzeugen.

Es folgte ein kurzer Aufenthalt im Studienatelier von Lovis Corinth in Berlin. Danach kam er in Berührung mit den Impressionisten, Kubisten und den Fauves in Paris. Besonders

Henri Matisse sollte Einfluß auf Mackes Werk ausüben. Bei seinem einjährigen Aufenthalt am Tegernsee machte er die bleibende Bekanntschaft von Franz Marc. Hier erlebte er eine überaus schöpferische Phase, während der er fast 200 Ölbilder vollendete.

Seitdem gehörte er dem »Blauen Reiter« an, einem Zusammenschluß von Malern und Kunsttheoretikern, dem außer Franz Marc viele bedeutende Künstler verbunden waren. Doch zeigte sich Macke bald reserviert gegenüber manchen hier gepflegten Tendenzen, darunter auch den Theorien von Wassily Kandinsky. Sein eigenes Profil dürfte er bereits durch die Teilnahme an einer Ausstellung gemeinsam mit Robert Delaunay, den er sehr schätzte, Gabriele Münter und Heinrich Campendonk herausgestellt haben. Die Wanderausstellungen des Blauen Reiters sicherten ihm aber zugleich auch die nötige Beachtung.

Mit einer 1913 in Bonn durchgeführten »Ausstellung Rheinischer Expressionisten« mit Werken von sechzehn Malern verhalf er dieser neuen künstlerischen Richtung zum Durchbruch. Er durfte noch eine Reise mit Paul Klee und Louis Moilliet nach Tunesien erleben, wurde sofort danach eingezogen und fiel schon am 26. September 1914 bei Perthes-les-Hurles in der Champagne.

Obwohl Macke seit 1909 wieder in Bonn ansässig war, lebte er abwechselnd auch in München und Oberbayern. Sein kurzes, aber schaffensreiches Leben wird durch sein umfangreiches Werk dokumentiert, aus dem das Museum eine repräsentative Auswahl zeigen kann, darunter »Garten am Thuner See« (1913), »Seiltänzer« (1914) und »Türkisches Café« (1914). Inhaltliche Bezüge zu Bonn zeigen seine Bilder »Marienkirche mit Häusern und Schornstein« (1911) und »Kinder im Garten« (1912; Abb. 79).

Man hat behauptet, sein Schaffen sei »von heiterer Daseinsfreude geprägt«. Seine Frau hingegen entwirft ein anderes Bild, wonach der vom Glück begünstigte Künstler an allem schwer getragen hat, »an seinem eigenen Glück, an der mannigfachen Schönheit der Natur im Kleinsten wie im Größten, an dem harten Dahinleben mancher Menschen. Ihn ergriff das alles im Innersten, er litt darunter«. Seine Devise »Durchfreuen der Natur« könnte also zu voreiligen Schlüssen veranlassen. Eine naive Kunst hat er bestimmt nicht hervorgebracht. Man möchte vielmehr in seinen Bildern die utopische Sehnsucht nach einer »paradiesischen Gegenwelt« entdecken. Da werden die von ihm faszinierend angewendeten Farben und die Schönheit der Sujets gleichsam zur Aufforderung, diese »neue Welt« visionär zu entwerfen oder im Entwurf zu suchen.

Neben den achtzig Arbeiten von August Macke sieht man Gemälde, Zeichnungen und Grafiken auch von anderen Vertretern des »Blauen Reiters« wie Alexej von Jawlensky, Wassily Kandinsky und Paul Klee. Ebenso ist die andere deutsche Expressionistengruppe, »Die Brücke«, vertreten durch Erich Heckel (Badende, 1914), Ernst Ludwig Kirchner (Der Frankfurter Dom, 1925) und Karl Schmidt-Rottluff (Stilleben, 1921). Den Rheinischen Expressionisten gilt naturgemäß besondere Aufmerksamkeit. Man findet unter anderem Heinrich Campendonk (Gelbweiße Kuh vor Häusern, um 1914; Mann und Maske, 1925), Arbeiten des 1891 in Brühl geborenen Max Ernst (Straße in Paris, 1912; Grätenwald, 1926) und des 1965 in Königswinter verstorbenen Carlo Mense (Stromlandschaft, 1913), ferner Scherenschnitte von Ernst Moritz Engert und Gemälde von Franz S. Henseler (Zwei Gestalten, 1913), Josef Kölschbach (Aquarelle), Helmuth Macke (Wald bei Dillborn, um 1911; Oberbayrische Landschaft, 1925), Heinrich Nauen (Ernte, um 1913; Der Cellospieler, 1919), Paul Adolf Seehaus (Dame mit Fächer, 1914; Blick auf den Kreuzberg bei Bonn, 1916) und Hans Thuar (Kopf eines Türken, 1911; Raddampfer unter Brücke, 1923; Blühender Birnbaum, 1924). Einen wichtigen Schwerpunkt der Sammlung bilden deutsche Malerei und Plastik seit 1945. Vertreten sind unter anderem Willi Baumeister (Schwarze Drachen, 1950), Joseph Faßbender (Parabel, 1956), Hans Hartung (TG2E17, 1962), Ernst Wilhelm Nay (Grau auf dunklem Blau, 1958), Emil Schumacher (Lorbas, 1961), Fred Thieler (Relief-Collage, 1966) und Hann Trier (Fütterung der Raubtiere, 1954). Die »art informel« vertreten beispielsweise Peter Brüning (Légendes No. 34) und Bernd Schultze (Mysterieux, 1955). Von den ZERO-Künstlern trifft man unter den Malern Otto Piene (Feuerblume, 1965) und Günter Uecker. Örtlichen Bezug hat »Bonn auf Goldgrund« von Ursula Schultze-Bluhm (1968). Der Bonner Leo Breuer (1893–1975), der sich zuletzt der Kunst der Stijl-Gruppe und einer konstruktivistischen Malweise zugewandt hatte, ist gleichfalls vertreten (Mit zwei Elementen, 1959).

Aus der sogenannten Düsseldorfer Schule werden eine Reihe von Arbeiten gezeigt, darunter von Joseph Beuys (Abb. 88), Palermo, Sigmar Polke, Gerhard Richter und Reiner Ruthenbeck. An der Kunstakademie in Düsseldorf wirkten aber auch Bruno Goller (Frauenbildnis, 1965) und Georg Meistermann (Alpines Weiß, 1959).

Darüber hinaus ist das zeitgenössische Kunstschaffen in der Bundesrepublik fast lückenlos belegt. Einige Namen mögen die Bandbreite der Exponate deutlich machen: Carl Buchheister (Komposition Op, 1953), Rupprecht Geiger (Bild 358, 1962), Werner Gilles (Stillleben mit Maske, 1951), Konrad Klappheck (Die Moralisten, 1964), K. R. H. Sonderborg (Komposition, 1959), Fritz Winter (Abend, 1951) und Horst Antes (Dreiäugige Figur, 1965), ferner Hanne Darboven, Jochen Gerz, Raimund Girke, Gotthard Graubner, Erwin Heerich, Imi Knoebel, Ulrich Rückriem und Franz Erhard Walther sowie jüngere Künstler der Gegenwart.

Auch die zeitgenössische Plastik wird in eindrucksvollen Beispielen gezeigt: Emil Cimiotti (Blume, 1970), Otto Herbert Hajek (Drei Plastiken, 1963), Erich Hauser (Raumsäule, 1968), Erwin Heerich (Kugel in Würfel, 1966), Bernhard Heiliger (Vogelstele, 1969), Heinz Mack (Silberdynamo, 1965), Joachim Schmettau (Stehende, 1969) oder Hans Uhlmann (Stahlplastik, 1960), um nur einige zu nennen. Die seit 1945 fortgeführte Grafik-Sammlung umfaßt Arbeiten bedeutender Künstler vornehmlich aus dem Ausland. Im Haus selbst werden Wechselausstellungen veranstaltet, ferner solche im Haus an der Redoute in Bad Godesberg, die zusammen mit dem Bonner Kunstverein durchgeführt werden. Die private Initiative zählt also durchaus heute noch im Kunstbetrieb.

Die enge Straße, die ostwärts des Marktplatzes die Remigiusstraße ablöst, heißt seit 1320 beziehungsreich Brüdergasse. Der Grund ist nicht zu übersehen, berührt doch das Gäßchen die Nordwestecke der Pfarr- und Minoritenkirche **St. Remigius.** Hier verrichten die Minderen Brüder oder Minoriten ihren sozialen und seelsorgerischen Dienst. Anders als die Stiftsgeistlichen, die in vornehmer Distanziertheit in ihrer eigenen Welt residierten und recht exklusiv das Münster für ihre Belange nutzten, suchten die Jünger des hl. Franz von Assisi (Franziskaner) stets die Nähe des einfachen Volkes. Privatbesitz war ihnen im Gegensatz zu den Kanonikern untersagt. Aber auch Niederlassungen und Kirchen, die man ihnen zur Nutzung überließ, sollten möglichst einfach sein. Ein Vergleich zwischen der imposanten Silhouette des Münsters und diesem schlichten Bau, den lediglich ein bescheidener Dachreiter krönt, spricht für sich.

Erzbischof Engelbert von Falkenburg rief 1274 Minderbrüder nach Bonn. Sie kamen aus Köln, wo sie bereits fünfzig Jahre ein Kloster bewohnten. Wohl 1275 ist unter Erzbischof Siegfried (Sifried) von Westerburg mit dem Bau der Kirche begonnen worden. Ein erster Bauabschnitt wurde 1317/18 vollendet, kurz nachdem auch das südlich anschließende Konventsgebäude fertiggestellt war. Bei der Weihe erhielt die Kirche den hl. Ludwig, Bischof von Toulouse, einen Franziskaner, zum Patron.

Der heutige Schutzpatron ist erst nachträglich von der alten Remigiuskirche übertragen worden, als diese 1800 durch Blitzschlag beschädigt wurde und abgebrochen werden mußte. Sie stand auf dem Remigiusplatz, auf dem heute der Blumenmarkt stattfindet. Die dorthin führende Remigiusstraße sowie auch Erinnerungsstücke, die sich jetzt in anderen Bonner Kirchen befinden, lassen wiederholt an dieses innerstädtische Kirchlein denken.

Erst bei genauerem Hinsehen ist zu erkennen, daß die »neue« Remigiuskirche, also unsere Minoritenkirche, über längere Zeit hinweg und abschnittsweise, von Osten nach Westen, ihre endgültige Gestalt erreicht hat. Als erstes ist der Chor mit ⅝-Schluß fertiggestellt worden, auf den sich offensichtlich das Weihedatum bezieht (Abb. 11). Er erinnert an Bauformen des Kölner Domes, was sich im Maßwerk der dreiteiligen Fenster äußert. Auch in dem der spitzbogigen Wandnische des Chores variieren Kölner Muster. Die Nische ermöglichte das Abstellen (Depositorium) und Reinigen (Piscina) von Kultgerät.

Beim Bau des Langhauses traten die Einflüsse der Dombauhütte hinter Ordenstraditionen deutlich zurück. Ähnlich wie bei der Kölner Minoritenkirche gehen die Fenster ziemlich weit zur Gewölbezone nach oben, woher die Strebepfeiler stark nach innen gezogen sind. Auch der Wandaufbau erinnert an das Vorbild, doch sind die Einzelformen hier strenger geworden. Absatzlos münden die profilierten Arkadenbögen in die mächtigen Rundpfeiler, ohne daß Kapitelle zwischengeschaltet wären. Ebenso durchstoßen die dünnen Dienste, die den Pfeilern vorgelegt sind, ohne Absatz das umlaufende Fenstergesims. Erst dann fangen Kapitelle die Dienste auf. Dagegen setzen die Dienste der Seitenschiffe unmittelbar an den Rundpfeilern und eckigen Wandvorlagen an. Insgesamt zeichnet das Innere die klare Architektur spätgotischer Räume aus.

In den Details vollziehen sich charakteristische Änderungen von Ost nach West, die den Baufortschritt widerspiegeln. Vor allem die Maßwerkformen der Fenster im nördlichen Seitenschiff demonstrieren deren Entwicklung während der zweiten Hälfte des 14. Jh. Ein anderes Beispiel ist der Wegfall der Seitenschiffdienste in den vier westlichen Jochen.

Die Westfassade wirkt vor allem durch ihren Mittelteil, den abgetreppte Strebepfeiler einrahmen. Die Seitenschiffe sind demgegenüber unscheinbar, das nördliche ist der Straße wegen sogar abgeschrägt.

BONN-INNENSTADT/ST. REMIGIUS, NAMEN-JESU-KIRCHE

Das Portal ist mit dem hohen vierbahnigen Mittelfenster in einer großen Spitzbogennische zusammengefaßt, eine Lösung, die bei der Minoritenkirche in Duisburg vorweggenommen ist. Auch die Befensterung des Westgiebels folgte einem Vorbild, nämlich der Minoritenkirche in Köln. Wie dort waren bei der Bonner Kirche ursprünglich drei kleine Spitzbogenfenster eingelassen, ehe sie 1889 durch das jetzige Rundfenster ersetzt worden sind.

Die kleine halbrunde Apsis vor dem nördlichen Seitenschiff ist erst 1620 angebaut worden und überrascht im Gesamtzusammenhang durch ihre romanisierenden Formen. An der Bonner Jesuitenkirche wird uns ein ähnlicher, nur viel aufwendigerer Rückgriff auf ältere Stilelemente noch einmal begegnen.

Den Bau dieser Nebenapsis hatte der Kölner Erzbischof Ferdinand von Bayern veranlaßt, der auch einen Hochaltar stiftete. Dieser verbrannte wie fast das gesamte übrige Inventar bei der Zerstörung Bonns durch den Kurfürsten von Brandenburg (1689). Der Raum konnte wiederhergestellt werden (1738–48). Trotz weiterer Beschädigung infolge Brand und Kriegseinwirkung (1888 bzw. 1944) blieb die Bausubstanz bewahrt oder ist original restauriert, so daß die Kirche einen annähernd authentischen Eindruck einer hochgotischen Franziskanerkirche vermittelt.

Erhalten blieb ein geschnitzter Marienleuchter, den der kurkölnische Hofkammerrat Arnold Heufft mit seiner Gattin gestiftet hatte (vor 1626). Der Taufstein gelangte wohl aus der alten Remigiuskirche hierher. Ein geschnitzter Holzdeckel schließt das ovale Marmorbecken ab (nach 1730). Eine Halbfigur der Muttergottes (17. Jh.) im südlichen Seitenschiff stammt vom ehemaligen Hochaltar aus der Werkstatt Jeremias Geissebrunns.

Über manche Katastrophe konnte auch die hölzerne Kanzel (18. Jh.) gerettet werden, die wahrscheinlich farbig gefaßt war und im künstlerischen Aufwand den Kanzeln der Kölner Jesuiten- und Minoritenkirche folgt. Sie ist heute das auffälligste Einrichtungsstück, nachdem die große »Beethovenorgel« (so genannt, weil sie vom Komponisten benutzt worden sein soll) im Bombeninferno des letzten Krieges vernichtet worden ist.

Die meisten älteren Einrichtungsstücke dürften im übrigen von der Neuausstattung im 18. Jh. stammen: die restaurierten Beichtstühle, ein schmiedeeiserner Wandleuchter mit lebhaftem Rocaille-Schmuck und die Bänke im Mittelschiff mit ihren geschweiften Wangen.

Im 19. Jh. wurde die Innenausstattung ergänzt. Hierzu gehören ein neugotisches Adlerpult, klassizistische Sedilien oder der Epitaph für Pfarrer Wilhelm Reinkens im östlichen Joch des südlichen Seitenschiffs. Von vier Altären dieser Epoche blieb in der Kirche nur noch der Unterbau des südlichen Seitenaltars, dessen Zierformen von feinem Geschmack sprechen. In dieser Gesamtheit bildeten diese Altäre mit ihren Gemälden von Franz Ittenbach sowie Karl und Franz Müller eines der besten Beispiele spätnazarenischer Altarkunst. Einige dieser Tafeln befinden sich jetzt im Rheinischen Landesmuseum.

Die Folgen der Liturgiereform und Bedürfnisse der Volksfrömmigkeit haben den Raum um moderne Ausstattungsstücke bereichert. Recht einfühlsam hat der Kölner Bildhauer Hein Gernot in den siebziger Jahren den Hochaltarkomplex sowie die Umgebung des Kevelaer-Altars gestaltet. Die Grisaille-Dekors der Verglasung von Paul Weigmann versuchen, dem Geist des hl. Franziskus gerecht zu werden.

Durch Jahrhunderte waren Kirche und *Kloster* der Minoriten unlösbar verbunden. Zu den üblichen klösterlichen Einrichtungen des Konventsbaues (1316) kam aufgrund einer Stiftung des Schneidermeisters Konrad mit Frau noch ein Hospiz (1343). Unzählige Spenden und größere Zuwendungen sprechen für die Volkstümlichkeit des Franziskanerklosters. Neben den religiösen Vorteilen, die von den Minderbrüdern angeboten wurden (1396 bestand hier schon eine Marienbruderschaft), haben sich die Minoriten in der Neuzeit sogar um die Fortbildung der Jugend bemüht. Ihr Gymnasium erhielt 1640 ein eigenes Gebäude, das dann aber an die Jesuiten fiel (1673). Der Konvent wurde 1802 aufgelöst. Seit 1957 sind hier wieder Minoriten in der Pfarrseelsorge tätig.

Nach den Verwüstungen des letzten Krieges hat man Kreuzgang und Klostergebäude auf dem alten Grundriß neu errichtet. Die dreiteiligen Fenster des Kreuzganges, die in rechtekkigen Blenden sitzen, blieben erhalten. Nach franziskanischer Tradition öffnet sich die stimmungsvolle Hauskapelle über ein Glasfenster zum Chor. Auch dem westlichen Vorplatz vor der Kirche hat der für den Wiederaufbau (seit 1955) verantwortliche Architekt Toni Kleefisch die nötige Aufmerksamkeit geschenkt. Die meisten Räume dienen seelsorgerischen Belangen.

Die mittelalterlichen Ordensgemeinschaften hatten vielfach bereits vor der Reformation ihren einstigen Schwung verloren und erholten sich nicht immer in dem Maße, wie es die Gegenreformation wünschenswert machte. So nimmt es nicht weiter wunder, daß auch der Kölner Kurfürst trotz Münsterstift, Minoritenkloster und anderen geistlichen Einrichtungen in Bonn die noch junge und vielverheißende Gesellschaft Jesu, kurz: Jesuiten, in die Stadt holte.

Erzbischof Maximilian Heinrich sicherte die Finanzierung ihres Gotteshauses, der **Namen-Jesu-Kirche,** mit deren Bau in der heutigen Bonngasse 1686 begonnen wurde. Dennoch zog sich die Ausführung recht lange hin, so daß erst 1717 die Einweihung erfolgen konnte. Die dreischiffige, kreuzrippengewölbte Stufenhalle fußt auf Plänen des Schweizers Jakob de Candrea (Farbabb. 2). Den zweijochigen Chor schließt eine halbrunde Apsis und flankieren flachrunde Nebenchöre. Schlanke achtseitige Säulen tragen die Gewölbe. Nebeneinander finden sich romanisierende und gotisierende Elemente, so etwa in der Betonung der Baumasse oder bei der Gestaltung der Klangarkaden der Glockenstube einerseits, im Maßwerk der Fenster andererseits. Das Gliederungssystem dagegen folgt ganz barocker Art, wie die kräftigen Strebepfeiler mit ihren korinthischen Kapitellen schön zu zeigen vermögen.

Im Innern überrascht vielleicht die dreiflügelige spitzbogige Orgelempore. Solche stilistischen »Sprünge« aber sind charakteristisch für die manieristische Art, die hier drei verschiedene Stilelemente harmonisch verbindet. Auch die Halle ist gotisierend gestaltet (Abb. 12). Reichlich flutet das Licht durch die farbigen Fenster. Die Fassung (schwarz, rot, gold und blau) wurde aufgrund von Originalbefunden bei der Wiederherstellung nach dem Krieg (1953) nach alten Vorlagen gewählt.

Romanisierender Stil entfaltet sich jedoch am eindrucksvollsten in der zweitürmigen Westfassade, die eine der bedeutendsten im Rheinland (Abb. 13) und unter anderem der

BONN-INNENSTADT / NAMEN-JESU-KIRCHE, BEETHOVEN-HAUS

Namen-Jesu-Kirche. Stahlstich von Ernst Friedrich Grünewald nach einer Zeichnung von Bernhard Hundeshagen, nach 1830

Namen-Jesu-Kirche, Grundriß

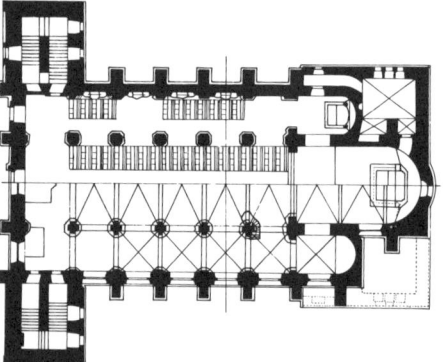

Kirche Mariä Himmelfahrt in der Nähe des Kölner Hauptbahnhofs verwandt ist. Wie sie darf auch die Namen-Jesu-Kirche als herausragendes Beispiel der gegenreformatorischen Jesuitenbaukunst jener Zeit gelten. Über dem Mittelportal erscheint in schmucker Rankenrahmung das von den Jesuiten verbreitete Monogramm Christi. Die oft mißdeuteten Buchstaben IHS sind dem griechischen Alphabet entlehnt und ergeben die Anfangsbuchstaben für ›Jesus‹, wenn dieser Name in griechischen Majuskeln geschrieben wird: IHSOUS. Auf dem Gesims steht segnend der Salvator. Die Flankentürme tragen welsche Hauben. Nahtlos fügt sich die Fassade in die Häuserzeile ein.

Von der ursprünglichen Ausstattung blieben Teile des Gestühls und die schöne Kanzel (1698) erhalten. Künstler vom Hofe des Kurfürsten Clemens August schufen die Altäre (1754–56): Bartholomäus Dierix den Hochaltar, Melchior Jouanny die Nebenaltäre. Sie standen ursprünglich in anderen Kirchen, darunter auch in der ehemaligen Kapuzinerkirche. In den Seitenschiffen befinden sich noch barocke Beichtstühle (18. Jh.).

Die bereits erwähnte lange Bauzeit erklärt sich aus den kriegerischen Auseinandersetzungen, die damals auch hier zerstörerisch oder lähmend wirkten (1689 Beschießung Bonns). Wie eine Ironie der Geschichte mutet an, daß ausgerechnet die Kirche der romtreuen Jesuiten, deren Kloster 1802 aufgehoben wurde, lange als Kirche der Altkatholiken diente

Beethoven-Haus 1 Hausflur mit schöner Treppe und Ahnentafel der Familie Beethoven 2 Stiftergalerie des Hauses 3 Bodmer-Zimmer mit Beethovens Schreibtisch aus der Sammlung Bodmer 4 Bonner Zimmer, Bilder der Residenzstadt Bonn im 18. Jahrhundert. Portraits bedeutender Zeitgenossen 5 Abstammung der Familie. Bilder von Mecheln und Ehrenbreitstein. Taufurkunde 6 Beethovens Jugend. Bilder der Familie und ihrer Freunde v. Breuning, Graf Waldstein. Lehrer Beethovens (Ries, Mozart, Haydn). Die Stammbücher von 1792 7 Orgelzimmer mit Spieltisch aus der Minoritenkirche. Beethovens Bratsche. Silhouette des Sechzehnjährigen und Beethovenbüste von F. Klein 8 Handschriftenzimmer. Portraits und Büsten des Komponisten und seiner Gönner 9 Geburtszimmer. Marmorbüste Beethovens von Wolff/Voß 10 Wiener Zimmer. Beethovens letzter, für ihn gebauter Flügel, vom Fürsten Lichnowsky geschenkte Streichinstrumente. Dokumente zu Taubheit, Tod und Begräbnis. Sein Freundeskreis. Ansichten von Wien

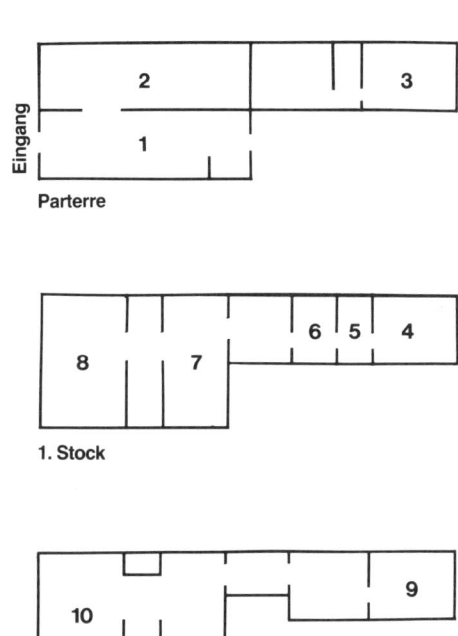

(1876–1934), jener Reformkirche also, die sich unter anderem aus Ablehnung des päpstlichen Unfehlbarkeitsanspruches von der katholischen Kirche gelöst hatte und bis heute in Bonn einen ihrer Mittelpunkte besitzt. Seit 1934 wird die Kirche als katholische Universitätskirche und von verschiedenen Gemeinden genutzt.

Wie durchweg in der Fußgängerzone, passiert man auch in der Bonngasse die Fronten alter, vielfach nach dem Krieg wiederaufgebauter Häuser. Nach wenigen Schritten in Richtung Norden und nach Überquerung der Friedrichstraße kommt man zum **Beethoven-Haus**, dem Geburtshaus des Komponisten (Farbabb. 15).

Allzu verständlich ist, daß der Meister in der Werbung der Stadt als »gewiß der größte und berühmteste Sohn Bonns« bezeichnet wird. Die Stadt Bonn demonstriert ihren Stolz nicht nur mit der Pflege seines Geburtshauses. Sie hat Beethoven auch das Denkmal auf dem Münsterplatz errichtet, feiert ihn mit besonderen Beethoven-Festen. Zu seinen Ehren tragen ein Gymnasium und die Beethovenhalle ihren Namen. Eine Zeitlang war umstritten, ob Bonngasse 20 wirklich das Geburtshaus des Komponisten sei (Abb. 17). Die Unsicherheit erklärt sich aus dem mehrmaligen Umzug der Familie, die am längsten in der Rheingasse Nr. 934 beim Bäckermeister Theodor Fischer gewohnt hatte. Diesem verdanken wir köstliche Notizen in unverfälschtem »Bönnsch« mit Erinnerungen an den jungen Beethoven.

Ludwig van Beethoven im Alter von 16 Jahren. Lithographie nach einem Schattenriß 1838

Für die Familie eines kurfürstlichen Hoftenoristen war der großbürgerliche Zuschnitt des Vorderhauses viel zu weitläufig, und sie zog in das bescheidene und streng separate Hinterhaus (vermutlich 1767). In dessen Dachstube kam Ludwig am 16. Dezember 1770 zur Welt. Schon vier Jahre später zogen die Eltern, Johann van Beethoven und Maria Magdalena geb. Keverich, in eine Wohnung in der Nähe des Münsterplatzes um, ehe sie dann in die Rheingasse umsiedelten (1776).

Der gepflegte Zustand des gesamten Anwesens ist 12 Bonner Bürgern zu verdanken, die frühzeitig einer Zweckentfremdung zuvorkamen, 1889 das Haus erwarben und den ›Verein Beethovenhaus‹ gründeten, dem im folgenden Jahr bereits 344 Mitglieder angehörten. Die Liste der Ehrenmitglieder zählt viel Prominenz von Brahms bis Verdi. Mit einer Ausstellung und einem Kammermusikfest Anfang Mai 1890 nahm die Vereinstätigkeit einen überaus ermutigenden Anfang.

Das Haus dürfte nach dem Stadtbrand von 1689 erbaut worden sein. War es beim Ankauf recht vernachlässigt, besaß aber wohl weitgehend die Raumaufteilung der kurfürstlichen Zeit, so mußte es später für die Bedürfnisse des Museums tiefgreifend umgestaltet werden. Vor allem ist die Trennung zwischen Vorder- und Hinterhaus entfallen. Die Beseitigung von Zimmerwänden hebt den herrschaftlichen Charakter des Vorderhauses zu stark hervor, das damals viel beengter war. Man kann annehmen, daß mehrere Familien von Hofmusikern den Komplex bewohnten.

Im übrigen ist bei den Renovierungen darauf geachtet worden, daß im äußeren Bild möglichst der originale Zustand erhalten oder wiederhergestellt wurde. Wo Einzelteile abhanden gekommen waren, besorgte man zeitgleiche Stücke aus anderen alten Bonner Häusern. Bereits im Treppenflur des Vorderhauses (Abb. 15) empfängt den Besucher die detailgerechte Ausstattung und die durch sie erzeugte Atmosphäre eines Hauses der damaligen Zeit, wo sogar nach rheinisch-katholischem Brauch nicht einmal das brennende Öllämpchen vor dem Muttergottesbild fehlt. Aufschlußreich ist die dort aufgehängte Ahnentafel der Familie Beethoven.

Ebenso versetzen uns Hof und Garten in eine andere Zeit. Für die Beethoven-Büste ließ sich der Rodin-Schüler Naoum Aronson an Ort und Stelle inspirieren (1905).

Das Bodmer-Zimmer neben dem Eingang enthält die kostbarste Privatsammlung der Welt zum Thema Beethoven, die H. C. Bodmer aus Zürich zusammengetragen und nach seinem Tod (1956) dem Museum vermacht hat; Blickfang ist Beethovens Schreibtisch.

Über die enge Treppe steigt der Besucher in den ehemaligen Wohnbereich der Familie Beethovens. Bedauerlicherweise sind einige originale Einrichtungsstücke und Archivalien durch einen Brandanschlag (1960) vernichtet worden. Das Bonner Zimmer bestimmen außer den Portraits von Zeitgenossen des Komponisten alte Ansichten von Bonn in kurfürstlicher Zeit.

Die beiden Stübchen rechts der Treppe lassen die beklemmende Enge damaliger Wohnverhältnisse fühlen. Das erste enthält Bilder und Dokumente zur Herkunft der Eltern. Die Taufurkunde ist ein Faksimile aus dem Kirchenbuch von St. Remigius in Bonn. In Ehrenbreitstein bei Koblenz wird das Geburtshaus der Mutter Beethovens gehütet, um das sich die Koblenzer Deinhard-Stiftung verdient gemacht hat. Diese geht auf Anregungen von Nachkommen Franz Gerhard Wegelers zurück, der als treuer Freund Beethoven zeitlebens zur Seite stand und dessen Portrait im Bonner Zimmer hängt.

Freunden (von Breuning, Graf Waldstein) und Lehrern Beethovens (Ries, Mozart, Haydn) ist der anschließende Raum gewidmet. Dann kommt man in das Orgelzimmer, wo unter Ölgemälden der beiden letzten Kurfürsten die vom Komponisten benutzten Instrumente ausgestellt sind: der Orgelspieltisch aus der Minoritenkirche und Beethovens Bratsche. Für keines dieser Instrumente gibt es aber nennenswerte Kompositionen aus der Hand des Künstlers! Verschiedene Bildnisse vermitteln hier und im benachbarten Handschriftenzimmer ein anschauliches Bild von dem jungen Beethoven, darunter die Silhouette des Sechzehnjährigen nach Neesen und die Bronzebüste von Franz Klein (1812). Die bösen Erfahrungen der Vergangenheit haben dazu geführt, daß in den Vitrinen lediglich Faksimiles ausgestellt werden. Die Auswahl zeigt den reichen und vielseitigen Bestand von Museum und Beethoven-Archiv, das 1927 im Nachbarhaus »Im Mohren« als wissenschaftliches Forschungsinstitut gegründet worden ist.

Der Raum des Vorderhauses im zweiten Stock ist das Wiener Zimmer (Abb. 16); hier werden die wertvollsten Stücke aus Beethovens Privatgebrauch präsentiert. Neben Streichinstrumenten, die Geschenke des Fürsten Lichnowsky waren, schlägt der letzte für den Komponisten gebaute Flügel den Besucher in Bann. Schon in der Bezeichnung des Zimmers wird ehrlicherweise nicht verschwiegen, daß Beethoven 1792 von Bonn nach Wien gegangen ist, wo er erst den großen Rahmen für die Entfaltung seines Genies fand. Zu den Instrumenten und lebensfrohen Erinnerungen bilden die gezeigten Hörrohre des später taub gewordenen Komponisten einen melancholischen Kontrast. Andere Ausstellungsstücke erzählen von Tod und Begräbnis.

Zurück in die früheste Kindheit versetzt der Weg durch einen Vorraum in das Geburtszimmer, das nur die Marmorbüste Beethovens von Professor Wolff und dessen Schüler Karl Voß sowie einen Lorbeerkranz enthält (Abb. 14). Man wird mit seinen eigenen Gedanken allein gelassen und mit der Erinnerung an unsterbliche Melodien.

Manche Stimmen werden nicht müde, hämisch den zeitigen Weggang Beethovens aus dem provinziellen Bonn in die Weltstadt Wien zu schildern. Darüber vergißt man aber, daß Kurfürst Max Franz aus dem Haus Habsburg sich selbst nicht zu schade war, in Bonn zu residieren und segensreich zu regieren. Man übersieht dabei vor allem, daß Beethoven

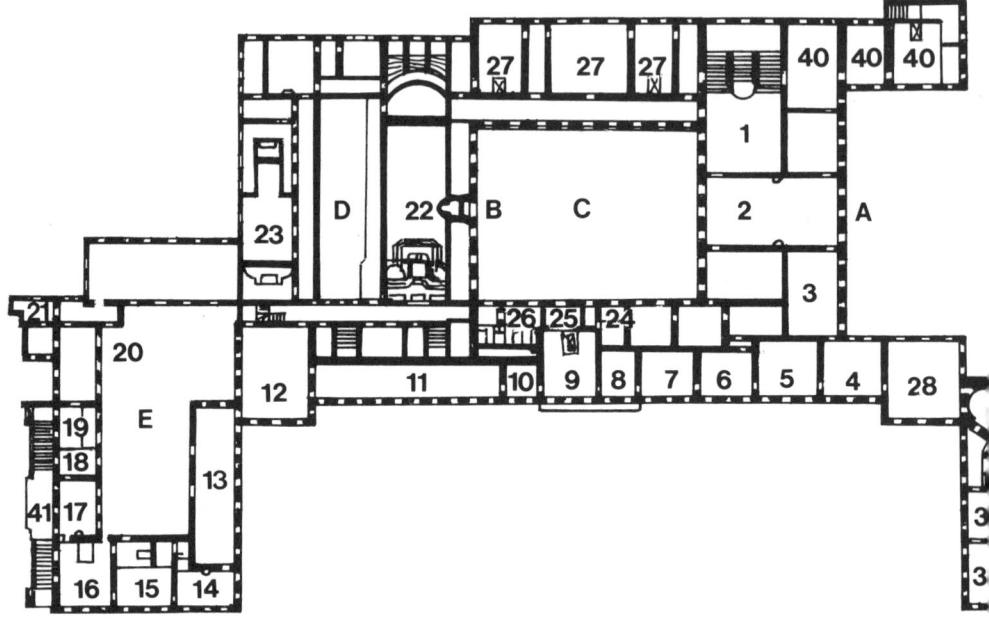

gerade hier grundlegende Anregungen empfing und Bonn bis zuletzt als seine Heimat schätzte. Als Student wurde er an der Bonner Universität in die Gedankenwelt der rheinischen Aufklärung eingeführt, die gegenüber der Kleinkariertheit, wie sie der Kölner Universität zu eigen war, hochmodern anmutet. Als Musiker lernte er bei dem Komponisten Christian Gottlob Neefe. An der Orgel des Bonner Hofes und in der Hofkapelle sammelte er Erfahrungen, die sich in einer großen Zahl von – bis heute als Meisterwerke geschätzten – Kompositionen niedergeschlagen haben. In Bonn entdeckte er seine Begabung, was ihm erst den Mut für den Schritt nach Wien gegeben hat.

Über diese Jahre bekennt Beethoven in einem Brief an Wegeler (1801): »(...) ich werde diese Zeit als eine der glücklichsten Begebenheiten meines Lebens betrachten.« Als ihn 1812 Peter Lenné besuchte, begeisterte sich Beethoven: »Dich versteh' ich. Du sprichst Bönnisch.« – Mehr als ein paar Wegweiser konnten in den vorangehenden Abschnitten nicht gesteckt werden. Unzählige Anregungen, die das Museum bietet, muß der Besucher selbst aufgreifen. Fachlich Interessierten kommen die Aktivitäten des Träger-Vereins und des Beethoven-Archivs entgegen. Freunden Beethovenscher Musik bereitet der Bonner Veranstaltungskalender alljährlich angenehme Überraschungen. In unmittelbarer Nähe des Beethoven-Hauses entstehen jetzt in der Bonngasse der neue Kammermusiksaal sowie neue Archivräume des Vereins.

Am Rande der Innenstadt liegt eine der »monumentalsten Architekturschöpfungen des europäischen Barock«, die ehemalige **Kurfürstliche Residenz**. In ihr ist heute die Rheinische

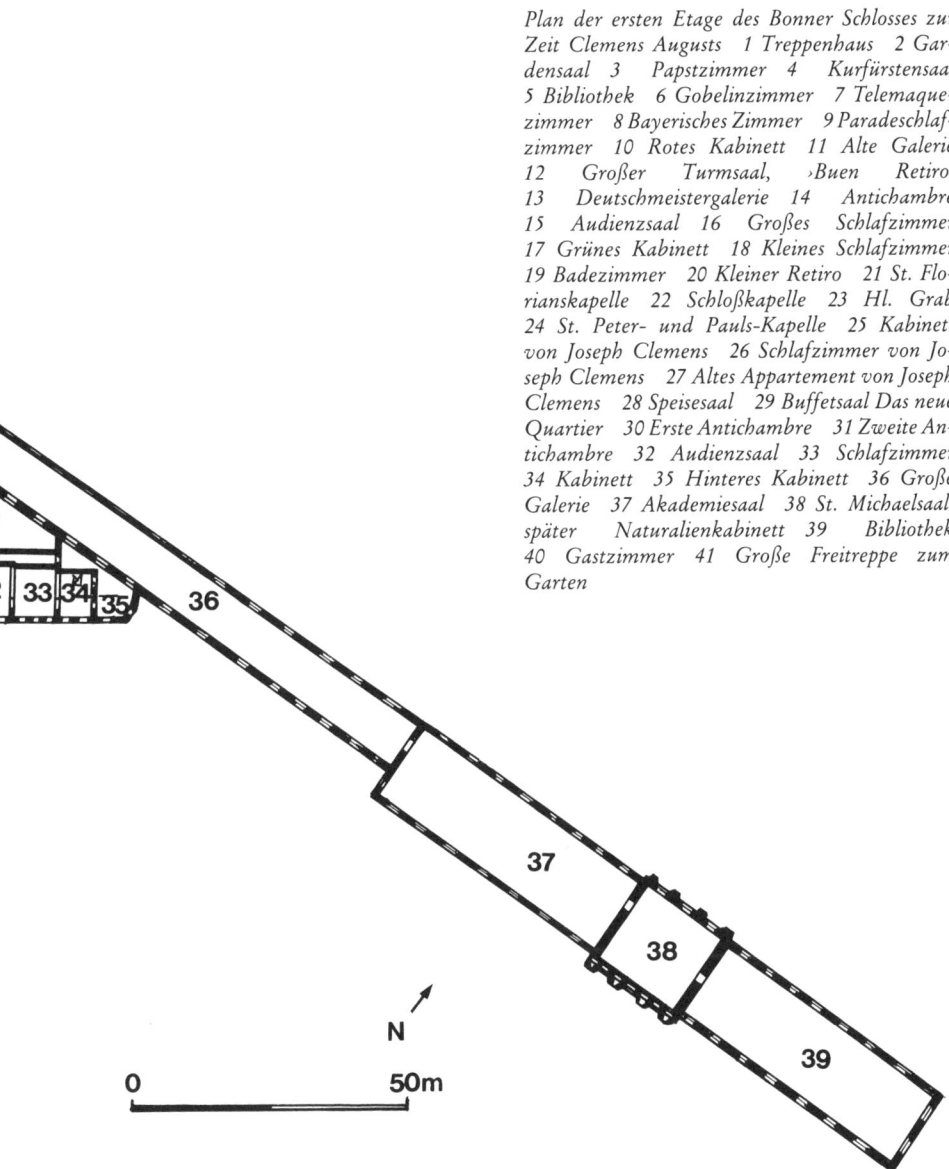

Plan der ersten Etage des Bonner Schlosses zur Zeit Clemens Augusts 1 Treppenhaus 2 Gardensaal 3 Papstzimmer 4 Kurfürstensaal 5 Bibliothek 6 Gobelinzimmer 7 Telemaquezimmer 8 Bayerisches Zimmer 9 Paradeschlafzimmer 10 Rotes Kabinett 11 Alte Galerie 12 Großer Turmsaal, ›Buen Retiro‹ 13 Deutschmeistergalerie 14 Antichambre 15 Audienzsaal 16 Großes Schlafzimmer 17 Grünes Kabinett 18 Kleines Schlafzimmer 19 Badezimmer 20 Kleiner Retiro 21 St. Florianskapelle 22 Schloßkapelle 23 Hl. Grab 24 St. Peter- und Pauls-Kapelle 25 Kabinett von Joseph Clemens 26 Schlafzimmer von Joseph Clemens 27 Altes Appartement von Joseph Clemens 28 Speisesaal 29 Buffetsaal Das neue Quartier 30 Erste Antichambre 31 Zweite Antichambre 32 Audienzsaal 33 Schlafzimmer 34 Kabinett 35 Hinteres Kabinett 36 Große Galerie 37 Akademiesaal 38 St. Michaelsaal, später Naturalienkabinett 39 Bibliothek 40 Gastzimmer 41 Große Freitreppe zum Garten

BONN-INNENSTADT/KURFÜRSTLICHE RESIDENZ

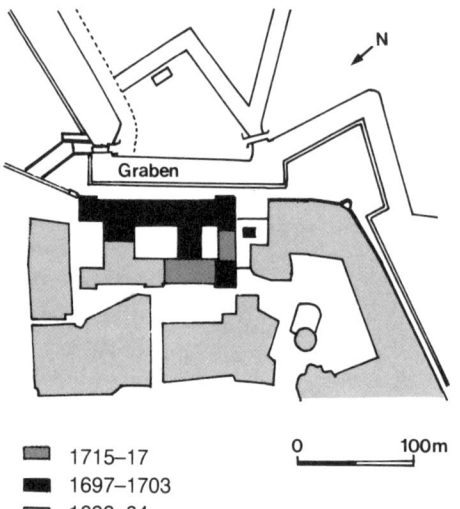

■ 1715–17
■ 1697–1703
▢ 1633–34

Lage des Bonner Schlosses mit den Erweiterungen des 17. Jahrhunderts

Friedrich-Wilhelms-Universität untergebracht (Farbabb. 12, Abb. 19). Die durch die weitläufigen Parkanlagen unterstrichene Offenheit der Anlage war im Mittelalter nicht gegeben. Das erzbischöfliche Schloß lag innerhalb der Stiftsimmunität und war südlich durch die Stadtmauer begrenzt. Ehe der barocke Neubau entstand, residierten die Kurfürsten in einem unter Erzbischof Salentin von Isenburg (1567–77) errichteten Schloß, das 1689 brandenburgische Truppen einäscherten.

Kurfürst Joseph Clemens ließ durch den bayerischen Hofbaumeister Enrico Zuccali Pläne für einen großzügigen Neubau entwerfen. Auf deren Grundlage entstand eine durch vier Ecktürme verstärkte Vierflügelanlage nach italienischer Art. West- und Nordflügel des alten Schlosses wurden in den Neubau miteinbezogen, während der Hofgartenflügel im Süden völlig neu entstand (1697–1703).

Während seines Exils in Frankreich träumte Joseph Clemens von großzügigen Erweiterungen und nahm persönlichen Anteil an der Erarbeitung entsprechender Pläne durch den Pariser Hofarchitekten Robert de Cotte. Der kastellartige Palast erhielt vor dem Westturm einen hufeisenförmigen Anbau, den ›Buen Retiro‹ für die kurfürstlichen Privatgemächer. Seine Fassade war in Gestaltung und Lage auf das Poppelsdorfer Schloß ausgerichtet. Entsprechend dazu erhielt auch die Ostseite des Palastes einen Anbau, das ›Neue Quartier‹ (1715–23). Der Gesamtkomplex sollte zusätzlich eine bauliche Anbindung an den Rhein erhalten. Nur einer der beiden geplanten Galerietrakte gelangte zur Ausführung.

Seit 1721 erfuhren auch die Gartenanlagen eine Umgestaltung im Sinne des Rokoko. Auf die Terrasse vor der Südfront folgte das niedrigere Parterre, das von doppelten Alleen gesäumt wurde und in Wasserspielen seinen Abschluß fand. Wesentlich war die Einbeziehung der Landschaft, wie sie uns auch noch auf der anderen Seite in Richtung Poppelsdorf begegnen wird. Hier im Süden schweifte der Blick über die Parkanlagen hinweg zur Rheinaue, hinter der das Siebengebirgspanorama den Point-de-vue (Blickpunkt) bildete.

Kurfürst Clemens August schließlich sorgte noch für den Ausbau des ›Buen Retiro‹ und gab dem Galerieflügel mit dem Bau des Michaelstores einen architektonischen Mittelpunkt.

Also wären innerhalb des Komplexes zu unterscheiden: Das Geviert des Palastes mit den charakteristischen Ecktürmen, die südlichen Anbauten des ›Buen Retiro‹ und des Neuen Quartiers sowie der zum Rhein verlaufende Galerieflügel.

Als örtliche Bauleiter wirkten Anton Riva am Hofgartenflügel und Guillaume Hauberat, der seit 1716 für de Cotte arbeitete.

Ein Stich von Johann Martin Metz (der eine Serie von Ansichten Bonns und seiner Umgebung schuf) und Nicolaus Mettely hat das Aussehen des Schlosses während seiner Glanzzeit (um 1755) festgehalten. Der Brand von 1777 zerstörte es bis auf das Erdgeschoß. Nur der Hofgartenflügel wurde in vereinfachter Form damals wiederaufgebaut.

Heinrich Lützeler meinte treffend, die Universität habe 1818 »des Kurfürsten abgetragene Kleider« angelegt. Aber noch fand die gelehrte Welt in dem verbliebenen Torso genügend Platz. Erst in neuerer Zeit zwang Raumnot zur Erweiterung, wobei man sich im wesentlichen an die alten Pläne Zuccalis hielt, die auch beim Wiederaufbau nach dem Krieg im Prinzip maßgebend blieben.

Der Brand der Kurfürstlichen Residenz am 16. Januar 1777. Kupferstich von François Roussaux

BONN-INNENSTADT/KURFÜRSTLICHE RESIDENZ

Hofgartenseite der Kurfürstlichen Residenz. Zeichnung von Johann Martin Metz um 1755

Vom Hofgarten her gewinnt man wohl die eindrucksvollste Ansicht der Anlage. Die viergeschossigen Ecktürme mit ihren von Laternen bekrönten Schweifdächern markieren den Palast von Zuccali und sind ein unverwechselbares Merkmal des Bonner Schlosses. Durch den in den mittleren fünf Achsen vorgezogenen Balkon wollte de Cotte einen Ersatz für den fehlenden Mittelrisalit schaffen. Die Figurennische mit der Regina Pacis, einem vergoldeten Bleiguß von Willem und Hendrik Rottermondt (1755), steigert die beabsichtigte Wirkung (Abb. 21). Die Wiederherstellung der ursprünglichen Attika (bis 1777) darüber würde den Effekt noch vervollkommen.

Das Michaels- oder *Koblenzer Tor* (1751–55) enthielt früher Räume des Michaelsordens und anstatt der seitlichen Durchgänge Wach- und Zollstuben (Farbabb. 11). François Cuvilliés war an der Planung mitbeteiligt. Dorische und ionische Doppelsäulen sind derart vorgeblendet, daß die Anlage geradezu den Charakter eines Triumphtores erhält, was die kurfürstliche Wappenkartusche in der Mitte noch unterstreicht. Die Figuren über den Doppelsäulen stellen Personifikationen der vier Tugenden des Michaelsordens (Pietas/Frömmigkeit, Perseverantia/Ausdauer, Fortitudo/Stärke, Fidelitas/Treue) dar, geschaffen von Joseph Ferretti (Abb. 20). Als Bekrönung erscheint zuletzt in der Mitte der Erzengel Michael, ein vergoldeter Bleiguß von Hendrik Rottermondt (1730). Alle Figuren sind Kopien, da die »Tugenden« im Krieg zerstört wurden und die Originalfigur des Michael im Innern der Universität aufgestellt ist. Die abschließende Balustrade verdeckt das Walmdach, dem die Laterne aufsitzt.

Koblenzer Tor. Stahlstich von Ernst Friedrich Grünewald nach einer Zeichnung von Bernhard Hundeshagen um 1830

Hofkapelle der kurfürstlichen Residenz. Stahlstich Ende 19. Jahrhundert

BONN-INNENSTADT/KURFÜRSTLICHE RESIDENZ

Im dritten Stockwerk des Galerieflügels ist die *Lehrsammlung des Seminars für Völkerkunde* untergebracht, die Originale aus allen Kontinenten besitzt, wobei Südamerika einen gewissen Schwerpunkt bildet. So sieht man präkolumbische Plastiken aus Kolumbien und Tanzschmuck der Aparai, ferner Brustschmuck aus Neuguinea, Rindenmalereien aus Ozeanien sowie verschiedene Masken, etwa die des Gelede-Geheimbundes der Yoruba oder der Garuda in Sri Lanka. Dies alles kann hier nur angedeutet werden, selbst auf die Gefahr hin, daß dies als Wertung mißverstanden würde. Das aber ist schon deshalb abwegig, weil hier nicht nur Sammlungen aufgebaut und registriert, sondern auch wissenschaftlich ausgewertet werden. Dabei begnügen sich die Mitarbeiter des Seminars keineswegs mit Depot und Archiv, sondern forschen »vor Ort«. Seit 1961 sind zahlreiche eigene Expeditionen nach Übersee durchgeführt worden. Die Initiative ging von dem Gründer und ersten Direktor des Seminars, Professor Dr. Hermann Trimborn, aus. Primär für Lehr- und Studienzwecke gedacht, kann und will die Sammlung nicht mit den großen Völkerkundemuseen an anderen Orten wetteifern. Dennoch birgt sie manche selbst dort fehlende Objekte, vor allem aus dem Kulturkreis südamerikanischer Indios, einem der Forschungsschwerpunkte des Lehrstuhls.

Das Barockschloß besaß eine bemerkenswerte Doppelkapelle (1700), vergleichbar mit der in Versailles. Nach der Zerstörung von 1777 entstand an ihrer Stelle nach Plänen von Johann Heinrich Roth eine neue *Schloßkapelle*, die jetzt als evangelische Universitätskirche dient (Abb. 23). Der halbrund abgeschlossene Saal ist dem Osttrakt eingefügt. Das Innere umläuft eine Galerie und ist im Stil Louis XVI. geschmückt. Der Stuck mußte nach dem Krieg etwa zur Hälfte stilgerecht ergänzt und in Weiß auf Gelb neu gefaßt werden. Die zerstörte Kanzel von Friedrich Waesemann (1818) hat man rekonstruiert.

Während sonst nur sehr spärliche Reste der alten Stuckdekoration erhalten geblieben sind (Romanisches Seminar), verdienen manche modernen Ausstattungsstücke Beachtung. Mit dem modernen Treppenhaus (1951) im Südflügel versuchte Bernhard Gelderblom, in heutiger Ausdrucksweise der barocken Umgebung gerecht zu werden. Als gelungen gilt die Neue Aula (1956) von Helmut Hentrich und Hubert Petschnigg. Wasserspeiende Seehunde zieren den Brunnen von Erich Bucher (1953) im Hof des einstigen ›Buen Retiro‹. Die figürlichen Türgriffe (1959) von Elisabeth Bäumer in der Anschlaghalle hat man tiefsinnig deuten wollen. Erwähnenswert sind schließlich noch die mosaikverzierten Säulen von Ruth Landmann (1954) im Foyer bei Hörsaal I.

Am Ende des Hofgartens, wo einst zum Vergnügen der Bonner Bürger Wasserspiele sprudelten, entstand 1824/25 sehr zu deren Verdruß die ehemalige Alte Anatomie (Farbabb. 14). Der klassizistische Bau beherbergt heute das **Akademische Kunstmuseum**. Friedrich Waesemann hatte 1821 zusammen mit dem Anatomieprofessor Mayer Pläne für ein ›Theatrum anatomicum‹ alten Stils angefertigt, die aber von Karl Friedrich Schinkel als

1   BONN   Münster, Chor und Vierungsturm ▷

2   BONN   Münster, Kreuzgang ▷▷

3 BONN Münster, Sakramentshaus

4 BONN Münster, Hl. Helena

5 BONN Münster, Chorgestühlwange

6 BONN Gerichtssäule vor dem Münster

7 BONN Münster, Schiff mit Kanzel und Orgelempore

8 BONN Münsterplatz mit Post und Beethovendenkmal

9 BONN Hauptbahnhof

10 BONN Helenakapelle

11 BONN St. Remigius, Schiff zum Chor

13 BONN Namen-Jesu-Kirche, Westfassade ▷

12 BONN Namen-Jesu-Kirche

14 BONN Beethoven-Haus, Geburtszimmer

15 BONN Beethoven-Haus, Treppenaufgang

16 BONN Beethoven-Haus, Wiener Zimmer

17 BONN Bonngasse mit Beethoven-Haus

19 BONN Universität, Fassade zum Hofgarten

◁ 18 BONN Sterntor

20 BONN Universität, Koblenzer Tor

21 BONN Universität, Regina Pacis-Statue an der Hofgartenfassade

22 BONN Reitvorführung von Karnevalsaktivisten im Hofgarten

23 BONN Universität, Schloßkirche

vorgesetztem Oberbaurat verändert wurden. Auf einem Sockel erhebt sich in der Mitte das ›Theatrum‹, der runde Hörsaal, in dessen Mitte der Seziertisch stand. Die vielen ursprünglich rundbogigen Fenster spendeten reichlich Licht. Seit Fertigstellung der Neuen Anatomie (1874) im Poppelsdorf dient der Bau als Antikenmusem. Anbauten für andere Universitätsinstitute kamen hinzu (1883/84, 1907/08).

Das Museum betreut etwa 1500 Abgüsse aus allen bedeutenden Antikensammlungen der Welt. Aber es erschöpft sich nicht im ›schönen Schein‹, der vornehmlich Studienzwecken dient, sondern besitzt griechisches Kunsthandwerk im Original sowie Vasen, Terrakotten, Bronzen und Marmorplastiken aus römischer Zeit. Das Museum ist übrigens das größte seiner Art in Deutschland. Die Bereicherung der Abgußsammlung durch Originale war anfangs nicht selbstverständlich. Als 1884 nach dem Auszug der Mediziner das Archäologische Institut das Haus übernahm, verfügte der neue Benutzer bereits über eine umfangreiche Antikensammlung. Friedrich Gottlieb Welcker regte an, diese Bestände in ein Akademisches Kunstmuseum einzubringen. Er huldigte darin der damals verbreiteten humanistischen Schulideologie vom gesunden Körper im gesunden Geist: Mens sana in corpore sano. August Wilhelm von Schlegel unterstützte die Idee Welckers.

Der neue Lehrstuhlinhaber Georg Loeschke (seit 1889) hob die Bedeutung des Originals gegenüber der Replik hervor und konnte seine Mitarbeiter zu verstärktem Sammeln von Vasen, Figuren, Terrakotten, Bronzearbeiten und Inschriften anregen. Darunter befanden sich bald bedeutende Stücke, durch die endlich die Originalstücke aus dem Schatten der Abgußsammlung heraustraten und zugleich den internationalen Ruf des Archäologischen Instituts begründeten. Heute sind aber auch die Abgüsse in ihrem Wert wieder anerkannt. Vor allem gestatten sie günstigere Studienmöglichkeiten, da ihr Erhaltungszustand oft besser ist als der ihrer Originale.

Als Besonderheiten werden Teile von Aufsätzen und Friesen aus gebranntem Ton sowie die Stuckreliefs mit symbolischen Darstellungen aus der griechischen Kolonie Olbia (6. Jh. v. Chr.) in der Bugmündung angesehen. Sie dienten als Besatzstücke von Holzsarkophagen. Ein solcher aus einer griechischen Kolonie Ägyptens (4. Jh. v. Chr.) mit teilweise erhaltenem Inhalt befindet sich im Besitz des Museums. Darin bildet er eine besondere Attraktion neben alexandrinischen Terrakotten, Fayencen und Stuckmasken, einem Mumienporträt von einem Mädchen (Abb. 66) sowie einem Helmmodell aus Kalkstein.

Der Hofgarten erlebt nicht nur des Sommers das bunte Treiben von Studenten und Einheimischen. Er ist gelegentlich auch Schauplatz von Massendemonstrationen. Seinen Rokoko-Charakter hat er lange schon eingebüßt. Gartenfreunde schätzen seinen kostbaren Baumbestand. Der Stadtgarten schließt sich östlich an.

An seinem nördlichen Rand liegt der bekannteste Aussichtspunkt Bonns, der **Alte Zoll**, eine baumbestandene ehemalige Bastei (17. Jh.; damals hieß sie »Dreikönigsbastion«), von der aus man zu den rechtsrheinischen Stadtteilen und zum Siebengebirge blickt. Als letzter Rest der Bastionen der Festung Bonn markiert die Alte Bastei zugleich die Südostecke der mittelalterlichen Stadt. Die Aussicht sollte man zu verschiedenen Jahreszeiten und bei wechselnder Witterung genießen, denn erst dann bestätigt sich die eingangs getroffene Feststellung »Bonn ist mehr« besser, als es die gängigen Ansichtskartenbilder zu zeigen vermögen. Der Name ist auf das ehemalige kurfürstliche Zollhaus zurückzuführen. Die Kanonen, die Kaiser Wilhelm II. aufstellen ließ, stammen noch aus den Befreiungskriegen. Nach dem Sieg über Napoleon 1813 erregte die Flugschrift »Der Rhein Teutschlands Strom, aber nicht Teutschlands Gränze« erhebliches Aufsehen. Ernst Moritz Arndt, ihrem Verfasser, setzte man 1865 ein Denkmal von Bernhard Afinger.

Das **Arndt-Denkmal** ist nach dem Beethoven-Denkmal das zweitälteste bürgerliche Standbild im Rheinland (Abb. 24). In ihm konnte sich aber die Stadt nicht selber ehren, da Arndt zugezogen war. Die Inschrift »Errichtet vom Deutschen Volk MDCCCLXV« weist weit über den lokalen Rahmen hinaus, engt aber gleichzeitig die Bedeutung des Geehrten auf seine politische Rolle ein. Das Zitat aus den Freiheitskriegen bekam zur Mitte des 19. Jh. im Sinne der damals propagierten »Erbfeindschaft« mit Frankreich eine neue, beklemmende Aktualität. Aber ungewollt belegt das Denkmal, wie überholt im Grunde der so oft zitierte Ausspruch des jungen Mannes zu der Zeit war, als man es setzte, denn Arndt wird als würdiger Greis dargestellt. Wie das Zitat »von gestern« ist, so ist wohl nicht von ungefähr

Anatomie von Schinkel. Ansicht vom Ende des 19. Jahrhunderts

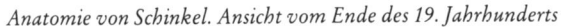

Blick vom Alten Zoll in Richtung Siebengebirge. Kupferstich um 1790

auch das Denkmal an den Rand (der Stadt) gerückt. Statt der zeitbedingten Inanspruchnahme Arndts für politische Vorstellungen, lasse man ihn lieber an dieser hübschen Stelle selber zu Wort kommen und bekenne mit ihm: »Ich sehne mich ins Freie hinaus und bedarf der lieben Natur und des offenen Lichts zu meinem besseren Daseyn.«

Das Grün des Stadtgartens mag Erinnerungen wecken an die Hofgärtnerfamilie Lenné, deren Haus gleich rechts nach dem Arndt-Denkmal folgt. Dieses sogenannte **Mastiauxsche Haus** gehörte dem kurfürstlichen Hofgärtner Lenné. Hier wurde 1789 sein Sohn Peter Joseph Lenné geboren, der als Generaldirektor der Preußischen Gärten in Berlin nachhaltig die Gartenbaukunst des 19. Jh. beeinflußt hat. Eine große Gedenktafel an der Gartenseite des Hauses erinnert an ihn. Seine Lehrjahre hatte er unter anderem auch in Brühl verbracht. Aber auch später, als sich der Schwerpunkt seiner Tätigkeit in den mitteldeutschen Raum verlagert hatte, kehrte er wiederholt in seine rheinische Heimat zurück, um hier gärtnerisch zu wirken. Er propagierte die Idee des sogenannten Englischen Parks. Der größere Teil des Brühler Schloßparks wird ihm zugeschrieben. Dagegen dürfte die Gestaltung des Alten Friedhofes und des Redoutenparks in Bad Godesberg noch auf seinen Vater zurückgehen. Dafür arbeitete Peter Joseph maßgeblich in Koblenz (Rheinanlagen), Stolzenfels, Bad Neuenahr und Köln (Flora). Bemerkenswert ist vielleicht, daß die Familie Lenné, ähnlich wie die van Beethoven und die Boisserée aus dem niederländisch-wallonischen Grenzgebiet stammten. Das unverdient als »provinziell« abgestempelte Bonn erweist sich also wieder einmal nicht zuletzt in seinen bedeutendsten Persönlichkeiten als Stadt mit europäischen Verbindungen.

Über dem Eingang des gegenüberliegenden Historischen Seminars (Konviktstraße 11) ist in einer Kartusche der Bergmannsgruß »Glück auf« zu lesen. Er erinnert an die frühere Bestimmung des Gebäudes, wo bis 1970 das **Oberbergamt Bonn** untergebracht war, ehe es mit der entsprechenden Behörde in Dortmund zusammengelegt wurde. Von dem 1903 eingeweihten, im letzten Krieg zerstörten Gebäude blieb nur das von Säulen eingefaßte Portal erhalten, dessen Gebälk Flammenvasen krönen. Die Bergverwaltung war noch 1810 von Napoleon eingeführt und 1816 durch Preußen neu organisiert worden. Vor dem Neubau residierte das Amt im Mastiauxschen Haus.

Das düstere neugotische Gebäude neben dem Hotel Königshof ist das erzbischöfliche Alumnenseminar **Collegium Albertinum**, wo die Priesteranwärter während ihres Studiums untergebracht sind. Die streng abgeschlossene Erziehung der Priesteranwärter spielte in der römisch-katholischen Kirche bis in die fünfziger Jahre dieses Jahrhunderts eine entscheidende Rolle. Dem Bonner Theologenkonvikt war das Trierer Priesterseminar zeitlich vor-

Kreuzkirche. Zustand von 1871. Lithographie von Reiner Beissel

Neues Gesellschaftshaus des Bonner Bürgervereins. Fotografie 1909

ausgegangen, das in neuromanischem Stil ausgeführt war. In Bonn dagegen folgte man stilistisch der späten Neugotik. Die Pläne von Johannes Richter (1889) und Franz Langenberg (1890) brachten im zeitlichen Nacheinander wiederum eine Abkehr von der geschlossenen Anlage eines Quadrums zu der offenen U-förmigen Anlage von heute. In deren Scheitel springt die Anstaltskirche zum Rhein vor. Die relative Freizügigkeit gegenüber Trier oder dem ursprünglichen Entwurf Richters reicht indes nicht aus, die Strenge des Baues zu mildern, der gleichzeitig Ordnung und Askese einer triumphierenden Kirche zum Ausdruck bringen sollte.

Manche behaupten, gegenüber auf der anderen Seite des Hofgartens läge die »Konkurrenz«: die evangelische Hauptkirche Bonns. Die **Kreuzkirche** entstand 1866–71 gleichfalls im Stil der Neugotik. Nach dem kriegsbedingten Wiederaufbau ist die Kirche mit modernen Glasgemälden ausgestattet worden. Der neue helle Raum bildet gelegentlich den Rahmen für offizielle Gottesdienste in Anwesenheit von Mitgliedern der Bundesregierung und des diplomatischen Korps. Seine hervorragende Akustik hat ihn zum Ort der jährlichen internationalen Orgelwochen bestimmt. Eine »Renovierung« in den 1930er Jahren beraubte den Bau allen äußeren Schmucks, so daß er sich heute etwas kahl präsentiert.

Steht man auf dem Alten Zoll und blickt nordwärts, so sieht man das silbrig verkleidete **Stadttheater,** das nach der Zerstörung des alten Gebäudes im Bombenkrieg nach Plänen von Klaus Gessler und Wilfried Berg-Erlag neu erbaut worden ist (1962–65; Farbabb. 13). Das alte Bonner Stadttheater war 1848 in der Theaterstraße eröffnet und 1859 von der Stadt ersteigert worden. Da diese jedoch nur juristische Verantwortung übernahm und im übrigen das Haus neuen Pächtern zur Verfügung stellte, gab es praktisch nur ein bespielbares Gebäude, aber kein Stadttheater im eigentlichen Sinne. Bonn wurde bis 1902 meist von Köln aus mitversorgt. Erst unter der Direktion des Hofrates Otto Beck erlebte das hiesige Theater eine erste Glanzzeit und ließ Bonn bis zum Ersten Weltkrieg zu einer richtigen Theaterstadt heranreifen. Nach Kriegsende erschien es folgerichtig, das Theater als kommunale Einrichtung weiterzuführen. Daran ist auch nach den Verwüstungen des letzten Krieges angeknüpft

BONN-INNENSTADT/KENNEDYBRÜCKE

Der Vorgängerbau der heutigen Kennedybrücke; er wurde im Zweiten Weltkrieg zerstört. Fotografie um 1920

worden, als man ganz von vorne und an anderer Stelle beginnen mußte. Bevor das neue Haus fertiggestellt war, fanden Theateraufführungen im Bürgerverein statt; an seiner Stelle steht heute das Hotel Bristol.

Die Metallverkleidung des jetzigen Hauses reflektiert das natürliche Licht oder künstliche Beleuchtung und unterstreicht so die markante Silhouette des Baues. Die kostbare Ausstattung hat Bonn sich nur dank der Unterstützung durch die Bundesrepublik leisten können: Marmor in der Eingangshalle, Zebranoholz als Wandverkleidung, ferner die künstlerischen Zutaten des Holzschneiders HAP Grieshaber, des Lichtplastikers Otto Piene und des Bildhauers Erich Hauser. Vor diesem Hintergrund werden auch die Gagen erklärlich, die für erste Kräfte aus dem In- und Ausland gezahlt werden. Während sich das Große Haus (896 Sitze) eher Klassischem verpflichtet fühlt, bringt die Werkstattbühne im Tiefgeschoß (Eingang von der Rheingasse) vorwiegend Avantgardistisches.

Direkt neben dem Theater verbindet die **Kennedybrücke** (1948/49) in drei Bogen, deren mittlerer eine Spannweite von 195 m hat, die beiden Rheinufer. Um den Ansprüchen des modernen Verkehrs zu genügen, mußten beidseitig lange Rampen in die Stadt getrieben werden, mit denen zusammen die Brücke die beachtliche Länge von 800 m erreicht. »Et Bröckmännche«, eine volkstümliche Figur aus der Vorgängerbrücke, sitzt heute auf dem rechten Pfeiler auf Bonner Seite. Bei der im Krieg zerstörten Brücke hatte sie ihren Platz auf der anderen Rheinseite und kehrte dabei Beuel den Allerwertesten zu, angeblich weil die damals noch selbständige Gemeinde eine Beteiligung an den Baukosten verweigert habe (1898). Bemerkenswert ist, daß bereits in kurfürstlicher Zeit für eine Weile hier eine Brücke bestanden hat (1682). Nicht unterlassen werden sollte der Hinweis auf die Gedenktafel für die 1938 zerstörte Synagoge auf der Nordseite der Bonner Rampe.

Nördliche Stadtteile und Altstadt

Nicht weit von der Kennedybrücke entfernt liegt die **Beethovenhalle** (1956–59, Abb. 26). Sie ist als Mittelpunkt des kulturellen und gesellschaftlichen Lebens der Stadt weit über Bonn hinaus bekannt geworden. Etwas verwirrend erscheinen zunächst die Nebenbauten, die sich um den zentralen Kuppelbau gruppieren. Dennoch ergibt der von dem Berliner Architekten Siegfried Wolske entworfene Komplex ein sinnvoll durchdachtes Ganzes. Außer dem großen Konzert- und Kongreßsaal mit seinen 1600 Plätzen stehen das Studio (387 Plätze), der Kammermusiksaal (182 Plätze), ein Vortragssaal (90 Plätze) und ein Ausstellungsraum zur Verfügung.

Vor der Beethovenhalle steht unübersehbar eine raffinierte Kopfskulptur Beethovens von Klaus Kammerichs (›Beethon‹, 1986). Eine Beethovenbüste von Bourdelle begrüßt die Besucher im Foyer. Die in Schwarz, Gold und Weiß gehaltene Wand und das Gemälde im Raucherfoyer stammen aus der Hand Joseph Faßbenders. Die Zementfigur der Nike an der Südostecke schuf Bernhard Heiliger. Im Restaurant wandert der Blick von der großen Metallplastik an der Wand, in der Hans Uhlmann den Schlußakkord in Beethovens Neunter Symphonie symbolisch dargestellt hat, zur Siebengebirgslandschaft, die sich von der Terrasse aus im Hintergrund abzeichnet.

Nicht weit vom betriebsamen Wilhelmsplatz, bei dem einander gegenüber das Johannes-Hospital und die Universitäts-Zahnklinik liegen, blickt zur Kölnstraße die neugotische Doppelturmfassade der **Stiftskirche** (Abb. 27). Kirchenamtlich müßte man sagen: Katholische Pfarrkirche in Dietkirchen St. Johann Baptist und St. Peter. In diesem Namen lebt die alte Dietkirche oder Volkskirche (Diet = Volk) weiter, die von den Franken in der Südwestecke des ehemaligen Römerlagers errichtet worden war. Während des Mittelalters war mit ihr ein Damenstift verbunden. Das außerhalb der Stadtmauern befindliche Stift wurde in die Stadt verlegt, wobei unter Leitung von Maevis Bongarts (und vielleicht mit Beteiligung von Johann Conrad Schlaun) eine barocke Stiftskirche entstand. Nach deren Abbruch (1881) errichtete Heinrich Wiethase die jetzige Backstein-Basilika. Das weiträumige Innere war, wie teilweise zu sehen ist, im Stil der Neugotik ausgestattet.

Aus der alten Stifts- oder Dietkirche stammt die Figur der Thronenden Muttergottes am südwestlichen Vierungspfeiler (um 1320/30). In der vorzüglichen Nußbaumschnitzerei sitzt Maria auf einer mit Kissen belegten Bank (Abb. 29). Die berühmte Mailänder Madonna im Kölner Dom weist diesem Werk stilistisch den Weg. Eine weitere Parallele ist die Adelmannsche Madonna in der Kunsthalle zu Hamburg, die aus Bonn-Oberkassel kommen soll. Der spätromanische Taufstein in der Vierung ist gleichfalls aus der alten Stiftskirche gerettet worden. Der reiche plastische Schmuck des sechsseitigen Beckens, das auf Säulen ruht, wirkt fast barock und ist für seine Entstehungszeit ungewöhnlich (Abb. 28).

Zwischen Friedens- und Wilhelmsplatz liegt auf dem Gebiet der ehemaligen Marienbastion das spätklassizistische **Landgericht**, dessen Rustikafassade (1850) zur Wilhelmstraße gerichtet ist. Der klassizistische Bau schräg gegenüber beherbergt Einrichtungen der Volkshochschule und – bis zum Sommer 1987 – die Kasimir-Hagen-Sammlung. Sie war nach dem Bonner Bürger Kasimir Hagen benannt, der sie 1962 zu Zwecken der Kunsterziehung gestiftet hatte. Die Sammlung umfaßte Gemälde, Plastiken und Graphiken vom 14. bis 20. Jh.

Drohend schiebt sich westlich vom Friedensplatz das neue Bonner **Stadthaus** in die Höhe und setzt einen markanten Blickpunkt in der Silhouette der Stadt (Abb. 25). Einer seiner Türme erreicht eine Höhe von über 72 m. Das Monstrum beherbergt auf 42 Etagen zwanzig Ämter der Stadtverwaltung und das Stadtarchiv. Um gerecht zu sein, muß die Notwendigkeit zu einer räumlichen Zusammenfassung der bis 1978 auf 43 Gebäude in der Stadt verteilten Behördenstellen zugegeben werden. Anerkannt sei auch das Bemühen, die sterile Atmosphäre aufzulockern durch gezielte Anwendung von Farben und durch Aufträge an moderne Künstler und Designer. Auf der Fußgängerebene steht »Chronos«, ein etwa 20 m hoher kinetischer Turm mit beweglichen Spiegeln und Lichtstrahlern in verschiedenen Farben von Nicolas Schöffer. Günter Ferdinand Ris schuf eine Anordnung von Rohrsäulen und Halbrohren in einer runden Wasserfläche, der er die Bezeichnung »Lichtfeldspiegel« gab. Am Eingang zur Kindertagesstätte wird man von einer farbigen Wand aus Aluminiumrohren und beweglichen Teilen begrüßt, wozu Manfred Saul den Entwurf lieferte. Doch alle diese netten Spielereien vermögen die optische Bedrohlichkeit des Beton- und Glasgebirges nicht zu mildern, das sich überhaupt nicht in die historische Umgebung einfügt.

Genau nördlich des Stadthauses, begrenzt von Bornheimer Straße, Hochstaden-, Kaiser-Karl-Ring und Kölnstraße, liegt die »Bonner Altstadt«. Hier sind die meisten Kneipen konzentriert, in einer Vielfalt, die praktisch jedem Geschmack etwas bietet. In den letzten Jahren wurde auch hier vielfach renoviert und restauriert, so daß sich auch tagsüber ein Gang durch die Straßen lohnt.

Westlich des Ungetüms liegt an der Oppenhofstraße ein interessantes Beispiel für die Sakralarchitektur des 19. Jh., die **Kirche St. Marien** (1889–92). Mit ihrer gelben Backsteinfassade hebt sie sich hell von ihrer Umgebung ab, ein Effekt, der ganz in der Absicht des Architekten lag. Als solcher war Josef Prill, eigentlich Religionslehrer, Autodidakt, was vielleicht seine auffallend streitbare Verteidigung der Neugotik erklärt. Die auch von Zeitgenossen verfochtene Ansicht, ein Sakralgebäude müsse seinem Rang entsprechend von der jeweiligen Umgebung optisch isoliert werden, hat er hier geradezu beispielhaft in Architektur umgesetzt. Aber wie die krause Dogmatik Prills, so wirkt auch das Bauwerk etwas übersteigert. Auch im Mittelalter wollte man »Abbilder des Himmels« bauen. Noch der Kölner Dombaumeister Vincenz Statz beschwor diese Idee. Hier jedoch scheint sie geradezu konstruiert, ohne die Lebendigkeit der alten Bauten. So stellt die Kirche weniger ein

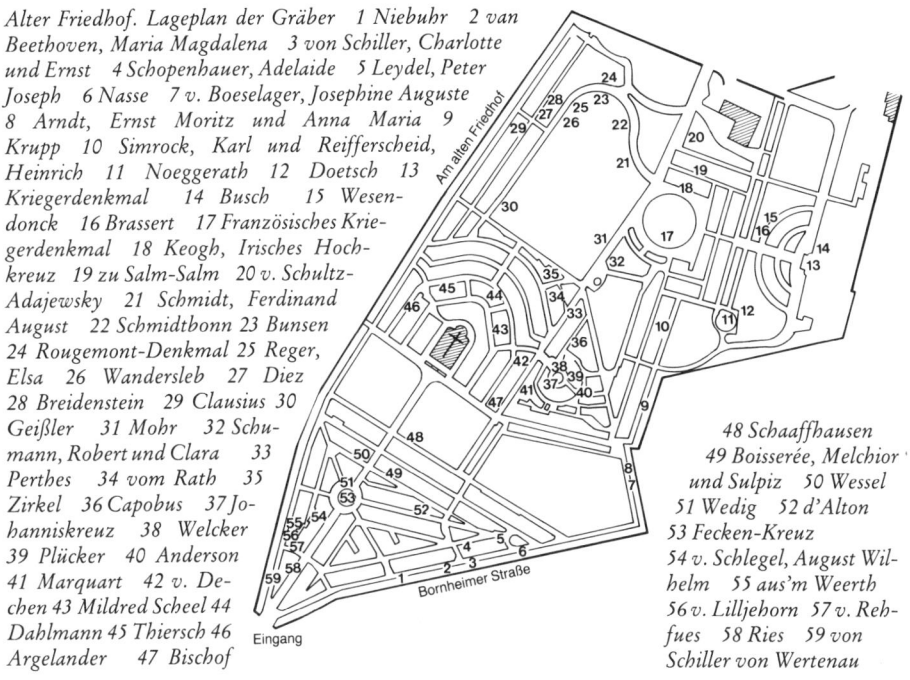

Alter Friedhof. Lageplan der Gräber 1 Niebuhr 2 van Beethoven, Maria Magdalena 3 von Schiller, Charlotte und Ernst 4 Schopenhauer, Adelaide 5 Leydel, Peter Joseph 6 Nasse 7 v. Boeselager, Josephine Auguste 8 Arndt, Ernst Moritz und Anna Maria 9 Krupp 10 Simrock, Karl und Reifferscheid, Heinrich 11 Noeggerath 12 Doetsch 13 Kriegerdenkmal 14 Busch 15 Wesendonck 16 Brassert 17 Französisches Kriegerdenkmal 18 Keogh, Irisches Hochkreuz 19 zu Salm-Salm 20 v. Schultz-Adajewsky 21 Schmidt, Ferdinand August 22 Schmidtbonn 23 Bunsen 24 Rougemont-Denkmal 25 Reger, Elsa 26 Wandersleb 27 Diez 28 Breidenstein 29 Clausius 30 Geißler 31 Mohr 32 Schumann, Robert und Clara 33 Perthes 34 vom Rath 35 Zirkel 36 Capobus 37 Johanniskreuz 38 Welcker 39 Plücker 40 Anderson 41 Marquart 42 v. Dechen 43 Mildred Scheel 44 Dahlmann 45 Thiersch 46 Argelander 47 Bischof 48 Schaaffhausen 49 Boiserée, Melchior und Sulpiz 50 Wessel 51 Wedig 52 d'Alton 53 Fecken-Kreuz 54 v. Schlegel, August Wilhelm 55 aus'm Weerth 56 v. Lilljehorn 57 v. Rehfues 58 Ries 59 von Schiller von Wertenau

ästhetisches als ein geistesgeschichtliches Monument dar für jenen ängstlich-engen Katholizismus der vorkonziliaren Zeit.

Wir bewegen uns hier bereits außerhalb des durch die alte Stadtmauer oder den späteren Festungsbering umschriebenen Altstadtbereiches. Der durch das Stadthaus geschaffene neue Mittelpunkt rechtfertigt aber diese »Grenzüberschreitung« und die Schilderung im Anschluß an die Altstadt.

Wie eine Oase wirkt das Grün der mächtigen Bäume des **Alten Friedhofs,** der ein unverzichtbarer Programmpunkt für jeden Besucher Bonns sein sollte. Ein Gang durch die Reihen der Gräber wird zur eindrucksvollen Erinnerung an den Rang des Bonner Geisteslebens im 19. Jh., ja sogar an die politischen Entwicklungen in Deutschland nach dem Zusammenbruch der napoleonischen Herrschaft. Die Grabsteine werden zugleich zum Spiegel der Kunst jener Epoche, haben doch bedeutende Bildhauer und Architekten für diese Stätte gearbeitet.

Man hat in diesem Zusammenhang auf die Beharrungskraft geweihter Stätten aufmerksam gemacht, wie sie in Westeuropa, und nicht nur hier, immer wieder zu beobachten ist. Auch in Bonn sind viele Monumente der Lebenden längst verschwunden, während die Gräber und Totenmale beharrlich die Zeitläufte überdauerten. Unter ihnen haben die Märtyrergräber des Münsters am mächtigsten über Generationen hinweg gewirkt. Ähnlich behauptet sich inmitten des hektischen Getriebes und Verkehrslärms der Alte Friedhof als Insel der Stille und Stätte des Gedenkens.

Zur Entlastung der überbelegten Pfarrfriedhöfe bei der Martinskirche am Münsterplatz und bei St. Remigius, der Notfriedhöfe beim Stiftsplatz und in der Brüdergasse sowie eines Soldatenfriedhofs vor der Sternpforte bestimmte Kurfürst Joseph Clemens 1715 das Gelände im Anschluß an besagten Soldatenfriedhof zur Begräbnisstätte »vor gemeine Einwöhner, paßanten und Soldaten«. Prominente behielten natürlich weiterhin ihre Erbbegräbnisse am herkömmlichen Platz. Dieser neue Friedhof erfreute sich jedoch zunächst keiner großen Beliebtheit. Erst Kurfürst Max Franz ordnete, nicht zuletzt aus hygienischen Gründen, die Schließung der innerstädtischen Kirchhöfe an und erhob diesen Friedhof vor dem Sterntor zur obligatorischen Bonner Begräbnisstätte. Im Laufe der Zeit wurden mehrmals Erweiterungen nötig (1819/29, 1831–33, 1840, 1876). Schon 1884 waren alle Ausdehnungsmöglichkeiten erschöpft, so daß der Friedhof für die Allgemeinheit geschlossen werden mußte. Danach durften nur noch alte Erbbegräbnisrechte in Anspruch genommen werden. Nur in Ausnahmefällen wird die Beisetzung herausragender Persönlichkeiten als besonderer Ehrerweis gestattet, ein Privileg, das zuletzt der Krebsforscherin und Gattin des ehemaligen Bundespräsidenten, Frau Dr. Mildred Scheel (Pl.-Nr. 43), zuteil wurde.

Für ein Jahrhundert ist der Friedhof ein Spiegelbild der Bonner Gesellschaft. Gräber des ancien régime sind nur in einzelnen und bescheidenen Beispielen vorhanden. Den Übergang vom höfischen zum bürgerlichen Bonn verkörpert die Grabstätte der Josephine Auguste Freifrau von Boeselager, geb. Gräfin von der Heyden, gen. Belderbusch († 1834; Pl.-Nr. 7), deren Verwandtschaft bedeutende Stellungen in kurkölnischem Dienst bekleidete. Sie war eine Tochter von Beethovens Jugendfreundin Babette Koch und hatte die Kaiserin Josephine, Napoleons Gattin, zur Patin.

Der Epochenwechsel war nicht nur ein politischer und gesellschaftlicher, sondern war auch von einem Mentalitätswandel begleitet. Bilder und Inschriften der Grabsteine verraten die Haltung, die man jeweils angesichts des Todes einnahm. Die wenigen Denkmäler aus dem Barock mit den Totenschädeln als Symbol des Todes sprechen noch von der Furcht des Menschen, der sich dem Gericht Gottes gegenüber sieht und seiner Sünden wegen die Hölle fürchten muß. Dieses Erschrecken äußert sich beispielsweise in dem Epitaph des kurkölnischen Geheimen Kriegsrates Johann Laurentius Freiherr von Schiller von Wertenau, Herrn auf Müggenhausen († 1745; Pl.-Nr. 59).

Die Denkmäler des 19. Jh. zeigen kaum noch das Erschaudern vor der Höllenpein oder das zuversichtliche Hoffen auf die ewige Seligkeit. Die Distanz zum kirchlichen Glauben erlaubt, den Tod als irdisches Ereignis aufzufassen, den Verstorbenen in der realen Umwelt seines bisherigen Lebens und Wirkens zu »verewigen«. Die christlichen Symbole finden zwar Verwendung, werden aber nicht selten um weitere Sinngebungen erweitert. Ernst Moritz Arndt ließ als gläubiger Christ Steinkreuze auf die Familiengrabstätte setzen, pflanzte aber seinem ertrunkenen Söhnchen eine aus der Heimat importierte Eiche, die offensichtlich die Symbolik des Lebensbaumes aufgreifen sollte (Pl.-Nr. 8). Anderswo ragt nur noch eine geborstene Säule über das Grab wie bei der Familie Wilhelm Capobus (Pl.-Nr. 36) oder eine

Stele mit verhängter Urne wie am Grab der Anna Stone Massy. Selbst ein Prediger wie James Anderson hat ein Grabmal nach ägyptisch-griechischem Vorbild gefunden, einen Sarkophag mit Löwenpranken (Pl.-Nr. 40). Auf dem schlichten Grab von Schillers Sohn Ernst mit seiner Mutter Charlotte oder dem von Beethovens Mutter ist von den Tröstungen der Kirche keine Rede mehr. Der Mensch muß allein mit seiner Existenz fertig werden (Pl.-Nr. 3).

Selbst die Engelsgestalten unterliegen diesem Säkularisierungsprozeß. Auf dem Grab der Paula Doetsch († 1890; Pl.-Nr. 12) posiert der Engel ganz im Sinne traditioneller Vorstellungen. Beim Grabmal der Familie Wessel ist der Himmelsbote zu einer Nike nach antikheidnischem Muster geworden (Pl.-Nr. 50).

Der Gang durch die Reihen läßt nicht nur Bonner Stadtgeschichte lebendig werden, sondern schlägt viele Kapitel deutscher Kultur- und Geistesgeschichte auf. So zeigen z. B. die vielen Musikergräber Bonns Bedeutung als Musikstadt. Beziehungen zu Beethoven bestehen in den Gräbern seiner Mutter Maria Magdalena van Beethoven geb. Keverich († 1787; Pl.-Nr. 2), seines Lehrers Franz Xaverius Ries († 1846; Pl.-Nr. 58) und des Heinrich Carl Breidenstein († 1876; Pl.-Nr. 28), der maßgeblich am Zustandekommen des Beethoven-Denkmals auf dem Münsterplatz beteiligt war.

Vielleicht am bekanntesten ist das romantische Denkmal aus Marmor für Robert Schumann und seine Gattin Clara geb. Wieck (Pl.-Nr. 32). Elsa Reger geb. von Bagenski († 1951) besitzt hier ein Ehrengrab als Förderin und Gattin von Max Reger. Vier Jahre vor ihrem Tod rief sie das ›Max-Reger-Institut in Bonn, Elsa-Reger-Stiftung‹ ins Leben. An der Seite ihres Mannes Otto ruht Mathilde Wesendonck geb. Luckemeyer († 1902; Pl.-Nr. 15), die als Freundin Richard Wagners diesen zum »Tristan« inspirierte. Zugleich Pianistin wie schöpferische Komponistin war die der russisch-orthodoxen Tradition verhaftete Ella von Schultz-Adajewsky († 1926), die ihren Lebensabend auf dem Neuwieder Schloß verbrachte und in Bonn verstarb (Pl.-Nr. 20).

Schiller läßt seinen »Genius« sprechen: »Muß ich wandeln, den nächtlichen Weg? Mir graut, ich bekenn' es. Wandeln will ich ihn gern, führt er zu Wahrheit und Recht.« Man liest die beklemmende Sentenz auf dem Grab seiner Frau Charlotte von Schiller geb. von Lengefeld († 1826) und seines Sohnes Ernst von Schiller († 1841). Hier ruhen aber auch die poetischen Jünger der Romantik: Eduard d'Alton († 1840; Pl.-Nr. 52), August Wilhelm von Schlegel († 1845; Pl.-Nr. 54) und auch Wilhelm Schmidtbonn († 1952; Pl.-Nr. 22) mit seiner Gattin Liese geb. Treuer, in dessen Werk sich eine Wende vom Naturalismus zur Neuromantik vollzieht. Schlegel überragt sie alle. Wie wenige sonst erschloß er den Deutschen die Weltliteratur durch meisterhafte Übersetzungen aus fremden Sprachen. Mit Novalis und Tieck begründete er die Frühromantik. Kaum ein berühmter Literat, der nicht zu seinem Bekanntenkreis zählte. Selbst politisch war er engagiert und wirkte im Bonner Stadtrat. Dem rastlosen Schaffen steht freilich ein wechselhaftes und zum Teil unglückliches privates Schicksal gegenüber.

Denker und Politiker in einer Person hat Bonn oft gesehen. Ernst Moritz Arndt werden wir nicht nur an seinem Grab besuchen, wo er mit seiner Frau Anna Maria geb. Schleiermacher († 1869; Pl.-Nr. 8) bestattet ist, sondern ihm noch in seiner ehemaligen Wohn- und

Wirkstätte (S. 145) begegnen. Für den Historiker Friedrich Christoph Dahlmann († 1860; Pl.-Nr. 44) war das Studium zugleich politische Erkenntnis. Treitschke nannte seine Werke über die Erhebungen in Frankreich und England »Sturmvögel der Revolution«. Als einer der Göttinger Sieben und Abgeordneter der Paulskirche, wo er die kleindeutsche Lösung verfocht, hat er doch nirgends den politischen Durchbruch in seinem Sinne herbeiführen können.

Ebenfalls »zwischen kritischem Denken und politischem Handeln« war der Charakter von Barthold Georg Niebuhr († 1831; Pl.-Nr. 1) angelegt. Auch für ihn erfüllte sich nicht die Hoffnung auf eine Reform des preußischen Staatswesens. Bahnbrechend und international anerkannt war sein Werk über die römische Geschichte. Die Wissenschaft war ihm Kraftquelle, inspirierte sein politisches Denken, bot ihm aber auch Zuflucht, wenn er angesichts der Ereignisse und Zustände resignieren mußte. Zerrieben zwischen Diplomatie und Verwaltung einerseits sowie der Forschung auf der anderen Seite, starb er bereits im Alter von 54 Jahren.

Rastlosigkeit war auch für Luise Adelaide Lavinia Schopenhauer († 1849; Pl.-Nr. 4) kennzeichnend. Die Schwester des Philosophen Arthur Schopenhauer und Tochter der damals beliebten Unterhaltungsschriftstellerin Johanna Schopenhauer hat selbst kein großes Werk hinterlassen. Umtriebig knüpfte sie Kontakte zu den meisten bekannten Persönlichkeiten ihrer Zeit. Mit Sibylle Mertens-Schaaffhausen und Annette von Droste-Hülshoff verband sie enge Freundschaft, die ihr Sibylle über den Tod hinaus hielt, wie die Inschrift auf dem Grab bezeugt.

Sympathie für die Julirevolution in Paris kostete Karl Simrock die staatliche Anstellung. Der geborene Bonner kehrte an den Rhein zurück. Sein Weingut Menzenberg bei Bad Honnef wurde zum Treffpunkt eines Kreises junger Dichter, dem Ferdinand Freiligrath, Emanuel Geibel, Gottfried Kinkel und Wolfgang Müller von Königswinter angehörten. Man pflegte noch die Rheinromantik, ohne den alten Schwung aufrecht erhalten zu können. Simrock († 1876; Pl.-Nr. 10) hat vor allem den Sagenschatz der Heimat weiten Kreisen erschlossen. Der Gymnasiallehrer Bernhard Thiersch († 1855; Pl.-Nr. 44) ist dagegen allein durch einen einmaligen Glückswurf bekannt geworden, durch das Preußenlied »Ich bin ein Preuße, kennt ihr meine Farben?«, sein einziges Gedicht.

Von den hier beigesetzten Bürgern, die nicht als Gelehrte, Dichter oder Künstler hervorgetreten sind, sei immerhin Oberbürgermeister Leopold Kaufmann († 1898; Pl.-Nr. 51) genannt, da er sich außer um das Kulturleben und die Denkmalpflege nicht zuletzt um die gärtnerische Gestaltung des Alten Friedhofs verdient gemacht hat.

Indes ruhen hier nicht nur Bonner Bürger oder Angehörige der Universität. Auch »Ruhrbarone« oder Industrielle von der Saar zog es an den Rhein, so daß unter anderen der Name Krupp (Pl.-Nr. 9) zu lesen ist. Selbst Engländer und Iren fanden hier ihre letzte Ruhestätte, die oft schon wegen der Form des Monumentes auffällt. Darin mag man einen Beleg für die frühe Internationalität des angeblich so provinziellen Bonns sehen. Sie wird einmal auch in makabrem Zusammenhang deutlich, liegt hier doch auch Carl Pontius von Lilljehorn († 1820; Pl.-Nr. 56), einer der Mitverschwörer gegen den Schwedenkönig Gustav III. Nach

Hermann Wandersleb (»Bon[n]ifazius«) und Konrad Adenauer. Foto 1949

dem geglückten Attentat war er, der den König noch vergeblich gewarnt hatte, in Bonn untergetaucht.

Ein Nichtbonner, der sich um die Stadt hochverdient machte, sei zum Schluß dieser sehr lückenhaften Aufzählung erwähnt: Hermann Wandersleb († 1977; Pl.-Nr. 26), der den Anstoß gab, Bonn zur Bundeshauptstadt zu machen.

Wenn oben von dem gewandelten Verhältnis dem Tod gegenüber die Rede war, so kann ein ähnlicher Wandel in der künstlerischen Abbildung der Verstorbenen selber oder in den zu ihrem Gedächtnis gesetzten Figuren beobachtet werden. In dem kühlen, für die Friedhofsstimmung so geeigneten weißen Marmor blicken dem Besucher allenthalben idealisierte Bildnisse als Reliefs oder Freiplastiken entgegen, die sich am Schönheitsideal der klassischen Antike orientieren. Dabei lassen sich mehrere Stilrichtungen unterscheiden.

Im Grabmal Niebuhrs hat der Klassizismus des Berliner Bildhauers Christian Daniel Rauch, eines Schülers von Gottfried Schadow, seinen Höhepunkt erreicht. Überaus zart schildert das Marmorrelief den Abschied der Eheleute voneinander, auf die von einem Medaillon weiter oben Christus herabblickt. Das Grabmonument geht auf einen Entwurf von Karl Friedrich Schinkel zurück, ist im Veroneser Stil der Frührenaissance angelegt und verrät etwas von Schinkels architektonischen Idealen.

Sein Nachfolger August Stüler schuf das Denkmal für Bernhard Thiersch (Pl.-Nr. 45) in dem aus England übernommenen Stil der Neugotik, der nachhaltig die preußische Baukunst um die Mitte des Jahrhunderts bestimmen sollte. Eines der auffälligsten Beispiele am Mittelrhein ist bis heute die Burg Stolzenfels bei Koblenz, deren Wiederherstellung nach Plänen Stülers erfolgte.

Der Bonner Bildhauer Hermann Rudolf Heidel vertritt auf dem Alten Friedhof die Münchner Schule von Schwanthaler. Am besten kommt diese Stilrichtung des Münchner Klassizismus in dem Grabdenkmal zum Ausdruck, das Heidel für den ersten Kurator der Bonner Universität Philipp Joseph von Rehfues († 1843; Pl.-Nr. 57) geschaffen hat. In dem Marmorrelief »Psyche und Persephone« sind sowohl romantische als auch humanistische Empfindungen ausgedrückt. Zu der Zeitlosigkeit dieser Gestalten steht das lebensechte, strenge Portrait des Beamten im Medaillon darüber in merkwürdigem Gegensatz.

Die realistische Abbildung war Anliegen weiterer Künstler dieser Zeit. Beispiele dafür sind die Büste auf dem Grabdenkmal für den Astronomen Argelander († 1875) von Robert Cauer (Pl.-Nr. 46), das Bronzerelief von Bernhard Afinger auf dem Grabdenkmal für Friedrich Christoph Dahlmann und das meisterhafte Relief der Grabstele Schlegels, die der Bildhauer von Bandel geschaffen hat.

Neben dem preußischen Klassizismus findet man vielfach historisierende Grabmäler; es ist dies ein Kennzeichen der Gründerzeit: Die Abkehr vom Marmorweiß und der klassischen Schlichtheit der Formen zugunsten einer Hinwendung zur Farbigkeit und pathetischen Gestik hat dieser Kunstrichtung auch den Namen ›Neubarock‹ eingetragen. Gustav Kietz hat diesem Stil und gleichzeitig damit der Familie Wesendonck ein Denkmal gesetzt. Beherrscht wird es von einem Genius mit gesenkter Lebensfackel und einem Kranz aus Mohnkapseln, den Symbolen für Tod und Schlaf.

Jacob Noeggerath. Lithographie von Christian Hohe 1835

Das wohl bekannteste Denkmal des Alten Friedhofs und zugleich das beste der Gründerzeit schuf Adolf von Donndorf für das Ehepaar Schumann (Pl.-Nr. 32, Abb. 31). Im Giebel erscheint das Profilportrait des Komponisten als Medaillon, zu dem sich ein Schwan emporschwingt, das heilige Tier des Lichtgottes Baldur in der germanischen Mythologie. Ehefrau Clara kauert als Muse zu Füßen des Denkmals. Ihre Linke faßt eine Notenrolle, während die Rechte den Kranz der Unsterblichen bereithält, den sie dem Komponisten reichen möchte. Ein renaissancehaft wirkender und lebhaft geigender Putto sitzt auf der einen Seite. Auf der anderen sieht man eine lesende Elfe mit den Schmetterlingsflügeln der antiken Psyche – Allegorien auf die Musik und die Unsterblichkeit des Liedes.

Die meisten Denkmäler des Alten Friedhofs sind Werke des Bonner Bildhauers Albert Hermann Küppers, der sich in vielem das Schaffen von Donndorfs zum Vorbild nahm. Als akademischer Zeichenlehrer an der Universität kam ihm zugute, daß er viele der portraitierten Persönlichkeiten aus eigener Anschauung gut kannte. Dem Mathematiker Julius Plücker († 1868; Pl.-Nr. 39) und seiner Familie setzte Küppers gleich einen ganzen Tempel mit ionischer Säulenordnung. Die Büste ist fast fotografisch genau, wie auch die des Chirurgieprofessors Wilhelm Busch († 1881; Pl.-Nr. 14), die abermals in einen architektonischen Rahmen eingefügt ist. Beiderseits der Büste zeigen Reliefs Szenen aus der ärztlichen Tätigkeit Buschs.

Besonders einfühlsam und ungemein treffend ist das Grabdenkmal für den Geologen Noeggerath († 1877; Pl.-Nr. 11) gestaltet. Während hier die Gestalt und die praktische Arbeit des Naturforschers realistisch darzustellen war, durfte Küppers bei dem Kriegerdenkmal (Pl.-Nr. 13) seiner Phantasie freien Lauf lassen. Ein geflügelter Genius schützt machtvoll den Gefallenen mit Schild und Schwert. Er symbolisiert die Unvergänglichkeit des auf dem Schlachtfeld vollzogenen Opfers.

Außer den Grabdenkmälern besitzt der Alte Friedhof eine Fülle qualitätvoller Produkte des Kunsthandwerks. Kunstvolle Gitter zieren beispielsweise die Gräber von Niebuhr, Schlegel und Wesendonck. Auf der neugotischen Eisengußplatte des Grabes von Schiller ist der Gedenktext in klassischer Antiqua gesetzt. Die wöchentliche Führung eröffnet gerade hinsichtlich der feinen Details vieler Grabstätten immer wieder überraschende Aspekte für Freunde gediegener Handwerkskunst.

Der Alte Friedhof bietet auch gewissermaßen einen Abriß wichtiger Phasen der Geschichte der Naturwissenschaften im Bonn des 19. und 20. Jh. Neben dem Astronomen Argelander wäre dreier Physiker zu gedenken: Rudolf Clausius (1822–88; Pl.-Nr. 29), Schöpfer der mechanischen Wärmetheorie und der Entropiekonzeption, Heinrich Geißler (1815–79; Pl.-Nr. 30), dessen Röhren die Untersuchung von Gasspektren ermöglichen, und Julius Plücker (1801–68; Pl.-Nr. 39), der z. T. mit Geißler über Fluoreszenz und die Ablenkbarkeit von Kathodenstrahlen im Magnetfeld arbeitete. Der aus Koblenz stammende Pharmazeut Friedrich Mohr (1806–79; Pl.-Nr. 31) ist Urheber der nach ihm benannten Waage zur Dichtebestimmung von Flüssigkeiten. Der gleichfalls aus Koblenz stammende Anatom Hermann Schaaffhausen (1816–93; Pl.-Nr. 48) wagte es, dem berühmten Virchow entgegenzutreten und die im Neandertal bei Düsseldorf entdeckten Skelettreste (1856) rich-

Ehemalige Kapelle der Kommende Ramersdorf nach ihrer Umsetzung auf den Alten Friedhof. Stahlstich von 1854

tig als prähististorische Menschenfunde zu interpretieren. Durch Ausgrabungen bei Andernach konnte er nachweisen, daß der vorzeitliche Mensch die Bimsausbrüche des Laacher Sees bereits miterlebt hat.

Neben Schaaffhausen ist auch der Chemiker Gustav Bischof (1792–1870; Pl.–Nr. 47) interdisziplinär tätig gewesen. Auf seine Anregungen hin sind die Mineralquellen von Bad Neuenahr erbohrt worden. Der Autodidakt und Oberbergrat Johann Jacob Noeggerath aus Bonn (1788–1877) saß an Goethes Tisch, wie Eckermann in seinen »Gesprächen mit Goethe« berichtet (20. 10. 1828). In Bonn lehrte er Mineralogie und Bergwerkswissenschaft. Besonders beschäftigte er sich auch mit dem Erdbeben von 1846 im Rheinland. Daneben fand er Zeit zu allgemeinverständlichen Aufsätzen und zu politischer Tätigkeit als Abgeordneter im Bonner Stadtrat und im Landtag. Als einer der ersten Naturschützer in Deutschland engagierte er sich seit 1829 für die Erhaltung des Drachenfelses. Schließlich wären noch die Mineralogen Gerhard vom Rath (1830–88; Pl.–Nr. 34) und Ferdinand Zirkel (1838–1912; Pl.–Nr. 35) zu nennen.

Eines Geologen soll besonders gedacht werden, weil er für die rheinische Naturkunde von besonderer Bedeutung ist: Heinrich von Dechen (1800–89; Pl.–Nr. 42). Außer der Grabstätte auf dem Alten Friedhof ist ihm von der Stadt Königswinter ein Denkmal beim Drachenfels gewidmet worden. Aus dem Oberbergamt hervorgegangen, widmete sich von Dechen später ausschließlich der Wissenschaft, insbesondere der Erforschung des Siebengebirges und der Vulkane der Vordereifel und des Laacher Sees. Er bearbeitete auch die

»Geologische Karte der Rheinprovinz 1:80 000« und leitete vier Jahrzehnte lang den Naturhistorischen Verein des Rheinlands und Westfalens. Dessen Zeitschrift heißt heute ihm zu Ehren »Decheniana«.

Die sehenswerte *Friedhofskapelle* (um 1230) ist 1846–50 von Johann Claudius von Lassaulx mit Unterstützung Friedrich Wilhelms IV. hierher versetzt worden. Es handelt sich um die ehemalige Hauskapelle St. Georg der Deutschordenskommende in Ramersdorf, die nach Auflösung der Ordensniederlassung allmählich verfiel. Bei der Übertragung gingen die alten Wandmalereien (13./14. Jh.) verloren und sind nur in Nachzeichnungen erhalten. Auch der Turm ist nicht wiederaufgebaut worden. Jedoch ist mit ihr ein überaus kostbares Werk des rheinischen romanisch-gotischen Übergangsstils erhalten geblieben.

Die kleine dreischiffige Halle (Abb. 30) schließen drei Apsiden, die innen rund, außen jedoch polygonal sind. Vier schlanke Säulen tragen die Kreuzrippengewölbe, unterstützt von gebündelten Wanddiensten. Die Freistützen sind durch Schaftringe gegliedert, die Dienste dagegen stehen in deren Höhe auf Konsolen. Romanische und gotische Stilelemente finden hier, und das macht den Wert der Kapelle aus, zu seltener Harmonie zusammen. Von dem experimentellen Charakter anderer Bauten dieser Zeit (z. B. der Klosterkirche Marienstatt im Westerwald) ist bei diesem reifen Bauwerk nichts zu spüren. Ohne aufwendige Schmuckformen wirkt das Gebäude allein durch die Anmut der Architekturformen und die Ausgewogenheit der Proportionen.

Wie so oft in der Spätromantik, haben die Restauratoren den Bau ihrem Verständnis von mittelalterlicher Architektur unterworfen. Sie brachen die Rundbogenfenster in die Seitenapsiden und die Vierpaßfenster in die Schiffswände. Um eine Symmetrie im Zeitgeschmack zu erzielen, versetzten sie außerdem das Portal von der Süd- auf die Westseite. Auch die Ausstattung ist im wesentlichen damals erfolgt: Tonplattenfußboden, Gestühl, eisernes Altargerät und das Portal, das in der berühmten Eisenhütte von Sayn (bei Koblenz) gegossen worden ist. Georg Meistermann schuf die Glasgemälde.

Im Rückblick auf die Stadtentwicklung ist vielleicht interessant, daß das Friedhofsgelände bereits westlich der Gumme, dem erwähnten Altrheinarm, lag und nordwestlich die römische Wasserleitung und die von Trier zum ehemaligen Legionslager führende Straße berührte. Diesem Stadtbereich soll im folgenden unsere Aufmerksamkeit gelten.

Die heutige Römerstraße zeichnet den Verlauf der alten römischen Heerstraße nach Köln und Neuss nach. Ihr Name erinnert an das Legionslager, dessen Gebiet außerhalb der Stadt lag. Wie schon früher dargelegt, läßt sich noch am heutigen Straßennetz der Grundriß des Römerlagers annähernd ablesen. Darin bildete die jetzige Römerstraße die Hauptzeile, die »via principalis«.

Der Stützpunkt »Castra Bonnensia« erlaubte die Kontrolle des gesamten Nord-Süd-Verkehrs, da ein Ausweichen nach Osten durch den Rhein und nach Westen durch die Gumme nicht möglich war. Der Weg aus der Enge des Rheintales mußte zwangsläufig hierher führen.

Die quadratische Anlage maß 528 × 524 m und bestand von 35 n. Chr. bis ins 5. Jh. Die Besatzung dürfte etwa 6000 Legionäre betragen haben. Der aus Köln hierher verlegten

NÖRDLICHE STADTTEILE/DIETKIRCHE, FRIEDRICH-EBERT-BRÜCKE

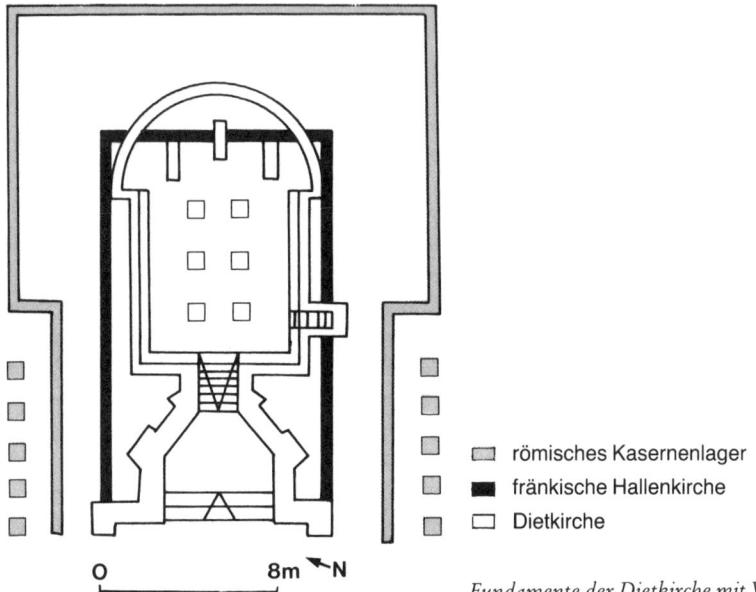

- römisches Kasernenlager
- fränkische Hallenkirche
- Dietkirche

Fundamente der Dietkirche mit Vorgängerbauten

Legio I oder Legio Germanica folgte die Legio XXI oder Legio Rapax (70–83 n. Chr.), dieser für lange Zeit die Legio Minerva, die sich bereits stark aus Einheimischen rekrutierte. Die zwischen Augustusring, Leinpfad, Rosental und Graurheindorfer Straße bei Ausgrabungen geborgenen Funde geben gerade über diese Einheit viel Aufschluß. Sie war etwa 200 Jahre hier stationiert, so daß viele Grabsteine samt Inschriften (heute im Landesmuseum) ein recht lebendiges Bild vermitteln. Den Platz des südlichen Lagertores markiert heute ein **römisches Grabmal** am Haus Römerstraße Nr. 2.

In ähnlicher Weise ist die Stelle des Nordtores durch ein *Grabrelief* kenntlich gemacht, das in die Mauer des kleinen Judenfriedhofs am Augustusring eingelassen ist. Dieser *Israelitische Friedhof* entstand um 1870. Hier hat der bedeutende Geograph Alfred Philippson seine letzte Ruhestätte. Der ursprüngliche Begräbnisplatz für die Bonner Juden lag auf der anderen Rheinseite bei Beuel.

Jüngeren Ausgrabungen (1975) ist zu verdanken, daß die **Fundamente der Dietkirche** entdeckt werden konnten, von der wiederholt bereits die Rede war. Sie lag in der Südwestecke des Kastells.

Um in gleicher Weise modernen Wohnansprüchen zu genügen und andererseits die Überlieferung zu pflegen oder ihre Spuren zu sichern, hat man inmitten des Wohnbezirks eine Art archäologischen Park geschaffen, der seinerseits eine großzügige Freifläche innerhalb des bebauten Viertels darstellt. Die Gestaltung des historischen Bereichs lag in Händen des Bildhauers Günther Oellers.

Der ergrabene Grundriß der alten Dietkirche (erste Hälfte 11. Jh.) wird durch ein etwa kniehohes Mäuerchen aus Naturstein anschaulich wiedergegeben. Im Bereich der Krypta deuten Basaltstümpfe die Säulen des ursprünglichen Hallenbaues an. Die Stufen zwischen Krypta und Chor sowie die seitliche Treppe zum ehemaligen Klostertrakt deuten das unterschiedliche Niveau der Räume an. Abgüsse von drei Grabplatten im Innern und vier im Außenbereich weisen auf die früheren Begräbnisstätten hin. Ebenerdig verlegte rote Ziegelflachsteine markieren daneben die Umrisse der römischen Legionärsunterkunft aus der ersten Bauperiode. Gleichfalls ebenerdig wird durch Holzbohlen der Vorgängerbau der Dietkirche, eine fränkische Halle, im Grundriß nachgezeichnet.

Die beschriebene Anlage bildet einen gewissen Mittelpunkt innerhalb des Gesamtbereiches (Didinkirica) und erleichtert zusammen mit den genannten kleineren Monumenten die Orientierung.

Gleichfalls innerhalb des einstigen römischen Lagers befindet sich in der Nähe des Rheins der *Wichelshof* (18. Jh.). Die schlichte einstöckige Anlage wird durch den Mittelpavillon belebt (Privatbesitz, nicht zugänglich).

Die Römerstraße läuft nordwärts durch einen Stadtteil mit einer Reihe öffentlicher Gebäude, neben Ministerien und Krankenhäusern auch die ehemalige Pädagogische Hochschule Rheinland (heute: Pädagogische Fakultät der Universität) und das viel besuchte Römerbad. Die **Friedrich-Ebert-Brücke** (1960), auch Nordbrücke genannt, verbindet die links- und rechtsrheinischen Fernautobahnen. Ihre elegante Konstruktion, bei der die Fahr-

Rheindorfer Burg. Lithographierter Stich um 1850

NÖRDLICHE STADTTEILE / GRAURHEINDORF

bahn an vielen Stahlsaiten hängt, die über zwei Pylonen gespannt sind, hat ihr im Volksmund den treffenden Namen »Harfe« eingebracht. Während die nördlichen Stadtteile Auerberg und Graurheindorf schon lange zum Stadtbezirk Bonn gehören, ist Buschdorf im Nordwesten erst 1969 eingemeindet worden.

Schon früh gehörte **Graurheindorf** zum Stadtgerichtsbezirk Bonn. Die 1131 erstmals erwähnte *Rheindorfer Burg* war ein Lehen des Bonner Stiftes Cassius und Florentius. Der feste Platz war unter Ausnutzung des Geländes am Rheindorfer Bach angelegt worden. Das heutige Herrenhaus entstand um 1755 und wird Michael Leveilly zugeschrieben. Schloß Falkenlust scheint dabei Anregungen geliefert zu haben. Den zweigeschossigen Rechteckbau deckt ein Walmdach, das eine turmartige Laterne bekrönt. Die Hofseite wird betont durch den leicht vorgezogenen Mittelrisalit samt Dreiecksgiebel und Freitreppe. Gartenseitig entspricht dem die nach Art eines Mittelrisalits vollzogene Erweiterung der Innenräume. Was in Falkenlust zum kaum überbietbaren fürstlichen »maison de plaisance« geriet, ist von anderen Bauherren mit bescheideneren Mitteln nachgeahmt worden und ansprechend geglückt. Eine Parallele zur Rheindorfer Burg bildet Haus Arff in Köln-Worringen, das eine Bürgerfamilie in Auftrag gab und das ebenfalls Leveilly zugeschrieben wird.

Der merkwürdige Ortsname rührt von den »grauen Nonnen« her, Zisterzienserinnen also, die Kutten aus ungefärbter Wolle trugen. Im Gegensatz dazu bevorzugten die Benediktiner(innen) den schwarzen Habit (vgl. Schwarzrheindorf!). Der Orden war seit 1149 hier ansässig. Die Pfarrkirche St. Margareta entstand jedoch erst 1806.

Der Südwesten Bonns

Die Stadtteile im Südwesten haben ein recht unterschiedliches Gepräge, das auch auf eine jeweils andere geschichtliche Herkunft hindeutet. Verwaltungsmäßig gehören sie heute zu den Stadtbezirken Bonn (Endenich, Poppelsdorf, Kessenich, Dottendorf, Lessenich, Ippendorf, Röttgen) und Hardtberg (Lengsdorf, Duisdorf, Hardthöhe).

Der Innenstadt am nächsten liegt Poppelsdorf, und hier ist es **Schloß Clemensruhe** (das »Poppelsdorfer Schloß«, wie es heute genannt wird), das vom Kaiserplatz aus über die Achse Poppelsdorfer Allee dem Betrachter ins Auge fällt. Von der Innenstadt her dürfte man in der Regel die Unterführung am Kaiserplatz benutzen, um zur Poppelsdorfer Allee zu gelangen. Kurfürst Joseph Clemens beabsichtigte zunächst, den Retiro-Flügel des Residenzschlosses durch einen Kanal mit dem Lustschloß zu verbinden, was aber an den hohen Kosten scheiterte. Erst Clemens August ließ um 1745 die Kastanienallee anlegen, die auch heute nicht aus dem Stadtbild wegzudenken ist. Die Allee mündete damals auf eine Rondellanlage vor dem Poppelsdorfer Schloßweiher, die unter Balthasar Neumann gleichzeitig entstanden war. Die Wasserfläche umgab allseits das Schloß. Heute ist davon nur ein Rest erhalten, von den zugehörigen Bauten ein Wachhäuschen (1751) mit Giebelkartusche.

An der Stelle des heutigen Schlosses lag eine noch im 16. Jh. ausgebaute Wasserburg der Kölner Erzbischöfe aus dem Mittelalter, die nach Kriegszerstörungen 1657 abgerissen wurde. Seit 1713 trug sich Kurfürst Joseph Clemens mit dem Gedanken, hier ein Lustschloß zu errichten. Robert de Cotte entwarf die Pläne, die vom örtlichen Bauleiter Guillaume Hauberat noch abgeändert wurden. Auf dieser Grundlage erfolgten die Bauarbeiten zwischen 1715 und 1723. Erst Clemens August widmete seine Aufmerksamkeit wieder diesem, inzwischen renovierungsbedürftigen Gebäude und beauftragte Balthasar Neumann mit der Vollendung des Vorhabens.

Ein unverwechselbares Merkmal ist die geglückte Verbindung des italienischen Motivs eines Rundhofes mit der Vierflügelanlage französischer Schlösser. Der quadratische Vierflügelbau erfährt durch hervorgehobene Eckbauten und den Mittelpavillon seine besondere Akzentuierung. Der Mittelpavillon liegt exakt den drei mittleren Achsen der Westseite des ›Buen Retiro‹ am fernen Residenzschloß gegenüber. Große rundbogig umrahmte Fenster und Fenstertüren gestatten allseits den ungehinderten Blick auf die Parkanlagen. Ihnen entspricht in gewisser Weise die gewölbte Arkadengalerie, die den runden Innenhof umläuft (Abb. 34). Die zerstörte Kapelle an der Westseite besteht nach dem letzten Krieg nicht mehr, der nördliche Grottenflügel ist aber plangerecht zweistöckig aufgebaut worden. Auch die

SÜDWESTEN/SCHLOSS CLEMENSRUHE, BOTANISCHER GARTEN

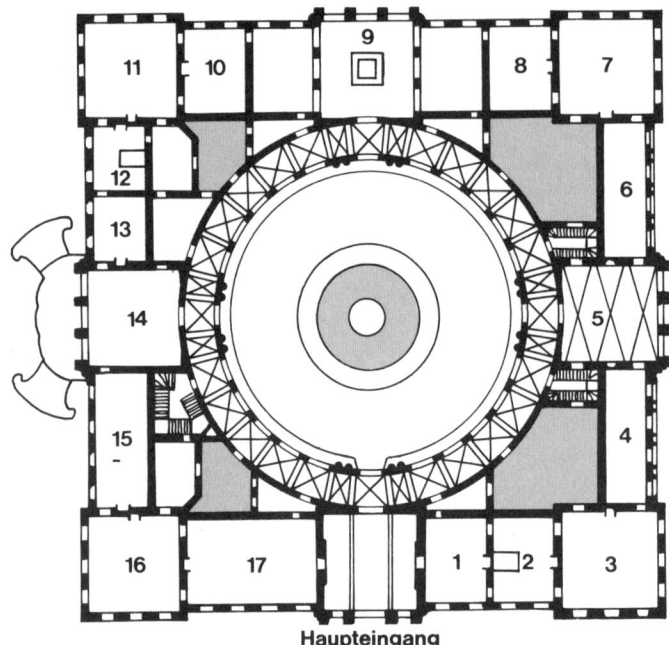

Schloß Clemensruhe, Grundriß mit der ursprünglichen Raumaufteilung
1 Antichambre
2 Schlafzimmer
3 Großes Audienzzimmer
4 Potentatengalerie
5 Grotte
6 Potentatengalerie
7 Billardsaal
8 Spielsalon
9 Kapelle
10 Mainzer Zimmer
11 Appartementssaal
12 Blaues Schlafzimmer
13 Antichambre
14 Sommerspeisesaal
15 Grüne Galerie
16 Papstsaal
17 Krönungssaal

Dachformen sind nicht im ursprünglichen Zustand erhalten. Dagegen unterstreicht die Außenfassung in Ocker und Hellgelb den heiteren Charakter des Lustschlosses. Von der Innenausstattung blieben nur die restaurierten Stukkaturen des Appartementsaales erhalten. In den Räumen sind Universitätsinstitute (Zoologie, Mineralogie) und das *Mineralogisch-Petrologische Museum* untergebracht.

Ein »Naturhistorisches Museum« war bereits 1818 an der Universität eingerichtet worden. Es hatte seinen Platz im Poppelsdorfer Schloß und entwickelte sich zum heutigen Mineralogisch-Petrologischen Museum. Es zeigt in systematischer Anordnung und mit erlesenen Stufen das Reich der Minerale sowie rohe und geschliffene Schmuck- und Edelsteine. Die petrographische Sammlung enthält nicht nur irdisches Gestein, sondern auch Meteoriten. Ausführliche Darstellung anhand einschlägiger Belegstücke findet die Lagerstättenkunde nutzbarer Minerale und Erze, die nach ihrer Entstehung oder ihrer Rolle als Rohstoffe angeordnet sind.

Hier sei noch einmal an die Gesamtkonzeption erinnert, nach der vom ›Buen Retiro‹ des Residenzschlosses aus der Blick über die Allee und über das sie abschließende Lustschloß weiter schweifen sollte, bis er im Hintergrund als Point-de-vue den Kreuzberg erfaßte. Ähnlich wie beim Hofgarten war also die Landschaft in die Gesamtplanung bewußt einbezogen. Am Kaiserplatz kann man sich überzeugen, daß dieser Entwurf überzeugend umgesetzt wurde.

Der **Botanische Garten** ist erst 1819 im englischen Landschaftsstil angelegt worden, der ihn noch heute größtenteils prägt. In kurfürstlicher Zeit war der Park um das Lustschloß im Stil der französischen Gartenarchitektur gehalten. In ihm sind heute etwa 1400 Pflanzenarten systematisch nach Verwandtschaftsgraden und in stammesgeschichtlicher Zugehörigkeit zusammengefaßt. Ferner werden Pflanzen wichtiger Florengebiete (ca. 1000 Arten) sowie Phänomene der Blüten- und Früchteökologie gezeigt (Farbabb. 23). Reichhaltig ist die dendrologische Sammlung mit zum Teil prächtigen Baumriesen. In einem Warmbassin gedeihen während des Sommers Sumpf- und Wasserpflanzen aus den Wärmezonen der Erde, darunter die Victoria regia, ein Seerosengewächs des Amazonasgebietes. In den Gewächshäusern werden Pflanzen des tropischen Regenwaldes, Orchideen und Sukkulenten gepflegt. Gelegentlich nahm die Presse davon Notiz, wenn im Botanischen Garten das Ananas-Gewächs Pitcairnia Loki-Schmidtii seine kurzlebige Blüte entfaltete. Hannelore (»Loki«) Schmidt, die Gattin des früheren Bundeskanzlers Schmidt, entdeckte die Pflanze in Mexiko. Der Bonner Professor Barthlott und sein Heidelberger Kollege Rauh tauften sie zu Ehren der engagierten Naturfreundin und Naturschützerin. Sie rief auch die ›Stiftung zum Schutze gefährdeter Pflanzen‹ ins Leben, die in Oberkassel ihren Sitz hat.

Vom Poppelsdorfer Schloß aus hat man einen imposanten Blick auf die ehemalige Residenz über die städtebaulich so wichtige Poppelsdorfer Allee. Freilich muß man beklagen, daß die neuere Bebauung nicht in allem ihren Charakter respektiert hat. Abgesehen von der

Schloß Clemensruhe im Truchsessischen Krieg. Kupferstich Ende 16. Jahrhundert

SÜDWESTEN / ALTE STERNWARTE

Poppelsdorfer Allee mit Schloß Clemensruhe und der Kreuzbergkirche im Hintergrund. Zeichnung erste Hälfte 19. Jahrhundert

Bahntrasse vor dem Kaiserplatz entfalten ein Hotelneubau und das Verwaltungsgebäude einer Versicherung ein etwas störendes Eigenleben.

Die Poppelsdorfer Allee Nr. 31 war das Wohnhaus der Brüder Sulpiz (1783–1854) und Melchior Boisserée (1786–1851). Die in Köln geborenen Sammler altdeutscher Kunst zählten zum Freundeskreis Goethes. Ihre Kunstsammlung bildete später den Grundstock für die Alte Pinakothek in München, wozu sie König Ludwig I. von Bayern 1827 ankaufte. Sulpiz war die geistig führende Kraft für die Vollendung des Kölner Domes.

An der Allee liegt auch die **alte Sternwarte** der Universität, die heute allerdings andere Universitätsinstitute beherbergt (Kommunikationsforschung, Phonetik), da die astronomische Forschung in modernen Instituten und unter atmosphärisch günstigeren Bedingungen mittlerweile in der Eifel betrieben wird (Observatorium bei Daun, Radioteleskop Effelsberg).

Schon 1820 gab es Pläne zum Bau einer Sternwarte am Alten Zoll. Doch erst die Berufung des berühmten Astronomen Friedrich Wilhelm August Argelander 1836 von Helsingfors nach Bonn belebte den Gedanken aufs neue. Nach einigem Hin und Her wurde der jetzige Bauplatz ausgewählt, für den in Zusammenarbeit mit Argelander der Universitätsbauin-

Ehemalige Sternwarte. Im Hintergrund Poppelsdorfer Schloß und Kreuzbergkirche. Stahlstich nach Christian Hohe um 1840

spektor Peter Joseph Leydel die Entwürfe anfertigte, die noch Korrekturen durch Schinkel erfuhren. Der weitgehend unverändert überlieferte Bau (1840–45) springt sofort ins Auge. Er besteht aus einem rechteckigen zweigeschossigen Mittelbau mit allseits flachem Giebel und rundem Beobachtungsturm. Angefügt sind drei eingeschossige Flügelbauten mit je zwei äußeren Ecktürmen. Umlaufende Friese in Werkstein sind der einzige Schmuck. So vermittelt das Gebäude fast einen fabrikartigen Eindruck.

Argelander wurde 1799 in Memel geboren und starb 1875 in Bonn; er ist auf dem Alten Friedhof bestattet. Seine größte Arbeit, die »Bonner Durchmusterung« – eine Bestandsaufnahme der mit damaligen Mitteln beobachtbaren Sterne der nördlichen Hemisphäre – ist ein astronomisches Werk von Weltgeltung. Es hat nicht nur sein persönliches Ansehen in Fachkreisen gesteigert, sondern auch den Bekanntheitsgrad der Universitätsstadt Bonn erhöht.

Westlich vom Poppelsdorfer Schloß liegt an der Meckenheimer Allee und an der Nußallee eine Reihe von Universitätsinstituten, die zum Teil auch baulich von Interesse sind. Durch die »Höhere Landwirtschaftliche Lehranstalt« war 1847 hier der entscheidende Anstoß für den Ausbau der Naturwissenschaftlichen Fakultät gegeben. Doch sei an dieser Stelle kurz daran erinnert, daß die gelehrte Tradition über die Universitätsgründung durch Preußen (1818) weit in kurfürstliche Zeiten zurückreicht. Dem von den Minoriten begründeten und von den Jesuiten übernommenen Gymnasium wurden bereits 1730 Lehrstühle für Philosophie und Jura angegliedert. Nach Aufhebung des Jesuitenordens floß deren Vermögen in die neue, dem Gymnasium angeschlossene Hochschule mit vier Fakultäten (1774/1777). Nach Erzbischof Max Friedrich von Königsegg hieß sie Maxische Akademie. Sein Nachfolger Max Franz erhob sie 1786 zur Universität, nachdem sein Bruder, Kaiser Joseph II., ihn dazu ermächtigt hatte.

Die Königlich Preußische Rhein-Universität (seit 1828: Rheinische Friedrich-Wilhelms-Universität) zog in die beiden vom kurfürstlichen Hof verlassenen Schlösser, wobei die

Jesuitengymnasium in der Bonngasse, kurfürstliche Hochschule bis 1798. Zeichnung von Mathias Frickel 1894

»beschreibenden Naturwissenschaften« in Clemensruhe untergebracht waren. Mit der Alten Anatomie wurde dieser enge Rahmen erstmals überschritten. Der Bau der Sternwarte war der nächste Schritt. Die Landwirtschaftliche Lehranstalt (1861 Akademie) ist allerdings erst 1934 der Universität eingegliedert worden.

Die Chemiker konnten 1867 die beengten Verhältnisse im Poppelsdorfer Schloß mit dem von August Dieckhoff entworfenen **Chemischen Institut** gegenüber vertauschen. Es war damals das größte chemische Institut der Welt. Der zweigeschossige Hauptflügel an der Meckenheimer Allee wird durch zweieinhalbgeschossige Eckrisalite eingefaßt. Deren Eingänge werden durch ein doppelgeschossiges Tempelmotiv umrahmt. Passend dazu ist die Gliederung des Mitteltraktes durch kannelierte Pilaster ausgeführt. Nicht nur die Fassaden, auch die Innenausstattung beherrschen antikisierende Bauformen und gleichartiges Dekor. Hinter der straßenseitigen Front erstreckt sich eine weitläufige Vierflügelanlage, die durch einen Längs- und Quertrakt ergänzt wird und insgesamt vier Innenhöfe umschließt; in Baumformen und Zierrat wiederholen sich antikisierende Tendenzen. Die Vorstellung von einem »Tempel der Wissenschaft« drängt sich auf. Dies war gewollt und wurde auch in dieser Weise verstanden. Zugleich entsprach eine solche Architektur dem Repräsentationsbedürfnis der Wissenschaft und ihrer Förderer. Zwei Einzelheiten als Beispiel: Vom Eingang her führt ein langer Korridor axial über die gesamte Länge des mittleren Querflügels auf das Arbeitszimmer des Institutsdirektors zu, und dessen Wohnung im Obergeschoß der Straßenfront hatte sogar einen zweigeschossigen Ballsaal.

Nachfolger des ersten Ordinarius, der hier residierte, war **August Kekulé von Stradonitz.** Er lehrte von 1865 bis 1896 in Bonn. Die Entdeckung der Vierwertigkeit des Kohlenstoffs und der Ringstruktur des Benzols machten ihn berühmt. Sein Denkmal (von 1903) vor dem Institut ist das dritte Standbild, das besondere Aufmerksamkeit verdient (Abb. 33). Grundsätzlich gehört es in denselben Zusammenhang, in dem bereits das Beethoven- und Arndt-Denkmal gewürdigt wurden. Dieses hier schuf Hans Everding, ein gebürtiger Rheinländer und Schüler von Karl Begas. Ähnlich wie Arndt erscheint auch Kakulé im zeitgenössischen Bratenrock. Seine Rechte scheint die Darstellung eines schwierigen Sachverhalts gestisch zu unterstützen, der Daumen seiner Linken ist salopp in die Tasche eingehängt. Hinter dem vorgestellten Bein befindet sich ein Schemel. Das Bronzerelief an der Vorderseite des Sockels umschreibt allegorisch die Leistungen des Forschers: Vor einer Herme der Minerva sitzt eine teilweise entblößte junge Frau und überreicht zwei Arbeitern die Benzolformel. Auf diese Weise wird die Verflechtung von chemischer Forschung und Chemieindustrie angedeutet. Eine runde Balustrade bindet das Denkmal architektonisch ein, wobei auf den Wangen beiderseits eine marmorne Sphinx kauert. Stilistisch könnte man von einem gemäßigten Neubarock sprechen, wie er auch in den Denkmalgruppen der Siegesallee in Berlin zum Ausdruck kommt. Dort hatte Everding offenkundig seine Anregungen empfangen.

Nach Plänen von Baumeister Schubert entstand 1866/67 das **Naturwissenschaftliche Lehrgebäude,** das später erweitert wurde und heute Institute der Landwirtschaftlichen

Universitätsinstitute in Poppelsdorf 1 Poppelsdorfer Schloß mit Mineralogisch-Petrologischem Museum 2 Ehemaliges chemisches Institut mit Kekulé-Standbild 3 Ehemaliges Naturwissenschaftliches Lehrgebäude 4 Gebäude der Landwirtschaftlichen Fakultät 5 Geologisch-Paläontologisches Institut 6 Neue Anatomie 7 Physiologisches Institut 8 Zyklotron

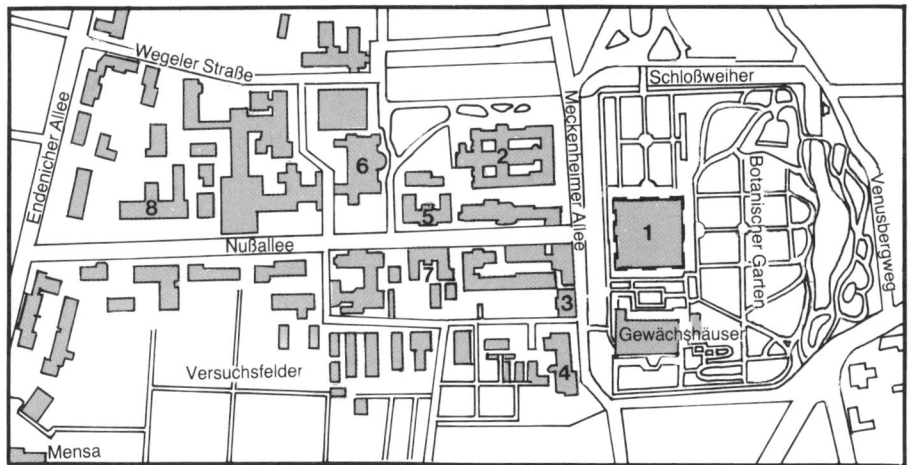

Ehemalige landwirtschaftliche Lehranstalt in Poppelsdorf. Rechts Schloß Clemensruhe. Lithographierter Stahlstich Mitte 19. Jahrhundert

Fakultät beherbergt. Gegenüber dem benachbarten Zwirnerbau wirkt der langgestreckte Komplex durch die klassizistischen Proportionen und Fassadengliederungen eher »akademisch«.

Das **Gebäude der Landwirtschaftlichen Fakultät**, das sogenannte Direktionsgebäude an der Meckenheimer Allee, entstand nach Plänen des Kölner Dombaumeisters Ernst Friedrich Zwirner. Es macht eher den Eindruck eines vornehmen Wohnhauses. Der Bau (1850–52) wird stark durch den risalitartig vorspringenden dreigeschossigen Mitteltrakt mit straßenseitigem Giebel geprägt. Zwei Reihen Rundbogenfenster in beiden Obergeschossen sorgen zusätzlich für Belebung.

Höhere Sinndeutung wissenschaftlichen Arbeitens, wie sie gerade im 19. Jh. versucht worden ist, spricht noch aus der Devise »Mente et malleo« (Mit Geist und Hammer), die an der Front des **Geologischen Instituts** an der Nußallee prangt.

Auch die **Neue Anatomie** in derselben Straße wirkt wie eine Weihestätte. Sie ist ebenfalls von August Dieckhoff konzipiert, aber dann von Jacob Neumann ausgeführt worden (1868–72). Auch hier eine Vierflügelanlage, abermals Risalite und Pilaster, ferner Rundbogenfenster mit Maßwerk, im Krieg weitgehend zerstört. Die Vorderseite wird durch einen polygonalen Vorbau vor dem Mitteltrakt ausgezeichnet. Eine Pilasterarchitektur mit hohem Architrav und Dreiecksgiebel umschließt das rundbogige Portal.

Weihevoll gibt sich auch die achteckige, sterngewölbte Eingangshalle. Acht Säulen mit Kompositkapitellen trennen einen gewölbten Umgang ab. Über das geräumige Treppenhaus gelangt man zum darüberliegenden anatomischen Auditorium.

Die Loslösung der Physiologie von der Anatomie gab den Anstoß zum Bau des **Physiologischen Instituts** an der Nußallee (1875–78). Er fußt auf Plänen von Neumann, die aber von der Berliner Baubehörde beträchtlich korrigiert wurden. Zweckmäßigkeit überwiegt hier bereits deutlich den repräsentativen Charakter der älteren Bauten. Dies ist aber nicht gleichbedeutend mit Phantasie- oder Schmucklosigkeit. Wie bei der Anatomie, wenn auch zurückhaltender, wird die Farbigkeit des Materials gestalterisch eingesetzt. Die Seitenrisalite der Südseite bauen lediglich eine Schaufassade auf.

Der zur Architektur gewordenen Überschätzung von Wissenschaft mag man heute distanziert bis ablehnend gegenüberstehen, doch sucht sich jetzt Irrationalität nur andere Ausdrucksweisen. Wo Wissenschaftsfeindlichkeit pathetisch verkündet wird, erscheint es um so dringender, nach dem Ethos der Wissenschaft zu fragen.

Beim Beethovenplatz blieb in den Grünanlagen ein klassizistisches **Gärtnerhaus** aus kurfürstlicher Zeit erhalten. In dem schmucken Gebäude mit seinen grünen Klappläden finden heute Kunstausstellungen statt.

Rheinisches Landesmuseum 102 Altsteinzeit 103 Mittelsteinzeit 103–105 Jungsteinzeit 105/106 Bronzezeit 106 Hallstattzeit 107–110 Latènezeit (Kelten und Germanen) 111–113 Römisches Militär 115 Römische Besiedlung des Rheinlandes 116 Bauwesen und Verkehr 117 aktuelle Bodendenkmalpflege 118 Hausgerät 119/120 Alltag 121–123 Religion 124 Grab und Jenseits 125/126 Römische Kunst im Rheinland
202 Frühes Christentum 203 Tägliches Leben der Franken 204 Fränkische Herren 205 Fränkischer Schmuck 206 Fränkische Grabsteine 207/208 Archäologie des Mittelalters 209–213 Romanische Kunst 214–217 Gotische Kunst 218/219 Renaissance 220/221 Steinzeug, Gläser, Zinn 222 Höfische Kunst des 18. Jh. 223 Goldschmiedekunst 224/225 Holländische und flämische Kunst 226 Rokoko und Klassizismus 227–229 Kunst des 19. Jh.

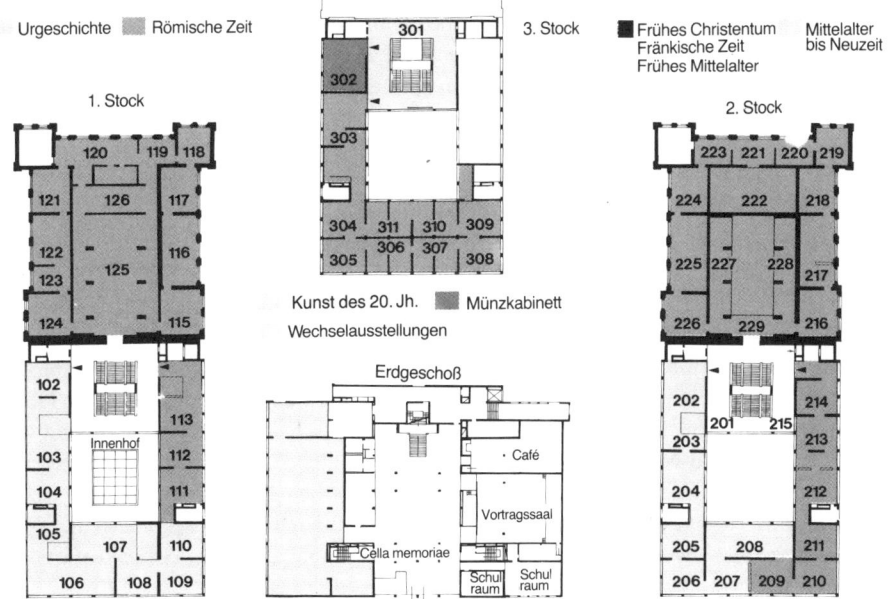

SÜDWESTEN/RHEINISCHES LANDESMUSEUM, ENDENICH

Von diesem Platz führt die Colmantstraße unmittelbar zum Hauptbahnhof. Viele spätklassizistische Häuserfassaden säumen den Weg, der auch am **Rheinischen Landesmuseum** vorbeiführt, dessen Besuch eigentlich »Pflicht« für jeden Besucher Bonns sein müßte.

Bei seiner Gründung im Jahre 1820 hieß es noch »Museum Vaterländischer Altertümer«. Nach den Kriegszerstörungen entstand ein Neubau (1967), der mit einem älteren Bauteil (1909) nach dessen Renovierung verbunden worden ist. Die Exponate reichen von der Steinzeit bis zur aktuellen Avantgarde in Malerei, Skulptur und Fotografie. Schwerpunktmäßig dokumentieren sie Geschichte, Kunst und Kultur des Rheinlandes von den ältesten Funden bis zur Gegenwart. Zusätzlich wird ein reichhaltiges Veranstaltungsprogramm geboten.

Das reiche Ausstellungsgut wird chronologisch präsentiert. Nur die rekonstruierte Cella memoriae, die man unter dem Bonner Münster ausgegraben hat, befindet sich im Keller des Museums, den man von der Eingangshalle aus erreicht. Sonst sind die zeitlich und kulturell zusammengehörigen Exponate auch räumlich einander zugeordnet.

Im *ersten Stock* wird zunächst die Urgeschichte des Rheinlandes von der Altsteinzeit bis zur Eisenzeit dokumentiert. Daran schließen sich die Sammlungen zur römischen Epoche an. In diesen beiden Abteilungen vermitteln neben den Originalen zahlreiche Dioramen und Modelle eine lebendige Vorstellung vom Leben der Menschen in dieser zeitlich so fernen und fremden Umwelt. Das Modell eines jungsteinzeitlichen Dorfes von Köln-Lindenthal macht dem Betrachter den gestiegenen Wohnkomfort deutlich. Staunend sieht man, welches hohe technische und strategische Niveau ein keltischer Ringwall besitzt.

Die Römer, die bei der lateinischen Schullektüre meist als Militärs eingeführt werden, erscheinen hier in den Dioramen vor allem im Licht ihrer zivilisatorischen Leistungen. Man erlebt sie bei der mühsamen Arbeit im Steinbruch am Drachenfels oder auf einer Großbaustelle, bekommt eine Vorstellung von ihrer Kalkfabrik bei Münstereifel-Iversheim, wirft einen Blick in ein römischen Privathaus, sieht am Beispiel des Tempelbezirks von Münstereifel-Nöthen (Pesch), welch große Rolle die Religion zur Römerzeit gespielt haben muß, und schreitet in Gedanken eine römische Gräberstraße entlang.

Im *zweiten Stock* folgen die Abteilungen Frühes Christentum, Fränkische Zeit und Archäologie des Mittelalters. Auch hier ist man um Anschaulichkeit bemüht. Die Rekonstruktion einer vom Rheinischen Landesmuseum ausgegrabenen fränkischen Siedlung bei Neuwied-Gladbach stellt bis in Einzelheiten dar, wie sich der Alltag der Franken abgespielt hat. Das Grab des Herrn von Morken ist im Originalmaßstab nachgebaut und vermittelt einen Eindruck von der Fundsituation. Bei der Pfalz Karls des Großen in Aachen spürt man den imperialen Anspruch, den sie architektonisch zum Ausdruck bringen sollte. In starkem Kontrast dazu steht die schlichte Motte Husterknupp, die Stammsitz der Grafen von Hochstaden war. Der größere Teil des zweiten Stockwerks ist der Kunst und dem Kunsthandwerk von Mittelalter und Neuzeit gewidmet. Gemälde, Skulpturen und Erzeugnisse des Kunsthandwerks zeichnen ein großartiges Bild der europäischen Kulturgeschichte des letzten Jahrtausends. Recht konsequent werden Querschnitte durch die Kunstgattungen der jeweiligen Zeit gelegt. Doch sind auch spezielle Kollektionen eingeschaltet, etwa Silberarbeiten oder Steinzeug aus dem Rheinland.

Ein Museum dieser Art wird und muß dem ›genius loci‹ huldigen. Erwartungsgemäß sieht man Möbel von David Roentgen aus Neuwied (19. Jh.), Gemälde von Meistern der Düsseldorfer Schule, etwa Caspar Scheuren oder Karl-Friedrich Lessing, sowie eine Reihe von Rheinlandschaften des 19. Jh., z. B. die bekannte Kölner Stadtansicht von W. C. Stanfield (19. Jh.). Werke aus dem 20. Jh. greifen zum Teil einige dieser Themen wieder auf. Zu sehen sind außerdem Beispiele für den Rheinischen Expressionismus, Jugendstil und die Neue Sachlichkeit.

Viele Werke rheinischer und niederländischer Maler stammen aus dem Vermächtnis der Familie Wesendonck, das einst den Grundstock für das Museum bildete. Mathilde Wesendonck geb. Luckemeyer (1828–1902) wurde bekannt durch ihre Freundschaft zu Richard Wagner, der in liebendem Verzicht auf diese Frau den »Tristan« schuf. Das Vermögen ihres gleichfalls aus Elberfeld stammenden Mannes Otto gestattete dem Ehepaar ein großzügiges Mäzenatentum. Beziehungen zu Bonn hatte auch ihr Sohn Hans, der hier als Student starb (1882), und der Schwiegersohn Freiherr von Bissing, der als Rittmeister der Königshusaren Dienst tat. Die bedeutende Gemäldesammlung der Familie war seit 1907 leihweise der Stadt überlassen worden, die zusammen mit der Rheinprovinz 1925 die Sammlung von den Erben ankaufte, aber nur das behielt, was der Konzeption des neuen »Provinzialmuseums« entsprach.

Im *dritten Stock* werden Münzen und andere Gegenstände zur Geldgeschichte (Medaillen, Marken, Münzwaagen) gezeigt. Die übrigen Räume sind Wechselausstellungen vorbehalten.

Es fällt schwer, Höhepunkte der Ausstellungen zu nennen. Außer den vorgeschichtlichen Menschenfunden, die an anderer Stelle bereits benannt wurden, möchte man den Goldbecher von Fritzdorf (um 1400 v. Chr., S. 253), den Goldschmuck von Waldalgesheim (2. Jh. v. Chr.) oder den Kultpfeiler von Pfalzfeld im Hunsrück (4. Jh. v. Chr.) nennen. Die Römerzeit vertreten hervorragend die Grabstele des Marcus Caelius (9 n. Chr.), der Matronenaltar aus Köln (164 n. Chr., Abb. 70), der Bronzekopf von Kaiser Gordianus III. oder ein Silberbecher, auf den eine Hochzeitsszene eingraviert ist (1. Jh. n. Chr.) als bemerkenswerteste Stücke. Ein Grabfund aus Niederdollendorf belegt eindrucksvoll die fränkische Zeit. Unter den mittelalterlichen Exponaten sind hervorzuheben das Grabmosaik des Abtes Gilbert († 1152) von Maria Laach sowie das romanische Chorschrankenrelief aus Gustorf (12. Jh.), schließlich auch ein Triptychon aus der verschwundenen Kölner Kirche St. Mariengraden (»Marienaltärchen«, um 1400). Ergänzend sei auf das große Reliquien-Ostensorium (1414) hingewiesen.

In Poppelsdorf – das durch Neubauten seinen Charakter weitgehend verloren hat – ist außerdem sehenswert die **Pfarrkirche St. Sebastian** in der Kirschallee. Sie birgt eine qualitätvolle Figur des hl. Nikolaus (14. Jh.) aus einer Kölner Werkstatt.

Bevor man zum Kreuzberg hochsteigt, bietet sich ein Abstecher nach Endenich an, das heute ganz von Autobahnen und ihren Zubringern umschlossen ist. Die Straße Am Burggraben ruft geschichtliche Erinnerungen wach; sie führt zur **Endenicher Burg,** die auf einer mittelalterlichen Wasserburg (12. Jh.) errichtet worden ist, ihr jetziges, nach dem Krieg

SÜDWESTEN / SCHUMANN-HAUS

Clara und Robert Schumann. Lithographie von Eduard Kaiser 1847

wiederhergestelltes Aussehen allerdings erst während des 18. Jh. erhalten hat. Das *Schmidtbonn-Zimmer* wahrt das Andenken an den Bonner Schriftsteller, der 1876 in Bonn geboren wurde und eigentlich Wilhelm Schmidt hieß. In seinem Werk, das fast alle Gattungen umfaßt, sind neben tiefer Lebensproblematik auch Naturverbundenheit und rheinische Heiterkeit gestaltet. Beruf und Reisen führten ihn weit umher, ehe er schließlich nach Bonn zurückkehrte. In Bad Godesberg starb er 1952 und wurde auf dem Alten Friedhof beigesetzt.

Das *Oppelner Zimmer* informiert über die oberschlesische Stadt Oppeln, für die Bonn eine Patenschaft übernommen hat. Sehenswert sind die Stuckdecken kölnischer Herkunft in den Räumen der Stadtbücherei im Ergeschoß.

Das **Schumann-Haus** in der Sebastianstraße verdankt einem tragischen Umstand seine jetzige Rolle (Abb. 32). Nach seinem letzten Selbstmordversuch verbrachte der große Komponist der deutschen Romantik seine beiden letzten Lebensjahre als Pflegefall im hiesigen St. Paulus-Heim, damals eine Heil- und Pflegeanstalt. Der klassizistische Bau war zunächst als Landsitz errichtet worden (Ende 18. Jh.), ehe er 1844 seine neue Bestimmung bekam. Hier wird ein großer Teil des Nachlasses neben Erinnerungsstücken aufbewahrt (seit 1975).

25 BONN Sternstraße mit Stadthaus ▷

26 BONN Beethovenhalle

27 BONN Stiftskirche ▷

28 BONN Stiftskirche, Taufstein

29 BONN Stiftskirche, spätgotische Madonna

30 BONN Alter Friedhof, Friedhofskapelle

31 BONN Alter Friedhof, Grab Robert Schumanns

32 BONN Schumann-Haus

33 BONN Standbild von August Kekulé vor dem alten Chemischen Institut

35 BONN Kreuzbergkirche, Orgelprospekt

36 BONN Kreuzbergkirche, Hochaltar ▷

◁ 34 BONN Poppelsdorfer Schloß, Innenhof

37 BONN Kottenforst, Eiserner Mann

39 BONN Kottenforst, Bahnhof ▷

38 BONN Kottenforst, Forsthaus Schönwaldhaus mit Grenzsteinen

40 BONN Ernst-Moritz-Arndt-Haus

41 BONN Ernst-Moritz-Arndt-Haus, Salon im Erdgeschoß

42 BONN Museum Alexander Koenig, Giebel

43 BONN Bundeskanzleramt, Plastik von Henry Moore

44 BONN Am Tulpenfeld, Verwaltungshochhaus des Bundestages

45 BONN Adenauer-Kopf vor dem Bundeskanzleramt

47 BONN Haus an der Poppelsdorfer Allee ▷

46 BONN Villa Hammerschmidt

Robert Schumann, 1810 in Zwickau geboren, war seit 1840 mit der Pianistin Clara Wieck verheiratet, der hier ebenfalls gedacht wird. Sie hat ihn um vierzig Jahre überlebt († 1896). Beide sind auf dem Alten Friedhof beigesetzt (Pl.–Nr. 32). Die Muse auf dem Grabdenkmal besitzt Claras Züge. Glänzend ergänzten sich beide, der große Komponist und Musikkritiker und die begabte Pianistin. Schumanns Sterbehaus versteht sich nicht als steriles Museumsdepot, sondern strahlt Leben aus. Es äußert sich in regelmäßigen Kammermusikkonzerten, die neben anderen Aktivitäten von der Städtischen Musikbücherei hier organisiert werden. Das mit Dokumenten und Erinnerungsstücken reich ausgestattete Schumannzimmer bildet gleichsam den inspirierenden Mittelpunkt für die große Gemeinde des »liebenswürdigsten unter den deutschen Musikern der Romantik« und seiner Frau.

Hinauf zum **Kreuzberg** sollte man zu Fuß über den Wallfahrtsweg gehen, der etwa in einer halben Stunde bewältigt werden kann. Welche Alternative unter den Aufstiegsmöglichkeiten man auch wählen mag, immer säumen alte Bildstöcke und Stationsbilder der Sieben Schmerzen Mariä (1864) den Pfad. Sie künden von der Verehrung des Leidens Christi und der Schmerzreichen Mutter, die seit alters her in der Umgebung geübt worden ist. Ein Bildstock (1616) am Rand von Ippendorf ist ältester Beleg hierfür.

Bei einem Kreuz oberhalb Lengsdorf versammelten sich 1429 viele Menschen zur Andacht, vermutlich dort, wo später eine Kreuzkapelle entstand, die Kurfürst Ferdinand »in schönerer Lage« – eben an der heutigen Stelle – völlig neu bauen ließ. Sie empfing 1628 ihre Weihe, war Mittelpunkt einer Bruderschaft und wurde 1637 den Mönchen des Servitenordens anvertraut. Ein Jahrhundert später (1746) stiftete Kurfürst Clemens August die Heilige Stiege. Nach Aufhebung des Klosters (1802) konnte der drohende Abriß der Anlage (1809) verhindert werden. Vorübergehend wirkten hier Jesuiten, denen wir die Stationsbilder verdanken, dann Franziskaner. Seit 1970 ist das ehemalige Kloster ein Zentrum der Schönstatt-Bewegung und des internationalen Kulturaustausches.

Die **Wallfahrtskirche** erinnert an die frühen Barockkirchen in Süddeutschland und Österreich, denen gegenüber sie allerdings stark vereinfacht ist. Christoph Wamser, der etwa zehn Jahre früher die Entwürfe für die Kölner Jesuitenkirche anfertigte, zu der wiederum die Bonner Jesuitenkirche Parallelen zeigt, baute diese Kirche 1627/28. Der verputzte Backstein-Saal hat schwach ausspringende Querarme, einen dreiseitig geschlossenen Chor, seitenschiffartig ausgebaute Kapellen, ungegliederte Rundbogenfenster und Strebepfeiler. Den vorgesetzten Westturm umschließen die Klostergebäude, von denen noch zwei Flügel erhalten sind. Nach oben geht der Turm ins Achteck über und wird von einer spitzen Haube (1809) bekrönt. Die Bronzeplatte in der Mitte der Kirche bezeichnet den Eingang zur darunterliegenden Gruft, der Grabstätte für die Serviten.

Die Kreuzgrat-Gewölbe bemalte Johann Adam Schöpf 1751/52 mit Fresken, die leider teilweise zerstört sind. Dennoch bekommt man nach erfolgter Erneuerung einen guten Eindruck und kann mühelos das Gesamtprogramm der Ausmalung erkennen. Über der Orgel ist ein Engelkonzert gemalt, das der Muttergottes gilt (Abb. 35). Beim Bild in der Kirchenmitte erprobt die Kaiserin Helena die Echtheit des von ihr aufgefundenen Kreuzes an einem toten Knaben, der auch zum Leben erweckt wird und somit durch das Wunder den

SÜDWESTEN/KREUZBERGKIRCHE UND HEILIGE STIEGE

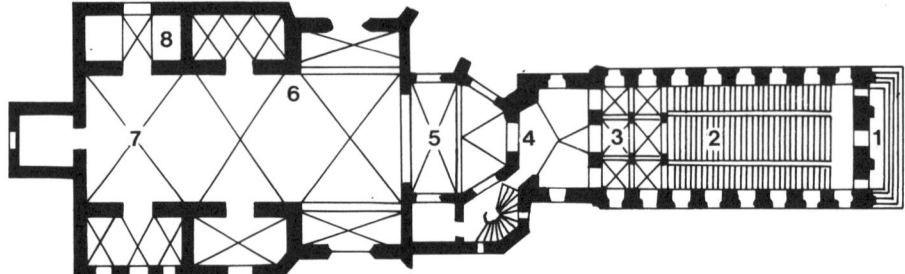

Grundriß der Hl. Stiege und der Kirche 1 Fassade mit Ecce-Homo-Balkon 2 Heilige Stiege mit Deckengemälde ›Triumph des Kreuzes im Himmel‹ 3 Kapelle mit Kreuzaltar 4 Fürstenoratorium mit Fenster zur Kirche 5 Baldachinaltar (Hochaltar) um 1748 6 Kanzel (um 1748) 7 Empore und Orgelprospekt (1714) 8 Pietà von H. Krumpper (?), Anfang 17. Jh., ein Gnadenbild im Peregrinusaltar (um 1750)

Rang des Fundes bestätigt. Der Engel mit Wappen, Münzen und anderen Abzeichen des Kurfürsten preist den Großmut des Erbauers von Kirche und Heiliger Stiege. Am Triumphbogen sieht man dann wieder Engel, diesmal mit Franziskanerwappen (ursprünglich statt dessen eine Scheinuhr), im Chor die bekannten Symbole Gottes und Christi im Gewölbe, an den Wänden Weihnachtsmotive.

Hochaltar und Kanzel stiftete Kurfürst Clemens August (Abb. 36). Beide sind von herausragender Qualität. Der Hochaltar ist als Kreisziborium aus farbigem Stuckmarmor gebaut, in das eine Doppelmensa eingestellt ist. Bei entsprechender Beleuchtung entsteht durch die Verschiedenfarbigkeit des Marmors und durch die Goldornamente ein gleißendes optisches Spiel. Über dem Tabernakel ist die hl. Helena des Bonner Münsters wiederzuerkennen, hier als Nachbildung in Bleiguß von Willem und Hendrik Rottermondt (1756). Anstelle eines Altarbildes ist ein Fenster eingesetzt, hinter dem der Kurfürst für das gläubige Volk sichtbar war, wenn er von seinem Oratorium aus der Messe beiwohnte. Aus der Schloßkapelle in Brühl ist ein ähnlicher Effekt bekannt. Die Altaraufbauten (1747–50) werden Martin Hörmannstorffer, München, Ignatius Finsterwalder und Jakob Rauch, beide Wessobrunn, zugeschrieben. Sie bekrönten das Ganze mit weißer Stuckkuppel, über der das Deutschordenskreuz von Putten gehalten wird. Die Rahmung des Glasfensters mit dem kurfürstlichen Wappen schufen Pietro Morsegno und Guiseppe Brillie. Die Statuen auf den seitlichen Durchgängen stellen rechts die hl. Juliana, Stifterin des Servitenordens, dar, rechts den hl. Philippus Benitius, ein bedeutender Ordens-General, der weltliche und kirchliche Ehren (Globus und Tiara) verschmähte.

Die Marmorkanzel folgt in der Ausführung dem Hochaltar. Die Reliefs zeigen die Schlüsselübergabe an Petrus, den Sturm auf dem Meere und die Bergpredigt.

Das Gnadenbild in der Kapelle gegenüber dem Eingang wurde um 1628 aus dem Holz der wundertätigen Eiche von Foy-Notre-Dame (Belgien) geschaffen. Interessant ist, wie hier uralte Baumkulte mit katholischer Marienverehrung verschmelzen. Das qualitätvolle Bildnis (Pietà) wird dem Münchner Hofbildhauer Hans Krumpper zugeschrieben. Er war es

Kreuzbergkirche mit Heiliger Stiege. Stahlstich um 1840

auch, der das Ölgemälde mit der Verkündigung stiftete, das von einem mittelalterlichen Fresko in der Servitenkirche S. Annunziata in Florenz kopiert worden ist. Im nördlichen Querschiff des Kölner Domes findet man das gleiche Motiv (1712).

Die Pilgerwege vereinigen sich wieder vor der *Heiligen Stiege,* deretwegen der Bonner Kreuzberg berühmt ist. Die Fassade des langgestreckten und dem Kirchenchor vorgelagerten Baues soll das Haus des Pilatus darstellen (Farbabb. 6). Auf dem vorspringenden Balkon im Obergeschoß läßt der römische Landpfleger durch einen Soldaten den dornengekrönten Christus vorführen. Verdutzt sieht man, daß die Römer wie Türken gekleidet sind. Damit folgte man einer bis ins Mittelalter zurückreichenden Tradition, die auf der jahrhundertelangen Bedrohung Westeuropas durch das osmanische Reich beruht. Die Fassade bildet insgesamt eine barocke Theaterfassade nach. Die Uhr zeigt die Stunde der Vorführung des verurteilten Christus an. Aus den Seitenfenstern blickten weitere Personenfiguren, die aber verloren sind. Jakob Peiffhofen schuf die hier durch Kopien ersetzten Originale. Den Beschluß bildet ein laternenbekröntes Schweifdach.

Die dreiläufige Treppe im stichkappen-gewölbten Innenraum (Farbabb. 5) führt zur dreischiffigen Kreuzkapelle, von der ein Rundbogenfenster zum dahinterliegenden Fürstenoratorium weist. Es besteht zu letzterem von hier aus also eine analoge Verbindung wie von der Kirche aus. Der mittlere Treppenlauf ist die Heilige Stiege, die nur auf den Knien und waffenlos erklommen werden durfte. Die Idee lieferte die Scala santa in Rom, nicht aber das Vorbild. Bei der Ausführung dürfte Balthasar Neumann maßgebend gewesen sein, der dabei Prager Anregungen gefolgt ist. Außer in Rom kennt man auch eine ehemalige Heilige Stiege bei der Wiener Minoritenkirche, deren Fassade Anklänge an die hiesige zeigt, und weitere aus Böhmen, dem Burgenland, der Steiermark, Polen und Piemont.

Dem bußfertig auf der Heiligen Treppe verweilenden Pilger lieferten die Fresken von Johann Adam Schöpf erbauliche Belehrung und Anregungen zur Andacht. Über dem Mittelportal kündigt die Ölbergszene den Beginn des Leidensweges Christi an. In der folgenden Szene öffnet sich gleichsam der Himmel, dem die Lichtgestalt Gottvaters entschwebt. Unter den Wolken die sündige Welt als Kugel, umwunden von der Schlange, die zum Paradiesapfel züngelt. Dann ist der Erzengel Gabriel zu erkennen mit dem Kreuz in der Glorie: Das Leiden ist überwunden. Ähnlich sind die Engel mit Leidenswerkzeugen aufzufassen. Kirche und Synagoge (Hoher Priester) über dem Zugang zum Fürstenoratorium stehen zugleich für das Neue und das Alte Testament. Schließlich vermittelt die Auferstehungsszene Hoffnung auf den endgültigen Sieg des Lebens über den Tod. Schöpf, der unter anderem in Prag und Schloß Brühl gearbeitet hat, bekam Unterstützung durch den Maler Roussaux. Das Bildprogramm erweist die Heilige Stiege als Gnadentreppe und zugleich Himmelsleiter im alttestamentarischen Sinne.

Stukkaturen sind recht sparsam verwendet. Auch hier waren wieder Martin Hörmannstorffer (Stuckmarmor), Ignatius Finsterwalder und Jakob Rauch (weißer Stuck) an der Ausführung beteiligt. Besonders letzterer zählt zu den Spitzenkräften seiner Epoche. Über dem Mittelportal hält ein schwebender Putto das Kreuz. Beiderseits davon erscheinen allegorische Gestalten für Gerechtigkeit und Frieden.

Unter der Stiege ist in der Krypta das *Heilige Grab,* wo in einer Nische der Leichnam Christi auf einer Grabesbank liegt. Darüber bauschen sich Wolken auf, aus denen Engelköpfe schauen, und quellen aus der Nische hervor. Um das Grab ist viel Grottenwerk angebracht. Soldaten in bunten Uniformen halten Wacht oder ruhen. In den Scheinöffnungen entschweben Engel mit Kreuz oder Paradiesapfel. Ein Engel hebt den Stein vom Grab. Nach dem Vorbild des alten italienischen Theaters tauchen Kugelleuchten das Grab in eigenartiges Licht. Die Szenerie entsprach einer damals sehr beliebten Frömmigkeitsform, um die sich mannigfaltiges Brauchtum rankte.

Der Vorplatz »entschädigt« nach reichlichem Kunstgenuß durch eine hervorragende Aussicht. Nördlich des Kreuzberges liegt der alte und inzwischen geschlossene **Poppelsdorfer Friedhof,** auf dem unter anderen auch herausragende Persönlichkeiten des Bonner Geisteslebens ihre Grabstätte haben. Erwähnt seien Hermann von Eichendorff, ältester Sohn und Biograph des Dichters, der Komponist Kaspar Joseph Brambach, der Bonner Musikdirektor Grüters, die Historiker Max Braubach, Hermann Hüffer und Franz Steinbach, der Nationalökonom Heinrich Dietzel und der Begründer des Rheinischen Wörterbuches Johannes Franck.

Im benachbarten Stadtteil Lengsdorf besaß der Propst des Cassiusstiftes bestimmte Rechte. Um 1230/40 entstand hier die **Pfarrkirche St. Peter** als zweischiffige Pfeilerbasilika mit zwei Jochen, niedrigem Chorquadrat und halbrunder Apsis. Im 13. Jh. kam noch ein Westjoch hinzu. Die von Blendbogen überfangenen Doppelarkaden und die kuppligen Kreuzrippengewölbe tragen wie der ganze alte Baukern Merkmale des sogenannten Übergangsstils. Leider hat man später erhebliche Veränderungen vorgenommen: Bau des nördlichen Seitenschiffs, Einsetzen von Fächerfenstern (1894); Vorhalle (1936); Turm (1952).

Seit mehreren Jahren keltern die Einwohner auch wieder Rebensaft aus eigenem Anbau. Den daraus gewonnenen Wein dürfen sie allerdings nicht verkaufen, da der Ort kein anerkanntes Anbaugebiet ist. Doch soll es hier schon 1067 Wingerte gegeben haben. Nachdem die alte Tradition wieder belebt wurde, kredenzt man den »St. Petrigarten« beim eigenen Weinfest.

Während Duisdorf ein vergleichsweise junger Ort ist, der nur den Rittersitz Medinghoven als Zeuge aus ferner Vergangenheit kennt, sind in Lessenich Spuren einer römischen Ziegelei und Töpferei gefunden worden. Offenbar haben sich hier die aus dem Dienst ausgeschiedenen Legionäre gewerblich niedergelassen, wie aus einem Gedenkstein hervorgeht. In karolingischer Zeit erlangte Lessenich als Pfarrort bereits Bedeutung. Die romanische **Kirche St. Laurentius** (12. Jh.) könnte auf königlichem Grundbesitz erbaut worden sein, war später jedenfalls dem Cassiusstift in Bonn inkorporiert. Ihr auffälligstes Merkmal ist der Chorturm, wie er in Bonn und Umgebung wiederholt anzutreffen ist. Die dreischiffige Pfeilerbasilika hatte, durch Kriegszerstörungen bedingt, nach 1645 erhebliche Veränderungen hinnehmen müssen, doch war man bei der Wiederherstellung 1962 bemüht, möglichst viel von dem ursprünglichen Charakter wieder zur Geltung zu bringen. Eine Holzfigur der Muttergottes (um 1700) blieb von der Barockausstattung erhalten.

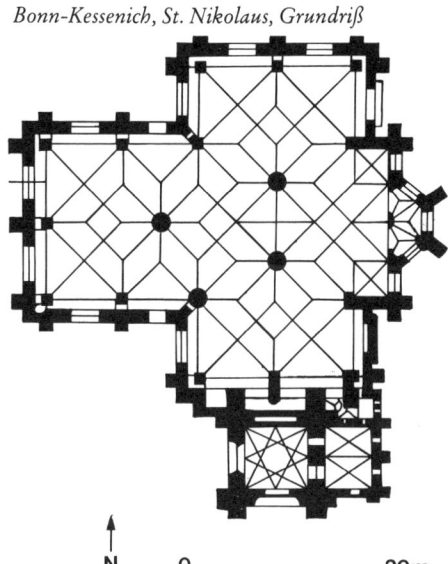

Bonn-Kessenich, St. Nikolaus, Grundriß

Der alte Ort Kessenich hat sich zu einem beliebten Wohngebiet innerhalb der Stadt entwickelt. Die mittelalterliche **Kapelle St. Nikolaus** (14. Jh.) ist um 1750 um die Seitenschiffe erweitert worden. Einige kleine Häuser erinnern an die dörfliche Vergangenheit des Stadtteils. Die Villa Rosenburg (1831) erbaute und bewohnte der Universitätsprofessor Goldfuß. Sie ist jetzt Sitz einer Behörde.

Etwas oberhalb des alten Ortskernes liegt der malerische **Bergfriedhof,** auf dem ebenfalls manch prominenter Bonner aus der Zeit um die Jahrhundertwende seine letzte

SÜDWESTEN/KESSENICH, VENUSBERG, RÖTTGEN

Bonn vom Venusberg. Vor dem Münster ist das Poppelsdorfer Schloß gut zu erkennen. Stahlstich um 1860

Ruhestätte gefunden hat. Zu nennen wären der Altphilologe Franz Bücheler, der Philosoph Bona-Meyer, der Historiker Aloys Schulte und der Germanist Wilmans sowie aus der damaligen Landwirtschaftlichen Hochschule der Professor Eberhard Gieseler. Eine schillernde Persönlichkeit war der hier beigesetzte Eichhoff. Vom kurfürstlichen Mundkoch schaffte er es zum französischen Maire und schließlich zum Unterpräfekten und Generaldirektor des Rheinoktroi. Außerdem verdienen einige alte Grabsteine (17. Jh.) Aufmerksamkeit.

Johannes Richter, der bereits als Architekt des Collegium Albertinum Erwähnung fand, lieferte auch die Pläne für die **Nikolauskirche** (1889–91). Über einem T-förmigen Grundriß erhebt sich die lichte Halle. Mächtige polygonale Pfeiler tragen das reiche Netzgewölbe. Ganz ungewöhnlich stehen zwei davon in Querrichtung, der dritte in Längsrichtung. Unter den hochangesetzten Fenstern umläuft ein schmaler Umgang den gesamten Innenraum. Nach Osten öffnet sich ein schmales Chorjoch mit anschließender Apsis im ⅗-Schluß. Die verblüffende Raumgestaltung löst sich fast ganz von der alten Überlieferung, obwohl die Einzelformen durch und durch (neu)gotisch sind. Vor dem südlichen Querarm ragt ein Turm empor, der nicht nur der Kirche eine malerische Silhouette verleiht, sondern auch innerhalb des Stadtteiles bestimmend wirkt.

Der **Venusberg** ist durch die Universitätskliniken bekannt. Der gepflegte Stadtteil, der auch als Prominentenviertel attraktiv ist, war ursprünglich ein unwirtliches Gebiet. Der Name hat nichts mit der Göttin der Schönheit zu tun, sondern leitet sich höchst prosaisch von ›Venn(e)‹ ab, was Sumpf oder Moor bedeutet. Der Gebäudekomplex des Instituts für Leibesübung samt den Sportanlagen stellt den gelungenen Versuch dar, die Architektur »gestalterisch den landschaftlichen Gegebenheiten einzugliedern«. Die Entwürfe stammen von Heinrich Raderschall (1962–64).

Über Ippendorf wird Röttgen im Kottenforst erreicht. Der Name verrät, daß es sich um eine mittelalterliche Rodungssiedlung handeln muß. Sie wurde von Ückesdorf aus, einem Besitz des Bonner Cassiusstiftes, in den Kottenforst vorgetrieben. Kurfürst Clemens

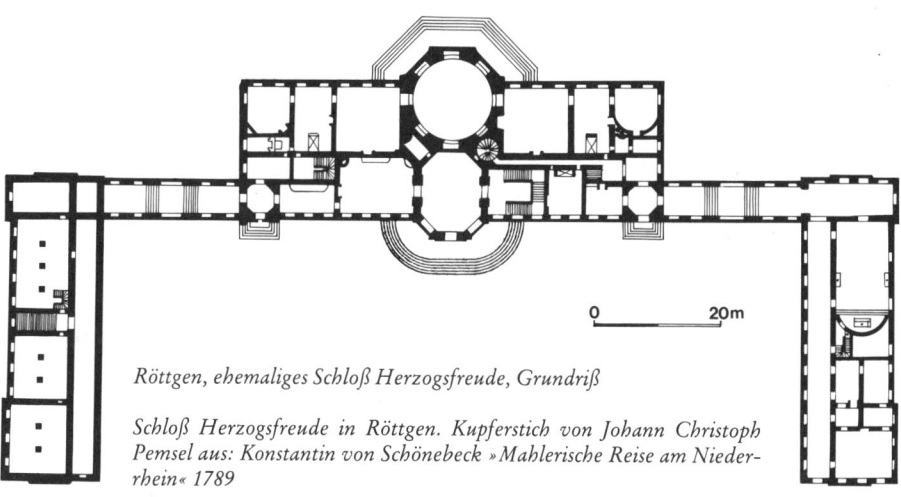

Röttgen, ehemaliges Schloß Herzogsfreude, Grundriß

Schloß Herzogsfreude in Röttgen. Kupferstich von Johann Christoph Pemsel aus: Konstantin von Schönebeck »Mahlerische Reise am Niederrhein« 1789

SÜDWESTEN/SCHLOSS HERZOGSFREUDE, KOTTENFORST

August war nicht nur ein kunstsinniger und frommer Herrscher, sondern auch ein passionierter Jäger. Dieser Leidenschaft hat er architektonische Denkmäler gesetzt. In Röttgen baute er das **Schloß Herzogsfreude**. Es gilt als »die bei weitem großartigste Schöpfung unter den vielen Schlössern«. Die Franzosen brachten dafür keinen Sinn auf und verkauften den Komplex auf Abbruch (1810). Alte Pläne und Stiche allein vermitteln uns also heute noch eine Vorstellung von der prächtigen Anlage. Die einstige Lage des Schlosses bezeichnen noch sieben Alleen, die auf den ehemaligen Schloßplatz münden. Erhalten blieb die **Kapelle** zu Ehren der Jagdpatrone Venantius und Hubertus (1740). Ein Elfenbeinkruzifix und zwei qualitätvolle Bronzebüsten von der ursprünglichen Ausstattung des schlichten, einschiffigen Baues gelangten in den Besitz der Pfarrei Röttgen. An der Kapelle hatte übrigens auch der 1746 gestiftete Jagdorden »Von der Gütigkeit« seinen Sitz. Ihm gehörten nur bis zu zwölf adlige Mitglieder an.

Obwohl die Schloßanlage verschwunden ist, bleibt sie für die Entwicklung der Schloßbaukunst im Bonner Raum höchst aufschlußreich. Bei der Betrachtung des Grundrisses von H. Roth (um 1754) und der Ansicht von Janscha-Ziegler (1801) sowie der gegenwärtigen Geländesituation drängt sich der Vergleich mit den beiden Schlössern in Bonn und in Brühl auf. Während der ersten Bauphase verfolgen sowohl die Winterresidenz Bonn (Zuccali) und die Sommerresidenz Augustusburg in Brühl (Schlaun) noch das Ziel einer geschlossenen Anlage (Vier Flügel, Wasserburg). Unter französischem Einfluß (de Cotte) wird in der folgenden Bauphase die Landschaft mit einbezogen, in die lange Alleen hinauswachsen, um sich in der Ferne zu verlieren. Italienische Anregungen führten schließlich dazu, daß nach einer optischen Verankerung in der Landschaft gesucht wird, dem »Point-de-vue« (Siebengebirge, Kreuzberg). In Bonn ist die Poppelsdorfer Allee ein großartiges Beispiel für die Durchgliederung der Landschaft im Geist des Rationalismus geblieben. Übersehen oder vergessen wird dabei gern, daß darüber hinaus das Poppelsdorfer Schloß auch mit den Brühler Schlössern über eine schnurgerade Allee verbunden werden sollte. Solche kilometerlangen Achsen sind anderswo, etwa zwischen Kassel-Wilhelmshöhe und Wilhelmstal, auch zur Ausführung gelangt. In Bonn ist man über die Nußallee nie hinausgekommen.

Hier im **Kottenforst** nun ist zwar das Schloß als optischer Mittelpunkt verschwunden, dafür ist aber die Durchgliederung der Landschaft vollständig erhalten. Die Schneisen waren in erster Linie Blickachsen, die von den Fenstern im Mittelpavillon von Schloß Herzogsfreude sternförmig in die Wälder hinausliefen. Hier erhielten sie zusätzliche Bedeutung bei der Jagd, deren Verlauf und Stand auch vom Schloß aus verfolgt werden konnte.

Ehemalige Wetterfahne von Schloß Herzogsfreude, heute am Forstamt Kottenforst

Der Bau des Jagdschlosses brachte es mit sich, daß die Bewohner des seinerzeit verschlafenen Dorfes Röttgen zu Jagd- und Forstdiensten herangezogen wurden. Einer ihrer Bürger verdankt dem Schloß seine künstlerische Karriere: Hubert Maurer († 1818). Er wurde von dem kurbayrischen Hofmaler Winter »entdeckt«, trat bei diesem in die Lehre und folgte ihm später nach Wien. Maurer malte unter anderem Altarbilder und Portraits österreichischer Kaiser. Aus Röttgen stammt auch der Maler Karl Ferdinand Weimer (1829–63), der meisterhafte Studien zur Kultur der Indianer Nordamerikas angefertigt hat.

An der Gastwirtschaft Stupp in Röttgen befindet sich noch ein schönes Oberlicht-Gitter mit den Initialen C und A (= Clemens August). Es ist das einzige Reststück aus Schloß Herzogsfreude neben einer Wetterfahne mit springendem Hirsch am Eingang des Forstamtes Kottenforst.

Entlang der Alleen für die Parforcejagden findet man mehrfach alte Kreuze, die der Kurfürst oder seine Hofgesellschaft stifteten. Das Wolfs- oder Jakobskreuz an der »Villiper Allee« trägt auf dem senkrechten Balken in Hochrelief ausgesparte Wolfsfüße und auf dem Sockel das Wappen der Wolff-Metternich. Andere Kreuze sind nach ihren Stiftern benannt, so das Veritaskreuz angeblich nach Graf Marcus von Veritas und das Rollkreuz am Nordende von Röttgen nach Ignaz Felix von Roll, einem Jagdmeister, dessen Wappen es auch trägt. Das sogenannte Dickebaumkreuz stiftete offensichtlich der Kurfürst selber, denn es wird verziert vom Wappen des Clemens August sowie dem Deutschordenswappen samt Kurhut. Die Lage der Kreuze ist in den Wanderkarten meist eingetragen. Sie dienten einst vermutlich als Orientierungs- oder Treffpunkte für die Jagdgesellschaften.

Ein bekannter Orientierungspunkt ist noch heute das *Jägerhäuschen* an der Merler Bahn. Es war eine der »Relais«-Stationen, wo während der kurfürstlichen Jagden die Pferde gewechselt wurden.

Eine archäologische Attraktion ist der Rest der *römischen Wasserleitung* bei Buschhoven. Sie war Teil des Versorgungssystems für Köln, das von der Urft bei Nettersheim bis zum Endpunkt eine Gesamtlänge von etwa 90 km hatte. Um 250 n. Chr. erbaut, soll die Leitung 30 Millionen Liter Wasser pro Tag gespendet haben.

Leichter übersehen werden oft die vielen Grenzsteine, die auf ihre Weise von der Geschichte des Kottenforstes und seiner Nutzung berichten. Eine der bekanntesten Grenzmarkierungen im Kottenforst ist allerdings nicht aus Stein, sondern aus Erz, was der schmucklosen Säule die Bezeichnung *Eiserner Mann* eintrug (Abb. 37). Graf Werner von Salm-Reifferscheidt setzte das Grenzzeichen kurz vor 1625 an der Stelle, wo es bis heute unverrückbar standhielt. Originell ist auch das *Hasendenkmal* bei Buschhoven. Auf dem Stein sieht man einen fetten Hasen, der mühsam ›Männchen macht‹. Es soll 1888 einem Hasen gesetzt worden sein, den sieben Jäger mit ebenso vielen Flinten nicht zur Strecke bringen konnten. Der Distrikt heißt heute auch amtlich »Am Siebenschuß«.

Viele alte Grenzsteine hat man vor Zerstörung oder Diebstahl gesichert, indem man sie vom Ursprungsort entfernte und in die Mauer des Forsthauses Schönwaldhaus eingesetzt hat (Abb. 38).

Südstadt

»Entwede ich bin mööd, ode et rännt, ode de Barrier is eraff«, zitiert man Bonner Studenten. Auf Hochdeutsch: Entweder bin ich müde, oder es regnet, oder die Schranke ist geschlossen. Man mag streiten, ob dies überzeugende Gründe sind, die einen jungen Menschen vom Studium abhalten, doch die bitteren Erfahrungen, die sich aus Gleichlage von Bahn und Straße ergeben, muß jeder in Bonn machen. Die Bahntrasse teilt das alte Bonn fast diagonal in zwei Hälften. Man sucht Abhilfe für den bisherigen Zustand, der nur zwei Straßenbrücken, drei Unterführungen und sonst lediglich schienengleiche Übergänge kennt. Bei wohl über 300 Zügen, die pro Tag die Strecke befahren, bedeutet dies, daß die Schranken tatsächlich sehr häufig geschlossen sind.

Städtebaulich heißt dies aber auch, daß die Bahn eine deutliche Grenze bildet zwischen der Altstadt und den Neubaugebieten, unter denen die Südstadt wegen ihres außergewöhnlichen Häuserbestandes besondere Bedeutung besitzt. Die Bahnlinie grenzt diesen Bereich ostwärts und nördlich bis zum Güterbahnhof ab. Im Süden bildet die Reuterstraße die Grenze, im Westen die Autobahn bis in Höhe von Schlachthof oder Güterbahnhof.

Wohl nirgends sonst in Deutschland besteht noch ein derart geschlossenes und zugleich gut erhaltenes Wohnquartier der Gründerzeit wie in Bonn (Farbabb. 7–10). Alle für jene Epoche typischen Baustile sind vertreten: Spätklassizismus, Neugotik, Neurenaissance, Neubarock, Jugendstil. Mit den vielfältigen Ornamenten, Reliefs und figürlichen Plastiken, den Balustraden, Balkons und Veranden, den Fensterlaibungen und -kreuzen, Portalen und Türen, den Geländern und Gittern an Haus und Garten wird eine Formenvielfalt erreicht, die sich einer erschöpfenden Beschreibung entzieht.

Wesentlich für das einstige Wohn- und Lebensgefühl sind die von Platanen, Kastanien und anderen Bäumen bestandenen Alleen. Nach dem architektonischen Purismus der letzten Jahrzehnte hat man gerade diese Wohnweise – heute auch ökologisch motiviert – wieder schätzen gelernt. Private Vereinigungen streiten für die Erhaltung und scheinen bei den Verwaltungen zunehmend offene Ohren zu finden.

Die meisten erhaltenen Bürgerhäuser entstanden bald nach der Reichsgründung. Die Bauentwicklung erlebte zwischen 1890 und 1910 einen deutlichen Höhepunkt. Charakteristisch ist die Reihenhausbebauung der Straßenzeilen. Es handelt sich überwiegend um Einfamilienhäuser, zu denen aber auch einige Doppelwohnhäuser, sogenannte Halbvillen, kommen, bei denen das Haus bloß mit einer Giebelwand an das des Nachbarn anstößt. Oft sind dann auch die Fassaden spiegelsymmetrisch aufeinander bezogen. Nach der Jahrhundertwende entstanden auch herrschaftliche Mehrfamilienhäuser.

Fassadenschmuck in der Südstadt:

Königstraße 54

Heinrich-von-Kleist-Straße 37

Im Grunde wiederholt sich in der Konzeption immer wieder dasselbe Schema. Hinter dem durch einen schmiedeeisernen Lanzettenzaun eingefriedeten Vorgarten führt ein Treppenaufgang zur Tür mit Oberlicht. An der Front sind häufig zwei Achsen zu einer zusammengefaßt, was etwa durch eine breite Erkeranlage erreicht wird. Im Untergeschoß des Dreifensterhauses befinden sich die Gesellschaftsräume (Speisezimmer, Salon), wobei zum Garten hin häufig eine Veranda oder ein Wintergarten angebaut ist. Im Souterrain liegen Kellerräume und die Kochküche, die vielfach über einen Aufzug mit dem Eßzimmer darüber verbunden ist. Bei manchen späteren Bauten wurde die Souterrainküche abgelöst, indem man im Erdgeschoß einen dritten Raum hofseitig anschloß und als Küche ausbaute. Im ersten Stock befanden sich die Schlafzimmer der Familie, je nach Höhe des Hauses auch im zweiten Stock, und in der Mansarde hatten die Dienstboten ihre Kammern. Dort oben gab es meistens auch eine Waschküche und einen Speicher. Toiletten und – sofern überhaupt vorhanden – Bad waren oft im Zwischengeschoß eingerichtet. Dieses Schema ist heute wohl

SÜDSTADT

bei den meisten Gebäuden durch nachträgliche Änderungen nicht unbedingt wiederzuerkennen.

Der Formenreichtum der Fassaden steht in hartem Gegensatz zu den einförmigen Grundrissen und macht noch heute den besonderen Reiz der Straßenbilder in der Südstadt aus. In den beiden Jahrzehnten nach der Reichsgründung bevorzugte man eine schlichte klassizistische Fassadengestaltung. Erst im letzten Jahrzehnt des Jahrhunderts stieg mit dem enorm gewachsenen Wohlstand auch das Repräsentationsbedürfnis der Bauherren und schlug sich in zunehmendem Formenreichtum der Fassaden nieder. Diese Vielfalt gehorcht bei den Häusern, die bis 1910 entstanden, keiner einheitlichen Gestaltungsweise. Selbst bei Häusern

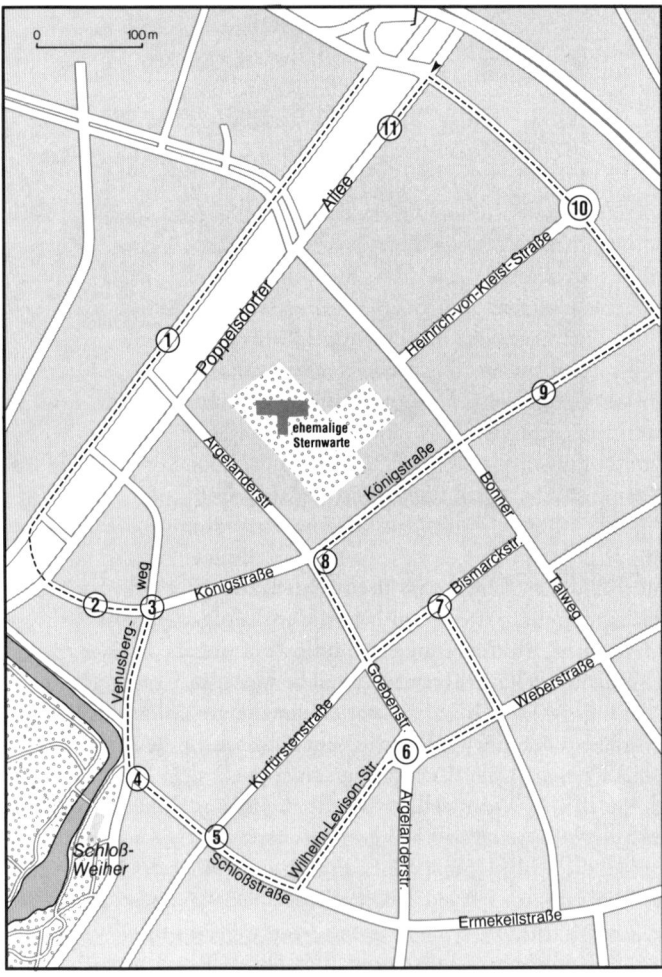

des Jugendstils erscheinen Anklänge an romanisierende, gotisierende oder renaissancehafte Schmuckformen. Erst in den Jahren vor dem Ersten Weltkrieg griff stärkere Nüchternheit um sich, die sich in einem reformierten Neoklassizismus äußert.

Bei aller Vielfalt der Ornamente liegt ihrer Anwendung eine gemeinsame Gliederung zugrunde. Das Erdgeschoß ist durch Rustika sockelartig ausgebildet. Der meist seitlich liegende Eingang ist oft von Säulen flankiert und als Portal ausgestaltet. Erker oder Balkons sowie eine Konzentration der Schmuckelemente betonen das erste Obergeschoß als Beletage. Umso schlichter ist das zweite Geschoß gehalten, das auch zum Mezzaningeschoß verkümmern kann. Türmchen und Giebel beleben dann aber wieder die Dachzone.

◁ *Rundgang durch die Südstadt*
1 Poppelsdorfer Allee (1 km): Haus Nr. 56, üppiger Barock, 1895; Nr. 58–61a, ursprünglich symmetrisches Ensemble aus vier Einzelhäusern mit Palazzo-Fassade, jetzt verändert; Nr. 66 u. 68 mit ionischen Säulen und nachträglichen Eisenstützen; gegenüber Ecke Argelanderstr. palastartiges Doppelhaus der Bankiers Rothschild und Simon, 1889, heute philippinische Botschaft; Nr. 72–78, giebelgekrönte Türmchen zwischen den Mansarden, freihängende Stukkaturen vor den Fenstern; bei Nr. 78 Schmiedeeisenwerk mit schöner Verglasung
2 Königsstraße: Nr. 97, Eckhaus, 1904 mit vielsagender Giebelinschrift des Erbauers: »Mit Gott erbaut, nach Schnur und Lot, trotz Nachbar (Hinweispfeil!) und trotz Bauverbot«, in Pfeilrichtung blicken auch die Baluster und strecken die Zunge heraus...; Nr. 93 ursprünglich Ärztehaus, 1900, jetzt Botschaft der Elfenbeinküste
3 Kreuzung Königstraße/Venusbergweg: Durchblick zur Argelanderstr., Fassadenrest der Kaffeerösterei Zuntz sel. Witwe Bonn/Berlin; Venusbergweg mit interessantem Neubau, 1985, Versuch einer Angleichung an die historische Nachbarschaft
4 Schloßstraße 4: Früher Wohnhaus des Architekten Friedrich Giebel, 1904, jetzt spanische Botschaft (Putten beim Keltern, Angeln und sich wärmend, Fischer mit Südwester, Vater Rhein, Mosella); Doppelhaus daneben mit reichen Schmuckformen an Treppe (Greife), Fenstern (Eulen, Schwäne, Adler, Drachen) und Fassade (Blumenkränze mit Liebespfeil)
5 Kreuzung Schloßstraße/Kurfürstenstraße: Durchblick durch Kurfürstenstr. mit gut erhaltener Häuserzeile, darunter Jugendstilhaus, Nr. 50; Schloßstr. Nr. 18/20, 22/24, 26/28, Fassade von drei palazzoartigen Doppelhäusern; Wilhelm-Levison-Str. mit großer Fassadenvielfalt; Nr. 1a–5a und 17–39 von demselben Architekten, 1894–99 erbaut
6 Wilhelm-Levison-Platz, früher Roonplatz: Durchblick Argelanderstr., Eckhaus Argelanderstr./Levisonstr., 1902, mit Jugendstilelementen; beim Weitergehen Durchblick Weberstr., prächtige Fassaden
7 Bismarckstraße und Argelanderstraße: Bismarckstr. Nr. 6–18 als herrschaftliche Wohnhäuser, Spekulationsobjekte, 1902; Ecke Argelanderstr. Nr. 48, Wohnung des in der Nachbarschaft tätigen Bauunternehmers Carl Dansard, 1891
8 Königstraße: Ecke Argelanderstr. Nr. 33, 1893 mit Freimaureremblem und Kolonialsymbolen (Neger, weiße Frau) des Besitzers, eines französischen Handelsherrn; Nr. 66 Halbvilla, 1871
9 Hinter der IHK einige der frühesten Häuser, 1869–72, des Viertels, klassizistische Bauten von Johann Thoma
10 Prinz-Albert-Straße: Mit ihrem Rondell die einzige Freifläche der Südstadt, die man als Platz ansprechen könnte; Nr. 17 verzierter Erker mit schwarzen Stucksäulen, 1894; Nr. 7 gotische Zinnen und Tür mit Eisenbeschlägen, 1898; Nr. 3 mit Jugendstil-Mosaik, 1902
11 Poppelsdorfer Allee Nr. 25: zweckentfremdete Villa in fremder Umgebung (Hotel Bristol, Versicherung), gleichsam ein Denkanstoß

SÜDSTADT

Fassadenschmuck in der Südstadt:

Argelanderstraße 33

Je nach Bauherrn oder Architekten konnte es vorkommen, daß mehrere Gebäude zu regelrechten Ensembles vereint wurden. Maßgebend sind dann für die Gestaltung einer Straßenzeile die Eckhäuser, die durch Türmchen, reiche Giebelfelder, Erker oder abgeflachten Ecken besonders hervorgehoben sind. Optisch mildern sie die Schärfen der Straßenkreuzungen. Im Erdgeschoß sind oder waren Geschäfte oder Gaststätten untergebracht mit eigenem Eingang um die Ecke.

Da es weder möglich ist, alle wichtigen Häuser hier vorzustellen, noch der Leser in der Regel Zeit hat, die gesamte Südstadt zu erwandern, soll anhand einiger repräsentativer Bauten wenigstens ein kleiner Überblick ermöglicht werden. Für den Rundgang, wie ihn die Skizze auf Seite 140 zeigt, sollte man ruhig einen Vormittag einkalkulieren, denn abgesehen von den beschriebenen Häusern wird der Besucher noch manches andere interessante Objekt entdecken können.

Simrockstraße 23

Abseits der üblichen Touristenwege liegt im Südzipfel dieses Stadtteils an der Schumannstraße ein Sakralbau, der besondere Hervorhebung verdient, die **Elisabethkirche** (1906–09). Sie gilt als »Paradigma der Neuromanik« und wurde von dem Mainzer Dombaumeister Ludwig Becker errichtet. Bei dem basilikalen Grundriß fällt die Breite des Mittelschiffs auf. Sie wiederum macht den wuchtigen Vierungsturm nötig. Ein Westturm und zwei Flankentürme am Chor verleihen mit dem Vierungsturm dem Bauwerk eine bewegte Silhouette. Eine Fülle von architektonischen Details und die Werksteingliederungen verstärken das lebendige Äußere, das trotz dieses Reichtums in ungebrochener Geschlossenheit erscheint. Auch im Inneren erfahren die Wände und Gewölbe eine reiche Gliederung. Im Vergleich zu der dogmatisch-neugotischen Marienkirche Prills atmet dieser Bau einen wesentlich freieren Geist. Das Gotteshaus zeigt gewisse Ähnlichkeiten mit der monumentalen Herz-Jesu-Kirche in Koblenz.

Adenauerallee und Regierungsviertel

Vom Koblenzer Tor am ehemaligen Kurfürstlichen Schloß sind es nur 2 km über die etwa nord-südlich verlaufende Adenauerallee (früher: Koblenzer Straße) bis zum Bundeskanzleramt. Etwa von der querverlaufenden Weberstraße an dominieren die in einer Hauptstadt nun einmal notwendigen Adressen. Das setzt sich in der anschließenden Friedrich-Ebert-Allee fort, die mit der Adenauerallee die Hauptachse des Regierungsviertels bildet. Aber auch in ihrem nördlichen Teil gibt es eine Reihe interessanter Bauten zu sehen.

Südlich des Collegium Albertinum liegt die **Universitätsbibliothek** (1957/60), zu der Fritz Bornemann und der Erbauer der Basilika in Lourdes, Pierre Vago, die Pläne lieferten, das erste markante Gebäude in der Adenauerallee. Die um ein Atrium angeordneten flachkubigen Flügel wirken trotz ihres enormen Fassungsvermögens (1,5 Millionen Bände) gar nicht klotzig oder monumental. Erreicht wird das durch die Ausgewogenheit der Proportionen, Anordnung und Stärke der Stützen und durch die großen Fensterfronten, durch die allseits die Wände aufgelockert werden. In Anspielung auf die Berliner und Pariser Herkunft der Architekten hat man in dem Bauwerk ein Architektur gewordenes Stück Europa erblicken wollen. Im begrünten Atrium steht eine abstrakte Bronzeplastik von Herbert Hajek. Die Muschelkalkplastik »Wolkenschale« auf dem Rasen vor der Frontseite hat Hans Arp eigens für diese Stelle geschaffen. Das Mosaik im Eingang entstand in der Staatlichen Kunstschule Wuppertal.

Neben der Bibliothek lag bis zu den schlimmen Bombenangriffen 1944 das Haus der berühmten **Bonner Lese- und Erholungsgesellschaft** (1787–1944), Mittelpunkt einer für das geistige und gesellschaftliche Leben der Stadt noch heute maßgebenden Vereinigung. Sie residiert, inzwischen in neuen Räumen (Rhein- und Siebengebirgsblick vom Restaurant aus), auch heute noch neben der Universitätsbibliothek. Bereits 1787 wurde sie von dem damaligen Kurfürsten und Erzbischof Maximilian Franz als erste bürgerliche Gesellschaft »gut geheißen« (d.h. nicht »gegründet«). Sie ist seit 200 Jahren eines der Zentren des gesellschaftlichen Lebens in Bonn und hat seit geraumer Zeit keine politische Zielsetzung mehr. Die Lese ist Treffpunkt alter und neuer Bürger, die den ernsten Gedankenaustausch, aber auch die Geselligkeit unter dem Wahlspruch »et sibi et aliis« pflegen. Viele Generationen ihrer Mitglieder, Bonner Bürger und Gelehrte, haben das Leben und die Gestaltung der Stadt mitbestimmt.

Gegenüber dem Beethovengymnasium liegt das **Juridicum,** das Lehrgebäude der Rechts- und Staatswissenschaftlichen Fakultät (1963–67). Der teils flache, teils turmartige Komplex

Blick vom Koblenzer Tor. Im Vordergrund die ehemalige Koblenzer Straße (heutige Adenauerallee). Lithographie um 1850

»besteht aus einem Gefüge ineinander greifender und nach allen Richtungen weisender Rechtecke«, meinte Heinrich Lützeler und interpretierte diese Anordnung im Hinblick auf das, was in diesem Bauwerk wissenschaftlich geschieht, nämlich die Suche nach »Ordnung und Zuordnung«. Das Mosaik aus schwarz-weiß emaillierten Aluminiumplatten an der Hauptfront hat Victor Vasarely geschaffen.

Recht bescheiden nimmt sich die 1958 erbaute **Bischofskirche St. Cyprian** der Altkatholiken aus. Die in anderem Zusammenhang bereits erwähnte Glaubensgemeinschaft kann auf eine lebendige Tradition in Bonn zurückblicken. Jahrzehntelang, bevor die römisch-katholische Kirche sich dazu durchringen konnte, haben die Altkatholiken jene Reformen vollzogen, die der Mehrzahl der Katholiken inzwischen fast selbstverständlich geworden sind. In Bonn unterhalten die Altkatholiken ein Studentenheim und einen theologischen Lehrstuhl an der Universität.

Als der Universitätsbaumeister Friedrich Waesemann die Pläne für das **Ernst-Moritz-Arndt-Haus** (1819) in der Zweiten Fährgasse zwischen der heutigen Adenauerallee und der Rheinpromenade entwarf, breiteten sich hier noch Weinberge aus (Abb. 40). Arndt hat den hübschen klassizistischen Bau bis zu seinem Tode bewohnt. Das Haus ist nach allen Seiten großzügig durchfenstert, was die Sehnsucht des Hausherrn nach der freien Natur zum Ausdruck bringt. Seit 1867 im Eigentum der Stadt, blieb es seither im wesentlichen unverändert.

Der Name »Lülo« im Hausspruch über der Tür erinnert an Arndts Heimat Rügen, wo er 1769 in Groß-Schoritz geboren wurde. Schon als Professor in Greifswald betätigte er sich

ADENAUERALLEE / ARNDT-HAUS, HERZ-JESU-KAPELLE

politisch im Sinne der nationalen Erhebung gegen Napoleon. Bereits zwei Jahre nach seinem Amtsantritt in Bonn (1818) wurde er wegen seiner politischen Ansichten amtsenthoben, erst 1840 vom preußischen König wieder eingesetzt und – mit nur einer Gegenstimme – zum Rektor gewählt. Im Alter von 78 Jahren zog er als einer der sieben Bonner Abgeordneten in die Paulskirche ein und ergriff vor der Nationalversammlung, angesiedelt im rechten Zentrum des Parlaments, Partei für ein preußisches Kaisertum.

Seine Popularität verdankte er einmal seinem Mut und der unverblümten Sprache, mit der er die patriotischen Gefühle nach den Jahren der Fremdherrschaft zu wecken und wachzuhalten verstand. Bei den Bonnern war er aber auch durch seine gutmütige und hausväterliche Art beliebt, die sie im Umgang mit dem Gelehrten und Politiker erlebten. Die Behaglichkeit, in die sich der sonst so Rastlose zurückzog, umfängt noch heute den Besucher des Hauses.

Gleich rechts neben dem Eingang betritt man sein stets ungeheiztes Arbeitszimmer. Im anschließenden Raum, in dem sein Bett steht, ist er am 29. Januar 1860 gestorben. Dort hängen Bilder von ihm und seiner Familie, steht der Schreibtischstuhl des Freiherrn vom Stein, als dessen Sekretär Arndt in Rußland war (1812), und ein mit Seehundsfell überzogener Koffer des Hausherrn. Man gelangt nun in den hellen und geräumigen Salon (Abb. 41), der mit Biedermeier-Möbeln ausgestattet ist. Gemälde, Bücher, Briefe und Porzellan bilden Erinnerungsstücke an den Studenten, Agitator im Freiheitskrieg, Politiker, Professor, Dichter und Privatmann Arndt. Sein Kampf um die deutsche Einheit meinte etwas anderes, als wenn wir

◁ *Das Gebäude der Lese- und Erholungsgesellschaft an der Adenauerallee/Ecke Hofgarten (1944 durch Luftangriff zerstört). Foto nach 1900*

Ernst Moritz Arndt. Lithographie nach einer Zeichnung von Adolf Hohneck, 1840

heute davon reden. Auch das geographische Bild Deutschlands war anders, als die ausgestellten Veduten von Bonn oder die romantischen Rheinansichten zeigen. Die Räume im ersten Stock enthalten Rheinansichten; hier finden Wechselausstellungen statt.

Bei der Bewunderung des schön gelegenen Hauses drängt sich die Frage auf, warum in Bonn kaum repräsentative Bürgerbauten aus der Zeit der kurkölnischen Residenz vorhanden sind, während doch der erzbischöfliche Hof eine glanzvolle Bautätigkeit entfaltet hat. Sie scheint ohne besonderen Einfluß auf das Bürgertum gewesen zu sein. Erst nach der Wiedereröffnung der Universität setzte langsam eine private Bautätigkeit ein, für die das Wohnhaus von Ernst Moritz Arndt ein frühes Beispiel bildet. Es dürfte anregend auf die Villenbebauung entlang des Rheins gewirkt haben, die gleich dem zögernden Wachstum der Stadt ebenfalls nur langsam voranschritt. Erst um die Mitte des 19. Jh. entstand dann die Bonner Südstadt. Hier sollte nicht übersehen werden, daß die Bautätigkeit des wohlhabenden Bürgertums etwa zeitgleich auch andernorts zur Entfaltung kam. Brühl und Godesberg entwickelten sich damals zu regelrechten Villenorten.

Weberstraße und Zweite Fährgasse bilden nun die Zäsur, von der an in südlicher Richtung Ministerien und andere Bundeseinrichtungen stärker ins Blickfeld geraten. Der Bund hat im Laufe der Jahre viele der repräsentativen Häuser aufgekauft, in die Behörden oder Verbände eingezogen sind. Vorher lohnt sich von der Kreuzung Adenauerallee/Weberstraße aus ein Abstecher in die Lennéstraße. In der schlichten **Herz-Jesu-Kapelle** des gleichnamigen

ADENAUERALLEE/POSTMINISTERIUM, AUSWÄRTIGES AMT, MUSEUM KOENIG

Altenheims ist als Dauerleihgabe der Sammlung Virnich-Bonn ein Kreuzigungstriptychon zu sehen, das auf dem Altar steht. Das hochrangige Stück gilt als ein Frühwerk des namentlich nicht bekannten Kölner Meisters des Marienlebens (um 1470).

Bonn trug nur mit knapper Mehrheit im Parlamentarischen Rat den Sieg über Frankfurt davon (33 gegen 29 Stimmen). Da aber Berlin noch lange als die eigentliche Hauptstadt galt, improvisierte man während der entscheidenden Jahre des Wiederaufbaus, statt ein planerisches Konzept für die Stadtentwicklung zu erarbeiten. Wenn der Vorwurf, Bonn sei ein Provisorium, zutrifft, dann sicher hinsichtlich der städtebaulichen Zersplitterung, an der es heute noch leidet. Selbst das »Regierungsviertel« ist keinesfalls das, was man sich weltweit darunter vorzustellen pflegt.

Zunächst wurde die damalige Pädagogische Akademie Rheinland zum Tagungsort des Parlamentes, zum »Bundeshaus«, erklärt, und in die benachbarte Villa Hammerschmidt zog der Bundespräsident, in das Palais Schaumburg der Bundeskanzler ein. Um diesen Kern begannen sich Neubauten zu gruppieren: Ministerien, Abgeordnetenhaus, Parteienquartiere, Pressezentrum. Eine Reihe von Behörden, darunter auch Ministerien, waren jedoch auf andere Standorte über die ganze Stadt verteilt. Es sollen immer noch weit über ein halbes Hundert Gebäude sein, in welchen Teile der Regierung untergebracht sind.

Die wenigsten der weit über hundert Auslandsvertretungen liegen im Regierungsviertel, sie finden sich vielmehr über Bad Godesberg und Umgebung verstreut. Man bezeichnet diesen Stadtteil auch als »Diplomaten-Appendix« und nennt die dorthin führende Kölner Straße »Diplomaten-Rennbahn«. Die Bonner tragen die hauptstädtischen Widerwärtigkeiten offensichtlich mit viel Humor, was ihnen durch die Vorteile erleichtert wird, die mit der Bundespräsenz verbunden sind.

Eine Bonner, ja bundesdeutsche Besonderheit sind die elf Ländervertretungen. Ob sie in alten Villen oder in Neubauten residieren, im politischen und gesellschaftlichen Leben entfalten sie bis zu einem gewissen Grade ein spürbares Eigenleben. Man fühlt sich als Beobachter in die Zeiten des Deutschen Reiches unter Bismarck versetzt. Und das scheint auch dem Mann von der Straße so zu gehen, der treffend die Ministerpräsidenten »Länderfürsten« nennt, eine Sprachregelung, die mitunter gar in den Medien widerhallt. Über den Bundesrat haben die Länder chancenreiche Möglichkeiten, die Politik der Bundesregierung handfest zu beeinflussen und je nach Mehrheitsverhältnissen auch zu blockieren.

Nach dem Ernst-Moritz-Arndt-Haus sieht man auf der linken Seite der Adenauerallee das **ehemalige Postministerium** (1954), das nach dem Krieg das erste Bauwerk war, »dessen Errichtung den Willen des Bundes dokumentierte, seinen Sitz in Bonn zu nehmen und sich hier auf Dauer einzurichten« (Udo Mainzer). Als einzigen Schmuck erhielt der nüchterne Bau rheinseitig fünf Tierfiguren (Stier, Adler, Elefant, Tiger, Känguruh), mit denen die fünf Kontinente und die weltweiten Verbindungen der Post symbolisiert werden sollten. Inzwischen ist das Bundesministerium für das Post- und Fernmeldewesen, so die vollständige Bezeichnung, umgezogen. Das Gebäude übernimmt der Außenminister. Denkmalschützer befürchten, daß sich hier ähnliches wiederholen könnte wie beim Plenarsaal des Bundestages. Das *Postwertzeichenarchiv* mit seiner ständigen Ausstellung sämtlicher aktueller Ausgaben aus aller Welt ist inzwischen in das neue Ministerium in der Heinrich-von-Stephan-Str. 1 umgezogen. Die Sammlung der Bundespost gilt als eine der bedeutendsten überhaupt. Ihren Grundstock bilden die wertvollen Bestände des ehemaligen Reichspostmuseums in Berlin, das seinerseits auf der vom Norddeutschen Bund 1868 angelegten Markensammlung aufbauen konnte. Das auf dieser Straßenseite folgende **Auswärtige Amt** war das erste Ministerium, das einen eigenen Neubau erhalten hatte, wozu H. Goldschmidt die Pläne anfertigte (1953/54). In der Tempelstraße hat die jüdische Gemeinde eine neue Heimstatt gefunden mit einem Gemeindezentrum und **Synagoge**.

Im Krieg unversehrt geblieben war das **Museum Alexander Koenig** (Abb. 42) und bot einen halbwegs festlichen Rahmen für die erste Sitzung des Parlamentarischen Rates am 1. September 1948. Die ungewohnte Gesellschaft ausgestopfter Tierbälge ertrug man mit viel Würde. Das Bauwerk im Stil der Neurenaissance ist 1912–14 begonnen, aber erst 1934 vollendet worden. Auch hier lebt noch die Idee einer Weihestätte der Wissenschaft fort, wie sie uns eindrucksvoller in den alten Universitätsbauten beim Poppelsdorfer Schloß begegnet. Beziehungsreich stehen über dem Portal die Worte: Studiis Zoologicis Sacrum (etwa: Weihestätte für zoologische Studien). Gründer dieses bedeutenden naturkundlichen Museums war Alexander Koenig, 1858 als Sohn des Bergmanns Leopold Koenig in St. Petersburg geboren, der sich durch Zuckerrübenanbau und -handel ein großes Vermögen erwarb. In Bonn bewohnte der »Zuckerkönig« später die Villa Hammerschmidt. Frei von materiellen Sorgen, unternahm der Sohn weite Reisen, auf denen er mit hohem Sachverstand umfangreiche zoologische Sammlungen zusammentrug, die er 1929 dem Staat vermachte. Er verstand seine Gründung vor allem als Forschungsinstitut und nicht als bloßes Depot von Sammlungsstücken. Man bemüht sich, diese unter allgemein biologischen Aspekten didaktisch zu präsentieren. Erdgeschoß und erstes Obergeschoß sind den Säugetieren und Vögeln gewidmet, was den einzigartigen Umfang der Sammlung für diesen Bereich unterstreicht. Die Säuger sind konsequent im Sinne der Entwicklungslehre angeordnet. Mehrere Dioramen zeigen einzelne Arten in ihrem ökologischen Umfeld. Bei der etwa 75 000 Bälge umfassenden Vogel-Sammlung imponiert der annähernd vollständige Bestand an Belegen der Avifauna aus Kamerun und Fernando Póo. Auch die über eine halbe Million umfassende Kollektion chinesischer Schmetterlinge muß hervorgehoben werden. Im zweiten Obergeschoß sind unter anderem Tiere des Rheinlandes in besonderen Arrangements zu sehen. Hinter den Kulissen befinden sich Bibliothek, Labors, Räume für lebende Tiere und andere Forschungseinrichtungen.

Bereits Alexander Koenig selbst wollte eine naturnahe Ausstellung seines Sammlungsgutes. Behilflich war ihm dabei der berühmte schwedische Naturfotograf und Schriftsteller Bengt Berg, der hier seine Laufbahn begann. Ihm ist ein eigener Saal mit Vogel-Kleindioramen gewidmet. Koenig sandte den begabten Präparator auf Reisen, damit ein biotopgerechter Aufbau der Dioramen bis in die Details hinein gewährleistet wurde. Koenig selbst führte Reisen durch bis in den Sudan und nach Spitzbergen. Die Universität, an der er sich 1888 habilitiert hatte, verlieh ihm 1919 die Ehrendoktorwürde. Die Stadt Bonn ernannte ihn 1934 zum Ehrenbürger; er starb 1940 auf Gut Blücherhof in Mecklenburg.

ADENAUERALLEE/VILLA HAMMERSCHMIDT, PALAIS SCHAUMBURG

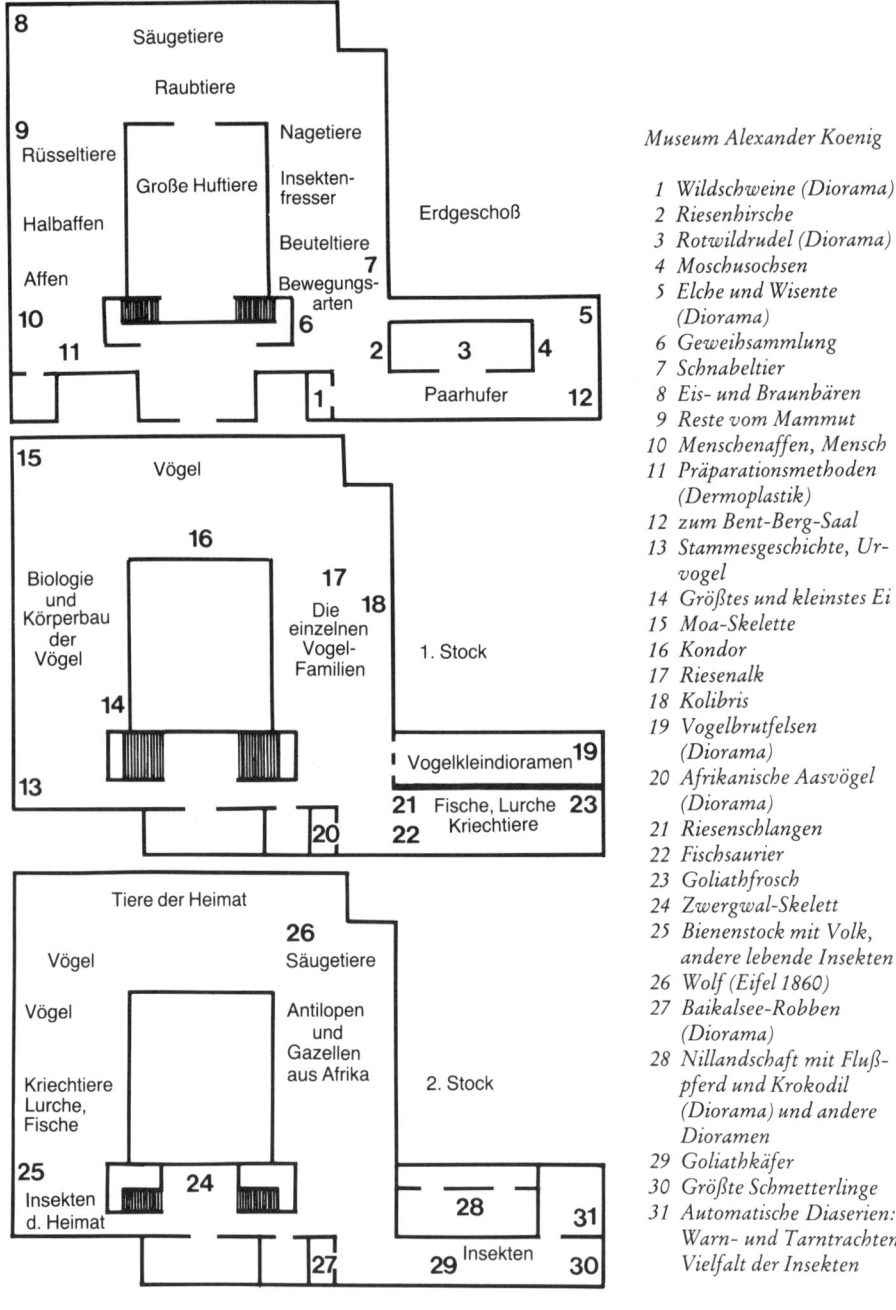

Museum Alexander Koenig

1 Wildschweine (Diorama)
2 Riesenhirsche
3 Rotwildrudel (Diorama)
4 Moschusochsen
5 Elche und Wisente (Diorama)
6 Geweihsammlung
7 Schnabeltier
8 Eis- und Braunbären
9 Reste vom Mammut
10 Menschenaffen, Mensch
11 Präparationsmethoden (Dermoplastik)
12 zum Bent-Berg-Saal
13 Stammesgeschichte, Urvogel
14 Größtes und kleinstes Ei
15 Moa-Skelette
16 Kondor
17 Riesenalk
18 Kolibris
19 Vogelbrutfelsen (Diorama)
20 Afrikanische Aasvögel (Diorama)
21 Riesenschlangen
22 Fischsaurier
23 Goliathfrosch
24 Zwergwal-Skelett
25 Bienenstock mit Volk, andere lebende Insekten
26 Wolf (Eifel 1860)
27 Baikalsee-Robben (Diorama)
28 Nillandschaft mit Flußpferd und Krokodil (Diorama) und andere Dioramen
29 Goliathkäfer
30 Größte Schmetterlinge
31 Automatische Diaserien: Warn- und Tarntrachten; Vielfalt der Insekten

Villa Hammerschmidt. Ursprünglicher Zustand. Foto Ende 19. Jahrhundert

Historisch wie baugeschichtlich bemerkenswert ist auch die **Villa Hammerschmidt,** die in einen weitläufigen Park eingebettet ist (Abb. 46). Sie war 1863–65 erbaut worden, erhielt ihr heutiges Aussehen jedoch nach einem Umbau im Jahre 1878. Ihren Namen trägt sie nach dem letzten Eigentümer des Hauses, dem Kommerzienrat Rudolf Hammerschmidt. Seit 1950 residiert hier der Bundespräsident. Da sie der Öffentlichkeit in der Regel nicht zugänglich ist, sollen wenigstens einige wesentliche Einrichtungsstücke beschrieben werden. Ein Portrait des ersten demokratisch gewählten Präsidenten Deutschlands, Friedrich Ebert, beherrscht die Eingangshalle. Dort befinden sich außerdem Bronzebüsten der ersten Bundespräsidenten seit Theodor Heuss. Im Arbeitszimmer des Präsidenten hängen Gemälde von Beckmann, Canaletto und Schinkel, in der kleinen Galerie solche von Liebermann, Spitzweg und Thoma. Das Terrassenzimmer zieren Werke von Antes und Nay. Die Privatwohnung des Präsidenten und seiner Familie liegt im ersten Stock. Im Park befindet sich die Steinplastik eines Fohlens von Renée Sintenis. Neben der Villa liegt das Bundespräsidialamt.

Unweit der Villa Hammerschmidt und ebenso wie sie in weitläufiges Grün eingebettet, liegt das **Palais Schaumburg.** Die spätklassizistische Villa mit ihrer schloßartigen Attitüde ist 1858–60 von dem vermögenden New Yorker Rentier William Loeschigk erbaut und 1895 erweitert worden. Geschäftsteilhaber des Erbauers war Otto Wesendonck, dessen Familie, wie bereits geschildert, für das Bonner Kunstleben von Bedeutung war. Den späteren Umbau veranlaßten die neuen Besitzer Prinz Adolf zu Schaumburg-Lippe und Prinzessin Victoria von Preußen, eine Schwester des Kaisers. Seit 1939 Reichseigentum, fiel die Villa

ADENAUERALLEE/BUNDESKANZLERAMT, BUNDESHAUS

schließlich an die Bundesrepublik. Nach Kriegsende war hier der Führungsstab der belgischen Armee einquartiert. Adenauer veranlaßte einen nüchternen Anbau.

Fünf Kanzler hatten in der Villa Schaumburg residiert, als Helmut Schmidt das neue **Bundeskanzleramt** (1974-76) bezog. Diesem Gebäude hat man nicht mehr als den »Charme einer Gesamtschule« zugestanden, womit es sich nahtlos in die Reihe der Betonklötze und Absperrmauern unserer Magistrale einfügt. Es ist müßig, den langanhaltenden Streit über diese Architektur aufzuwärmen; nur einige Angaben mögen eine vage Vorstellung vom inneren Aufbau und der nennenswerten Ausstattung dieses Zentrums der Macht vermitteln. Die Fassade ist mit getöntem Glas und bronzefarbener Aluminiumhaut verkleidet. Der zweistöckige Bau enthält 240 Räume für etwa 420 Mitarbeiter. Der Kanzlerflügel liegt etwas zurück und wird vom Stabsgebäude aus über eine Brücke erreicht. Dieses gliedert sich in drei Flügel, die durch zwei Quertrakte verbunden sind. Dadurch entstehen zwei Innen- und vier hufeisenförmige Außenhöfe. Den nördlichen Innenhof deckt eine Glaslinsenkonstruktion von Luther.

Die Schauseite liegt zum Rhein hin, von der aus die Zufahrt erfolgt. Sechs Edelstahlreliefs von Hauser flankieren die Auffahrt. Das Foyer empfängt den Besucher mit beweglichen Hohlspiegelsäulen. Überall im Haus hängen Gemälde von bekannten Künstlern wie Heckel, Kirchner, Macke, Nolde, Rohlfs und Schmidt-Rottluff. Ihre Themen und Motive beziehen sich auf Leben und Arbeit der Menschen, sie portraitieren bedeutende Deutsche oder zeigen Landschaften und Städte. Die Innenräume sind mit Eichenholz getäfelt und perlweißem Kunststoff bespannt. Die Möbel sind grün gehalten. Den internationalen Konferenzsaal überspannt eine Spiegeldecke von Luther. Den Kanzlerflügel hat Ris Lichtfelder gestaltet. Im Park befinden sich eine Skulptur aus Kugelsegmenten von Bohnert und eine zweiteilige monumentale Skulptur von Henry Moore (Abb. 43). Unauffällig liegt dort auch der lichte Kanzlerbungalow (1964) von Sep Ruf.

In unmittelbarer Nachbarschaft von Villa Hammerschmidt und Palais Schaumburg liegt die im Krieg zerstörte **Villa Prieger** (1865/66). Obwohl sie denselben bau- und stadtgeschichtlichen Rang wie ihre berühmten Nachbarinnen einnimmt, dauerte es lange, bis sie als schutzwürdig anerkannt wurde. Die Pläne hat Stadtbaumeister Paul Thomann für den Mediziner Oskar Prieger entworfen. Dessen Sohn Erich Prieger übernahm 1897 das Besitztum. Diesem Schriftsteller und Musikförderer verdanken wir unter anderem, daß die Handschriften von Beethovens Pastorale und der Neunten Sinfonie nicht ins Ausland verkauft wurden. Die mehrstöckige Aussichtsterrasse am Rheinufer ist typisch für die Villen der Gründerzeit. Der Landeskonservator stellte in seinem Gutachten fest: »Die Architektur trägt sowohl dem Rheinpanorama mit Siebengebirge als auch dem Park mit altem Baumbestand in vollem Maße Rechnung. Das Ganze erweckt durch seine an antiker Architektur orientierten Formgebung einen höchst noblen Eindruck, der einem Regierungsviertel alle Ehre macht und eine repräsentative Nutzung geradezu aufdrängt.« Wie diese dann aussehen wird, darauf darf man gespannt sein. Zunächst steht der Wiederaufbau der Ruine an.

Der öde Verkehrsknotenpunkt vor dem Bundeskanzleramt, wo die Reuterstraße auf die Adenauerallee trifft, heißt Bundeskanzlerplatz. Das ist jedoch kein Platz zum Verweilen, sondern zum Reißausnehmen. Wie fast die ganze Zeile zwischen Juridicum und Godesberg – vom Museum Koenig abgesehen – keinen »Anhaltspunkt für das Gemüt« bietet, so verdient im Grunde der größere Teil des Regierungsviertels seiner Spröde wegen den Ruf als »Sparta am Rhein«. Umso überraschender ist der überlebensgroße **Adenauer-Kopf** des Bildhauers Pilgrim (Abb. 45), der schwarz, wie er nun einmal ist, zur Straße blickt. (Bekanntlich liebte Adenauer, ebenfalls »schwarz«, das Tempo beim Autofahren.)

Über das **Presse- und Informationsamt** im Gebäude neben dem Bundeskanzleramt verschafft sich die Bundesregierung publizistisch Gehör. Bedenkt man, daß etwa 800 Mitarbeiter rund um die Uhr mit der Auswertung und Weitergabe von Nachrichten befaßt sind, so ahnt man, welcher technische Aufwand hierfür erforderlich ist. Das Amt arbeitet aber nicht allein für die Regierung, sondern ist Informant der Legislative mit ihren Instanzen und Persönlichkeiten, ferner der in- und ausländischen Presse. Über Funk-Fernschreiber sind alle Auslandsvertretungen der Bundesrepublik erreichbar. Neben der Auswertung der einheimischen wie internationalen Presse, sofern sie von einiger Bedeutung ist, werden ständig fast drei Dutzend Hörfunkprogramme auf Band gespeichert. Den Wust an Informationen verarbeiten zwei Computersysteme. Das IBS (Informations-Bereitstellungs-System) beantwortet Anfragen zur Bundespolitik, das MSS (Message Switching System) verteilt unverzüglich Agentur-Meldungen gezielt an die jeweils betroffenen Regierungsstellen.

Auf der entgegengesetzten Seite des Bundeskanzlerplatzes ragt das **Bonn-Center** (1969) empor, ein Hochhaus mit Läden, Büros, einem Hotel und dem »Kultur-Forum«. Ein Restaurant im obersten Stock bietet eine hervorragende Rundsicht.

Die Heuss-Allee führt zum Bundeshaus und zum **Abgeordneten-Hochhaus,** das als »Langer Eugen« bekannt ist, weil der ehemalige Bundestagspräsident Eugen Gerstenmaier den Bau des 112 m hohen »Wolkenkratzerle« durchgesetzt hatte (Farbabb. 19). Egon Eiermann entwarf dieses 29stöckige Gebäude. Längst klagen Abgeordnete, Mitarbeiter und Bedienstete über die beengten Verhältnisse. Hier wie im ganzen Regierungsviertel wird nach neuen Lösungen gesucht.

Jüngstes Opfer der Planungen für ein neues Regierungsviertel ist das geschichtlich so bedeutende **Bundeshaus** am Rheinufer. Diese ehemalige Pädagogische Akademie (1930–33) in den klaren Formen des Bauhauses war 1949 durch einen Erweiterungsbau von Hans Schwippert zum Parlamentsgebäude umgestaltet worden. Der weiß gestrichene Bau ist wohl jedem Deutschen ein Begriff. Als sich der Plenarsaal des Bundestages als baufällig erwies, geriet auch er unweigerlich und ungeachtet der ihm anhaftenden Tradition in die Diskussionen, die wegen einer Neuordnung des Regierungsviertels geführt wurden. Seit dem Beginn der Bauarbeiten tagt das Bundeshaus in dem eigens dafür hergerichteten ehemaligen *Wasserwerk* in der Nähe. Das bereits 1875 errichtete Pumpwerk erhielt innen eine völlige Umgestaltung. Die Klinkerfassade blieb unverändert. Die halbrunden Fenster wurden durch Sprossen unterteilt.

Welches Schicksal das Bundeshaus schließlich auch erleiden mag, allein die Debatten darum dürften einen Rückschlag für die Denkmalpflege bedeuten. Schließlich verdient ein Denkmal nur solange seinen Namen, als es in seiner geschichtlich gewachsenen Originalsub-

ADENAUERALLEE / FREIZEITPARK RHEINAUE

stanz erhalten bleibt. Mit einem Nachbau wäre das Geschichtsdokument trotz aller äußeren Ähnlichkeit erloschen. Es fällt schwer, den Bürger von der Pflicht zur Denkmalpflege zu überzeugen, wenn eine derart geschichtsträchtige Stätte derart ausufernder Diskussion ausgesetzt und dadurch in Frage gestellt wird. Das in der Nähe geplante »Haus der Geschichte der Bundesrepublik Deutschland« dürfte nicht einmal kompensatorisch tauglich sein.

Zwischen Heussallee und Friedrich-Ebert-Allee liegt das **Hochhaus ›Am Tulpenfeld‹**, eines der »optischen Ausrufezeichen« neben Bonn-Center und Abgeordneten-Hochhaus. In ihm ist die Verwaltung des Bundestages untergebracht (Abb. 44).

Im Süden des Regierungsviertels breitet sich der 160 ha große **Freizeitpark Rheinaue** aus, der für Naturfreunde ebenso attraktiv ist wie für Spaziergänger. Diese suchen gerne den *Blindengarten* auf, wo Tast- und Geruchsinn geschult werden sollen. Erläuterungen werden in Blindenschrift erteilt. An der *Römischen Straße* stehen Repliken nach römerzeitlichen Steindenkmälern aus dem Besitz des Rheinischen Landesmuseums. Sitzgruppen, Sport- und Spielplätze, Restaurants und Grillplätze laden zu Freizeitspaß und Erholung ein.

Weitere Ministerien und Botschaften säumen den weiteren Verlauf der Friedrich-Ebert-Allee, die ab Einmündung der Autobahn den Namen Godesberger Allee trägt. An der Ecke Ollenhauerstraße stand die »Baracke«, das Hauptquartier der SPD, bis schließlich 1976 das moderne, aluminiumverkleidete **Erich-Ollenhauer-Haus** bezogen werden konnte. Schräg gegenüber ist der Sitz des politischen Gegners, das **Konrad-Adenauer-Haus,** die CDU-Parteizentrale. Auf derselben Straßenseite folgt das Gebäude des Deutschen Roten Kreuzes, vor dem ein Denkmal für den Barmherzigen Samariter steht.

Die 1972 dem Verkehr übergebene **Adenauer-Brücke** stellt das städtebauliche Pendant zur Friedrich-Ebert-Brücke dar und erfüllt verkehrsmäßig ähnliche Funktionen wie jene, wenngleich hier noch nicht alle geplanten Straßen- oder Autobahn-Anschlüsse vollendet sind.

Wenn alle Fristen eingehalten werden, hat das Regierungsviertel 1990 eine Sehenswürdigkeit mehr, jedenfalls ist der Grundstein für das Städtische Kunstmuseum bereits gelegt.

Bad Godesberg und Muffendorf

Wenn die Statistik stimmt, ist jeder vierte Bonner »eingemeindeter Godesberger«. Aber bis zu seiner Eingemeindung (1969) nach Bonn hatte Bad Godesberg sich ebenso auf Kosten kleinerer Gemeinden vergrößert. Plittersdorf und Rüngsdorf waren ihm schon 1899 zugeschlagen worden, Friesdorf folgte 1904, Muffendorf wurde 1915 ein Godesberger Stadtteil, Lannesdorf und Mehlem konnten schließlich 1935 dem Sog der Badestadt nicht länger widerstehen.

Funde bestätigen eine Besiedlung dieses Raumes für die Römerzeit. Sie befinden sich im Rheinischen Landesmuseum, nur ein Gedenkstein der Diana ist im Altar der Kirche in Muffendorf eingemauert. Der Name Godesberg leitet sich von ›Wuodenesberg‹ (= Wodansberg) ab, ist also fränkischen Ursprungs. Offensichtlich war damals das Stadtgebiet von einem relativ dichten Netz aus Weilern und Höfen überzogen. Das Bonner Cassiusstift, das Kölner Stift Maria im Kapitol und das Kanonissenstift Essen waren hier begütert. Der Weinbau lockte vor allem zum Erwerb von Grundbesitz. Als Vogt über diese Güter und als Herr des Hochgerichtes konnte sich der Kölner Erzbischof schließlich zum Landesherrn aufschwingen. Diese Position wollte verteidigt sein, und so entstand gegen 1210 auf dem bisher unbefestigten Basaltkegel die Godesburg. Man vermutet hier eine alte Kultstätte zu Ehren Wodans. Keineswegs zufällig dürfte die Michaelskapelle (12. Jh.) auf dem Berg entstanden sein, was ein Vorgang mit vielen Parallelen ist, wenn man nur den Michaelsberg in Siegburg und sein altes Benediktinerkloster zum Vergleich heranzieht. Die heidnischen Heiligtümer sollten christlich »getauft« werden, und wie immer wurde das Emblem des Siegers dem Unterlegenen aufgezwungen.

Die Territorialpolitik des Erzbischofs Konrad von Hochstaden machte den Bau des Bergfrieds nötig (1249), in dessen Schutz die Kurfürsten fortan häufiger Wohnung nahmen. Erst 1583 gelang es den Niederländern, die Burg zu besetzen. Der Herzog von Bayern sprengte sie, als er das Erzstift für seinen Bruder erobern wollte. Als Ruine bot die Godesburg im Dreißigjährigen Krieg noch einmal Schutz vor den Schweden.

Der Ort zu Füßen der Burg war stets klein geblieben und so arm, daß er sich nicht einmal einen Pfarrer leisten konnte, sondern zur Pfarrei Muffendorf gehörte. Immerhin residierte hier der erzbischöfliche Amtmann für Godesberg-Mehlem. Stark zu leiden hatte die Bevölkerung während der Kriege Ludwigs XIV. im 17. Jh.

Dem Fremdenverkehr verdankt Godesberg den Aufstieg aus der bisherigen Bedeutungslosigkeit. Kurfürst Clemens August ließ den Draitschbrunnen fassen, um den Badebetrieb anzukurbeln. Doch erst die Gründung einer Gesellschaft zur Nutzung der Brunnen (Admo-

BAD GODESBERG / HOCHKREUZ, PLITTERSDORF

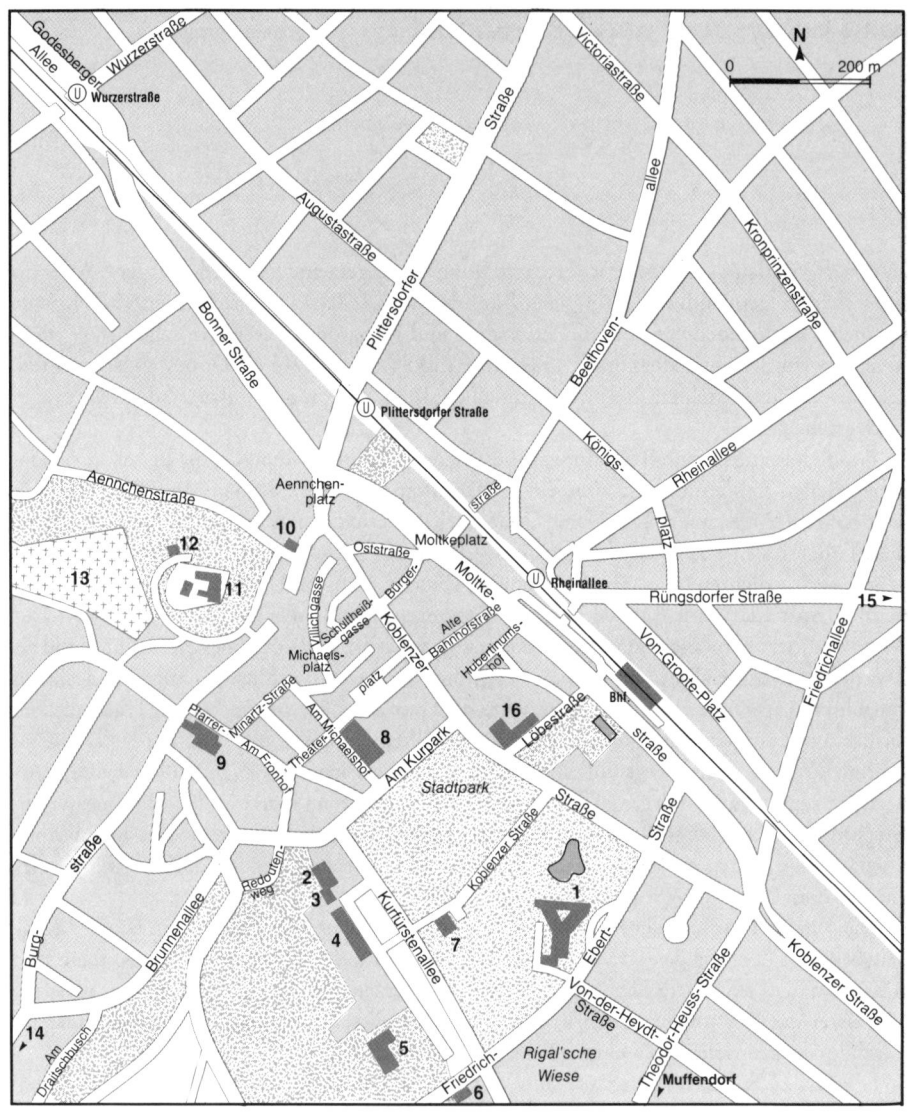

Bad Godesberg 1 Stadthalle mit Trinkhalle 2 Redoute 3 ehemaliges Hoftheater 4 Rathaus 5 Kurfürstenbad 6 Rigalsche Kapelle 7 Kleines Theater 8 Kammerspiele 9 St. Marien 10 Gasthaus »Zur Lindenwirtin Aennchen« 11 Burgberg mit Godesburg 12 Michaelskapelle 13 Burgfriedhof 14 Gut Marienforst 15 St. Andreas (Rüngsdorf) 16 Post

Hochkreuz und Godesburg. Aquatinta nach einer Zeichnung von Johann Adolf Lasinski um 1850

dationsgesellschaft) und deren Privilegierung durch Kurfürst Max Franz (1790) brachte größere Investitionen: Kuranlagen mit Spielbank und Theater entstanden. Gegen Ende des vorigen Jahrhunderts war Godesberg nach großzügigem Ausbau der Badeanlagen als Kur- und Wohnstadt etabliert und beliebt. Heute bildet Bad Godesberg ein zweites Zentrum innerhalb des gesamten Stadtgebietes.

Unübersehbar grüßt, wenn man vom Regierungsviertel weiter südwärts fährt, das 11 m hohe gotische **Hochkreuz** mitten auf der Godesberger Allee (Abb. 55). Erzbischof Walram von Jülich (1332–49) ließ es von der Kölner Dombauhütte als Wegekreuz anfertigen, eine Aufgabe, die es heute noch erfüllt. Die dreigeschossige Säule aus Trachyt vom Siebengebirge ist mit Spitzbogenblenden, Wimpergen und Fialen reich ausgestattet. Dombaumeister Zwirner lieferte 1859 die Pläne zur Restaurierung und Erneuerung des Figurenschmucks. Unten sind Christus, Johannes der Täufer und zwei Engel zu erkennen, oben die vier Evangelisten und musizierende Engel. Die früher hierher ziehenden Prozessionen leisteten der Auffassung Vorschub, es könne sich auch um ein Sühnemal für eine Untat handeln. Für ein Wegekreuz ist das Werk sicherlich außergewöhnlich aufwendig.

Zum Rhein hin breitet sich der Stadtteil **Plittersdorf** aus, dessen Name von einem Franken Blitger abgeleitet wird. Die nach einheitlichem Schema errichtete *Wohnsiedlung der US-Botschaft*, »Klein-Amerika«, wurde von Sep Ruf 1951 geplant. Interessant ist die für alle Konfessionen bestimmte *Kirche* im amerikanischen Kolonialstil.

Innerhalb der Grünfläche nordöstlich der Kennedyallee liegt das repräsentative **Haus Carstanjen**, in dem jetzt eine Ministerialbehörde untergebracht ist.

Die Uferpromenade (Von-Sandt-Ufer) erreicht weiter südlich den **Schaumburger Hof**, der auf ein Hofgut des Klosters Heisterbach im Siebengebirge zurückgeht. Seit 1755 in Privatbesitz, hat sich die Schankstätte am Leinpfad zu einem renommierten Haus entwickelt, in dem Kaiser und Könige sowie Berühmtheiten von Arndt bis Adenauer zu Gast waren.

BAD GODESBERG/FRIESDORF, STADTHALLE

Ansicht von Bad Godesberg. Kupferstich von Charles Dupuis Ende 18. Jahrhundert

Westlich der Godesberger Allee erstreckt sich **Friesdorf,** dessen Name (von Fritigiso) und erste Erwähnung (722) in fränkische Zeit zurückreichen. Von der Burg, hier *Turmhof* genannt, blieb ein zweistöckiger, viereckiger Wohnturm (12. Jh.) erhalten (Abb. 53). Das Haus besaß im Erdgeschoß außer dem Treppenhaus nur zwei Räume. Das rückseitige Eingangstor ist jüngeren Datums (18. Jh.). Trotz nachträglicher Veränderungen bietet das Bauwerk ein gutes Bild jener feudalen Eigenbefestigungen, die bis zum Ende des 12. Jh. beliebt waren. Immer war das wehrhafte Haupthaus durch hohe Umfassungsmauern, die das Grundstück umliefen, zusätzlich gesichert.

Unvermittelt wird die »Diplomatenrennbahn« durch eine Straßenunterführung mit Kurve beendet und ändert abrupt ihren Charakter: sie wird als Bonner Straße die Haupt- und Durchgangsstraße von Bad Godesberg. Das politische Bonn wird wieder zum schönen Bonn, ein Vorgang, der sich nordwärts ja ebenso wiederholt, wenn sich dieser Straßenzug aus dem Regierungsviertel dem Hofgartenbereich nähert.

Godesberg ist schon lange nicht mehr nur Ruhesitz betuchter Industrieller und Rentner, sondern hat als Zweitzentrum viele Energien zu binden vermocht. Die **Stadthalle** (1955) über ihrem verschachtelten Grundriß könnte man mit etwas Phantasie als trigonometrischen Punkt auffassen, der eine erste Orientierung erlaubt. Der sie umgebende Stadtpark ist zugleich Mittelpunkt der Kuranlagen. Die Kurfürstenstraße trennt ihn vom Redoutenpark.

Bad Godesberg. Ansicht mit Draischbrunnen und der Ruine der Godesburg. Kupferstich von Charles Dupuis um 1785 nach einer Zeichnung von François Roussaux

Bad Godesberg, Redoute. Kupferstich von Charles Dupuis Ende 18. Jahrhundert

BAD GODESBERG / REDOUTE

An dessen westlichen Rand sprudelt der Draitschbrunnen. Die sogenannte Obere Quelle ist so gefaßt, daß sie in den Kuppelbau der **Trinkhalle** (1952), die mit der Stadthalle durch eine überdachte Terrasse verbunden ist, mündet. Der Stahlsäuerling empfiehlt sich bei Herz- und Nervenleiden.

Die **Redoute** ist um 1780/90 von Martin Leydel begonnen und um 1820 von dessen Sohn Adam Franz Friedrich Leydel vollendet worden (Farbabb. 20). Der Kurfürst hatte den Bau für Bälle und Glücksspiele bestimmt. Das Wort ›Redoute‹, das sich vom italienischen ›ridotto‹ (= Maskentreiben, Ballsaal) ableitet, kam durch den Hof in Versailles in Mode, wo Maskenbälle sehr beliebt waren. Bald fanden sie in ganz Europa Nachahmung. Kaiserin Maria Theresia ließ in Wien einen solchen Ballsaal erbauen. Ihr Sohn Max Franz übertrug diese Idee nach Godesberg. Als Bauherr trat die Admodationsgesellschaft auf, deren Aktionäre meist kurfürstliche Hofräte waren und die 1790 die Aufsicht über die Brunnen sowie die Leitung des Kurbetriebes übernahm.

Martin Leydel (1747–1817) aus Poppelsdorf war damals gerade in Krefeld tätig und fand in diesem Auftrag eine reizvolle Aufgabe, weil das neue Gebäude später vielfältigen Zwecken dienen sollte. Das kurfürstliche Hoforchester führte Opern und Konzerte auf, die »Bonner Nationalbühne« gab Vorstellungen, Glücksspiele und zwei Bälle pro Woche sorgten für die Zerstreuung der Kurgäste. Doch nicht lange mehr konnte sich der Kurfürst an und in der Redoute erfreuen. Der Preußenkönig verbot aus Sorge um die Studenten das Glücksspiel (1819). Später fiel die Redoute in Privatbesitz (1853). Viktor Wendelstadt, seit 1856 Bewohner des Hauses, sorgte für neues gesellschaftliches Leben, erweiterte das Gebäude um den Roten Saal und vergrößerte die Parkanlagen. 1920 von der Stadt angekauft, wurde die Redoute Kurhaus, dann monatelang Generalstabsquartier der Wehrmacht (1939), schließlich Clubhaus der französischen Besatzungstruppen (1949–53), bis sie durch die Bundesregierung zu neuem Glanz zurückfand.

Erlesene Gäste kamen und kommen, vom Kurfürsten über Haydn und Beethoven, Johannes Brahms, Clara und Robert Schumann, bis zu Rommel und Adenauer. Doch das Unpolitische überwog. Beethoven soll Haydn eine Kostprobe seines Könnens gegeben (1793), Mozarts »Zauberflöte« hier eine frühe Aufführung erlebt haben. Die Oper und ihr Komponist erlangten Unsterblichkeit. Feierliche Marksteine in der Geschichte des Hauses waren die Feier zum Abschluß des Grundgesetzes oder etwa die Empfänge für General de Gaulle oder König Gustav VI. Adolf von Schweden. Heute eröffnet für gewöhnlich der Neujahrsempfang des Bundespräsidenten den Veranstaltungskalender.

Leydels Bau steht am Übergang vom Spätbarock zum Klassizismus. Den dreiachsigen Mitteltrakt schmücken Pilaster und Attika. Die Figuren sind später hinzugefügt worden (1926) und verkörpern die Musen (Tanz, Gesang, bildende Kunst, Wissenschaft, Musik, Dichtkunst). Die Frontseiten der schmalen, zweiachsigen Seitenflügel mit Mansarddach hat man erst im 19. Jh. dem Mitteltrakt angepaßt, dessen Attika dazu den Maßstab bildete. Zur

1 BONN Münster, Chor ▷

3 SCHWARZRHEINDORF   St. Klemens, Chor
2 BONN   Namen-Jesu-Kirche, Mittelschiff

5 BONN Kreuzbergkirche, Heilige Stiege
◁ 4 SCHWARZRHEINDORF St. Klemens, Wandmalerei, 12. Jh.

7–10 BONN Historische Fassaden
◁ 6 BONN Kreuzbergkirche, Heilige Stiege mit Ecce-Homo-Balkon

12 BONN Universität, Blick vom Alten Zoll ▷

13   BONN   Rheinpanorama mit Stadttheater, Münster und Universität
                                              15   BONN   Beethovenhaus, Hofansicht ▷
14   BONN   Akademisches Kunstmuseum (Alte Anatomie)

16 BONN Kaiserpassage

17 BONN Münsterplatz mit Beethovendenkmal

18 BONN Blick über die Stadt zum Drachenfels

20 BAD GODESBERG Redoute
◁ 19 BONN Abgeordnetenhochhaus (»Langer Eugen«) und Bundestag
21 BORNHEIM Burg

22 BRÜHL   Schloß Augustusburg, Südseite mit Barockgarten

24 RHÖNDORF   Blick zum Drachenfels ▷

23 BONN   Poppelsdorfer Schloß, Gartenseite

25 MUFFENDORF Eingang zum alten Friedhof   26 HEISTERBACH Ruine der Klosterkirche ▷

28 GUDENAU Schloß
27 BAD GODESBERG Burg
29 MUFFENDORF Fachwerkhäuser ▷

Gartenseite erfolgte eine Erweiterung durch den Anbau eines halbrunden Saales (1924/25). Bei der farbigen Neufassung waren Originalbefunde maßgebend.

Durch die Eingangshalle gelangt man zum Beethovensaal, wo die Begegnung von Haydn und Beethoven stattgefunden haben soll. Die kostbare Stukkatur verrät den Einfluß des englischen Klassizismus. Dem Saal schließt sich ein Clubraum an. Jenseits des Flurs liegt der sogenannte Rote Saal mit der Café-Terrasse. Das prachtvolle schmiedeeiserne Gitter (17. Jh.) an der Zufahrt soll aus einem Kölner Jesuitenkolleg stammen. In das klassizistische frühere *Gärtnerhaus*, nachmals Kurapotheke, lädt neuerdings der Wirt des Gasthauses »Redüttchen« ein.

Auch die südlich anschließenden Gebäude entstanden noch unter Kurfürst Max Franz. Das **Rathaus,** heute Bezirksverwaltung, war ursprünglich als Gästehaus gedacht (Abb. 52).

Der hübsche zweigeschossige Bau zwischen Rathaus und Redoute ist das **ehemalige Hoftheater** (1790–92), das ursprünglich über einen gedeckten Gang mit der Redoute in Verbindung stand. In den frühklassizistischen Formen lebt noch spürbar der Spätbarock weiter. Heute bildet das Gebäude einen würdigen Rahmen für die Städtische Kunstgalerie mit ihren wechselnden Ausstellungen. Am modernen Kurfürstenbad (1964) befindet sich in der Kurfürstenstraße Nr. 6 das **Max-Reger-Institut.** Die Witwe des 1916 verstorbenen Komponisten, Elsa Reger, hat es für den Nachlaß ihres Mannes gestiftet. Die Stadt Bonn dankte ihr mit einem Ehrengrab auf dem Alten Friedhof.

An der Kreuzung von Kurfürstenallee und Friedrich-Ebert-Straße liegt die **Rigalsche Kapelle** (1856–58), die älteste evangelische Kirche Bonns. Der kleine klassizistische Backsteinbau harmoniert recht gut mit den übrigen Bauten des Kurviertels. Ursprünglich die Privatkapelle der Freiherren von Rigal-Grunwald, wurde sie von ihnen der evangelischen Gemeinde zur Verfügung gestellt. Die seitlichen Patronatslogen erinnerten an ihre Herkunft. Der mit flacher Kassettendecke geschlossene Saal besitzt im wesentlichen die Ausstattung der Erbauungszeit, an die sich auch die erneuerte Fassung anzulehnen versucht. Zwischen Kurfürstenstraße und Stadthalle hat im Park das **Kleine Theater** sein Haus, das auf Schauspiel und Musical programmiert ist.

Nördlich des Kurviertels und seiner Parkanlagen breitet sich die Altstadt bis an den Rand des Burgberges aus. Das äußerlich schlichte Gebäude der **Kammerspiele** (1951/52) fällt hier als erstes auf. Sein Spielplan zeichnet sich durch Tourneeaufführungen mit prominenter Besetzung und Ballett aus. Die *Fußgängerzone* eröffnet reizvolle Ausblicke auf den Burgberg und seine Ruine, die kulissenartig manchen Straßenzug im Hintergrund zu beschließen scheinen. Straßennamen wie »Am Fronhof« und »Am Michaelshof« erinnern an die Ursprünge des mittelalterlichen Ortes mit seinen Stiftshöfen.

Die katholische **Pfarrkirche St. Marien** ist von Vincenz Statz begonnen worden. Zunächst entstand die dreischiffige neugotische Halle (Abb. 58) mit dem ihr vorgesetzten Westturm (1860), die 1894 durch seinen Neffen Franz Statz um die zentralisierende Ostanlage erweitert worden ist (1894). Das schöne Vesperbild (14. Jh.), das nach dem Krieg der Kirche gestiftet wurde, dürfte dem Mittelrheingebiet entstammen. Gute Arbeiten sind die barocken Holzskulpturen St. Michael, Schutzengel und die Pietà (17. Jh.).

BAD GODESBERG/LINDENWIRTIN, GODESBURG, GUT MARIENFORST

Bad Godesberg, Katholische Kirche St. Marien nach ihrer Fertigstellung 1860. Lavierte Zeichnung von Vincenz Statz 1860

Unzählige Jung- und Altsemester haben im alten **Gasthaus »Zur Lindenwirtin Aennchen«** (1747) gesungen und gezecht (Abb. 50). Die berühmte Wirtin Ännchen Schumacher (1860–1935) ist verewigt im Namen von Straße und Platz. Der schon 1646 eröffnete Betrieb erhielt 1976 einen Neubau, nachdem er am ursprünglichen Platz dem Verkehr weichen mußte. Zu Unrecht bringt man allerdings das Lied ›Keinen Tropfen im Becher mehr‹ mit ihr in Verbindung.

Der **Burgberg** wirkt höher, als er ist (122 m). Man kann also bequem zu Fuß von der Burgstraße oder vom Promenadenweg hinaufsteigen (Abb. 51). Die Inschriftenplatte mit der Nachricht der Gründung durch Erzbischof Dietrich von Hengebach (1210) befindet sich im Rheinischen Landesmuseum, wie auch die Ausgrabungsfunde aus römischer und fränkischer Zeit. Die Vorburg entstand um die Mitte des 14. Jh. unter Erzbischof Walram von Jülich. Seit dem Truchsessischen Krieg 1583–88 ist die Burg Ruine, obwohl Kurfürst Joseph Clemens Ausbaupläne hegte und de Cotte dazu Entwürfe lieferte. Einbauten des 19. Jh. hat man beseitigt und moderne Hotel- und Restaurationsgebäude mit der Ruine verbunden, wozu Gottfried Böhm die Pläne ausarbeitete.

Von der ovalen Anlage der mittelalterlichen *Godesburg* (Farbabb. 27) stehen noch im Norden die Umfassungsmauer des Palas und der Sylvesterkapelle samt Rundturm, im Süden die Ringmauer, sowie der später errichtete Bergfried (1244) und Teile der Ringmauer der Vorburg samt Türmen und Bastionen. Der Bergfried war erst gegen Mitte des 14. Jh. von vier auf sieben Stockwerke erhöht worden. Kragsteine zeigen noch die Höhe des älteren Wehrganges an. Der Eingang lag aus Sicherheitsgründen im zweiten Stockwerk.

Die *Michaelskapelle* (Abb. 49), wohl Nachfolgerin einer älteren Kapelle innerhalb des Burgbergrings, besitzt noch von dem romanischen Gründungsbau die flachrunde Apsis mit ihren kleeblattförmigen Nischen (Anfang 13. Jh.). Kurfürst Joseph Clemens baute Chorturm und Schiff neu (1697-99), denn die Kapelle sollte von nun an Oratorium für den von ihm gegründeten Michaelsorden und eine Michaelsbruderschaft sein. Entsprechend aufwendig ist die Ausstattung, die inhaltlich ganz auf den neuen Zweck abgestimmt ist, wie die (1954/55 restaurierten) Stukkaturen von Pietro Castelli und die Malereien zeigen. Die Altäre sind den Erzengeln Michael (Abb. 48), Gabriel und Raphael geweiht.

Auf dem *alten Burgfriedhof* westlich der Ruine ruhen unter anderem die Lindenwirtin und Godesberger Ehrenbürgerin Ännchen Schumacher, der berühmte Ägyptologe Alfred Wiedemann und der Filmschauspieler Paul Kemp. Viele ältere Gräber spiegeln die Mentalität des einstigen Großbürgertums, manches aber auch die Tragik der jüngsten Vergangenheit, wie sie in der Erwähnung von Opfern des Nationalsozialismus anklingt, wider.

Durch das landschaftlich reizvolle Marienforster Tal fließt der Godesberger Bach zum Rhein hin. **Gut Marienforst** entstand im 13. Jh. als Prämonstratenser-Nonnenkloster, das 1450 Brigittinerinnen übernommen hatten und 1802 aufgelöst wurde. Ein Teil der Umfassungsmauer mit dem rundbogigen Tor (1625) und ebenso Teile des Äbtissinnenhauses (1752) stammen noch aus klösterlicher Zeit. Die barocke Ausstattung der Klosterkirche gelangte in die Pfarrkirche von Oberbachem.

Godesburg. Romantische Ansicht von Carl Ludwig Frommel. Stahlstich 1842

BAD GODESBERG/RÜNGSDORF, MUFFENDORF, LANNESDORF

Ansicht der Godesberger Burgruine von Norden. Kupferstich nach einer Zeichnung von Bernhard Hundeshagen um 1830

Der zwischen der Godesberger Altstadt und dem Rhein gelegene Stadtteil **Rüngsdorf** verweist mit dem Namen (von Rinnigiso) auf frühen Ursprung, wie das auch bei den Nachbarorten der Fall ist. Zuerst 804 urkundlich faßbar, hatte hier das Bonner Cassiusstift als Grundeigentümer und Patronatsherr das Sagen. Von der ehemaligen *Pfarrkirche St. Andreas* blieb nur der romanische Chorturm (Anfang 13. Jh.) erhalten (Abb. 54). An das kreuzgratgewölbte Chorquadrat im Erdgeschoß schließt eine halbrunde Apsis an. Diese eigenartigen Chortürme wiederholen sich im Bonner Raum in Lessenich, Küdinghoven, Oberkassel und anderen Nachbarorten, ja sie haben sogar in der weiteren Umgebung bis in den Westerwald hinauf Nachahmung gefunden. Wie so oft durchsetzen römische Ziegel das Bruchsteinmauerwerk. Der gotisierende Turmhelm geht auf eine spätere Erneuerung (17. Jh.) zurück.

Der ganz im Grünen gelegene Stadtteil **Muffendorf** erhält vor allem durch die alten Fachwerkhäuser ein malerisches Aussehen (Farbabb. 29). Auch hier bemüht man sich beim Bau neuer Wohnsiedlungen meist um deren angemessene Eingliederung in die Landschaft und geschichtlich gewachsene Umgebung.

Die Tradition Muffendorfs reicht weit zurück bis zu einer karolingischen Villa, einem Königsgut, das zu verschiedenen Zeiten ganz oder teilweise durch Schenkungen an wechselnde Eigentümer geriet, darunter das Aachener Marienstift und die Kölner Kirche, die ihrerseits die Siegburger Benediktinerabtei bedachte. Eine Wende in der verwickelten Besitzgeschichte brachte die Übereignung wesentlicher Besitzrechte an die Kommende des Deutschen Ordens in Ramersdorf (1254). Weiterer Vermögenszuwachs veranlaßte Ramers-

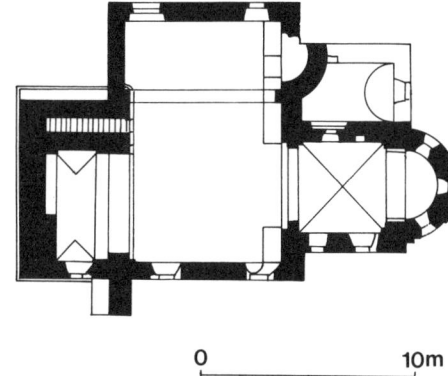

Muffendorf, Pfarrkirche, Grundriß

dorf, sein Eigentum an die Ballei des Deutschen Ordens in Koblenz abzutreten, welche wiederum Muffendorf aufwertete durch Errichtung einer eigenen Ordenskommende.

Der Komtur Karl Adolf von Greiffenklau erbaute 1761 die schloßartige *Kommende* samt Kapelle. Zwar ist das Bauwerk um 1900 verändert worden, doch ist noch viel von der alten Substanz erhalten (Abb. 56). Eine Besichtigung ist nicht möglich.

Durch ein von zwei kleinen Fachwerkhäusern flankiertes Tor erfolgt der Aufstieg zum ummauerten Friedhof und zur alten *Pfarrkirche St. Martin* (um 1200; Farbabb. 25). Unter Verwendung alter Reste entstand der überlieferte einschiffige Bau mit kreuzgratgewölbtem Chorquadrat, halbrunder Apsis und vorgesetztem Westturm. Das nördliche Seitenschiff mit Apsis und übergiebeltem Nordportal ist nachträglich angefügt worden (Anfang 13. Jh.). Sakristei, Flachdecke im Schiff und Tonnengewölbe in der Turmhalle stammen aus dem 17. Jh. Die Ausstattung ist jüngeren Datums. Das Ganze wirkt natürlich besonders reizvoll als Ensemble mit dem Fachwerk des alten Ortes, das auch der Hauptstraße eine ganz besondere Note verleiht.

Die *neugotische Pfarrkirche* (1895) enthält drei bemerkenswerte Kunstwerke: eine hölzerne Madonna (18. Jh.) aus dem Umkreis der Brühler Hofkünstler, eine Standfigur des Schmerzensmannes aus Holz (um 1530) und ein zur Beweinungsgruppe erweitertes Vesperbild (15. Jh.) der Art, wie sie im Rheinland häufiger vertreten ist, etwa in Neustadt an der Wied im Westerwald.

An Muffendorf schließt südlich der Stadtteil **Lannesdorf** an. In deren neugotische *Pfarrkirche St. Anna* gelangten 1881 wertvolle Ausstattungsstücke der abgerissenen Stiftskirche (Dietkirche): Rokoko-Kanzel, Kirchengestühl mit geschnitzten Wangen, Ornamentfüllungen der Orgelbrüstung (urspr. aus der Kommunionbank). Bei dem Gestühl beachte man die Engel mit dem Kurfürstenhut und dem Kreuz des Deutschen Ordens. All dies war eine Stiftung von Kurfürst Clemens August. Aus dem Vorgängerbau der hiesigen Kirche stammt die Holzskulptur des hl. Johannes Nepomuk (18. Jh.).

BAD GODESBERG / MEHLEM

Der Name des südlichsten Stadtteils **Mehlem** rührt wohl von einer Mühle am Rhein, die dem Kölner Domkapitel gehörte. Neben dieser begegnet uns viel ehemaliger Grundbesitz auswärtiger Eigentümer. Das läßt sich mit den damaligen guten Weinlagen erklären. In kurfürstlicher Zeit war Mehlem sogar Mittelpunkt eines eigenen Amtes, dessen Grenzen noch über den Rhein hinweg reichten. Im Truchsessischen Krieg mußte es bei den Kämpfen um die Godesburg viel erdulden. Hier bildet die Stadtgrenze zugleich die Grenze zwischen den Bundesländern Nordrhein-Westfalen und Rheinland-Pfalz.

Sehenswert ist die schmucke *Kapelle zur Schmerzhaften Muttergottes* (1681), ein achtseitiger Kuppelbau mit Schweifdach und Laterne. Im Innern stehen ein Barockaltar mit Vesperbild (17. Jh.) sowie alte Holzskulpturen der hl. Barbara (um 1320/30) und der hl. Anna Selbdritt (um 1500), deren Fassung allerdings neu ist.

Beuel und Umgebung

Gerade siebzehn Jahre (1952–69) durfte sich **Beuel** des Status einer selbständigen Stadt erfreuen, ehe es – zusammen mit Holzlar, Hoholz und Oberkassel – nach Bonn eingemeindet wurde. Nur scheinbar war damit der kometenhafte Aufstieg beendet, der aus dem ursprünglichen Fischer-, Winzer- und Wäscherinnendorf im Zuge der Industrialisierung 1896 einen Verwaltungsmittelpunkt, 1922 eine amtsfreie Gemeinde und schließlich eine Stadt gemacht hatte. Vielmehr muß der rechtsrheinische Stadtteil als wichtiger Aktivposten angesehen werden, der auch die Geschichte und Kunst Bonns merklich bereichert hat.

Zwischen dem Mündungsbereich der Sieg und den Ausläufern des Siebengebirges (Dollendorfer Hardt, Ennert, Finkenberg) lag, wie der Oberkasseler Fund (S. 13) beweist, schon früh Siedlungsgebiet. Vermutlich spielte die uralte Ost-West-Verbindung zusammen mit dem Rheinübergang bei Schwarzrheindorf dabei eine Rolle. Die auf die Kelten folgenden Germanen setzten sich jedenfalls beim Fährplatz fest. Nach der Teilung des fränkischen Reiches (843) entstand sogar eine Königsburg beim Rheinübergang, die aber nicht lange von strategischer Bedeutung war. Das alte fränkische Fährregal besaß schließlich der Kölner Erzbischof als kaiserliches Lehen. Er hatte seitdem ein gewichtiges Wort in diesem Teil des heutigen Bonns mitzureden.

Nächst dem Erzbischof und Kurfürsten als Landesherrn prägten die geistlichen Stiftungen Vilich und Schwarzrheindorf sowie die Deutschordenskommende Ramersdorf das geistige, kulturelle und politische Leben. Im südlichen Teil des rechtsrheinischen Bonns waren es die Grafen und Herzöge von Berg, die zuletzt dort Territorialgewalt besaßen. Von ihnen wird noch die Rede sein. Jedenfalls sei festgehalten, daß der rechtsrheinische Stadtteil aus ganz verschiedenen geschichtlichen Wurzeln stammt.

Wir sehen uns zunächst im ehemals kurkölnischen Territorium um. Dessen politische und militärische Schicksale wurden vielfach durch Kriege überschattet, besonders leidvoll von den Truchsessischen Wirren (1583/84). Im Dreißigjährigen Krieg ging manche Unbill von der »Pfaffenmütz« aus, einer holländischen Festung auf dem Kemperwerth, einer Rheininsel vor der Siegmündung. Dann versetzten die Schweden die Bevölkerung in Angst und Schrekken. Aufgrund all dieser Erfahrungen wurde Bonn gegenüber ein starkes Vorwerk angelegt, das sich bei der Befreiung Bonns von den Franzosen im Pfälzischen Krieg (1689) bereits gut bewährte. Kurfürst Joseph Clemens verstärkte die Beueler Schanze nach modernen Gesichtspunkten unter Leitung des französischen Festungsbaumeisters Vauban (1701; »Fort de Bourgogne«). Doch der Utrechter Friede (1717) verlangte die Schleifung.

BEUEL/RATHAUS, ST. JOSEPH

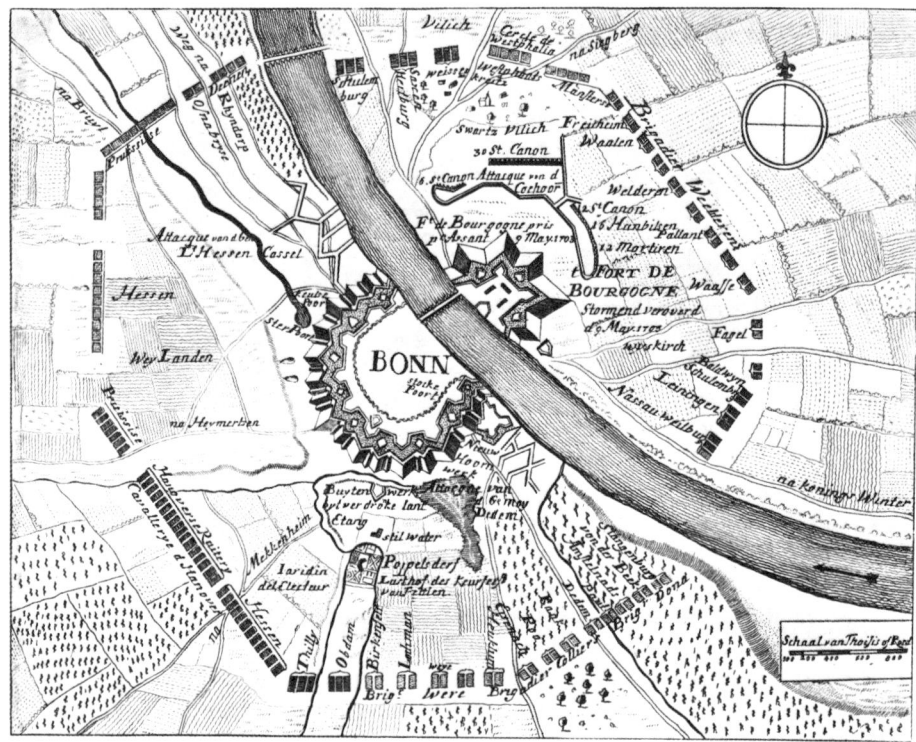

Die Festung Bonn bei der Belagerung im Spanischen Erbfolgekrieg 1703. Gut zu erkennen ist die Schanze in Beuel. Kupferstich des 18. Jahrhunderts

Man wird fragen, warum auf einmal Beuel eine so ausschlaggebende Rolle spielte, nachdem vorher von der strategisch wichtigen Fährstelle in Schwarzrheindorf gesprochen worden war. Analog zu der Schwerpunktverlagerung in Bonn selber von der alten Bonnburg zum Cassiusstift, vollzog sich auch hier eine Verlegung der Übersetzstelle nach Süden. Um den rechtsrheinischen Anlegeplatz siedelten sich Händler, Bootsleute und Fischer an, ein Weiler Buiela (1139) oder Beuele (1143) wird aktenkundig. ›Buhil‹ ist ein Hügel, der zwischen dem Rhein und einem ausgetrockneten Altarm, dem Muchewasser, die Niederlassung ermöglichte.

Erst Napoleon verdanken wir, daß die recht heterogenen rechtsrheinischen Orte zu einer Verwaltungseinheit, der Munizipalität Vilich im Rhein-Département, zusammengeschlossen wurden. Preußen wandelte die Mairie Vilich in eine Bürgermeisterei um. Der erste Bürgermeister Stroof hatte sich bereits unter den Franzosen als Amtsvorsteher bewährt. Erst jetzt kann von einer Geschichte Beuels gesprochen werden, wenn man die spätere Stadt oder den heutigen Stadtbezirk als Einheit sehen möchte.

Im *ehemaligen Beueler Rathaus*, auf das die Rampe der Kennedybrücke zuzulaufen scheint, arbeitet jetzt die Bezirksverwaltung. Die Patenschaft mit der Stadt Stolp in Pommern hält man weiter hoch und widmet ihr einen Erinnerungsraum im ersten Stock. Die Wandgestaltung im Foyer von Alfred Will bringt Etappen aus der Beueler Geschichte zur Darstellung. Die von demselben Künstler gestalteten Türgriffe »Brückenmännchen« und »Waschfrau« haben lokale Bezüge. Ersteres ist uns von der Kennedybrücke her bereits bekannt. Die Bedeutung der zweiten Figur kann man erleben, wenn man an »Weiberfastnacht« (dem Donnerstag vor Rosenmontag) nach Beuel kommt. Das fröhliche Weiberregiment weckt Erinnerungen an jene Zeiten, als Wäschereien und Bleichereien eine wichtige Einnahmequelle bildeten und der »Beueler Duft« am Mittelrhein sprichwörtlich war. Auch in den Rheinanlagen hat man der Waschfrau ein Denkmal gesetzt. Seit 1988 sprudelt an der Hermannstraße ein Wäscherinnen-Brunnen von Ernemann Sander.

Nicht weit von der Brücke liegt in der Rheinstraße das *Mehlemsche Haus* (Abb. 59), ein vornehmer dreigeschossiger Bau des Spätbarock (1781). Als Bauherr gilt der spätere Beigeordnete der Munizipalität Vilich, Franz Heinrich Mehlem. Der südliche Vorbau ist nachträglich entstanden. Das Haus dient heute als Musikschule der Stadt Bonn.

Einen optischen Akzent setzt im Bereich der Rheinufersilhouette die *Pfarrkirche St. Joseph*, ein spätes Werk der Neugotik zu Ende des 19. Jh. Im Turm erklingt ein Glockenspiel von 62 Glocken, angeblich eines der größten dieser Art in Europa (1962). Die neugotische Inneneinrichtung wurde jüngst zum großen Teil wiederhergestellt. Die farbigen Fenster aus den fünfziger Jahren sind dabei von Grund auf erneuert worden. An die ältere Geschichte Beuels erinnert der mit Inschriften versehene Stein auf dem Kirchenvorplatz.

Die *Pfarrkirche St. Paulus* in der Siegburger Straße hinter dem Bahnhof ist das letzte Werk des bedeutenden Kölner Baumeisters Dominikus Böhm (1955) und wurde nach dessen Tod

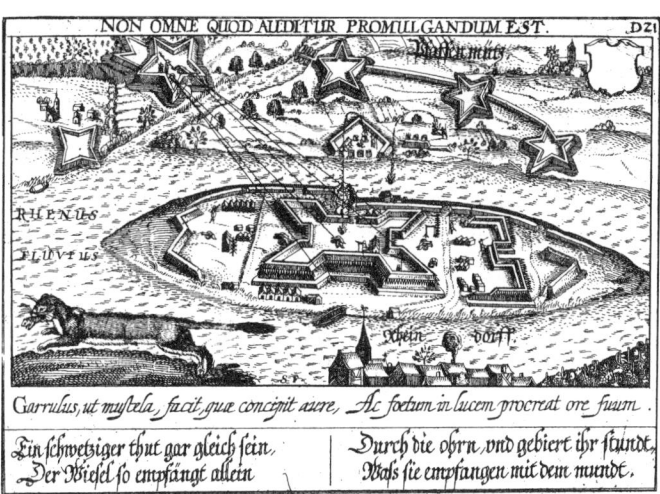

Schanze »Pfaffenmütze« zwischen Graurheindorf und der Siegmündung. Kupferstich aus Meissners Schatzkästlein, 2. Ausgabe 1638

BEUEL/SCHWARZRHEINDORF

Ansicht Bonns von Beuel aus. Im Vordergrund die »Fliegende Brücke«. Stahlstich um 1835

von seinem ebenso begabten Sohn Gottfried Böhm vollendet. Im Äußeren und Inneren sehr zurückhaltend, beschränkt sich der architektonische Schmuck fast ausschließlich auf die große Fensterrosette an der Westfassade. Dem beherrschenden Hauptgebäude sind die Nebenräume zugeordnet, der Gesamtkomplex erweist sich als höchst funktionell durchkonstruiert.

Eine ehemalige Jutefabrik an dieser Stelle ist zur *Beueler Schauspielhalle* geworden, deren Weitläufigkeit Inszenierungen gestattet, die an räumlich kleineren Bühnen so nie zur Entfaltung kämen. Nicht nur nebenbei soll erwähnt werden, daß in Beuel das »Theater der Jugend« (Hermannstraße 50) auch für Kinder und Heranwachsende spielt. Eine Kultur- und Begegnungsstätte ist zuletzt auch mit dem »Beueler Brückenforum« entstanden.

Von der Rheindorfer Straße biegt die Wolfsgasse ab, wo die Außenmauern eines Gutshofes noch mittelalterliche Teile enthalten. Mittelpunkt des Komplexes war der sogenannte – heute nicht mehr existierende – *Gymnicher Hof*, dessen dreigeschossiger Turm (14. Jh.) die Entwicklung des Anwesens aus einem alten Herrensitz verrät.

Wie bedeutend der alte Flußübergang bei **Schwarzrheindorf** gewesen sein muß, ergibt sich am deutlichsten daraus, daß ihn die Römer durch ihr Bonner Lager buchstäblich abzuriegeln versuchten. Die frühe, vorrömische Besiedlung scheint ebenfalls auch mit der Ost-West-Verbindung im Zusammenhang zu stehen. An der Stelle der heutigen Kirche konnte durch Funde ein Dorf der Eifel-Hunsrück-Kultur (Hallstattzeit) bestätigt werden. Dieses Siedlungsgebiet im Vorfeld des Bonner Legionslagers stand gleichfalls unter römischer Kon-

Beuel mit dem Mehlemschen Haus rechts und der Gierfähre. Lithographie von Josef Neunzig um 1820

trolle. Zwischen Vilich und Geislar hatten die Legionäre ein regelrechtes Übungscamp. Seit dem 4. Jh. hatten sie es hier mit Franken zu tun, die am Rhein seßhaft geworden waren und gegenüber dem Bonner Drususkastell einen Handelsplatz gegründet hatten, den Ort Gensem (Gensheim).

Nachdem Rom seine bisherigen Stellungen aufgegeben hatte, fiel dem König römisches Domänenland zu. Man bringt Flurnamen in Beuel (Königsstück, Königsbaum) damit in Verbindung. Jedenfalls beweist die bei der hiesigen Kirche ergrabene Burg, daß hier Königsbesitz war und wie wichtig der Platz auch jetzt noch gewesen sein muß. Von diesem Palatium aus scheint die königliche Güterverwaltung erfolgt zu sein, die einem Pfalzgrafen oblag. Nach dem Sturz des letzten Pfalzgrafen durch Erzbischof Anno II. von Köln fiel der Besitz an die Grafen von Wied.

Es sollte ein Glücksfall werden, daß Schwarzrheindorf an diese Familie kam. Es wurde für den Schöpfer der Doppelkirche, den Reichskanzler Arnold von Wied, »ein gewöhnlicher Aufenthaltsort«, in unserer Ausdrucksweise also so etwas wie ein fester Wohnsitz. Arnold hatte schon vor seiner Wahl zum Erzbischof von Köln 1151 den Bau einer Hauskapelle, der jetzigen Doppelkirche, in Angriff genommen und konnte sie laut Inschrift am 24. April desselben Jahres unter großem Gepränge und in Anwesenheit prominenter Persönlichkeiten einweihen. Er schenkte der Kirche eine kostbare Ausstattung, darunter die großartige Ausmalung der Unterkirche. Ferner siedelte er hier vier Priester an, eine Art Minikonvent, und erwirkte für seinen Bau königlichen Schutz. Geschwister des Erzbischofs waren an der Stiftung beteiligt. Nach dem Tod Arnolds hat dessen Schwester Hedwig ein Benediktinerinnenkloster an die Seite des bisherigen Konventes gesetzt, dem sie als Äbtissin vorstand. Da ja in der Nähe, in Vilich, bereits ein Frauenkloster bestand, überrascht dieser Schritt. Er findet in den Reformabsichten der Grafenfamilie seine Erklärung, denen die »Liberalität« in Vilich nicht zusagte. Aber wichtiger ist, daß die Existenz eines größeren Konventes von Frauen bauliche Veränderungen an der Kirche erzwang, auf die noch eingegangen werden soll.

Obwohl Barbarossa die Abtei unter kaiserlichen Schutz gestellt hatte, mußte sie bereits im welfisch-staufischen Thronstreit (1198) schwere Prüfungen über sich ergehen lassen. Das Kloster ist später in ein freiadliges Kanonissenstift umgewandelt worden, sicher nicht im Sinne seiner Stifter. Die Truchsessischen Wirren und die Kriege im 17. Jh. ließen aber die altehrwürdige Kirche unangetastet. Auch nach der Aufhebung des Stiftes (1803) blieb die Kirche vor dem Abbruch bewahrt, während die Klostergebäude verschwanden. Von dem einstigen Konvent der Benediktinerinnen blieb der Name Schwarzrheindorf, der das alte ›Gensem‹ verdrängte. Analog zu Graurheindorf lesen wir hier eine Anspielung auf den Habit der Benediktinerinnen.

Die *Doppelkirche St. Klemens* war also nacheinander Burgkapelle, Kloster und Stiftskirche, ehe sie seit 1868 als Pfarrkirche dient. Schon die Zeitgenossen empfanden das Bauwerk als eine Besonderheit. Heute gilt es als ein künstlerisches Monument von Weltniveau.

Als Erzbischof Arnold die Weihe vollzog, handelte es sich noch um einen reinen Zentralbau mit einem Vierungsturm geringerer Höhe und halbrund hervortretender Ostapsis (Farbabb. 3). Erst seine Schwester Hedwig ließ die Kapelle um zwei Joche nach Westen verlängern, um Platz für die Nonnenempore zu schaffen, und den Vierungsturm gleichzeitig aufstocken. Bereits an der Außengliederung läßt sich leicht der Bauvorgang ablesen, denn das untere Turmgeschoß mit seiner doppelten Lisenengliederung und die Ostteile mit ihrer umlaufenden Zwerggalerie bezeichnen klar den ursprünglichen Bau.

Äußerlich wird noch eine weitere Besonderheit gut sichtbar, nämlich die Teilung in Ober- und Unterkirche. Während das Untergeschoß schmucklos ist, erfährt das obere durch die erwähnte Zwerggalerie und durch Lisenen, Rundbogen, Nischen, Vierpaß- und Lilienfelder eine ansprechende Gliederung. Im westlichen Anbau treten diese Schmuckformen zurück. Der über der Zwerggalerie zurückgestellte Oberbau wird hier dementsprechend wandgleich. Die Zwerggalerie des Gründungsbaues war seinerzeit über einen brückenartigen Gang mit der südlich vorgelagerten Burg verbunden.

Der Charakter der Doppelkirche kommt im Innern sinnfällig zum Ausdruck, da beide Geschosse über eine achteckige Öffnung miteinander in Verbindung stehen. Die halbrunde Apsis findet ihre Entsprechungen in den flachen Muldennischen der Querarme und beim westlichen Erweiterungsbau in einer Nische, die sich über eine dreifache Bogenstellung zum Raum hin öffnet. So erhält der kreuzförmige Grundriß ein etwa kleeblattartiges Aussehen.

Man sollte sich unbedingt noch einmal den ursprünglichen Zentralbau vergegenwärtigen. In seinem Grundriß lebt die Konzeption frühchristlicher Märtyrerkirchen und deren Fortsetzung in byzantinischen Traditionen weiter. Man mag nun daran denken, daß Erzbischof Arnold Schwarzrheindorf zugleich zu seiner Grabstätte bestimmt hatte, aber auch daran, daß er beim Kreuzzug zweimal Konstantinopel besuchte.

Doppelkirche St. Klemens in Schwarzrheindorf. Stahlstich um 1840

Die vor solchem Hintergrund ausgebildete Grundidee bedurfte dann einer Übersetzung in die örtliche Formensprache. Die Zwerggalerie mit ihren äußerst reizvollen Kapitellen erinnert in den Details auffällig an die in der Apsis des Bonner Münsters. So entpuppen sich die Feinheiten der Architektur als Gemeingut in der niederrheinischen Bauplastik der frühen Stauferzeit, zu der sich weitere Parallelen anführen ließen.

Schon früh hat die Kapitellplastik eine detaillierte Würdigung erfahren. Zwerg- und Westgalerie besitzen ein ganzes Arsenal unterschiedlicher Typen: Kelchblattkranz-, Voluten-, Blattvoluten-, Brezel-, Kernblatt- und Würfelkapitelle sowie solche mit figürlichen Darstellungen. Außer dem Bonner Münster stehen St. Gereon in Köln, die Wartburg in Thüringen und die Nikolaikirche zu Eisenach in zeitlichem und geographischem Zusammenhang mit Schwarzrheindorf. Das zeigt sich in motivischen Verwandtschaften, verwischt aber in keiner Weise die schöpferische Individualität der Einzelwerke und wahrt unbedingt deren künstlerischen Rang. Im Nebeneinander unterschiedlicher Behandlung des Kapitellkernes lassen sich Entwicklungstrends in der frühstaufischen Bauplastik ablesen. Die vielfältige Ornamentik leitet sich von geometrischen, pflanzlichen und Tierformen ab (Abb. 60).

Selbst die figürlichen Kapitelle bleiben unbeschadet ihrer erzählerischen Aufgabe dem Schema einer fast durchgängig beibehaltenen Diagonalkomposition untergeordnet. Die Neigung zum Monumentalisieren ist unverkennbar. Die Verselbständigung des Ornaments und die gestalterische Freiheit, wie sie etwa in der Gotik ungehemmt durchbrechen, werden hier kaum vorausgeahnt. Aber gerade in dieser Selbstbeherrschung, in der Fähigkeit, mit relativ wenigen und vorgegebenen Mustern abwechslungsreiche Bauzier zu schaffen, liegt die herausragende Leistung der Schwarzrheindorfer Steinmetzen.

Wie hoch das Bauwerk bereits zur Gründungszeit bewertet worden ist, dürfte daraus sprechen, daß es auf andere Bauvorhaben eingewirkt hat. Im Kleeblattchor von Groß St. Martin in Köln (1172) hat Schwarzrheindorf einen Nachfolger gefunden, der allerdings in den Proportionen das Vorbild beträchtlich übertrifft.

Schwarzrheindorf, Doppelkirche, Schnitt

Ein weiteres Merkmal – *Doppel*kapelle – steht ebenfalls in größerem Zusammenhang. In Königspfalzen waren doppelgeschossige Kapellen nicht unüblich und bereits bei der Aachener Pfalzkapelle Karls des Großen im Prinzip vorgebildet. In Eger und Nürnberg blieben solche erhalten. Bischöfe (z.B. in Köln) und Adel (z.B. in den Burgen Altenahr und Blankenberg) ahmten diese Bauweise nach, in der sich zugleich auch die mittelalterliche Ständeordnung spiegelt. Im Obergeschoß nahmen die edelfreien Herren Platz, in der Unterkirche die Ministerialen. An bevorzugtem Platz in der Oberkirche konnte der Burgherr unmittelbar zum Altar der Unterkirche blicken und den Ablauf der Meßliturgie verfolgen. Weilte der Kaiser zu Besuch, erlangte die Kirche gleichsam den Rang eines kaiserlichen Thronsaales.

Da drängt sich sofort die Erinnerung an den Kaiserdom in Speyer auf, dessen Zwerggalerie wohl für Schwarzrheindorf vorbildlich war und der ähnlich unmittelbar am Rhein aufragt. Nimmt man die Godehard-Kapelle (1137) am Mainzer Dom mit ihrer Zwerggalerie und die Ulrichskapelle der Goslarer Kaiserpfalz (um 1125) mit ihrem kreuzförmigen Untergeschoß zum Vergleich hinzu, so wird ganz deutlich, daß auch die Schwarzrheindorfer Kirche eine Repräsentationsfunktion hatte.

Der Gründungsbau wird also durch verschiedene Ideen geprägt: Grabkirche des Stifters, Pfalzkapelle, Denkmal kirchlichen Machtanspruches, Ehrerweis für Gott. Die zuletzt genannte Idee wird vom modernen Menschen gerne übersehen, ist aber Bestimmung auch mittelalterlicher Bauwerke. Sie erschließt sich natürlich nicht über die Betrachtung kunstgeschichtlicher Formen allein. Sie ist in unserer Schilderung einfach vorausgesetzt worden, da sie grundsätzlich Geltung hat. Weltliches und Geistliches sind damals noch nicht als Gegensätze empfunden worden, sondern durchdrangen sich gegenseitig untrennbar. Für Schwarzrheindorf verfügen wir sogar über einen schriftlichen Beleg aus der Hand von Arnolds Nachfolger, dem Erzbischof Philipp von Heinsberg, der bezeugt: »Arnold (...) beschloß in Erwägung, daß alles Irdische vergänglich und nur dasjenige wertvoll ist, was im Dienste Gottes verwendet wird, mit seinen Gütern den höchsten Geber zu ehren. (...) Deshalb erbaute er, von heiligem Eifer entflammt, auf seinem Erbgut zu Rheindorf mit großen Kosten in tiefstem Frommsinn eine Kirche zum Heil der eigenen Seele (...) und aller Verwandten, den Nachkommen ein Denkmal frommer Erinnerung (...).«

Die Gründung des Klosters hat die Ideenfülle noch vermehrt und einen, wenn auch bescheidenen, baulichen Niederschlag gefunden. Die Erweiterung des Zentralbaues nach Westen erlaubte die Einrichtung des Nonnenchores in der Oberkirche, die dadurch eine neue Bestimmung erhielt. Hinter der Orgel (18. Jh.) zeigt die Nische noch den Platz der Äbtissin an. Das Gestühl war entlang der Wände aufgestellt. Vielleicht sind deshalb die Wandvorlagen nicht ganz bis zum Boden herabgezogen worden.

Da nun gleichzeitig der kleine Priesterkonvent weiterbestand, ja offensichtlich später auch etwas größer gewesen ist, ergaben sich Raumprobleme. Zusätzliche Zelebrationsmöglichkeiten wurden durch Aufstellung weiterer Altäre geschaffen. Die Ausübung priesterlicher Funktionen an Außenstehenden wurde durch Gewährung pfarrähnlicher Privilegien ermöglicht, was zugleich das hohe Ansehen des Wiedschen Reformklosters deutlich macht. Am interessantesten ist aber das eigentümliche Nebeneinander von Männer- und Frauenkonvent. Zwar waren in allen Frauenklöstern Priester für die Verwaltung der Sakramente tätig und als Angestellte des Klosters der Äbtissin untergeordnet. In Schwarzrheindorf scheint

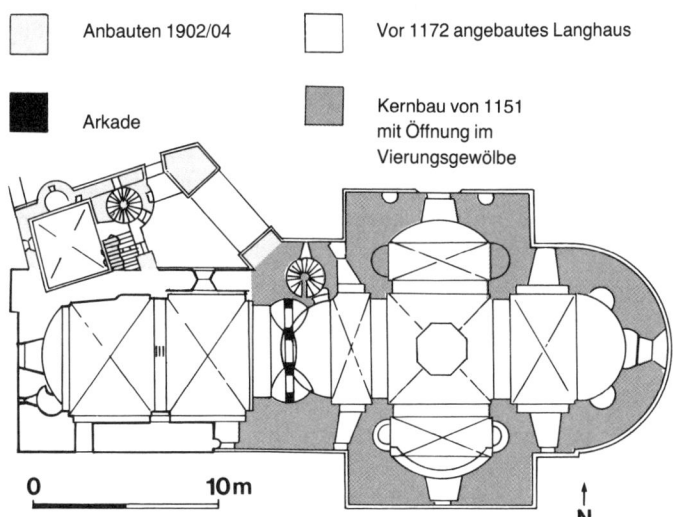

Schwarzrheindorf, Doppelkirche, Grundriß mit Bauphasen

man sich an einem neuen Typ des Klosters orientiert zu haben, der auf Robert von Arbrissel († 1117) zurückgeführt wird. Er war als Bußprediger durch die Lande gezogen, was wiederum Wiedschen Reformgedanken entgegenkommen mußte. In seinen Doppelklöstern war das Nebeneinander von Brüdern und Schwestern nach dem Vorbild des Apostels Johannes und der Gottesmutter ausgerichtet. Analog zur Rolle der Maria besaß in diesen Doppelklöstern die Äbtissin die höchste Gewalt.

Um die Mitte des 14. Jh. wurde das Kloster allmählich in ein adliges Stift umgewandelt – also eine hochstehende kulturelle Einrichtung, wie sie von anderen Orten (Wienhausen, Essen, Köln) bekannt ist. Zeitweise wirkten sich bilderstürmerische Tendenzen aus, die vermutlich auch zum Verlust einer im Mittelalter hoch verehrten Ikone führten.

Tiefer noch führt die Betrachtung der einzigartigen *Wandmalereien* in den Geist ein, der hier Jahrhunderte waltete (Farbabb. 4). Vermutlich war der Bildzyklus in der Unterkirche bereits bei der Einweihung fertiggestellt. Er war bis zur Wiederentdeckung 1845 lange unter Verputz verborgen und ab 1854 durch Christian Hohe restauriert worden, der auch die Malereien in der Ostapsis nach Spuren ergänzte.

Wie so oft bei mittelalterlichen Fresken sind in den Bildern der Kreuzgratgewölbe der Unterkirche alt- und neutestamentliche Motive einander gegenübergestellt in dem Sinne, daß die Weissagungen Israels in der christlichen Kirche ihre Erfüllung gefunden haben. Ein dekoratives System von Zierbändern und Streifenrahmen nimmt die auf blauen Grund gemalten Bilder auf. Dabei werden sorgfältig die architektonischen Gegebenheiten berücksichtigt. Den seiner Malerei zuweilen ungünstigen Gewölbezonen weiß der Künstler verblüffende Figurenkompositionen abzugewinnen. Die Einheitlichkeit im Stil läßt auf ein und dieselbe Werkstatt schließen. Vorbilder finden sich im Kapitelsaal zu Brauweiler bei Köln (1149), Parallelen in Miniaturen der zeitgleichen Buchmalerei.

Die Visionen des biblischen Propheten Ezechiel (Hesekiel) liefern den Stoff für die zwanzig Malereien in den Gewölbefeldern. Wesentliche Themen des Bildzyklus sind: Berufung des Proheten, seine symbolische »Belagerung« Jerusalems, Haarschur Ezechiels, Ankündigung und Begründung des Strafgerichtes Gottes, Vollzug des Strafgerichtes, das Neue Jerusalem, dessen Werden im Vierungsgewölbe zur Darstellung gelangt. Reizvoll ist ein Vergleich der Einzelszenen mit dem Wortlaut der Bibel. Die mitunter feststellbare »künstlerische Freiheit« ist von dem Bibelkommentar des Rupert von Deutz beeinflußt worden.

Entsprechend der typologischen Bibelinterpretation sind in den Prophetenvisionen die Taten Christi vorgebildet. Die Erfüllung der Weissagungen wird in den Konchen gezeigt, wo die zugehörigen Szenen aus dem Neuen Testament erscheinen: Tempelaustreibung, Verklärung Jesu auf dem Berg Tabor, Kreuzigung.

Das ikonographische Programm wird in den westlichen Fensterlaibungen ergänzt durch die Darstellung der Tugenden, da diese das Laster niederhalten und zum Triumph Christi beitragen. Der Idee einer Burgkapelle angemessen sind schließlich noch die Bilder thronender Könige in den kleinen Nischen der Querarme.

Die Wandmalereien der Oberkirche entstanden in Zusammenhang mit der Erweiterung von 1173. Sie waren ebenfalls lange unter Putz versteckt, ehe sie 1868 entdeckt und 1875

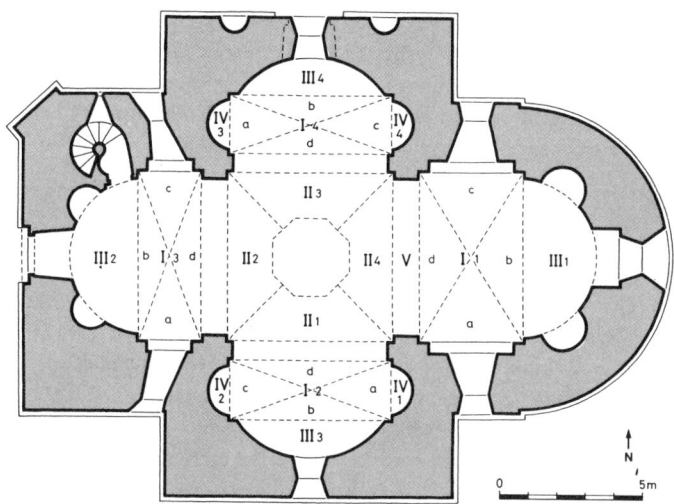

Schwarzrheindorf, Doppelkirche, Grundriß der Unterkirche (vor der Erweiterung) mit Übersicht über die Wandmalereien
I. Die Zerstörung Jerusalems (Ezechiel Kap. 1–5, 8 und 9)
1. Ezechiels Berufung zum Propheten   a) der Prophet in Verzückung, die Gottesvision (Ez. 1, 4ff., 15ff.)   b) (fehlt) Weihe des Propheten, Verschlingen der Schriftrolle (Ez. 2, 3ff.)   c) symbolische Belagerung Jerusalems (Ez. 4, 1ff.)   d) (fehlt) Abbüßung der Schuld Israels und Judas (Ez. 4, 4)   2. Ankündigung des Strafgerichts über Jerusalem (Ez. 5, 1ff.)   a) Ezechiels Haarschur   b) Ezechiel wägt das Haar und verbrennt einen Teil   c) er zerstückelt einen Teil mit dem Schwert   d) und schleudert einen Teil in den Wind   3. Begründung des Strafgerichts (Ez 8, 1ff.)   a) Ezechiel unter den Ältesten   b) er wird nach Jerusalem entrückt   c) er schaut dort den Götzendienst   d) und den Tierkult   4. Vollzug des Strafgerichts (Ez. 9, 1ff.)   a) Berufung des Gewappneten   b) die Unschuldigen werden gekennzeichnet   c) die Schuldigen werden niedergemacht   d) Ezechiel und der Gottesboote vor Jahwe
II. Der Aufbau des Neuen Jerusalem (Ez. 40–44)
1. der Baumeister weist dem Propheten die Stadt (Ez. 40,3)   2. Vermessung der Stadt (Ez. 40,5 bis 42,20)   3. Entsühnung des Altars im neuen Tempel (Ez. 43, 13ff.)   4. Erscheinung Jahwes im Stadttor (Ez. 43, 1ff.; 44,2)
III. Vier Bilder des neuen Bundes
1. Die Verherrlichung Christi, (Petrus und) Paulus, die vier Evangelisten   2. Vertreibung der Händler aus dem Tempel, Kampf der Tugenden mit den Lastern, Rundbild des Engels   3. Verklärung auf dem Berg Tabor   4. Kreuzigung. Urteil des Pilatus, Beratung über den Rock Christi
IV. Vier Königsgestalten
V. Gurtbogen mit Brustbildern

restauriert wurden. In der Apsis thront die Majestas Domini – der verherrlichte Christus –, den die beiden Stifter, Graf Arnold im Bischofsornat und seine Schwester Hedwig im Kleid der Äbtissin, anbetend verehren, während Standfiguren von Heiligen gleich einem stummen Gefolge anwesend sind. Das Chorgewölbe greift das Motiv des Himmlischen Jerusalem noch einmal auf. Um das Lamm scharen sich seine Auserwählten entsprechend der Vision der Apokalypse. Zwischen den Fresken in Unter- und Oberkirche bestehen deutliche motivische Spannungen. Während die in der Unterkirche einen »scharfen politischen Zug« (Verbeek) haben, verfolgen die in der Oberkirche kontemplative Gedanken. Unten werden aus der Vision des Ezechiel Zerfall und Erneuerung Israels entwickelt. Die Geschichte der Juden wird sowohl zum Vorbild und zur Hinführung auf die Erlösungstat Christi und seiner Kirche als auch zu einem Heilsgeschehen. Das Neue Jerusalem wird in der Kirche konkret bereits sichtbar. Die baufreudige Zeit hat diese Bilder zutiefst verstanden und die Umsetzung solcher theologischer Ideen in Architektur innerlich mitvollzogen.

Auch in der Oberkirche ist die allgemeinmenschliche Verpflichtung in das Bildprogramm eingeordnet. Aber die vorherrschenden Motive lassen sich auf die klösterlich-stiftliche Welt beziehen. Das reicht bis in Einzelheiten. So trägt der ritterliche Wächter des Sehers Johannes auf Patmos die Beischrift »Portarius«, also (Kloster-)Pförtner. Die Darbringung Jesu im Tempel stellt kein Kleinkind, sondern einen Knaben vor, entsprechend der bei den Benediktinern üblichen Aufnahme von Jugendlichen in den Mönchsstand (oblatio pueri). Mit dieser Darbietung ist der erste Schritt in die klösterliche Welt vollzogen, wo nun in der Weltabgeschiedenheit in Anlehnung an das Vorbild des Verbannten auf Patmos die Gottesschau angestrebt werden muß. Es gilt, die Tugenden zu üben (Fresken auf dem Chorbogen) und mit Hilfe der Heiligen (Apsis) endlich zur Hochzeit des Lammes (Gewölbe) hingeführt zu werden. Diesen Bildern geht zwar die bewegte Formsprache des älteren Zyklus ab, ihre Gestalten wirken befangen, ja steif. Aber es scheint, als ob im Sinne des Gesamtanliegens der »Schaueffekt« zugunsten der reinen Betrachtungshilfe und des Kontemplativen zurückstehen sollte. Die tiefe geistige Durchdringung jedenfalls macht diese Malereien jenen im unteren Teil der Kirche ebenbürtig.

Bei allem Sinngehalt erstaunt die völlige Einheit von Malerei und Architektur. Die vielfach schwierigen Malflächen werden derart überzeugend und ungebrochen für die Zyklen ausgenutzt, daß wiederum unbeschadet des Eigenwertes der Malerei auch das Baugefüge voll zur Geltung kommt. Von der ursprünglichen Ausstattung ist bis auf die Fresken nur wenig erhalten. Als wichtigstes Kunstwerk ist die hölzerne Standfigur der Muttergottes zu nennen, die aus der Bonner Minoritenkirche hierher gelangte. Wie dort gesagt, wird ein oberschwäbischer Meister, vielleicht Christoph Rodt, als verantwortlicher Künstler angenommen. Das Gegenstück der ursprünglichen Doppelmadonna befindet sich im Kölner Schnütgen-Museum. Die Orgel war für die Abteikirche Maria Laach angefertigt worden (1685) und kam erst im Zuge der Wiederbelebung der Seelsorge nach Schwarzrheindorf. Die Grabplatte des Erzbischofs Arnold von Wied (1747) hatte noch Kurfürst Clemens August anbringen lassen. Nach Aufhebung des Stiftes war sie zeitweilig verschleppt und bei ihrer Wiederauffindung zertrümmert. Neuerdings kamen die Fenster nach Entwürfen von Prof. A. Wendling hinzu, ferner die Figur eines spätgotischen Not-Gottes in der Oberkirche und die Barockfiguren der Unterkirche.

Das Äußere hat sich nach dem Abbruch der Stiftsgebäude ganz erheblich verändert, läßt aber dafür die Kirchenarchitektur umso klarer hervortreten, die durch den neuen Verputz vorteilhaft betont wird. Die späteren An- und Nebenbauten (Sakristei, Pfarrhaus) stören erfreulicherweise das Gesamtbild nicht weiter.

Schwarzrheindorf, Doppelkirche, Verklärung Christi in der Unterkirche

Eine vage Vorstellung von der einstigen Bebauung im Umkreis der Stiftsimmunität mag das Haus Nr. 2 in der Stiftsstraße vermitteln. Auch in der Dixstraße stehen noch zwei bemerkenswerte Häuser, nämlich die sogenannte Wilhelmsburg, eine der typischen Hofanlagen dieser Gegend sowie ein altes Nachbarhaus.

Nördlich der Kläranlage erstreckt sich hinter dem Hochwasserdeich an der Friedrich-Ebert-Brücke der *jüdische Friedhof* (1800–1934). Ein kleines Mahnmal auf der Deichkrone gedenkt der Verfolgung dieser deutschen Bevölkerungsgruppe. Um 1870 entstand im Norden Bonns am Augustusring ein neuer israelitischer Friedhof, der diese traditionelle Begräbnisstätte entlastete.

Vor dem Aufstieg Beuels war jahrhundertelang **Vilich** von Bedeutung für das heutige rechtsrheinische Bonn. Die jetzt völlig verschwundene St.-Pauls-Kirche war Tauf- und Mutterkirche des gesamten Raumes zwischen Sieg und Rhönbach. Ein weiterer Grund für die Bedeutung des Ortes lag in der Gründung eines Kanonissenstiftes (987) durch den adeligen Grundbesitzer Megingoz, einen Bruder des Herzogs von Niederlothringen. Seine Tochter Adelheid († 1015) war zunächst Vorsteherin, nach Umwandlung des Stiftes in ein

BEUEL/ST. PETER

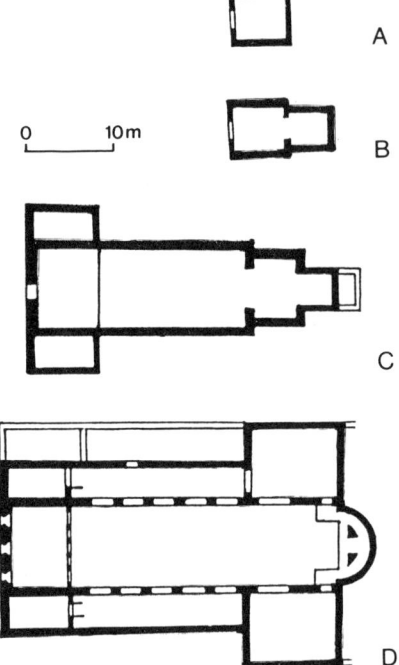

Vilich, St. Peter. Bauliche Entwicklung bis ca. 1200:
A Saalkirche aus dem 9. Jh. B Erweiterung im 10. Jh. C Ottonische Stiftskirche (ca. 980 bis ca. 1030) D Salische Grab- und Wallfahrtskirche (ca. 1040 1200)

(Die Grundrisse auf dieser und der gegenüberliegenden Seite wurden mit der freundlichen Genehmigung des Verlages entnommen aus:
D. Höroldt, 1000 Jahre Stift Vilich, 978–1978, Röhrscheid Verlag, Bonn 1978)

Benediktinerinnenkloster erste Äbtissin. Da sie bereits nach ihrem Tod als Heilige verehrt wurde, setzte bald eine rege Wallfahrt ein, die ebenfalls zum Aufschwung des Ortes beitrug.

Die Verleihung der Immunität durch König Otto III. und das Recht freier Vogtwahl begründeten eine eigene Unterherrschaft innerhalb des kurkölnischen Territoriums. Erzbischof Siegfried von Westerburg gelang es schließlich, die Vogtei für Köln zu sichern (1291). Seit Anfang des 14. Jh. setzte langsam der Niedergang ein. Im Truchsessischen Krieg (1583/84) und unter den Schweden (1632) wurden Kirche und Kloster verwüstet. Seit 1765 diente die Stiftskirche als Pfarrkirche mit allen Rechten von St. Paul. Das Stift verfiel 1804 der Säkularisation.

An der Stelle der heutigen Kirche *St. Peter* lag eine kleine Saalkirche in einem fränkischem Gräberfeld. Sie wurde um 900 n. Chr. durch einen rechteckigen Choranbau erweitert. Mit der Begründung des Stiftes begann man den Bau einer ersten Stiftskirche (978–87), die den Patronen Cornelius und Cyprian geweiht war: Eine langgestreckte, querschifflose Saalkirche. Bald nach dem Tod der Stifterin errichtete man für das Kloster eine fast neue, jetzt romanische Basilika mit einer sogenannten Ringkrypta unter der Apsis nach dem Vorbild des damals noch intakten alten Kölner Domes. Mittelpunkt war der Sarkophag der heiligen Adelheid, deren Gebeine man aus dem Kreuzgang in die Krypta geholt hatte, um die Verehrung der Heiligen durch die vielen Wallfahrer zu erleichtern. Im 13. Jh. baut man weiter. Im Süden der Kirche wird die Adelheidiskapelle angebaut und der bis heute erhaltene Adelheidissarkophag in den Boden versenkt (spätestens 1222) und die funktionslos gewordene Ringkrypta zugeschüttet. Zum Ende des Jahrhunderts werden Chor und Querschiff abgerissen und in gotischer Bauart wiederhergestellt. Aufgrund der beiden oben genannten Kriegszerstörungen reißt man das Langhaus, dessen Ausdehnung man heute noch an der bestehenden Außenmauer (drei zugemauerte Fenster gaben einer Westkrypta Licht) ablesen kann, großenteils ab und baut an die zwei Joche des alten romanischen Kerns einen barocken Turm (1699–1701). Damals fügte man gegenüber der Adelheidiskapelle an der Nordseite die Magdalenenkapelle hinzu.

Die karolingische Friedhofskirche konnte man durch die Ausgrabungen nachweisen. Sichtbar sind heute: Der gotische Chor, romanische Joche des ehemaligen Langhauses und der barocke Turm. Der Wiederaufbau der schwer zerstörten Kirche nach dem letzten Krieg hat die geschichtlich gewordene Gestalt respektiert.

Vilich, St. Peter. Bauliche Entwicklung seit 1200:
A ca. 1200 – ca. 1260 (Einwölbung der Seitenschiffe und Anfügung der Adelheidiskapelle) B Zustand nach ca. 1260 (gotischer Umbau des Chores)   C Notkirche nach der Zerstörung von 1583   D Heutiger Zustand (Wiedererrichtung des Baubestandes von 1701 nach der Zerstörung im Zweiten Weltkrieg)

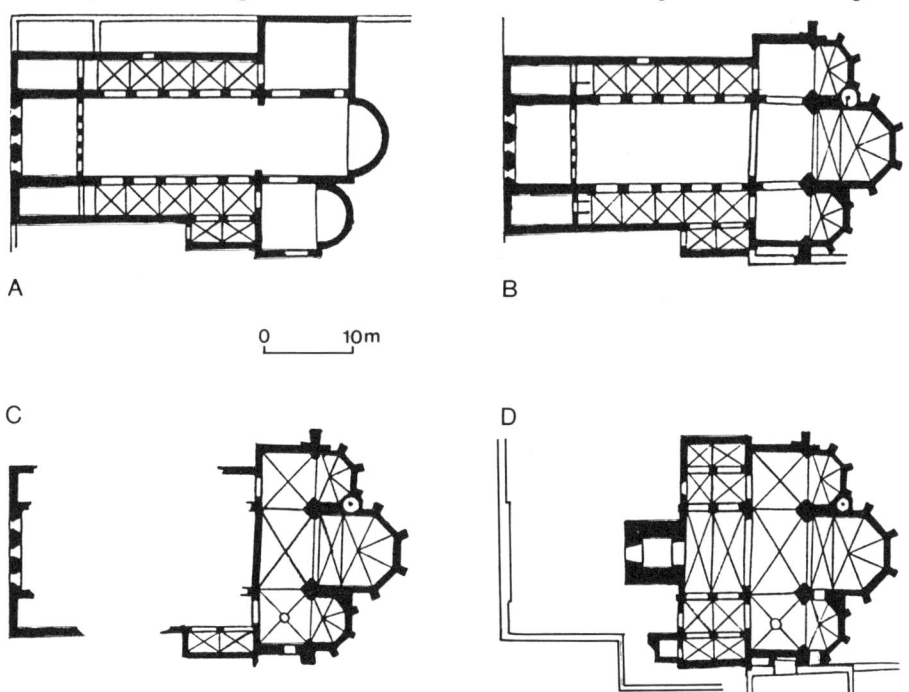

Infolge des verkürzten Schiffes wirkt die Kirche äußerlich fast wie ein Zentralbau. Aufbau und Gliederung des Chores tragen die unverwechselbaren Züge der von der Kölner Dombauhütte entwickelten Architektur. Bis in Einzelheiten von Grundriß und Formensprache stimmt Vilich mit St. Servatius in Siegburg überein. Beide entstanden unmittelbar nacheinander unter Leitung des Kölner Dombaumeisters Arnold. Wie beim Siegburger Vorbild haben wir hier eine kreuzrippengewölbte dreiteilige Choranlage mit ⅝-Schluß vor uns, nur daß der hiesige Hauptchor lediglich ein Joch umfaßt. Die Seitenchöre legen sich unmittelbar an das Querschiff an. Zwischen den Strebepfeilern öffnen sich schlanke zweiteilige Maßwerkfenster. Deren Sohlbank sorgt für eine durchlaufende Horizontalgliederung, der die vertikal bis in die Dächer einspringenden Strebepfeiler entgegenwirken und so einen sehr bewegten Baukörper schaffen (1290–1300).

Die Schiffe haben geschweifte Halbgiebel als Abschluß zum Turm. Dessen Schweifhaube mit den beiden offenen Laternen erinnert an die Bonner Jesuitenkirche. Sein romanisierender Aufbau erfährt eine Gliederung durch Eckquader und Fenster (um 1700).

»Anno 1700« stiftete laut Inschrift die Äbtissin und geborene Baronesse Agnes Adriana das schöne Barockportal. In seiner halbrunden Bekrönung wacht der Kirchenpatron St. Petrus. In der Nische über ihm steht die hl. Adelheid mit dem Modell der Kirche. Bei dem Bau der dritten Kirche richtete man sich nicht nur nach dem Grundriß des alten Kölner Petrusdomes. Man übernahm auch den Patron selbst. In der Vita der heiligen Adelheid von 1056 heißt die neue Kirche St. Peter.

Im Innern wiederholt sich infolge der gedrungenen Proportionen der Eindruck eines Zentralbaues. Die farbigen Fenster zeigen in Glasmalereien von Walther Benner einzelne Szenen der Apokalypse, Petrus und Paulus, Schöpfungsgeschehen, Marienleben, musizierende Engel und St. Adelheid.

Das auf romanische Art geformte Taufbecken (16. Jh.) stammt sicher noch aus der früheren Pfarrkirche. Maßwerkblenden und eine Blattranke gliedern das Becken. In die Wand hat man einen romanischen Grabstein (13. Jh.) eingelassen. Sein kostbares Flachrelief stellt den Lebensbaum dar mit vierpaßähnlichem Abschluß. Die nördliche Chorapsis gilt als Marienkapelle. Die Plastik der Gottesmutter (um 1400) stammt aus kölnischer Werkstatt und kündigt in Bewegtheit und Ausdruck den sogenannten Weichen Stil an (Abb. 65). Die Fassung ist neu.

In der Adelheidiskapelle, die sich über rundbogige Arkaden südlich zum Mittelschiff öffnet, hat der Sarkophag der Heiligen Aufstellung gefunden (Abb. 64). Er besteht aus rotem Sandstein. Auf seinem Deckel erscheint die Heilige als hölzerne Liegefigur. In ihrer Linken hält sie den Äbtissinnenstab, während die Rechte auf ihrer Brust ruht. Die Füße stemmen sich gegen einen kauernden Löwen, vielleicht ein Hinweis auf die fürstliche Abstammung der Heiligen. Auf dem Haupt trägt sie ein Barett, was wohl im stiftlichen Umfeld der Entstehungszeit (18. Jh.) seine Erklärung finden dürfte. Im Fenster erzählt Glasmaler Georg Haubold das Leben der hl. Adelheid (1954).

Hier sollte man unbedingt auch die feinen Kelchknospenkapitelle der Ecksäulen betrachten. Sie gehören zu den ältesten im Rheinland. Solche lange viel zu wenig beachteten

Architekturdetails haben ihre eigene stilistische Geschichte, die oft zur Baudatierung herangezogen werden kann. Der naturalistische Pflanzendekor erlaubt zudem manche Rückschlüsse auf das Naturverständnis der Gotik. Im Kölner und im Altenberger Dom gelangte diese Ornamentik zu höchster Reife.

Die Magdalenenkapelle gegenüber ist ganz im barock-romanisierenden Stil des 17. Jh. gehalten. Der in die Wand eingelassene Grabstein erinnert an die Vollenderin des Wiederaufbaues, deren Namen die Inschrift über dem Portal mitteilt. Im übrigen sind einige Barockfiguren der Kirche erwähnenswert, darunter die Heiligen Nepomuk, Nikolaus und Adelheid. In neuester Zeit kamen das Tabernakel und Ambo von Sepp Hürten hinzu.

Von den ehemaligen *Stiftsgebäuden* blieben zwei schmucklose Flügel (17. Jh.) erhalten, die rechtwinklig an den Kirchenchor stoßen. Die gedankliche Rekonstruktion des um einen Kreuzgang liegenden Gesamtkomplexes dürfte kaum größere Schwierigkeiten bereiten.

Das alte Rundbogenportal in der Stiftsstraße gehörte zum ehemaligen Renteigebäude (1616). Ein Gedenkstein mit Doppelwappen an der Umfassungsmauer des Stiftes hält das Andenken an Äbtissin Lucia von Broich wach, die den Wiederaufbau nach den Truchsessischen Wirren leitete.

Das *alte Pastorat* gegenüber der Kirche ist einer der ältesten Profanbauten des Mittelalters in unserem Gebiet. Der zweigeschossige Bruchsteinbau ist im Kern staufisch, hat aber wiederholt Erweiterungen und 1718 eine tiefreichende Umgestaltung erfahren, die gemäß einer Inschrift der Kanonikus Hieronymus Wallraff veranlaßt hatte. Fachwerkgiebel und Satteldach sind solche nachträglichen Zutaten, die sich aber harmonisch mit den alten Bauteilen verbinden. Durch ein spätgotisches Tor in der teilweise erhaltenen Umfassungsmauer tritt man in den kleinen Hof.

In der Siegniederung zwischen Vilich und Geislar hatte der Ritter Schillink seinen Stammsitz, früher Domänen-Haushof oder Schneckenburg genannt. Die Umfassungsmauern der Vorburg und ein Turmrest in der jetzigen *Wasserburg Lede* (Abb. 61) stammen noch von der ursprünglichen Anlage (14. Jh.). Bereits 1583 zerstört, ist sie erst zu Beginn unseres Jahrhunderts nach damaliger Auffassung »stilgerecht restauriert« und zu Wohnzwecken ausgebaut worden. Der spätromanische Torbogen (um 1200) ist vom ehemaligen Fronhof in Oberdollendorf übernommen worden. Trotz geschmacklicher Eigentümlichkeiten der Jahrhundertwende übt die malerische, vom Wassergraben umzogene Baugruppe eine unbestreitbare Anziehungskraft aus, die durch die zuführende Pappelallee noch gesteigert wird.

Im *Haus des Bürgermeisters Leonhard Stroof* (Burgweg 29) war von 1809 bis 1825 das Bürgermeisteramt für Beuel untergebracht. Das relativ einfache Haus wird zur Zeit restauriert und soll vielleicht einmal musealen Zwecken dienen. In der Nachbarschaft prägen historische Fachwerkhäuser das Ortsbild. Da ist das ehemalige St. Adelheidis-Hospitälchen, die alte Schule mit dem großen Torbogen, dem früheren Haupteingang zu dem Stiftsbezirk. In der Schillerstraße finden wir den Eschenhof, der bis 1896 das Bürgermeisteramt beherbergte. In der Schillerstraße wurde in den letzten Kriegstagen der bedeutende ›Schevasteshof‹ (Schultheißenhof) zerstört. Schillerstraße, weil hier der Sohn Friedrich Schillers Ernst als Schwager des seinerzeitigen Bürgermeisters Gabriel Pfingsten wohnte. Er starb hier am 29. Mai 1841 und wurde auf dem Alten Friedhof in Bonn neben dem Grab seiner Mutter Charlotte von Schiller beerdigt.

Die *Pfarrkirche Maria Königin* in Müldorf (1962) bietet ein gutes Beispiel moderner Sakralkunst. Eigenartig ist der Glockenstuhl, der aus dem Giebelfeld und dem großflächigen Dach emporwächst. Die Entwürfe gehen auf Stefan Leuer aus Bad Godesberg zurück.

Bereits außerhalb des Stadtgebietes, aber nicht weit entfernt, liegt der *Flughafen Hangelar* für Sportflieger und Maschinen des Bundesgrenzschutzes. Von hier werden auch archäologische Rundflüge über den Bonner Raum organisiert.

Der »Pützchens Markt« am zweiten Sonntag im September lockt die Menschen aus weitem Umkreis nach **Pützchen,** um auf freiem Feld etwas wie eine Super-Kirmes zu erleben. Das bunte Treiben ist jahrhundertealt und entwickelte sich in Zusammenhang mit einer Wallfahrt zum »Pützchen«, wo der Legende nach die hl. Adelheid von Vilich mit ihrem Äbtissinnenstab eine wundertätige Quelle habe entspringen lassen. Sie sprudelt noch heute in schlichter Fassung, eben als das ›Pützchen‹, das sich vom lateinischen ›puteus‹ (= Brunnen) ableitet.

Schon im Mittelalter hatten sich bei der Quelle Einsiedler niedergelassen. Ein Basaltkreuz mit den Leidenswerkzeugen trägt die Jahreszahl 1684 und markiert damit eine Wende in der Geschichte dieser Stätte. Kurz zuvor war hier erstmals ein Priester für die Seelsorge angestellt worden, und bald wurden Karmeliter anstelle der Einsiedler die Hüter der Heilquelle. In Vilich hatte man entdeckt, daß der Sarkophag gar nicht mehr die Gebeine der Heiligen barg, und so verlagerte sich die immer noch rege Wallfahrt hierher.

Unmittelbar beim Brunnen steht die kleine *Adelheidiskapelle* (1769). Der einschiffige tonnenüberwölbte Raum schließt mit dreiseitigem Chor. Hier ist das Wallfahrtsbild (18. Jh.) aufgestellt.

Die *Kirche St. Adelheidis* gehörte bis 1804 zu dem dann aufgehobenen Karmeliterkloster und ist heute Pfarrkirche. Der populäre »Jan Wellem«, Herzog Johann Wilhelm II. von Berg, hatte den Karmelitern die von ihm hier schon vorher gestiftete Seelsorgestelle geschenkt und so den Klosterbau ermöglicht, der 1706 vollendet wurde. Die Kirche dagegen erhielt erst 1760 ihre Weihe. Es ist ein einfacher rechteckiger Saal mit Flachtonne und Dachreiter. Nur das Hauptportal ist reicher ausgestattet und zeigt das Wappen des Kurfürsten Karl Philipp von der Pfalz († 1724). Der Inschrift des von Löwen gehaltenen Wappens sind die Namen von Stifter und Künstler zu entnehmen. Im Grunde bildet die nach den Verwüstungen des letzten Krieges wiederaufgebaute Architektur nur das Gehäuse, das im übrigen eine Ausstattung im Stil und Geist unserer Zeit gefunden hat.

Die mit schwerem Bronzeblech beschlagenen Portalflügel hat Elmar Hillebrand plastisch gestaltet. In das ornamental gepunzte Metall sind in hervortretenden Plastiken Themen aus der Heilsgeschichte dargestellt. Dabei werden inhaltliche Gegensätze einander gegenübergestellt oder wird nach altem Brauch typologisch verfahren, indem alttestamentliche Ereignisse auf solche des Neuen Testamentes vorausweisen. So schweben die Engel des Himmels über den »vier lebenden Wesen« der Apokalypse, dem Pfingstereignis korrespondieren die

Jünglinge im Feuerofen, der Auferstehung Jesu aus der Grabesruhe entspricht Jonas im Fischbauch, der Huldigung der Dreikönige die Kreuzigung, Mariä Verkündigung steht die Erschaffung des Adam gegenüber. Außerdem sind Szenen aus dem Leben Jesu dazwischengeschaltet: Sturm auf dem Meer, Hochzeit zu Kana, Verklärung auf Tabor, Ölbergszene. Mitunter wird mit ikonographisch ungewöhnlichen Mitteln gearbeitet, etwa wenn der ungeborene Jesus stark verkleinert in der geöffneten weiblichen Scheide liegt.

Nicht minder überraschend ist der Hochaltar, der im Innern sofort die Blicke auf sich lenkt. Elmar Hillebrand hat ihn zusammen mit Theo Heiermann geschaffen. Die Mensa vermittelt zwischen dem Material des Fußbodens, dem Lahnmarmor, und dem des Retabels, das aus Kalkstein besteht. Aus Marmor sind die tragenden Teile, aus Kalkstein die mit Symbolen verzierte Verkleidung. Der hochragende Aufbau fügt sich trotz aller aufregenden Modernität großartig in den barocken Innenraum. Die plastische Gestaltung ist überaus themenreich.

Die beherrschenden Plastiken in der Mitte zeigen von unten nach oben: Israels Kundschafter mit der Traube, Christus am Kreuz mit Maria und Johannes, den Hl. Geist in Gestalt einer Taube, die Hände Gottvaters. Zwischen Kreuz und Hl. Geist vermittelt ein Engel mit Opferkelch, der aufgrund dieser Vermittlerrolle deutlich kleiner ausgefallen ist als die Hauptplastiken. Das Mittelstück des Hochaltars umrahmen Sonne und Mond sowie Ranken mit Blüten und Früchten und Blattwerk. Zum Rande der Innenfläche und außerhalb der Umrahmung erscheinen zwanzig Figuren von Heiligen. Tabernakel und Altargerät von dem Bildhauer Winter passen ausgezeichnet zu dem Retabel.

Ungewöhnlich sind die Seitenaltäre, die als Stelen gestaltet wurden, in die dann die einfache Altarplatte randlich eingelassen wurde, während sie im übrigen frei zu schweben scheint. Die in den Blaustein gemeißelten Bilder zeigen beim einen Altar die Gottesmutter, beim anderen die hl. Adelheidis.

Die Brüstung der Orgelempore wirkt recht eigenwillig. Dem Ganzen fügt sich sehr gut der Orgelprospekt ein, der von einer bekannten Firma entworfen und gebaut wurde. Interessant ist auch die Taufkapelle. Auf dem Deckel des Beckens steht die Bronzefigur eines Christus in der Weinkelter. Die übrigen Ausstattungsstücke bestätigen bis in die Details die geglückte Verbindung von barockem Raumgefühl und modernem Geschmack.

Von dem *alten Karmeliterkloster* blieben das Hauptgebäude und das barocke Portal gleich neben der Kirche erhalten. Nach seiner Aufhebung erlebte es ein wechselvolles Schicksal, bis 1920 wieder Ordensleute einziehen konnten, diesmal Nonnen des Karmeliterordens, die ein streng zurückgezogenes Leben führen.

Im Gegensatz dazu widmen sich die Sacré-Cœur-Schwestern im *Herz-Jesu-Kloster* in Pützchen der Jugenderziehung. Ihre Klosterkirche ist nach Entwürfen von Toni Kleefisch und des Bonner Architekten Leyers erbaut worden. Der Glasmaler Paul Weigmann will in dem umlaufenden Fensterband den »Gnadenstrom« zum Ausdruck bringen, der im Gottesdienst fließt. Das Innere besitzt eine stimmungsvolle Ausstattung von Hein Gernot.

Die Kreuzherrenstraße weist auf die Anwesenheit des gleichnamigen Ordens hin, der an der Ecke Küdinghovener Straße ein religiöses Zentrum (1975) mit Kloster, Pfarr- und

Jugendheim unterhält. Sehenswert ist die *Kirche Hl. Kreuz* (1968), deren Ausführung in Händen des Münchner Architekten Alexander Freiherr von Branca lag. Das Kreuzmotiv bestimmt den Grundriß und damit auch den weihevollen Innenraum. Sehenswert ist eine spätbarocke Madonna mit Kind (18. Jh.).

Von der Kreuzherrenkirche aus bemerkt man die typische Kuppel einer *griechischen Kirche*. Sie gehört zur Griechisch-Orthodoxen Metropolie von Deutschland, Exarchat von Mitteleuropa, ist also Kathedrale des hier residierenden Bischofs. Die erstaunlich reiche, nach den orthodoxen Bestimmungen ausgestattete Kirche ist der Dreifaltigkeit (Agia Trias) geweiht. Die modernen, aber nach traditionellem Muster ausgeführten Ikonen spiegeln die himmlische Heerschar aus Engeln und Heiligen, die den Dreifaltigen Gott umgibt.

Die von Beuel südwärts führende Königswinterer Straße erreicht als nächsten Stadtteil **Limperich**, wo der letzte Kurfürst, Max Franz von Österreich, auf seiner Flucht vor den Franzosen ein letztes Mal innerhalb seines Territoriums übernachtete. Sein damaliges Quartier, der Myllendonker Hof, ist leider nach dem letzten Krieg abgerissen worden. Es handelte sich um eine bedeutende barocke Anlage. Der Hof ging auf einen mittelalterlichen Burgsitz zurück. Reste der Einfriedung sind erhalten, sowie zwei Löwen, die sich jetzt im Besitz des Siebengebirgsmuseums in Königswinter befinden.

In der Nähe des Rheins, ›Am Müllestump‹ (Mühlenstumpf), steht die Ruine der südlichsten Windmühle rechts des Rheins, der sogenannte *stumpfe Turm* (Abb. 62). Sie hat angeblich bereits während des Dreißigjährigen Krieges ihre Tätigkeit einstellen müssen.

Der unter Denkmalschutz stehende *alte Friedhof* in **Holzlar** geht auf ›Linders Baumgarten‹ zurück, wo die wenigen hier lebenden Protestanten begraben werden mußten, weil sie auf dem katholischen Friedhof keinen Platz fanden. Vermutlich besteht zwischen der früheren Grundstücksbezeichnung und dem Namen Linder, der bereits auf dem ältesten Grabstein (1658) auftaucht, ein Zusammenhang. Neben weiteren Grabdenkmälern aus Stein ist vor allem das gußeiserne Kreuz für Carl Heinrich Bleibtreu (1838) bemerkenswert.

Hatten wir uns bisher vorwiegend innerhalb des früheren kurkölnischen Territoriums bewegt, so stehen wir in **Küdinghoven** auf bergischem Boden. Hier hatte ein Untergericht des Amtes Löwenburg seinen Sitz. Die namengebende Burg war zunächst in Händen der Grafen von Sayn, ehe sie nach wiederholtem Besitzerwechsel an das Herzogtum Berg fiel (1472). So kommt es, daß die Geschichte der heutigen Großstadt Bonn nicht nur Teil der kurkölnischen Geschichte ist, sondern auch in die anderer Hoheitsgebiete hinübergreift. Man mag sich vorstellen, daß mitten durch das Stadtgebiet Staatsgrenzen liefen und daß man bei der Reise von Bonn nach Küdinghoven ins »Ausland« gelangte. Oft waren die Herrschafts- und Besitzverhältnisse überaus verschachtelt und überschnitten sich in verwirrender Weise. So war die hiesige Kirche, von der noch der romanische Turm erhalten ist, schon im 12. Jh. dem Stift in Vilich unterstellt. Von Lessenich und Rüngsdorf kommt uns dieser Turmtypus sehr bekannt vor, denn wie dort stand in seinem Untergeschoß ursprünglich der Hauptaltar. Es handelt sich also um einen der im Bonner Raum nicht seltenen Chortürme (12. Jh.).

Das ehemalige Mittelschiff der *Pfarrkirche St. Gallus* mußte dem neuen Langhaus weichen, das der Bonner Landbaumeister August Dieckhoff 1843–45 errichtet hatte. Der alte Turm wurde in den Neubau einbezogen. Im oberen Teil ist er neu gemauert worden, wie der Kontrast im Material verrät, außerdem erhielt er eine Schieferpyramide als Bekrönung. Wenige Stufen führen in das kreuzgratgewölbte Turmerdgeschoß hinab. Über die Orgeltreppe ist das gleichfalls kreuzgewölbte Turmobergeschoß erreichbar.

Aus dieser alten Kirche blieb der gotische Altaraufsatz erhalten, der sich heute im Rheinischen Landesmuseum in Bonn befindet. Eine Fotografie in Originalgröße vor Ort vermittelt wenigstens einen Eindruck. Noch zu erkennen ist die Verkündigungsszene mit dem Lokalheiligen Gregorius Maurus und der Gestalt des Stifters, in der man Abt Nicolaus II. von Lahnstein († 1364) vom Siegburger Benediktinerkloster erblickt.

Die alte Kirche mit ihrem Chorturm stand in der Nachfolge der verschwundenen Vilicher Kirche St. Paul. Der heutige Bau gewinnt aber noch aus einem anderen Grund innerhalb der Architektur des Stadtbezirks Bonn besondere Bedeutung. Der einfache Saal entstand in der Endphase klassizistischen Bauens im Erzbistum Köln. Schon bald sollte nämlich unter dem Eindruck der kirchenpolitischen Spannungen der von Preußen geförderten Klassizismus Schinkelscher Prägung durch die sogenannte Kölner Richtung verdrängt werden, die sich an der Neugotik des Dombaues orientierte.

Der dem alten Turm vorgelagerte Neubau gliedert sich in drei Teile: einen schmalen zurücktretenden Verbindungstrakt, den weiten Saal, in den die beiden Sakristeien einbezogen sind, und die halbkreisförmig vortretende Apsis. Ein umlaufendes Gesims verbindet sie. Die rundbogigen Fenster stehen auf dem über den Seitenportalen abgewinkelten Kaffgesims. Im Innern wird diese Wandgliederung wiederholt und in Ostwand und Chor durch vertikale Gliederungen verstärkt.

Die Fenster (1948–53) wurden von Wilhelm und Hein Derix nach Entwürfen von Heinrich Dieckmann angefertigt. Ihre Glasmalereien erzählen die Geschichte der Pfarrei, thematisieren Glaubensaussagen oder sind rein ornamental gehalten. So sieht man die maurischen Märtyrer als die ehemaligen Kirchenpatrone, St. Gallus mit dem Bären als heutigen Schutzheiligen und schließlich die hl. Adelheidis von Vilich. Von Dieckmann stammen auch die Entwürfe zum Kriegerdenkmal und zum Kreuzweg. Von der sonstigen Einrichtung verdient zweifellos das barocke Chorgestühl (17. Jh.) mit seinen schönen Schnitzereien besondere Beachtung.

Den Aufgang zum Friedhof südlich der Kirche säumen etwa zwei Dutzend alte *Steinkreuze* (1620–1761). Einige entstanden zu Pestzeiten, wie zu lesen ist. Drastisch zeigt eines die »Sieben Schmerzen«, die schwertartig das Herz Mariä durchbohren (1730). Ein plump wirkender Kruzifixus gilt hier als »Bauernchristus« (1765). In die Wand des Kirchenchores sind drei Grabplatten mit Hausmarken (17. Jh.) eingelassen.

Oberhalb der Kirche liegt das *alte Pfarrhaus* (1825), das der lateinischen Inschrift zufolge erst »durch des Pfarrers beständige Sorge (...) endlich errichtet« werden konnte.

BEUEL/RAMERSDORF, OBERKASSEL

Ansicht der ehemaligen Deutschherrenkommende Ramersdorf. Anonymer Kupferstich um 1650

Breite Asphaltbänder schnüren das merkwürdigste Gebäude des Stadtteiles **Ramersdorf** ein. Es ist das bizarre Schloß, das etwas ungenau *Kommende* genannt wird. Um die historischen Zusammenhänge besser zu verstehen, sei die Geschichte des Ortes kurz gestreift. Sie beginnt mit Hinweisen auf Grundbesitz des Bonner Cassiusstiftes (9. Jh.) und der benachbarten Abteien Siegburg und Heisterbach. Die Gründung einer Kommende des Deutschen Ordens in der ersten Hälfte des 13. Jh. sollte etwas mehr Leben und höhere Bedeutung bringen. Einer ihrer Komture war Eberhard von Virneburg, ein Bruder des Kölner Erzbischofs.

Nach der Säkularisation erwarben die Grafen von Salm-Dyck den Besitz (1806), erlitten aber durch eine Feuersbrunst (1842) beträchtliche Verluste. Die Kapelle der ehemaligen Kommende wurde vier Jahre nach dem Brand abgebrochen und auf den Alten Friedhof in Bonn versetzt (S. 97). Der Kölner Bankier Freiherr von Oppenheim kaufte 1884 das Anwesen und ließ sich einen Herrensitz im Stil der Gründerzeit bauen. Die Entwürfe dazu lieferte der Architekt Wilhelm Hoffmann, der kurz zuvor die Drachenburg bei Königswinter errichtet hatte. Das schloßartige Bauwerk (1885) gilt als ein »spätes Zeugnis der Rheinromantik«. Von der alten Deutschordenskommende stammt lediglich das romanische Tor mit

Wagendurchfahrt und kleiner Nebenpforte für die Fußgänger. (Ein ähnliches Doppeltor befindet sich vor dem Pfarrhof in Remagen.) Ein weiteres Andenken an die Kommende bildet das Ordenskreuz am Brunnen im Hof.

Bonns südlichster Stadtteil auf der rechten Rheinseite **Oberkassel** sorgte für das älteste Zeugnis menschlicher (Vor-)Geschichte im Bonner Raum durch jenen Grabfund aus dem Paläolithikum, der bereits eingangs erwähnt wurde. Der Name (1199: Cassele) rührt wohl von der Lagebeziehung zum römischen Kastell auf der gegenüberliegenden Rheinseite her.

Beim aufmerksamen Rundgang kann man die geschichtliche Abhängigkeit von Vilich entdecken, denn auch die *Pfarrkirche St. Cäcilia* hat den für die Vilicher Filialen charakteristischen Chorturm (um 1200), der aus dem romanischen Vorgängerbau übernommen und in den Neubau des 19. Jh. integriert wurde. Allerdings hat man ihn dabei seiner vorspringenden Halbkreisapsis beraubt. Das Chorquadrat wurde zur Eingangshalle, deren achtteiliges Rippengewölbe ein hängender Schlußstein auffängt. Das zunächst einschiffige Langhaus (1863–65) ist nachträglich auf drei Schiffe erweitert worden. Die Schutzpatronin wird durch eine Holzskulptur in Originalfassung (18. Jh.) dargestellt. Bemerkenswert sind die farbigen Chorfenster (19. Jh.), die gegenüber den Grautönen der Fenster in der Taufkapelle einen stimmungsvollen Kontrast bilden.

Sehr früh regte sich in Oberkassel protestantische Gesinnung. Unter dem Einfluß der evangelischen Neigungen des Erzbischofs Hermann von Wied kam es früh zur Bildung einer lutherischen Glaubensgemeinschaft. Auch fanden die im bergischen Amt Löwenburg rührigen Wiedertäufer hier Anhänger. So erklärt sich, warum Oberkassel im Vergleich zum übrigen Bonn schon sehr früh eine *evangelische Kirche* erhalten hat (1683). Den kleinen barocken Saal deckt eine flache Holztonne. Auf dem Westgiebel des Satteldaches sitzt ein sechsseitiger Dachreiter.

Eine größere Liegenschaft im Ort befand sich zu Beginn des 18. Jh. im Besitz der Kölner Familie von Meinertzhagen. Darauf errichtete sie das *Fürstlich zur Lippesche Landhaus* (1738; Abb. 63). Der fremd klingende Name rührt daher, daß der Besitz 1770 durch Heirat an die Grafen zur Lippe gefallen war. Johann Conrad Schlaun entwarf 1764 die Pläne für das vornehme Herrenhaus, das in einem weiten umfriedeten Park liegt. Den zweigeschossigen Bau deckt ein Mansarddach. Zum Vorhof und zum Garten weist je ein Mittelrisalit. Die Nebengebäude umschlossen den Hof ursprünglich symmetrisch, sind aber nur noch teilweise und in veränderter Form erhalten.

In Oberkassel wurde 1815 Gottfried Kinkel geboren, dem man in der Nähe ein Denkmal gesetzt hat. Er lehrte an der Bonner Universität als Professor für Kunst- und Kulturgeschichte. Er war Herausgeber der »Bonner Zeitung« und zog als Republikaner in die zweite preußische Kammer ein (1848). Bei der Beteiligung am badisch-pfälzischen Aufstand wurde er verwundet und zu lebenslänglicher Haft verurteilt. Carl Schurz konnte ihn aus Spandau befreien, worauf Kinkel nach England ging (1849). Seit 1866 las er in Zürich Archäologie und Kunstgeschichte. Dort starb er 1882.

Bonner Peripherie

Bietet Bonn so wenig, daß ein Buch, das diese Stadt zum Thema hat, mit Anleihen aus der Umgebung die Seiten füllen muß? Und doch gibt es gute Gründe, die Bonner Umgebung nicht auszuklammern, steht sie doch in engen geschichtlichen, wirtschaftlichen und kunsthistorischen Beziehungen zur Stadt. Die künstlerische Einbindung der Residenz in die Landschaft durch die kurfürstlichen Städteplaner des Barock hat diesen Aspekt besonders eindringlich zur Geltung gebracht.

Als Problem bleibt, wie weit denn eine solche »Grenzüberschreitung« gehen darf. Wollte man – hierin manchem Vorbild folgend – die großen Ausflugsziele zwischen Köln und Koblenz aufzählen, würde man sich zu Recht die eingangs gestellte, vorwurfsvolle Frage gefallen lassen müssen. Uns kann es nur darum gehen, die unmittelbare Nachbarschaft der Großstadt zu besuchen, wo viele in Bonn tätige Menschen wohnen. Es gilt, die weniger bekannten Ortschaften aufzusuchen, die bereits in der Vergangenheit vielfach mit Bonn verbunden waren und deren Erzeugnisse auch heute noch hierher geliefert werden.

Als Bonner Peripherie gelten für uns Teile des alten Landkreises Bonn, linksrheinisch die Städte Bornheim, Meckenheim und Brühl sowie die Gemeinden Alfter und Wachtberg, rechtsrheinisch die Städte Königswinter und Bad Honnef. Landschaftlich wären das Teile der Köln-Bonner Bucht, Ville mit Vorgebirge, Drachenfelser Ländchen, Siebengebirge und Niederwesterwald.

Näher an Köln gelegen und doch ganz wesentlich auf Bonn bezogen, liegt dort, wo sich Vorgebirge und Ville treffen, die Stadt Brühl. Wären die hochfliegenden Pläne des Kurfürsten Joseph Clemens in Erfüllung gegangen, so könnte man vom Poppelsdorfer Schloß aus über die Nußallee und ihrer nie realisierten Fortsetzung auf schnurgeradem Weg zum Brühler Schloß gelangen. Bequemer noch wäre die Schiffsverbindung gewesen, die von Bonn aus rheinabwärts und über einen Stichkanal vom Strom zum Schloß geführt hätte.

Beim Bau der Eisenbahn (1844) wollte man den Reisenden möglichst nahe an die Sehenswürdigkeiten heranführen und verlegte die Trasse zwischen den Schlössern Augustusburg und Falkenlust und nahm die Störung der Allee zwischen beiden in Kauf. In den modernen Schnellzügen hat man kaum noch Nutzen davon und erhascht bestenfalls einen Augenblick lang Konturen einer Schloßfassade.

Weitaus gemütlicher zockelte man bis 1986 mit der »Vorgebirgsbahn« vorbei. Diese Köln-Bonner-Eisenbahn war 1898 eröffnet worden und verband zuverlässig die beiden Städte. Da die Tunnelweite der Kölner U-Bahn falsch berechnet worden war und den

Einsatz der KBE auf dieser Strecke nicht zuließ, verkam die Bahn langsam aber sicher. Das Kürzel KBE wurde von den Kunden als »Köln-Bonner-Elend« gelesen. Und doch hielt man der »Rumpelbahn«, wie andere sagten, bis zuletzt die Treue. Ihre Stillegung geriet zum nostalgischen Begängnis. Die Pannenanfälligkeit des heutigen hochmodernen und technisch perfekten Straßenbahnbetriebes verleiht der Wehmut ihre bittere Berechtigung.

Die ›Alte Kölner Landstraße‹ dagegen ließ Brühl links liegen. Zum großen Teil folgte sie der alten Römerstraße von Mainz über Bonn und Köln nach Xanten. Erst sehr spät fand die Stadt eine unmittelbare Anbindung an das Fernstraßennetz.

›Brühl‹ bedeutet ursprünglich sumpfiges Gelände oder Sumpfwald. Auch hießen so königliche oder herrschaftliche Besitztümer, die jagdlich genutzt wurden. Einen solchen ›diregaert‹ unterhielten die Kölner Erzbischöfe in Brühl auf dem Gelände des heutigen Schloßparks. Den nahebei gelegenen Ort Brühl erhoben die Erzbischöfe schon im 12. Jh. zum Mittelpunkt und Verwaltungssitz eines ausgedehnten Territoriums. Lange sollte Brühl aufs engste mit dem Schicksal des Erzbistums und Kurstaates verbunden bleiben. Noch heute steht es im Schatten dieser Tradition, denn seine Schlösser haben den Namen Brühl weltweit bekannt gemacht. Erst der Massengeschmack unserer Gesellschaft hat dem eine andere Attraktion entgegengesetzt, nämlich das »Phantasialand«. Vielleicht assoziieren heute mehr Menschen mit dem Namen Brühl eher dieses Spektakel als die beiden Schlösser.

Die Anlage von **Schloß Augustusburg** geht auf eine Trutzburg zurück, die Erzbischof Siegfried von Westerburg 1285 errichtete; mit ihr wandte er sich gegen die Unabhängigkeitsbestrebungen der Kölner Bürger. Demonstrativ erhob er zugleich das kleine Brühl zur Stadt (1285). So recht froh werden konnte es dieser Würde nur selten, denn gar zu oft standen Burg und Stadt im Mittelpunkt kriegerischer Auseinandersetzungen. Der erst unter Erzbischof Wikbold von Holte (1297–1304) vollendete Bau der Trutzburg wuchs in der Folge zu einer vierseitigen geschlossenen Wasseranlage heran (14. u. 16. Jh.).

Als die Franzosen vor den brandenburgischen und holländischen Truppen aus dem von ihnen besetzten Brühl weichen mußten, sprengten sie wie auch andernorts die alte Burg (1689). Zwei Ansichten im heutigen Schloß lassen das Ausmaß der Verwüstung erkennen (1723). Da der Kurfürst mit dem Wiederaufbau in Bonn vollauf beschäftigt war, blieb Brühl vorerst vernachlässigt. Erst nach Ende des Spanischen Erbfolgekrieges konnte Kurfürst Joseph Clemens auch für Brühl neue Pläne entwickeln, auf die eingangs schon angespielt wurde. Sie gelangten nur teilweise zur Ausführung. Sein Nachfolger wollte es anders.

Kurfürst Clemens August von Wittelsbach war leidenschaftlicher Jäger und schätzte als solcher den Tiergarten von Brühl. Es sollte seine Lieblingsresidenz werden. Die Lage in der bewaldeten Niederung und die Eignung für die Falknerei entschieden für diesen Ort. Clemens August sah – wie die Herrscherpersönlichkeiten vor ihm – diese Jagdart als Symbol für die Rolle des Herrschers an, der beim Regieren dasselbe Geschick und die gleichen Tugenden benötigt wie bei der Beize.

Im Entwurf Johann Conrad Schlauns, der nur für die erste bis 1728 dauernde Bauphase galt, wurde noch Rücksicht auf den wehrhaften Charakter des Platzes genommen. Dem mittelalterlichen Grundriß verpflichtet und alte Mauerreste einbeziehend, entstand eine dreiflügelige Anlage mit östlichem Ehrenhof. An dessen Nordwestecke wurde sogar der alte Bergfried wieder neu aufgebaut und erhielt im Südwesten ein Pendant. Zur Stadt hin war eine Vorburg vorgesehen. Das Grabensystem sollte instandgesetzt werden. Einen Bezug zur Landschaft oder gar eine gärtnerische Landschaftsgestaltung gab es noch nicht. Die östlichen Stirnseiten des Nord- und Südflügels blieben in den durch Schlaun gewollten Formen im heutigen Schloß erhalten (Abb. 90).

Der bayerische Kurfürst Karl Albrecht bewog dann aber seinen Bruder Clemens August zu einer entschiedenen Abkehr vom Schlaunschen Konzept. Strategisch hatten die alten Wasserburgen ohnehin ihre Bedeutung verloren, im Residenzenbau war man längst fortgeschritten und hatte der Architektur wie der in sie einbezogenen und gestalteten Landschaft eine hohe repräsentative Rolle neuen Stils zugewiesen. Konsequent brachen der nunmehr beauftragte bayrische Hofarchitekt François Cuvilliés und mit ihm der Gartenkünstler Dominique Girard mit dem Schlaunschen Entwurf. Statt der Neuauflage einer rheinisch-westfälischen Wasserburg entstand die prachtvolle Residenz im Stil von Régence und Frührokoko.

In diesem Flair erlebt heute der Besucher Schloß Augustusburg und die Parkanlagen, in die es nicht nur eingebettet ist, sondern mit denen das Bauwerk in lebendiger Wechselbeziehung steht. Über die neugeschaffene Südterrasse erfährt das Schloß seine Anbindung an den in französischer Manier gestalteten Park (Farbabb. 22, Abb. 91). Die Fassade wird dort besonders akzentuiert, auch durch den plastischen Schmuck des Mittelrisalits (Kirchhoff, Bartholomäus Dierix) und den Balkon mit den Kopfkonsolen (Johann Franz von Helmont). Die Westseite wurde (seit 1735) durch Niederreißen der Flankentürme ihrer Burghaftigkeit entkleidet und neugestaltet. Niedrige und langgestreckte Galerietrakte bilden auf dieser Seite einen zweiten Ehrenhof, der weniger majestätisch wirkt als der auf der gegenüberliegenden Ostseite. Dort nämlich lebt der imperiale Anspruch nicht nur im dreiseitig hochragenden Baukörper, sondern vor allem in den darauf angebrachten Symbolen. Auf den Attiken über den Schaufronten der Nebenflügel stehen Kartuschen mit den Initialen des Kurfürsten (CA) und daneben die Allegorien der vier Erdteile. Der Wappengiebel über der Hauptfassade ist mit Personifikationen geistlicher und weltlicher Herrschaft versehen. Putten tragen gleichsam dem Stammwappen der Wittelsbacher die Wappen jener Bistümer heran, in denen Clemens August die Bischofswürde besitzt. Auch in den Pilasterkapitellen kehren die Herrschaftsembleme wieder.

Im Vergleich zu den anderen Fassaden tritt hier der imperiale Anspruch fast ganz zurück – die Doppelfunktion des Schlosses wird in der Außenausstattung deutlich. An der Westfassade dominieren die barocken Motive der Zeit und Vergänglichkeit: Chronos hält die Uhr im Giebel, fackeltragende Putten daneben veranschaulichen die Dämmerung, Aurora und Diana auf dem Giebel stehen für Morgen und Abend. Die Südseite zeigt ein Frontgehänge

49 BAD GODESBERG Michaelskapelle

51 BAD GODESBERG Fußgängerzone mit Godesburg ▷

50 BAD GODESBERG
»Zur Lindenwirtin Aennchen«

52 BAD GODESBERG   Rathaus

53 FRIESDORF   Turmhof

54 RÜNGSDORF   St. Andreas

55 BAD GODESBERG   Hochkreuz

56 MUFFENDORF Ehemalige Kommende

57　BAD GODESBERG　Blick von der Godesburg nach Süden

58　BAD GODESBERG　St. Marien

59　BEUEL　Mehlemsches Haus

60 SCHWARZRHEINDORF   St. Klemens, Arkadengalerie

61 VILICH   Burg Lede

62 BEUEL   Der stumpfe Turm

63 OBERKASSEL   Fürstlich Zur Lippesches Landhaus
64 VILICH   St. Peter, Sarkophag der Hl. Adelheidis
65 VILICH   St. Peter, Muttergottes, um 1400

66 Mumienporträt aus Ägypten, um 220 n. Chr.
67 Bronzepferdchen aus Griechenland, 2. Hälfte 8. Jh. v. Chr.
68 Reiter vom Parthenonfries, Gipsabguß, 5. Jh. v. Chr.

69 Merkur, Silberstatuette, 1. Jh. n. Chr.   70 Matronenaltar, 164 n. Chr.

71 Anbetung der Könige und Verkündigung, 12. Jh.

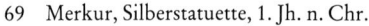

72 Vesperbild, ›Pietà Röttgen‹, um 1300

73 Meister des Bonner Diptychons, Kreuzabnahme, um 1485

74 Adam Elsheimer, Die drei Marien am Grabe Christi, um 1603

75 Carl Wilhelm Hübner, Die schlesischen Weber, 1844

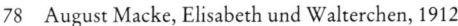

76 Franz W. Seiwert, Der Architekt II, 1931

77 August Macke, Innenhof des Landhauses in St. Germain, 1914

78 August Macke, Elisabeth und Walterchen, 1912

79 August Macke, Kinder im Garten, 1912

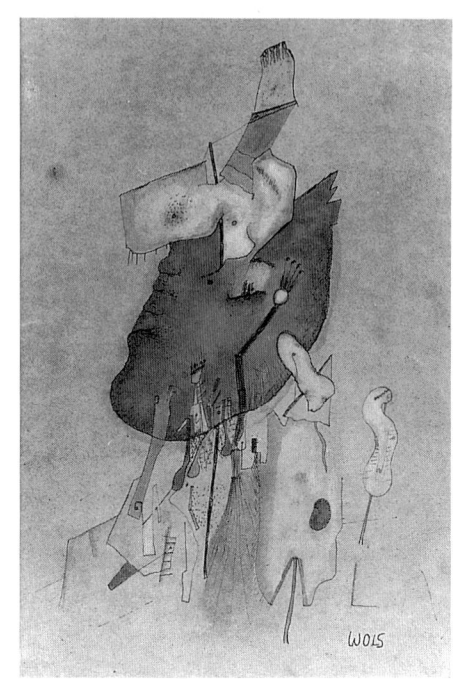

80 August Macke, Unterhaltung am Abend, 1913

81 Wols, Ohne Titel, 1940/41

82 Max Ernst, Oedipe II., 1934

83 Max Ernst, Mon ami Pierrot, 1974

84   Jörg Immendorff, Café Deutschland II., 1978

85   A. R. Penck, Iran Susanin begegnet Gog und Magog auf dem Weg nach Lakedämonien, 1974

88   Joseph Beuys, Rückenstütze eines feingliedrigen Menschen (Hasentyp) aus dem 20. Jahrhundert nach Christus, 1972   ▷

86   Anselm Kiefer, Der Rhein, 1982/83

87   Georg Baselitz, Die Hand Gottes, 1964/65

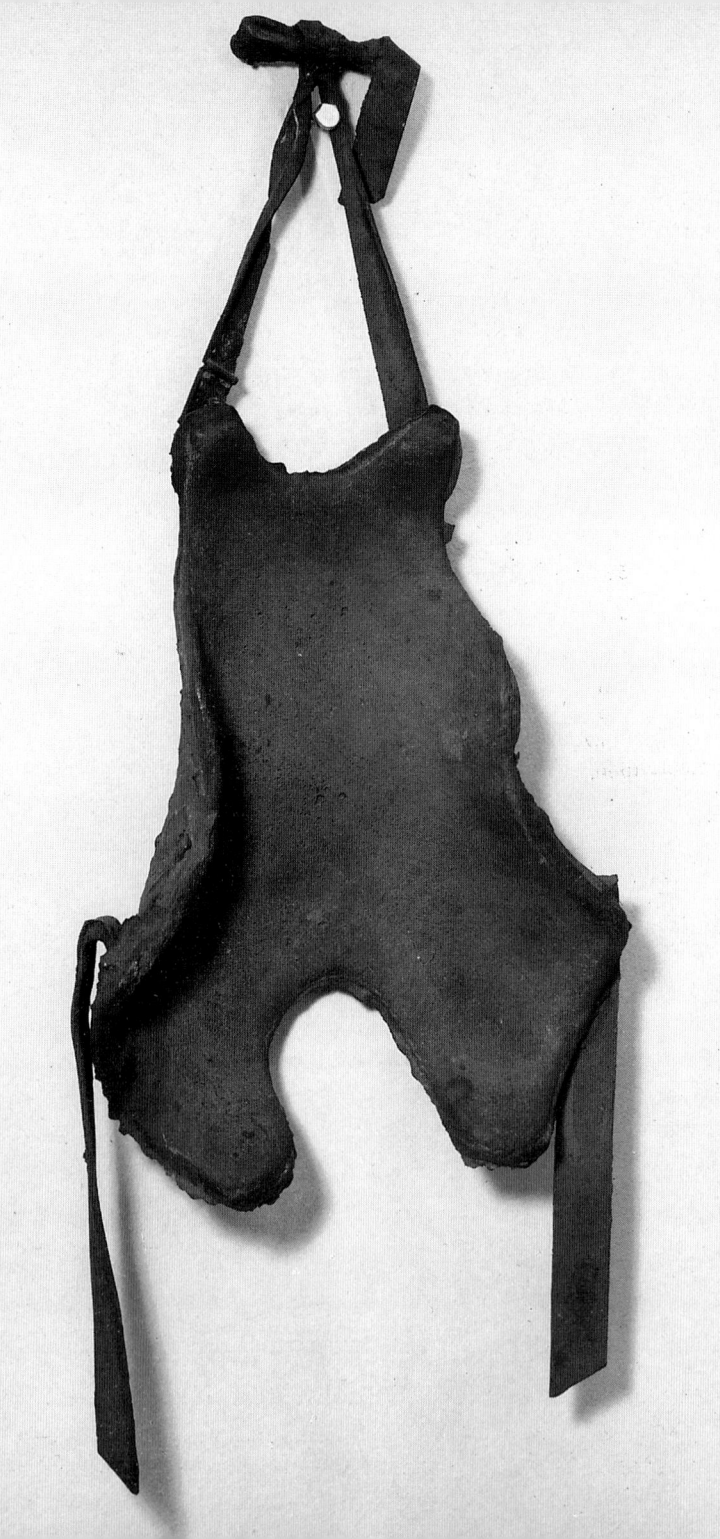

mit Falknereiutensilien und dem Relief mit Falke und Putten, ein deutlicher Hinweis darauf, daß Augustusburg als Jagdschloß dienen sollte.

Eigentliches Anliegen dieser zweiten Bauphase war die Innengestaltung. Die Umsetzung der Pläne von Cuvilliés besorgte im wesentlichen Michael Leveilly. Zunächst wurde die Wohnung des Kurfürsten im 1. Geschoß des Nordflügels mit Speisesaal und Gelbem Appartement eingerichtet (1728/29). Die Stukkaturen schufen Pietro Morsegno und Pietro Castelli, die Holzbildnisse Johann Franz van Helmont und Ignatz Anton Heydeloff, die Bleifiguren auf dem Becken im Speiseraum Willem de Groff.

In den beiden folgenden Jahrzehnten wurde das Erdgeschoß des Südflügels unter derselben Bauleitung und mit denselben Stukkateuren zum Sommerquartier des Kurfürsten umgerüstet. An der Südwestecke entstand schließlich um 1750 die Heiliggeistkapelle. Johann Adam Schöpf malte die Fresken mit Motiven aus der Sequenz des Pfingstfestes.

Neue Akzente setzte schließlich der 1743/48 durchgeführte Neubau des Treppenhauses, der eine Änderung der Raumfolge im Westflügel nach sich zog. Die Pläne lieferte der berühmte Würzburger Hofarchitekt Balthasar Neumann. Erst unter Kurfürst Max Friedrich kam die Dekoration des Treppenhauses und der Festsäle zum Abschluß (1765), die Arbeiten am Bau leitete seit 1754 Johann Heinrich Roth. Hervorragende Künstler vollbrachten dabei Spitzenleistungen des Rokoko: Giuseppe Artario, Pietro Morsegno und Giuseppe Brillie mit ihren Stukkaturen, Carlo Carlone mit seinen Deckengemälden und Heinrich Sandtener mit den Schmiedearbeiten. Ausstattung und Architektur machen das Brühler Stiegenhaus zu einem der schönsten des Rokoko überhaupt.

Vom Treppenhaus erschließt sich übersichtlich die Hauptraumfolge des Schlosses mit Gardensaal, Speisesaal, erstem und zweitem Vorzimmer, Audienzsaal, Schlafzimmer und Kabinett, zu denen noch die kleine Bibliothek und die Nepomukkapelle als Ergänzung gehören. Statt ermüdendem Defilee entlang der Sehenswürdigkeiten sollte man in Gedanken die Funktionen der Räume nachvollziehen. Diese können hier nur in vereinfachter Skizze angedeutet werden.

Im einst türlosen Vestibül inmitten des Corps de logis stieg man ab (Abb. 89). Streng nach Rangfolge hatte im Treppenhaus das gesamte Personal bis zu den höchsten geistlichen und weltlichen Spitzen bei feierlichen Empfängen Aufstellung zu nehmen. Doch schon Architektur und Ausstattung allein künden von dem Ruhm des Kurfürsten und Erzbischofs, insbesondere des Clemens August. Dessen Insignien und Stuckbüste werden in der Schauwand sichtbar. Im Deckengemälde huldigen vor ihm die Künste, während seine Gegner zum Sturz verurteilt sind. Die Art der Ausmalung täuscht eine Kuppel vor. Schritt für Schritt ersteht vor dem Betrachter ein Charakter- und Lebensbild dieses mächtigen geistlichen Landesherrn: angefangen von seiner Vorliebe für die Falkenjagd, über seine zahlreichen – wiederholt allegorisch dargestellten – Tugenden, dann die Würde und Bürde der Ämter, die wie kein zweiter Fürst des Reiches Clemens August auf sich vereinte, bis hin zu seiner weisen Regentschaft. Hier regiert Venus und schläft Mars (Nebenszene des Freskos).

Im ursprünglich zur Treppe hin offenen Gardensaal wird die Apotheose Seiner Eminenz gesteigert: Als Großmeister des Deutschen Ordens ist er mit seinem Vater, dem Türkenbe-

BONNER PERIPHERIE/SCHLOSS AUGUSTUSBURG

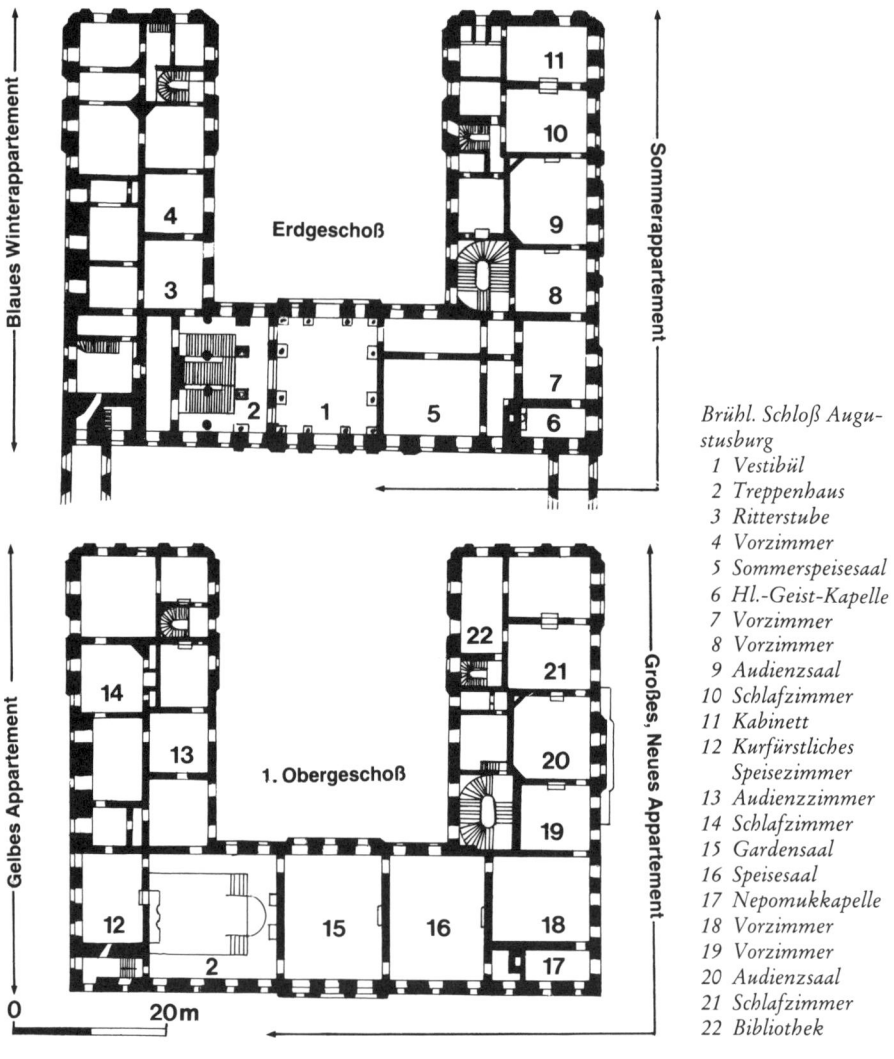

Brühl. Schloß Augustusburg
1 Vestibül
2 Treppenhaus
3 Ritterstube
4 Vorzimmer
5 Sommerspeisesaal
6 Hl.-Geist-Kapelle
7 Vorzimmer
8 Vorzimmer
9 Audienzsaal
10 Schlafzimmer
11 Kabinett
12 Kurfürstliches Speisezimmer
13 Audienzzimmer
14 Schlafzimmer
15 Gardensaal
16 Speisesaal
17 Nepomukkapelle
18 Vorzimmer
19 Vorzimmer
20 Audienzsaal
21 Schlafzimmer
22 Bibliothek

zwinger Max Emanuel, dargestellt, einem der hervorragendsten Wittelsbacher. Diese Familie erlebte damals den Höhepunkt ihrer Geschichte durch das Kaisertum Karls VII., eines Bruders von Clemens August. Aber diese dem gemeinen Volk weit entrückte Persönlichkeit bleibt dennoch offen für dessen Alltagssorgen, wie weiland der ägyptische Joseph aus der Bibel, den das Stuckrelief auf der einen Längswand darstellt. (Gegenüber Debora mit Barak, für Max Emanuel als Sieger über die Türken.) Die Waffenarrangements an den Wänden und die herrschaftliche Sprache der Architektur mit ihren pilastergegliederten Wänden läßt jedoch nicht vergessen, auf wessen Huld man angewiesen ist. Im anschließenden Speise- oder Musiksaal erfährt das Ganze eine weitere Steigerung. Im Deckenfresko Carlones entfaltet sich ein kosmologisches Bildprogramm, in dem die antiken Götter ihrer Aufgabe walten; auf diese Weise verherrlicht der Künstler das Haus Wittelsbach. Die Raumausstattung berücksichtigt besonders die Musik. Ihr kam nach der kosmologischen Vorstellung der Griechen eine besondere Bedeutung zu, da sie die Welt als musikalisch geordnet betrachteten. Hier lauschte Clemens August während der Festtafel mit Gefolge und Gästen Musikvorträgen.

Die Vorzimmer sind vergleichsweise schlicht gehalten, die Anspielungen auf den Kurfürsten und Erzbischof treten zurück, man sieht Jagdszenen oder Landschaften. Um so aufwendiger ist dann der Audienzsaal. Seine Decke gilt als die schönste des späten Rokoko überhaupt. Ganz bewußt wird entsprechend der Gesamtkonzeption von Augustusburg formal der Bezug zu den Außenanlagen des Schlosses hergestellt. Vergoldeter Stuck und Malerei greifen den Rhythmus des Gartenparterres auf. Die Motive sind durchweg der Jagd entlehnt. Dabei findet die Falkenjagd besondere Berücksichtigung, war sie doch persönliches Privileg des Kurfürsten und galt ihre Beherrschung damals als Erweis staatsmännischer Fähigkeiten. Über dem Kamin prangt ein Porträt Kaiser Karls VII., des Bruders von Clemens August (1745, von Georg Desmarées).

Das anschließende Schlafzimmer war eigentlich ein bloßer Schauraum, der höchstens einmal für Staatsgäste zur Verfügung stand. Nur so versteht man die ähnlich reiche Ausstattung wie im Audienzsaal und einige für das Schlafzimmer eines Bischofs wohl kaum sonderlich geeignete galante Darstellungen.

Solche sind auch im anschließenden Kabinett zu sehen, wo nette Affendrolerien die Decke zieren. Der Raum diente der Entspannung und amüsanter Unterhaltung.

Unglaublich bewegte Rocaillestukkaturen überziehen die Decke der benachbarten Bibliothek. Clemens August verwahrte hier auch sein Naturalienkabinett.

An der Südwestecke des ersten Obergeschosses befindet sich die Nepomukkapelle. Farbiger Stuckmarmor und das Deckengemälde Carlones machen sie zum vielleicht schönsten Raum des Schlosses. Der hier verehrte Heilige sollte vor übler Nachrede bewahren.

Als erster Raumkomplex des Schlosses entstand seit 1728 im ersten Obergeschoß des Nordflügels das Gelbe Appartement, das bald zum privaten Wohnbereich des Kurfürsten wurde. Der Name weist auf das der französischen Raumkunst entlehnte Gold-Weiß hin, in dessen Kontrast Wände und Decken schimmern. Im Schlafzimmer weisen die Bildmotive auf die Zweckbestimmung des Raumes hin.

Zur Sommerzeit suchte man die Räume im Erdgeschoß des Südflügels mit ihrer betont kühlen Atmosphäre auf (sog. Sommerappartement). Kabinett und Speisesaal sind völlig mit Kacheln ausgekleidet. Im Kabinett steht ein Ganzfigurenporträt von Clemens August (1746, von Georg Desmarées).

Nur unvollständig erhalten sind zwei weitere Zimmerfolgen: Blaues Winterappartement im Erdgeschoß des Nordflügels und Grünes Appartement im 2. Obergeschoß des Südflügels.

Die *ehemalige Franziskanerkirche* und heutige Pfarrkirche ließ Clemens August 1735 für die Bedürfnisse des Schlosses herrichten. An den Chor der 1493 geweihten Kirche wurde ein Gebetsraum angeschlossen, der durch den Orangerietrakt mit dem Schloß verbunden war und dem Kurfürsten ungesehen Zutritt erlaubte. Außerdem die Westvorhalle, der Chordachreiter und die den Gewölbediensten vorgelagerten Pilaster hinzugefügt. Sonst gibt sich der Bau innen wie außen auffallend schlicht und bewahrt so den einstigen franziskanischen Charakter. Um so nachdrücklicher meldet der Hausherr mit dem gewaltigen Hochaltar Balthasar Neumanns (1745) seinen Anspruch an. Figuren und Dekor schuf der Bildhauer Johann Wolfgang van der Auvera. Die Vergoldung des Dekors hebt sich kontrastreich von den roten, grauen und gelblichen Farbtönen der konstruktiven Teile ab, wirft das aus den Spitzbogenfenstern (Maßwerke von Neumann bewußt entfernt) einfallende Licht lebhaft zurück und erfüllt mit ihm den Kirchenraum. Dazwischen führen die elfenbeinfarbenen Figuren ein geradezu außerirdisches Dasein.

Der Altar diente über seine kultische Funktion hinaus ganz gezielt der Verherrlichung des Kurfürsten und Erzbischofs. Als ginge den die Messe des Volkes nichts an, konnte an einer geschickt verborgenen Zweitmensa gleichzeitig für den Fürsten die Messe gelesen werden und von ihm aus dem Gebetsraum (Oratorium) beobachtet werden. Ein raffiniert angebrachter Spiegel läßt in der Ausgangsstellung das Dreifaltigkeitssymbol erkennen. Wird er gedreht, verschwindet dieses, und es erscheint das Fenster des Gebetsraumes. So konnte gleichsam als Steigerung der üblichen Liturgie der Kurfürst seinem Volk in gottähnlicher Sphäre vorgespiegelt werden!

Die Kirche ist auch sonst gut ausgestattet: Kanzel (1757), Orgelprospekt aus Lechenich (1772), Schmerzensmann (um 1500), Muttergottesbild (14. Jh., Gnadenbild) auf dem Barockaltar (18. Jh.) in der mittleren stuckierten (Pietro Morsegno) Nische, Ewig-Licht-Leuchte (um 1735, Phil. Jacob Drentwett), Taufe und Marienportal (1954, E. Hillebrand).

An der Südseite schließt sich das *ehemalige Franziskanerkloster* (1717/18) an, dessen Refektorium eine schöne Stuckdecke besitzt. Ein steiles beschiefertes Walmdach deckt den dreigeschossigen Bau mit Kreuzgang. Er dient nach einem Umbau seit 1987 als Rathaus.

Nach Umgestaltung des *Schloßparks* im 19. Jh. (Lenné) hat man 1933/37 und seit 1947 zumindest das mittlere Gartenparterre in den ursprünglichen Formen wiederherstellen können. Dominique Girard, ein Schüler Le Nôtres, hatte 1728 die alten Anlagen geschaffen. Nach beliebter französischer Art sind sie axial auf den Südflügel des Schlosses bezogen. Spiegelweiher und Rundbassin betonen die Hauptachse. Die für das französische Rokoko typischen Broderieteppiche verleihen dem Gartenparterre seinen besonderen Reiz. Brunnenbecken geben der Anlage einen gewissen Rhythmus, der immer als Fortsetzung der Innenarchitektur des Schlosses gedacht wird. Laubengänge rahmen üppig das Parterre ein. Zur kurfürstlichen Zeit bestanden noch einige Gartenhäuser im weitläufigen, baumbestandenen Wildpark. Auf den wassergefüllten Gräben unternahm die Hofgesellschaft Ausflüge in Gondeln. Beim Schloß bestanden noch zwei Nebenparterres.

Vom Stern des Schloßparkes führt eine Allee schnurgerade zu dem gleichfalls in einem Park gelegenen *Jagdschloß Falkenlust*. Leveilly erbaute es 1729–40 nach Plänen von Cuvilliés

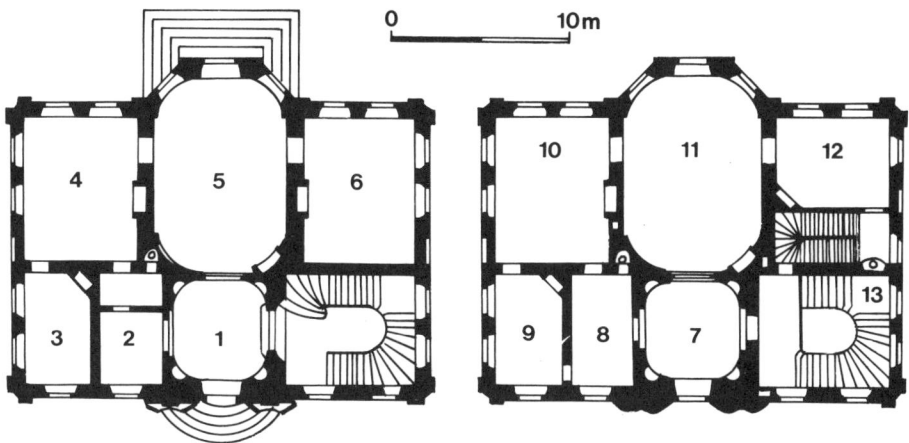

Falkenlust, Grundriß von Erd- und Obergeschoß 1 Vestibül 2 Garderobe 3 Kabinett 4 Schlafzimmer 5 Salon 6 Gesellschaftsraum 7 Vestibül 8 Garderobe 9 Kabinett 10 Schlafzimmer 11 Salon 12 Chinesisches Kabinett 13 Treppe zum Dach

(Abb 92). Die bereits erwähnte Wertschätzung der Falkenjagd durch Clemens August und ihre Symbolträchtigkeit erklärt, weshalb ausschließlich für derartige Zwecke ein eigenes Schloß neben der repräsentativen Augustusburg gebaut wurde.

Die Wegachse mündet in den von Wirtschaftsgebäuden eingefaßten Hof und führt direkt auf das zweigeschossige Schloß zu. Dessen Fassade gliedern zwei polygonale Pilastervorbauten und auf der Rückseite ein dreiseitiger Risalit. Von einer Aussichtsplattform (Belvedere) über dem Walmdach konnte man den Hergang der Falkenjagd beobachten.

Beide Geschosse haben dieselbe Raumaufteilung. Als Mittelraumgruppe erscheinen jeweils ein quadratisches Vestibül mit Nischen und ein großer Salon. Neben dem Vestibül liegt das durchlaufende Treppenhaus. Auf derselben Seite sind neben dem Salon Café- bzw. Speisezimmer. Auf der anderen Seite befinden sich jeweils Garderobe, Kabinett und (neben dem Salon) Schlafzimmer.

Das Treppenhaus ist ganz mit weißen, blau bemalten Kacheln verkleidet, die Szenen aus der Falkenbeize und dem Vogelleben zeigen. Die Lackplatten in der Holzvertäfelung des Kabinetts im Erdgeschoß sind zum Teil chinesischer Herkunft. Das darüberliegende Kabinett ist mit Spiegelwänden in barockartiger Rahmung (1736, Gilles Maria Oppenord) ausgestattet. Die Figurengruppen in beiden Vestibülen entstanden nach Modellen von Johann Franz van Helmont. Die Stuckdecken hier, durchweg in Formen der Régence und nur gelegentlich des Rokoko, arbeiteten Pietro Morsegno und Pietro Castelli, die in den Kabinetten schuf Giuseppe Artario. Ehrenhof und rückwärtigen Hof schließt ein geschwungenes Gitter. Die Nebentrakte des Schlosses sind innen völlig verändert.

Im Schloßpark ließ Kurfürst-Erzbischof Clemens August durch François Cuvilliés einen kleinen Sakralbau errichten, der wegen seiner inneren Zierverkleidung aus Muschelschalen

Muschelkapelle (1730–40) genannt wird. Die Innenausstattung wird als Erstlingswerk von Pierre Laporterie angesehen. Die ausgewogenen Proportionen verleihen der Kapelle eine bestechende Harmonie. Die Aufmaße ergeben jedoch auch interessante geometrische Zusammenhänge, die vermuten lassen, daß es hier nicht allein um die Verwirklichung ästhetischer Kategorien gegangen ist. Die Kapelle ist der hl. Maria von Ägypten geweiht, einer legendären Eremitin und Alchemistin. Dieser Umstand und die bis ins Einzelne verblüffenden Maßbeziehungen lassen ahnen, daß der Kurfürst auch für mystische, ja vielleicht sogar für okkulte Phänomene aufgeschlossen war. Konzeption, Ausstattung und (vermutete) Leitidee machen die Muschelkapelle einzigartig für das Rheinland.

Sinnfällig sind die Unterschiede zwischen den Residenzen in Bonn und Brühl. Auch wenn die heutige **Stadt Brühl** nicht mehr den ländlichen Charakter in dem Maße wie früher besitzt, blieb doch manches davon bewahrt. Über den beiden Monumenten von Weltniveau sollte man die kleine Stadt nicht ganz übersehen und einen erholsamen Gang durch die Straßen machen. Lebensechte Figuren am Weg narren vielleicht von weitem den Betrachter, der sie für Wesen aus Fleisch und Blut halten mag.

Ein Blick in die *Pfarrkirche St. Margaretha* lohnt der wertvollen Ausstattung wegen. Die Kanzel (1752/53) vom Hofbildhauer Kirchhoff, Orgelprospekt und Kirchenbänke sprechen in den gefälligen Formen des Rokoko. Vom Hochaltar blieben das Tabernakel (1778) von Aurelius Radoux und das Altarbild mit der hl. Margaretha erhalten, die sich jetzt in

Falkenlust, Ansicht von Westen. Kupferstich von Hendrik de Leth d. J. 1763/64

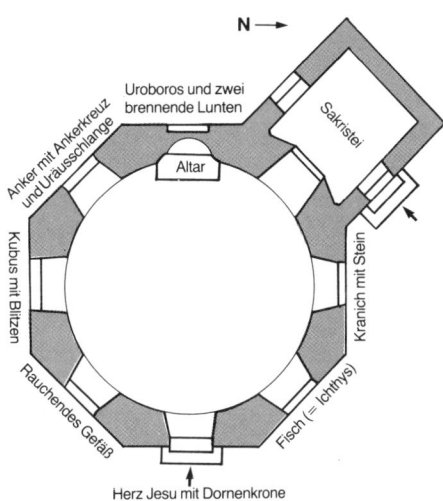

Muschelkapelle, Grundriß mit Symbolen

verschiedenen Nebenkapellen befinden. In der nördlichen Seitenkapelle ist außerdem ein hausförmiges Reliquienkästchen (um 1500) zu sehen. Bemerkenswert sind auch die Heiligenbüsten (16. Jh.) in der Taufkapelle, die der Aufnahme von Reliquien dienten und die hll. Ewald, Mauritius, Justin und Terentius darstellen sollen. Kölner Herkunft sind die beiden spätgotischen Tafelgemälde im Chor mit der Kreuzigung und dem Ecce Homo. Der kurfürstliche Hofmarmelier Antonius Murnau hat mit dem Epitaph des Freiherrn Johann Baptist von Roll († 1738) ein überzeugendes Beispiel seines hohen Könnens gegeben.

Fünf Joche des Langhauses und der (veränderte) Turm blieben von der Kirche erhalten, die Erzbischof Walram von Jülich (1332–49) errichten ließ, nachdem eine noch ältere Kapelle 1304 zur Pfarrkirche erhoben worden war. Chor und Querschiff im heutigen Bau entstanden unter der Leitung von Vincenz Statz (1885).

Bei und in Hersel stoßen wir auf zwei weitere Verkehrsspangen, die heute Köln und Bonn miteinander verbinden. Die 1906 in Betrieb genommene Rheinuferbahn läuft jetzt als Straßenbahn Nr. 16 (Bad Godesberg bis Köln-Mülheim) auf der alten Trasse noch bis Köln-Rodenkirchen. Schon bei ihrer Eröffnung konnten Weitblickende abschätzen, daß künftig das Auto wichtigstes Verkehrsmittel werden würde. Für Kraftfahrzeuge war die ›Alte Kölner Landstraße‹ zunehmend untragbar geworden. Konrad Adenauer veranlaßte als »Notstandsarbeit« zur Bekämpfung der Arbeitslosigkeit (1928/29) den Bau einer »Kraftfahrzeugstraße« zwischen Bonn und Köln, der ersten reinen Autostraße Deutschlands (1932). Sie wurde 1959 zur »Autobahn« erhoben, mußte bald aber grundlegend verbessert werden und ist seit 1967 sechsspurig (A 555).

Der Weg von Bonn in Richtung Köln wirkt in Rheinnähe je nach Gemütslage niederdrückend oder romantisch, auch letzteres empfinden manche, die der Technik ihren Reiz abzugewinnen vermögen. Vor allem bei Wesseling ragen die Architekturen der Großchemie empor. Ein wohlgeordnetes Gewirr von Rohrschlangen und Schienensträngen windet sich zwischen Kühltürmen, Kugeltanks, Silos, Destillationsanlagen, Werkhallen und Lagerhäusern. Der Geruch von Olefin und Rohöl verrät das Rohmaterial für die Kunststoffe unserer Zeit. Aus dem riesigen Tagebau der Ville nordwestlich von Brühl stammt die unentbehrliche Braunkohle.

Brühl. Ansicht mit emblematischer Darstellung. Kupferstich von Sebastian Furk 1623

Einen wohltuenden Kontrast bildet im Westen das **Vorgebirge.** Im Grunde handelt es sich nur um einen Teil der Ville, jenes nordwestlich verlaufenden Höhenzuges, der den Raum Bonn vom Swisttal trennt (vgl. S. 250). Dessen Ostrand zwischen Fischenich bei Brühl und Duisdorf samt den vorgelagerten Ortschaften trägt die volkstümliche Bezeichnung, die schon früh auftaucht (1566: Vorgebirgh).

Vorteilhafte klimatische Bedingungen haben seit mehr als 2000 Jahren den Anbau von Feldfrüchten, Gemüse und Obst begünstigt. Früher gedieh hier sogar Wein. Die Produkte der »Kappesbauern«, wie man die Kleinlandwirte durchaus liebevoll nennt, gelangen auf die Märkte in Bonn und Köln, aber auch bis ins Ruhrgebiet.

Die uns interessierenden Orte zwischen Brühl und Bonn sind seit 1969 im Rahmen der kommunalen Neugliederung zur Stadt Bornheim zusammengefaßt. Bei Uedorf und Widdig wird am Leinpfad der tiefste Punkt der Stadt (46 m über NN) erreicht. Die Orte am Vorgebirge liegen günstig entlang der Bahnstrecke.

In der ernüchternden Landschaft zum Rhein hin interessiert den Kunstfreund am ehesten **Hersel,** wo Kurfürst Clemens August für den Bau der in schlichtem Barock ausgeführten, später *evangelischen Kirche* stiftete. Die Westfassade zieren ein Schweifgiebel und die Pietà (18. Jh.) über dem Portal. Johann Georg Leydel lieferte die Entwürfe zu der 1747 eingeweihten damaligen Pfarrkirche St. Ägidius. Im Norden des Ortes erbaute 1766 der Bonner

Kaufmann Jakob Bitter das schöne Rokoko-Haus. Das Fachwerkhaus »Zum Anker« am Leinpfad lud einst die vom Treideln ermüdeten Rheinhalfen zur Einkehr.

Eng mit dem Strom verbunden sind auch die zum Teil im Dunkeln liegenden Geschicke von **Uedorf.** Eine Hochflut scheint im 14. Jh. die Verlegung des Ortes ein Stück westwärts an die heutige Stelle erzwungen zu haben. Die Mönche von Heisterbach hatten ein Anwesen an der Stelle des spätbarocken Hochkreuzes. Etwas versteckt liegt der hohe Windmühlenturm, der an den stumpfen Turm in Beuel erinnert. Das Gebäude ist nach altem Vorbild errichtet worden. Außer der Mühlentätigkeit fiel diesen Türmen am Rhein auch die Überwachung der Schiffahrt zu, was für Beuel ebenso gilt wie für ähnliche Türme in Küdinghoven und Oberwinter.

Das Gasthaus Kaebe an der alten Rheinfähre von **Widdig** war ursprünglich Sitz des Dingstuhles, also eines kurkölnischen Niedergerichtes. Später tagte in dem Fachwerkhaus der Herseler Gemeinderat. Der wallonische Landschaftsmaler Renier Roidkin hat das inzwischen leider veränderte Ensemble um 1725 skizziert. Die das Stromufer beherrschende Kirche ist dagegen erst 1928 entstanden. Ihr Glanzstück ist eine Barockfigur des hl. Georg, die man am Namenstag in einer Prozession mitführt.

In einer heute infolge der modernen Bebauung kaum noch erkennbaren Senke zwischen Vorgebirge und Rhein mündeten einst drei Bäche, deren Wasser in den »Entenfang« geleitet wurde. Durch diese Niederung führte die alte Römerstraße. Ein durch Funde belegter antiker Kultplatz sowie eine fränkische Begräbnisstätte weisen auf frühe Besiedlung hin. Weil es von hier nur noch sieben Meilen bis zum römischen Bonn waren, hat man den Ortsnamen **Sechtem** von dem lateinischen Wort ›septima‹ ableiten wollen.

Von den drei mittelalterlichen Burgen ist Burg Husen untergegangen. Neben ihr war die *Graue Burg* (Abb. 94) wohl der älteste befestigte Platz, aber kein Rittersitz, wie so viele andere in dieser Gegend, sondern eine Grafenburg (vielleicht Grafen von Saffenburg), woraus sich über ›Grawe‹ und ›Graveburg‹ die heutige Bezeichnung entwickelt hat. Über die Grafen von Sayn und von Katzenelnbogen fiel die Burg dann an die Landgrafen von Hessen und bildete so eine Enklave mitten im kurkölnischen Gebiet bis zum Jahre 1630. Eine Feuersbrunst zerstörte schließlich die alte Burg, so daß in der Nähe ein Neubau (1770/71) entstand, zu dem Johann Georg Leydel die Pläne lieferte. In dem flachen Giebelzwickel der Vorderfront steht das Wappen des Heinrich Edlen von Monschau und seiner Familie, denen der Wiederaufbau zu verdanken ist.

Die 1472 erstmals erwähnte *Weiße Burg* (Abb. 93) leitet ihren Namen von ›Wisseburg‹, also Wiesenburg, ab. Auch hier wechselten häufig die Besitzer. Das Burghaus wurde um die Mitte des 19. Jh. im Stil eines italienischen Landhauses erneuert. Im neuromanischen Torturm (1846) stecken noch ältere Bauteile. Das Allianzwappen im reichen Feld an der Hoffassade gehörte den Merode-Frenz/von Nesselrode und verschwand nach Übergang der Burg in bürgerlichen Besitz.

Nahe der erwähnten römischen Kult- und fränkischen Begräbnisstätte entstand das wohl älteste christliche Gotteshaus der näheren Umgebung, die *Pfarrkirche St. Gervasius und Protasius,* die bereits 1122 neben einer älteren Nikolauskirche erwähnt wird. Sie mußte dem spätklassizistischen Backsteinsaal weichen, zu dem Peter Joseph Leydel († 1845) noch die Entwürfe geliefert hatte. Schiff und Chor haben flache Balkendecken. Keine Pfeiler stören den Blick zum Altar. Trotz nachträglicher Veränderungen der Apsis ist der ursprüngliche Raumeindruck erhalten geblieben, wozu die einfühlsame neue Fassung beiträgt. Ein romanischer Taufstein, dessen Becken auf sechs Säulen ruht, ein gotisches Sakramentshäuschen und zwei Holzskulpturen (18. Jh.), das Rokokogehäuse der Orgel und vor allem die weiße marmorne Madonna (14. Jh.) aus dem ehemaligen Benediktinerinnenkloster Großkönigsdorf bei Köln sind Schmuckstücke der Ausstattung. Die hervorragende Muttergottesskulptur ist den Marmorfiguren der Mensa im Kölner Dom verwandt, wie die plastisch durchgestaltete Gewandfülle und die fast weichen Formen verraten. Die Seitenaltäre (1836) übernahm man aus dem Vorgängerbau. Hochaltar und Kanzel folgen der zeitgenössischen Neugotik der Kölner Dombauhütte.

Die *Nikolauskapelle* (1771) war ursprünglich Eigenkirche der Grauen Burg und ist dem volkstümlichen Patron der Schiffer und Wohltäter der Kinder geweiht, in dessen Kult antikheidnische Vorstellungen leise nachwirken. Der Neubau trat an die Stelle einer schon 1122 erwähnten Kapelle. Es handelt sich um einen flachgedeckten Saal mit dreiseitigem Chorschluß und Dachreiter, zu dem Johann Georg Leydel die Pläne erarbeitete. Über dem Eingang steht in der Nische eine Steinfigur des Patrons (Abb. 95).

Die schlichte *Wendelinus-Kapelle* (1680) ist Ziel einer Wallfahrt zu dem beim Landvolk hochverehrten Heiligen, dessen Namen sie trägt und dessen Bildnis in der Wetterfahne des Dachreiters erscheint.

Nordwestlich und unmittelbar am Vorgebirge liegt **Walberberg**, das durch sein Dominikanerkloster und das diesem angeschlossene Institut für Gesellschaftswissenschaften weithin bekannt ist. Zu den Seminaren und sonstigen Veranstaltungen finden sich selbst Spitzenpolitiker und Topmanager – vorwiegend konservativer Prägung, wie man behauptet – ein. Der Dominikanerorden unterhielt hier eine philosophisch-theologische Hochschule, bis sich diese mangels Studenten nicht mehr lohnte. Zu dem Zweck war der Grundbesitz 1925 erworben und in zwei Abschnitten (1932/34, 1952/58) in seiner heutigen Form ausgebaut worden. Den Kern des Komplexes bildet die alte *Rheindorfer Burg* an der ehemaligen Grenze zwischen Bonn- und Kölngau. Die einstige Wasserburg bildete eine quadratische Anlage, die hangwärts durch einen Bergfried gesichert war.

Die *Kitzburg* im Südosten von Walberberg ist trotz ihres Namens keine Wehranlage. Das von Wassergräben und einem herrlichen Park umgebene Gebäude war seit 1472 Sitz des kurkölnischen Amtmannes und ging um 1600 in andere Hände über. Unter wechselnden Eigentümern entstand im 18. Jh. die heutige Anlage. Eine Brücke führt zum zweigeschossigen Herrenhaus (1761) von sieben Achsen und Dachgeschoß von drei Achsen. – Der *Hexenturm* (12. Jh.) ist Rest einer anderen größeren Burganlage. Die Ruine des ehemaligen Bergfriedes umranken romantische Sagen.

Walberberg ist uraltes Siedlungsgebiet, wie zahlreiche, zum Teil nicht eindeutig datierbare Funde belegen. Der Ortsname weist auf die mittelalterliche Geschichte hin, als der anfangs ›Berg‹ genannte Ort zum ›mons sanctae Walburgis‹ (Berg der hl. Walburga) wurde, nachdem Erzbischof Anno II. von Köln der hiesigen Kirche Reliquien dieser in Eichstätt verehrten Heiligen geschenkt hatte.

Eine Gräfin Alveradis aus der alten Burg (= Hexenturm) ließ anstelle ihrer Eigenkirche eine dreischiffige Basilika als standesgemäßes Heim für die heiligen Überreste erbauen. Teile davon bilden den Kern der heutigen *Pfarrkirche St. Walburgis* (Abb. 96). Der Gründungsbau war allerdings für ein Zisterzienserinnen-Kloster bestimmt. Die Nonnen kamen aus Hoven bei Zülpich. Ihre erste Äbtissin war vorher Stiftsdame in Dietkirchen. Cäsarius von Heisterbach äußerte sich lobend über die hier herrschende Klosterzucht und konnte nicht voraussehen, daß später die Nonnen durch Zisterziensermönche ersetzt werden mußten, denen wiederum Jesuiten folgten. Ihr Klostergebäude ist verschwunden, nur die Klausurmauer steht noch. Sie enthält zum Teil römisches Baumaterial, das man hier wieder verwendet hatte. Dem um 1200 errichteten einschiffigen Bau wurde später im Süden eine Empore für die Ordensfrauen hinzugefügt. Der Lettner verschwand 1854. Gleichzeitig erweiterte man die Seitenschiffe. Der gotische Chorturm fiel mit etlichen Ausstattungsstücken Kriegseinwirkungen zum Opfer (1944). Der heutige Kirchturm wurde erst 1960 errichtet.

Der romanische Taufstein (13. Jh.) erinnert in manchem an den in Sechtem. Der wertvolle Kruzifixus (um 1400) steht in der Nachfolge jener eigentümlichen Gabelkruzifixe, wie man sie von Andernach bis Köln (St. Severin) in einigen großartigen Beispielen kennt. Doch weist das Walberger Stück bereits die Merkmale des sogenannten Weichen Stils auf. Kölnisch sind wohl auch die beiden Reliquienbüsten der hl. Ursula und des Ätherius. Erwähnt sei auch die spätgotische Standfigur der Muttergottes. Im südlichen Seitenschiff ist der Epitaph der Äbtissin Margaretha († ca. 1224) eingemauert. Ein Scheibenkreuz ziert den schlichten Stein.

In der Jodokuskapelle ostwärts vom Chor hatte die aus den Flammen gerettete Walburgisstatue (um 1700) Platz gefunden. Den niedrigen Raum überspannt ein Kreuzgewölbe. Seine Rippen setzen auf Konsolen mit plumpen Tierköpfen auf.

Kloster- und Pfarrgemeinde teilten sich in der Benutzung der Kirche. Die alte Gerichtslinde erinnert an das Jahr 1478, als sich beide Gemeinden unter einem solchen Baum auf dem Kirchhof vertraglich über die Unterhaltung des Gotteshauses und seiner Umgebung einigten.

Merten leitet seinen Namen von einer alten Martinskirche ab, die der Kölner Erzbischof einrichtete, der in Nachfolge der Grafen von Sayn hier über bedeutenden Grundbesitz verfügte. Von der ehemaligen Pfarrkirche blieb lediglich die halbrunde Apsis erhalten, die jetzt in die *neue Friedhofskapelle* (1947/48) einbezogen ist (Abb. 97). Das Chörchen hat drei Geschosse. Die Gliederung geschieht im Sockelbereich durch Lisenen. Darüber erscheinen dreiteilige Blendbögen, die auf Dreiviertelsäulen ruhen. Die vier Zwillingsöffnungen im Obergeschoß wirken fast wie eine Zwerggalerie, was durch die Säulchen mit ihren Würfelkapitellen optisch verstärkt wird. Auch die Dreiviertelsäulen im Hauptgeschoß haben Würfel- und sogar Kelchkapitelle.

Das rundbogige Friedhofsportal (um 1170/80) ist Überbleibsel aus der Mertener Ritterburg. In dem abgetreppten Portalbogen verläuft ein schwerer, farbig gefaßter Rundstab. Er ruht auf Rundstäben aus schwarzem Marmor mit kunstvollen Blattkapitellen. Hier zeigt sich wiederum die Formensprache der frühen Romanik, die wir bereits am Bonner Münster, in Vilich und Oberpleis bewundert haben.

Die dreischiffige neugotische *Pfarrkirche St. Martin* (1866–69) hat der Kölner Dombaumeister Vincenz Statz erbaut. Chor und Turm blieben weitgehend im ursprünglichen Zustand erhalten. Im übrigen mußte der Bau aus Sicherheitsgründen tiefgreifenden Änderungen unterzogen werden. Der spätmittelalterliche Taufstein mit seinen vier Wappen zeigt, wie kompliziert früher oft die Besitzverhältnisse in den alten Kirchspielen waren. Neben dem des Kölner Erzbischofs als Kollektor stehen drei Wappen der Ritter von Hersel.

Die Orte Rösberg und Hemmerich liegen etwas abseits von der Bahnlinie auf der Höhe des Vorgebirges, die Gemarkung von **Rösberg** greift sogar darüber hinaus bis hinab ins Swisttal. Der bevorzugte Siedlungsplatz ist zugleich einer der ältesten Herrensitze im Vorgebirge. Die alte Burg wurde 1194 von den Grafen von Are bewohnt, denen die Grafen von Neuenahr folgten. Unter ihnen war die Burg wiederholt Schauplatz kriegerischer Auseinandersetzungen mit den Kölner Erzbischöfen. Die später stark heruntergekommene Burg ersetzte man unter dem kurfürstlichen Oberjägermeister Ferdinand Josef Freiherr von Weichs 1731/32 durch das heutige *Schloß* im Stil des rheinisch-westfälischen Barock. Die Pläne lieferte Johann Conrad Schlaun, dessen Hand in der Hausteingliederung und an den abgerundeten Ecken wiederzuerkennen ist. Der gartenseitig vorspringende Mittelrisalit knüpft mit dem ⅝-Schluß an Vorgaben in Schloß Falkenlust an. Bombenangriffe machten das Schloß zur Ruine, der man noch immer ihren noblen Charakter ansieht.

Als 1707 die *Pfarrkirche St. Markus* entstand, zog man einen alten, angeblich noch zur Burg gehörenden Turm mit ein, der das Untergeschoß (14. Jh.) des jetzigen Westturms bildet. Franz Ernst Freiherr von Weichs stiftete als Grundherr die sieben schönen Wappenfenster. Der barocke Hochaltaraufsatz soll aus der Bonner Schloßkapelle oder aus der Klosterkirche Bottenbroich stammen (Abb. 106). Die Holzskulptur der hl. Ursula mit Gefährtinnen (15. Jh.) steht in enger stilistischer Beziehung zu der Schutzmantelmadonna des Tilmann von der Burch in der Kölner Ursulakirche und zu einem ganz ähnlichen Werk in der ehemaligen Augustinerkirche in Rösrath.

Auch für **Hemmerich** konnten römische und fränkische Siedlungsspuren nachgewiesen werden. Auf ihnen erhob sich seit dem 12./13. Jh. eine *Burg*, die 1729 als viereckige Barockanlage neu errichtet wurde. Zweimal verwüstet (1869, 1945) steht sie seitdem als kahle, aber eindrucksvolle Ruine da (Abb. 110).

Als 1897 die alte *Pfarrkirche St. Aegidius* abgerissen wurde, ließ man wenigstens deren romanischen Chor samt Chorquadrat (12. Jh.) stehen. Der Gewölbeschlußstein trägt das Allianzwappen von Velbrück/von Hemberg mit der Jahreszahl 1539. Auch erkennt man noch Reste von Fresken. Die Innenausstattung ist zum großen Teil barock.

In Hemmerich wie im benachbarten **Kardorf** lagen etliche Besitzungen geistlicher Grundherren, darunter der Knechtstedener Benediktiner, des Severinsstiftes und der Kartause von Köln, auf denen auch noch lange nach der Säkularisation Weinbau betrieben wurde. In der Kirche befinden sich drei barocke Holzstatuen der Heiligen Familie. Von den alten Klosterbesitzungen blieb der stattliche *Altenberger Hof* mit seinem schönen Fachwerk erhalten.

Hemmerich, Burg nach den Vorbauten von 1870. Zeichnung um 1900

Waldorf gehört zu den ältesten Orten im Vorgebirge. Sein Name soll sogar auf keltische Wurzeln hinweisen. Wie die beiden vorigen Orte wurde auch Waldorf jahrhundertelang durch die geistlichen Grundherren geprägt. Drei der alten Höfe sind noch erhalten. Außer dem *Statthalters- oder Stadelershof* (17. Jh.) der Kölner Kartäuser in der Dersdorfer Straße und dem *Kallshof* (1765) des Peter Philipp Kall ist vor allem der *Rodenkirchener Hof* am Hühnermarkt hervorzuheben, der unter allen Fachwerkbauten im Vorgebirge hervorragt (Abb. 102). Zu der auffallenden Größe und Höhe kommen noch der merkwürdige Grundriß, die fünf Giebel, die steilen Schieferdächer und die quadratischen Fachwerke. Hausherren waren die Freiherren von Weichs von Burg Rösberg, die den Hof von den Grafen von Neuenahr übernommen hatten und über zwei Jahrhunderte besaßen. Beim Bau wurden Steine der abgebrochenen Rösberger Burg verwendet (1735).

Auch beim Bau der 1882 abgebrochenen Pfarrkirche hatte man auf älteres Baumaterial, nämlich Steine des Römerkanals, zurückgegriffen. Die neugotische *Michaelskirche* entstand nach Plänen des Kölner Dombaumeisters Vincenz Statz und besitzt eine wertvolle Ausstattung. Das Triptychon auf dem Hochaltar ist wohl Kölner Herkunft. In der Mitte ist die Kreuzigung dargestellt. Links kniet ein Kartäuserbruder, was auf die Stifter hinweist, denn wie die übrigen Gemälde befand sich auch dieses in der Hauskapelle des Waldorfer Kartäuserhofes. Links sieht man den kreuztragenden Christus, rechts die Kreuzabnahme. In dem Gemälde mit der Anbetung der Heiligen Drei Könige im rechten Seitenschiff ist abermals ein Kartäuserbruder abgebildet. Alle Bilder haben als Hintergrund anmutig bewegte Landschaften im Stil der späten Gotik (15. Jh.).

Der Ortsname von **Brenig** wird als ›Bridiniacum‹ gedeutet, was so viel wie Siedlung des (Kelten) Bridinius heißt. Somit wäre dies einer der wenigen Fälle im Bonner Raum, wo ein

BONNER PERIPHERIE / DERSDORF, BORNHEIM, ROISDORF

Ortsname römisch-gallischen Ursprungs ist, während sonst oft fränkische Grundbesitzer die Namen liehen. Die meisten alten Höfe sind zerstört und verschwunden. Sehenswert ist der *Schornshof*, an dem sich das quadratische Fachwerk wiederholt, das uns bereits am Rodenkirchener Hof in Waldorf begegnete. Der kleine Hof des ehemaligen Zisterzienserinnenklosters Blatzheim bei Bergheim an der Erft (1786) steht jetzt im Freilichtmuseum Kommern. Der Römerhof (1852) fußt mit einer Wand auf dem Römerkanal.

Weithin sichtbar ist die *Pfarrkirche St. Evergislus* (1895/96), die eine mittelalterliche und eine barocke Vorgängerin hatte. Nur der nachträglich mit gelben Klinkern verblendete Turm (14. Jh.) blieb erhalten. Das Geläut der 1754 von dem Kölner Glockengießer Martin Legros hergestellten Glocken genießt in der Umgebung besonderen Ruf, weil in der nachösterlichen Zeit die Glocken nach bestimmten Regeln rhythmisch angeschlagen werden. Man nennt diesen Brauch im Rheinland »Baiern« oder auch »Bammschlagen«.

In einem kleinen, von prächtigen Bäumen bestandenen Park oberhalb von **Dersdorf** liegt *Haus Rankenberg* (1897), das wohl auf einen Sommersitz der Burgherren zurückgeht. Von der alten Burg der später ausgestorbenen Ritter von Dersdorf blieben nur Fundamente (bis 1970) übrig. Die alten Höfe sind nur bruchstückhaft überliefert. Erwähnenswert ist lediglich der wohl von Johann Georg Leydel erbaute *Lindenhof* (um 1760), der im Volksmund auch »Häre Götche« heißt.

Mitten durch **Bornheim** führte die schon 1227 als »Conninxstroß« bezeichnete und heute noch Königsstraße heißende Fernverbindung von Bonn nach Aachen, auf der zweimal deutsche Könige zu Krönungsfeierlichkeiten zogen: Karl IV. anläßlich der Krönung seines Sohnes Wenzel (1376) und Friedrich III. (1442). Die jetzige Straßenbreite rührt von dem inzwischen kanalisierten Bach, der hier entlang floß und unterwegs sieben Mühlen antrieb (bis 1882).

Auf dem Dreiecksplatz an der Königsstraße wurde unter der Gerichtslinde einst Recht gesprochen, was schon immer zur zentralörtlichen Bedeutung des Ortes beitrug, der heute namengebend für die neue Stadt Bornheim ist. An der Burgstraße ließ 1740 der damalige Grundherr Jakob Freiherr von Waldbott unweit seines Schlosses ein *Gerichtsgebäude* errichten, dessen Fassade erhalten ist (Abb. 99). Über dem Portal steht in einer Kartusche das Waldbottsche Wappen, das zwei heraldische Schwäne flankieren. Später war das Gebäude erstes Rathaus des Ortes (1800–06).

Im Burgpark lag die verschwundene romanische Pfarrkirche. An ihre Stelle trat 1866 die mehrfach umgestaltete neugotische *Servatiuskirche* des Schinkel-Schülers Thomann. Außer einem romanischen Taufstein verdient die Figurenausstattung Erwähnung: eine barocke Statue des Pfarrpatrons Servatius (um 1680), eine kölnische Anna selbdritt (1505) und ein Vesperbild (18. Jh.) süddeutscher Herkunft.

Kreisbaumeister Thomann gelang mit der neuromanischen *evangelischen Kirche* (1866) ein sehr guter Bau, der durch die Horizontalgliederungen im Mauerwerk äußerst lebhaft wirkt.

Der *Klosterrather Hof* in der Kalkstraße und der *Kartäuserhof* in der Secundastraße (1759), über dessen Toreinfahrt noch das Zeichen des Ordens prangt, sind letzte Reste der zahlreichen Besitztümer auswärtiger Herren in Bornheim.

Roisdorf, Wolfsburg. Lavierte Federzeichnung von Moerner, 1867

Anstelle der mittelalterlichen Burg entstand als »Maison de plaisance« das heutige *Burghaus* (1728–32), dessen Planung Johann Conrad Schlaun zugeschrieben wird (Farbabb. 21). Das neunachsige, zweistöckige Gebäude mit Mansarddach wird beiderseits durch einen dreiachsigen Mittelrisalit belebt. Der Park im englischen Stil wurde 1902 angelegt.

Nur spärliche Nachrichten liegen über das hier ansässige und später ausgestorbene Rittergeschlecht vor, das **Roisdorf** den Namen lieh. Ihre Burgruine ist nur aus alten Darstellungen bekannt. Von einem anderen Geschlecht, den Herren von Wolf, trägt die *Wolfsburg* ihren Namen. Das im Kern spätgotische Herrenhaus ihrer einst wasserumwehrten Burg erhielt 1626 sein Aussehen mit den geschweiften und abgetreppten Giebeln (Abb. 98). Der Torturm (um 1750) wird Johann Georg Leydel zugeschrieben. Auf dem Mansarddach des Turmes steht eine kunstvolle schmiedeeiserne Wetterfahne.

Nicht weit davon verbirgt sich fast im baumbestandenen Park das *Haus von Wrede* (1872), das der schwedische Maler und Architekturforscher Wilhelm Graf Mörner errichten ließ. Über hohem Sockel folgen zwei Wohngeschosse. Steildach und Abmessungen verraten neugotische Einflüsse.

Als Sommervilla entwarf der Kölner Dombaumeister Ernst Friedrich Zwirner das heutige *Haus Wittgenstein* (1844/45). Der dreigeschossige Mitteltrakt ist mit flachem Satteldach gedeckt und hat an seiner Ostfront eine Veranda. Beiderseits stoßen zweigeschossige Flankenbauten an. Heute dient das Gebäude der Partei ›Die Grünen‹ als Tagungsstätte. Der zugehörige weitläufige Park scheint für diese Zweckbestimmung günstig.

BONNER PERIPHERIE / ALFTER, GIELSDORF, LÜFTELBERG

Die *Pfarrkirche St. Sebastian* (1874–79) errichtete Heinrich Nagelschmidt im Stil der Neuromanik, nachdem eine kleine Barockkirche an dieser Stelle abgerissen worden war. Aber auch Nagelschmidts Bau mußte aus Sicherheitsgründen mit Ausnahme des Turmes 1980 abgerissen werden. Die alte Ausstattung wurde weitgehend in den modernen Neubau übernommen, darunter Barockfiguren der hll. Rochus und Sebastian sowie eine Standfigur der Muttergottes (16. Jh.).

Das Roisdorfer Mineralwasser kannten und tranken bereits die Römer. Den Quellgöttern opferten sie nach dem Genuß Münzen, die man im Brunnenschacht wiederfand. Ähnliche Funde belegen, daß man noch in der Merowingerzeit den Sprudel schätzte. Seit 1775 erfolgte eine gewerbsmäßige Abfüllung in Krüge, die in Hersel verschifft und von Köln aus in alle Welt versandt wurden. Die letzten Wasserkrüge mit Wappen und Echtheitssiegel bekamen zu Weihnachten 1914 die Soldaten an der Westfront. Seitdem sind Produktion und Vertrieb modernisiert.

Bei der kommunalen Neugliederung der Bundesrepublik Deutschland (1969) entstand die Gemeinde Alfter mit Alfter, Gielsdorf, Impekoven, Oedekoven und Witterschlick. Sie hat eine lange gemeinsame Grenze mit Groß-Bonn. Die Alte Burg, ein kleiner Ringwall aus dem Mittelalter, zeigt, daß der namengebende Ort schon früh eine zentrale Rolle gespielt hat.

Schon 1116 sind Herren von **Alfter** urkundlich erwähnt. Ihre Familie hatte seit 1188 das kurkölnische Erbmarschallamt inne. Ihre Herrschaft reichte bis nach Endenich. Später traten die Herren von Wevelinghoven und dann die Grafen und nachmaligen Fürsten von Salm-Reifferscheid das Erbe an. In verschiedene Händel verwickelt, nahm auch ihre Burg starken Schaden, zuletzt in den Truchsessischen Wirren, in denen der Erbmarschall die Partei des Domkapitels unterstützte. Das *Schloß* (1721) entstand völlig neu in der überlieferten einheitlichen Form. Das zweigeschossige Herrenhaus wird von zwei turmartigen Eckbauten eingefaßt. Die dreiflügelige Vorburg ist dagegen stark verändert. Im Kellergeschoß des nordwestlichen Eckbaues steht noch staufisches Mauerwerk (um 1200).

Auch um die Pfarrrechte gab es viel Streit, bis sich 1620 die Herren von Salm durchsetzen konnten. Die schmucklose *Matthäuskirche* (1792) mit ihren abgeschrägten Ecken und dem Ostturm hat man wenig einfühlsam westwärts erweitert (um 1900) und eingewölbt (1964). Die Anna selbdritt (16. Jh.) auf dem südlichen Seitenaltar erhielt eine neue Fassung. Das vergoldete Antependium über dem barocken Taufstein – eine vorzügliche Holzarbeit des Rokoko – verrät durch das Wappen des Kurfürsten Clemens August seine vornehme Herkunft aus der Florianskapelle des Bonner Schlosses.

Gielsdorf gehörte wie einige andere Orte am Vorgebirge einst den Grafen von Sayn, ehe es durch das Testament der spendefreudigen Gräfin Mechthildis an die Kölner Kirche fiel. Der üppige Weinanbau machte den Besitz wertvoll. Die alte Burgkapelle, heute Taufkapelle, erhielt dementsprechend den Winzerpatron St. Jakobus als Schutzheiligen, der auch noch über die *neue Pfarrkirche* wacht.

Die einschiffige romanische Kapelle (12. Jh.) hat einen dreiseitig geschlossenen Chor (13. Jh.). An die Kapelle schloß Vincenz Statz eine dreischiffige neugotische Hallenkirche (1880) nach Süden hin an. Im Chor der alten Kapelle steht noch der romanische Altartisch. Darüber erkennt man Reste von Wandmalereien (1492) mit Passionsszenen und Legenden der hl. Margaretha und Jakobus. Sie stehen stilistisch im Umkreis des Kölner Meisters des Marienlebens. Erwähnt seien noch die Pietà und der Jakobus (um 1500).

Mit einem Adelshof in Gielsdorf war das Erbmarschallamt der Propstei Bonn verbunden. Seit Ende des 17. Jh. besaßen ihn die Herren Geyr von Schweppenburg. Ihr stark verändertes ehemaliges Landhaus soll Dombaumeister Zwirner errichtet und damit zugleich das Vorbild für Haus Wittgenstein in Roisdorf geliefert haben.

Der Hauptort der neuen Stadt Meckenheim liegt bereits im Swisttal und damit streng genommen außerhalb des hier gesetzten Rahmens. Von den vier Orten, die mit Meckenheim zusammen die Stadt bilden, verdient vor allem das an Bonner Gebiet angrenzende **Lüftelberg** einen Besuch.

Die volkstümliche hl. Lüfthildis soll der Legende nach um 800 hier gelebt haben. Jedenfalls werden ihre angeblichen Gebeine in der Pfarrkirche verehrt. Die Wallfahrtsstätte gab dann auch dem Ort seinen Namen.

Die alte *Peterskirche* war wohl Eigenkirche der benachbarten Burg. Eine einschiffige Kapelle wurde in der ersten Hälfte des 13. Jh. im sogenannten Übergangsstil erweitert. Der nur wenig gegliederte Westturm dürfte ältester Teil des Erweiterungsbaues sein. Im Obergeschoß liegt die Kapelle des Grundherren mit Apsis und Nische. Das Langhaus erhielt später noch Kreuzrippengewölbe und ein Chorjoch mit Apsis im ⅝-Schluß. An deren Nordseite sieht man noch einen Rest der ehemaligen Außengliederung in Form von Lisenen, Rundbogen- und Plattenfries sowie einem profilierten Dachgesims. Unter den Spitzbogenfenstern der Apsis sind innen Wandnischen eingelassen. Die Sakristei wurde nachträglich angefügt (1647).

Aus romanischer Zeit stammt noch der Taufstein, dessen Becken von fünf Säulen getragen wird. Das Wandtabernakel (15. Jh.) erinnert an ein ähnliches in der Stiftskirche von Münstereifel. Barockes Kunstschaffen äußert sich in dem Orgelprospekt (18. Jh.) und der Fassung eines spätmittelalterlichen Vesperbildes (um 1500). Die Kreuzigungsgruppe dagegen hat eine neuere Fassung. Die hl. Lüfthildis wird sichtbar verehrt durch eine hölzerne Büste mit ihren Reliquien, eine Tonfigur (18. Jh.) und mit einem der beiden Leinwandbilder (18. Jh.), auf dem ihr heiligmäßiges Leben in acht Szenen geschildert ist. Das zweite Leinwandbild ist älter (16. Jh.) und zeigt die Heiligen Drei Könige.

Spät erst (seit 1260) erscheinen urkundlich die Namen der Besitzer der *Burg*. Von den Herren von Gymnich kam sie 1548 an die Schall von Bell und dann an die von Vorst-Lombeck. Sie war Mittelpunkt einer kleinen kurkölnischen Unterherrschaft. Nach 1730 wurde sie unter Benutzung des mittelalterlichen Mauerwerks völlig neu gebaut. Dabei hat man die drei runden Ecktürme des alten Gebäudes verändert, dem barocken Zeitgeschmack angepaßt und mit hohen Mansarddächern versehen. Der ansehnliche Winkelbau des Herrenhauses ist von Weihern umgeben. Der sogenannte Gartensaal enthält wertvolle Stukkaturen und Wandmalereien.

BONNER PERIPHERIE / MECKENHEIM, RHEINBACH, SWISTTAL, MIEL

Die fruchtbare und verkehrsgünstige Senke zwischen Kottenforst und Eifel hat seit jeher Menschen zur Ansiedlung verlockt, wie zahlreiche Bodenfunde – darunter vier Gräberfelder aus der Merowingerzeit – beweisen. Höfe des Bonner Cassiusstiftes und des Kölner Stiftes Mariengraden dürften die Keimzelle des heutigen Ortes **Meckenheim** gebildet haben, der 853 erstmals als ›Meckendenheim‹ urkundlich erwähnt wird. Zeitweise beanspruchten auch die Herren von Tomburg Vogteirechte. Wohl um die Mitte des 14. Jh. wurde der Ort mit Wall, Graben und zwei Toren befestigt. Die Bedrängnisse des Dreißigjährigen Krieges zwangen zur Aufgabe der alten vor den Mauern gelegenen Töpfersiedlung und zur Verstärkung der Befestigung, was schließlich die Verleihung von Stadtrechten (1638) nach sich zog, die später aber wieder verlorengingen (nach 1794). Der verheerende Stadtbrand von 1787 führte zu einem planmäßigen Wiederaufbau der nun rechteckig angelegten Stadt, die ein gitterförmiges Straßennetz durchzog. Heute ist die durchziehende Bundesstraße bestimmend. Kleine Gewerbebetriebe, Baumschulen und Obstplantagen bieten einem Teil der Einwohner ein Auskommen. Etwa ein Drittel der Erwerbstätigen aber hat seinen ständigen Arbeitsplatz im nahen Bonn. Wohl wissend, daß wir mit dem Besuch in Meckenheim bereits die Bonner Peripherie, wie sie geographisch (geomorphologisch) zu definieren ist, verlassen haben, soll die Gelegenheit zu einem Ausflug in das Tal der Swist nach Rheinbach und Swisttal samt zugehörigen Ortsteilen genutzt werden.

Anders als in Meckenheim ist der historische Ortskern von **Rheinbach** noch recht gut zu erkennen, obwohl die Stadt kurz vor Ende des Zweiten Weltkrieges durch Bomben schwer verwüstet wurde. Von der alten *Pfarrkirche* blieb nur der spätgotische Westturm mit seiner barocken Schweifhaube erhalten. Der viereckige Gefängnis- oder Hexenturm und der runde Wasemer Turm mit seinen erneuerten Zinnen blieben allein von der ehemaligen *Stadtbefestigung* (14. Jh.) übrig (Abb. 101). Ihr Verlauf läßt sich noch gut anhand der Straßenführung nachvollziehen.

Die alte *kurkölnische Landesburg* war – ähnlich wie in Lechenich und Zülpich – in die Stadtbefestigung einbezogen. Beim Bau der Mauern hatte man unter anderem auch Steinblöcke aus dem römischen Wasserkanal durch die Eifel entnommen und wiederverwendet. Außer dem Torbau (12. Jh.) ist noch der Bergfried erhalten, ein zweischaliger Rundturm ähnlich dem von Burg Münchhausen bei Adendorf. Er dürfte einst um ein zinnenbekränztes Geschoß höher gewesen sein. Die Ruine ist mit einem modernen Schulbau verbunden.

Rheinbach taucht erstmals in einer Schenkungsurkunde Pippins an die Abtei Prüm auf. Über deren Vögte gelangte der Ort schließlich an Kurköln, das ihn stark befestigte, um zusammen mit Lechenich und Zülpich Gegenposition zu den von Jülich aufzubauen. Rheinbach ist durch seine weiterführenden Schulen und besonders durch die Glasfachschule bekannt. Diese hat zusammen mit dem Landesinnungsverband ein sehenswertes *Glasmuseum* (Vor dem Voigtstor 23) eingerichtet, das im ehemaligen Rathaus untergebracht ist. Die Sammlung gilt als eine der schönsten in der Bundesrepublik.

Die über einer Bergkuppe aufragende und weithin über die Niederung herrschende *Ruine Tomburg* bei **Wormersdorf** läßt noch heute die strategische Bedeutung der Stätte erkennen, deren Schicksal gleichfalls von den Grafen von Jülich bestimmt wurde. Kelten, Römer und Karolinger unterhielten hier bereits Befestigungen. Im Mittelalter kam die Burg von den Kölner Erzbischöfen an die Herren von Molenark, die sie zum Mittelpunkt einer kleinen, unabhängigen Herrschaft machen konnten. Erst nach Aussterben des Geschlechts gelang es Jülich während einer Fehde, die Burg endgültig zu zerstören (1473). Durch Gesteinsabbau ist der Bergkegel stellenweise angegriffen. Von der geröllübersäten Kuppe bietet sich ein großartiger Rundblick.

Die *Martinskapelle* (1714–17) in Wormersdorf besticht durch ihre einheitliche Barockausstattung (18. Jh.) aus der Werkstatt des Isaac Ferber von Flerzheim.

Auf dem Weg dorthin sei ein Halt in **Oberdrees** empfohlen, weil auch die *Pfarrkirche St. Ägidius* noch einige bemerkenswerte barocke Einrichtungsstücke (um 1700) besitzt, darunter eine Figur der hl. Helena.

Die neugotische *Pfarrkirche St. Martin* (1909) von **Flerzheim** besitzt noch drei gute Barockaltäre (17. Jh.) aus der alten Kirche, die dem Kloster Heisterbach unterstellt war, woher angeblich die Altäre stammen. An der neuen Kanzel befinden sich Holzfiguren der vier Evangelisten, die der bereits erwähnte Isaac Ferber aus Flerzheim unter Einfluß des Mainzer Frührokoko geschaffen hat.

Unter dem Namen ›Swisttal‹ wurden im Zuge der Gebietsreform eine Reihe von Orten zusammengefaßt, die ähnlich wie die von Meckenheim und Rheinbach stark nach Bonn orientiert sind. Auf einige sehenswerte Kunstwerke soll kurz aufmerksam gemacht werden.

Für **Odendorf** hat man Siedlungsspuren bis in die Steinzeit zurückverfolgen können. Eine Kirche soll es schon zur Merowingerzeit gegeben haben. Neben der neugotischen Pfarrkirche steht noch die alte *Marienkirche* (12. Jh.), eine dreischiffige Pfeilerbasilika, über die nacheinander die Grafen von Manderscheid-Blankenheim und die Trierer Kartäuser das Patronat ausübten. Der spätgotische, verschieferte Dachreiter wirkt gegenüber dem zierlichen Bau recht mächtig. Beim Bau hat man auch hier Steine (Gußbetonblöcke, Ziegel) aus der römischen Wasserleitung verwendet.

Neben der Kirche steht noch das zweigeschossige *Zehnthaus* aus Bruchstein mit Walmdach (18. Jh.), dessen Zinnen-Staffel-Giebel auffällt. Schräg hinter der Kirche sieht man das dreigeschossige *Burghaus* (1788) mit Zeltdach und älterem Sockel. Auf der Hofseite befinden sich zwei torturmartige Bauten.

Auch in **Miel** ist wieder ein Nebeneinander von alten Sakral- und Profanbauten anzutreffen. Die *Pfarrkirche St. Georg* reicht im Kern (urspr. Saalkirche) bis ins 11. Jh. zurück, ist aber wiederholt umgebaut worden (zuletzt 1636). Der kreuzrippengewölbte Chor und das Untergeschoß des Westturms gehören ins 13. Jh., während die Stuckdecke des Schiffs während der Restaurierung im 17. Jh. entstand.

Die *Burg* (14. Jh.) gehörte zur Herrschaft Tomburg, war später aber kurkölnisches Lehen. Das vornehme Herrenhaus im Stil Louis seize errichtete Freiherr Maximilian von der Heyden gen. Belderbusch. Die Konzeption folgt dem Typ des »maison de plaisance« des französischen Rokoko.

In **Ludendorf** übten die Siegburger Benediktiner das Patronat aus. Die *Pfarrkirche St. Peter und Paul* (1852) besitzt einen überlebensgroßen Kruzifixus (11./13. Jh.) in neuer Fassung.

Morenhoven zählte zum frühesten Besitz der Kölner Erzbischöfe, mit dem um 1500 die Schall von Bell belehnt wurden. Die im Ort liegende *Burg* diente in den Kriegsjahren 1632–34 der Bevölkerung als Zufluchtsstätte und ging zu Kriegsende in Flammen auf. Vom Neubau (1682) stehen der Torturm zur Vorburg und das dreiflügelige Hauptschloß mit leicht vortretendem Mittelrisalit und Staffelgiebeln. Noch immer ist die Anlage von Wassergräben umzogen.

In **Buschhoven** verehren die Gläubigen die sogenannte *Rosen-Madonna* (Rosa mystica). Die Holzskulptur einer thronenden Muttergottes (12. Jh.) soll der Legende nach von dem Ritter Wilhelm Schilling im Kottenforst aufgefunden worden sein (1190), der daraufhin an der Stelle das Kloster Schillings-Kapellen gestiftet habe. Die alte Wallfahrtskirche (18. Jh.) dient heute den evangelischen Christen, während das Gnadenbild seinen Platz in der modernen katholischen Pfarrkirche (1968) hat.

In Ortsnähe ist die *römische Wasserleitung* (250 n. Chr.) sehr gut zu sehen. Von Nettersheim in der Eifel kommend, überquerte sie zwischen Rheinbach und Lüftelberg das Swisttal, um hier das Vorgebirge zu durchstoßen. Der Beginn des Kanals ist freigelegt. Am Ostrand des Vorgebirges lief sie weiter nach Köln.

Die *Pfarrkirche St. Kunibert* in **Heimerzheim,** dem nördlichsten Ort von Swisttal, galt zur Bauzeit (1846/47) als ein Muster »romanischen« Stils. Die dreischiffige Backstein-Halle entstand nach Plänen des Kölner Dombaumeisters Ernst Friedrich Zwirner und legt eindringlich Zeugnis ab von der damaligen historisierenden Bauweise mit all ihren künstlerischen Stärken, aber auch mit ihren kunstgeschichtlichen Mißverständnissen. Neben Ausstattungsstücken der Bauzeit finden sich ein hölzerner Altaraufsatz des Barock (17. Jh.) und wertvolle Apostelfiguren aus Alabaster (18. Jh.), die ähnlich den Kanzelfiguren in Flerzheim vom Mainzer Frührokoko beeinflußt sind.

Die ehemalige *Burg,* ein Lehen des Erzstiftes Köln, gehört heute den Freiherren von Boeselager. Die Wasserburg ist im Spätmittelalter entstanden: Zuerst die hufeisenförmig zum Park offene Hauptburg (15./16. Jh.) mit Stufengiebeln an Nord- und Westseite sowie einer nachträglich in den Turm an der Nordwestecke eingebauten Kapelle (17. Jh.); dann die ebenfalls dreiflügelige Vorburg mit Ecktürmen und Holzgalerie. Die zweiteilige Anlage liegt malerisch in einem Park, umgeben von Wassergräben. Die Parkachse lenkt den Blick auf die Tomburg. Die Einrichtung stammt zum Teil aus dem Boeselager-Hof in Bonn, der im Krieg zerstört worden ist.

Das bereits erwähnte ehemalige Nonnenkloster *Schillingskapellen* ist heute Gutshof. West- und Ostflügel des Klosters sind noch erhalten und reichen im Kern bis in die Gründungszeit zurück, als 1197 Prämonstratenserinnen in die fertiggestellten Räume einzogen. Auch hier hatte man beim Bau Steine aus der römischen Wasserleitung verwendet. Von der Klosterkirche sind nur spärliche Reste in den jetzigen Stallungen vorhanden. Dagegen kann man die Umfassungsmauer noch auf weite Strecken hin verfolgen.

Goldbecher von Fritzdorf, um 1500 v. Chr.

Unübersehbar blinkt über der Landschaft südlich von Bonn die gewaltige Aluminium-Kugel der Großradaranlage des Forschungsinstituts für Hochfrequenzphysik (Radom), gleichermaßen ein Symbol unserer Zeit und Wahrzeichen der neugegründeten (1969) Gemeinde **Wachtberg.** Ihren Namen erhielt dieser Gemeindezusammenschluß von dem landschaftlichen Mittelpunkt (258 m), der von dem Hohenberg oder Hömerich nur um fünf Meter Höhe übertroffen wird. Wie andere Berge in der Nachbarschaft handelt es sich um vulkanische Gebilde, die nachträglich von der Natur auf die sonst flachwellige Erdoberfläche gesetzt wurden. Godesberger, Lannesdorfer und Mehlemer Bach eilen dem Rhein zu und dokumentieren die landschaftliche Anbindung dieses Gebietes an den Bonner Raum. Westlich der Wasserscheide ziehen die Bäche und Rinnsale zur Swist und zeigen auf ihre Weise die Berechtigung der in diesem Buch getroffenen Abgrenzung.

Doch gibt es dafür auch historische Gründe. Im Spätmittelalter geriet ein großer Teil der heutigen Gemeinde Wachtberg in die Hände der Grafen von Drachenfels, die hier eine kurkölnische Unterherrschaft errichteten. Sie verlegten 1402 ihren Sitz vom Drachenfels nach der Burg Gudenau, die mit dem Ort Villip zum Mittelpunkt des »Drachenfelser Ländchens« wurde. Nur Adendorf, Arzdorf, Fritzdorf und Klein-Villip lagen bereits außerhalb im Territorium der Grafen von Neuenahr, also in der »Grafschaft«.

Als die Franzosen der deutschen Kleinstaaterei in diesem Gebiet ein Ende setzten (1794), schufen sie eine »Mairie« mit Villip als Verwaltungssitz und den Dörfern Berkum, Gimmersdorf, Holzem, Kürrighoven, Ließem, Nieder- und Oberbachem, Pech, Villiprott, Werthofen (früher: Pissenheim) und Züllighoven. Die Mairie gehörte zum Kanton Bonn. Unter Preußen wurden Mairie zur Bürgermeisterei und Kanton zum Kreis. Sonst blieb alles beim alten. Volksmund und Volksbewußtsein trennen dies noch heute sorgfältig. So gelte unser Besuch innerhalb der Gemeinde Wachtberg ausschließlich dem »Ländchen«.

Zu den Prunkstücken des Rheinischen Landesmuseums in Bonn (S. 109 ff.) gehört der Goldbecher aus Fritzdorf, der sehr eindringlich eine Besiedlung dieses Raumes bereits für die mittlere Bronzezeit belegt. Andere nicht so auffällige Funde vom Rodderberg und aus Pech weisen sogar in die Jungsteinzeit zurück. Zur Römerzeit lagen hier viele Landsitze (villae rusticae) und bei Berkum sogar eine Versorgungsstation (canaba) für die Römerstraße von Bonn nach Ahrweiler. Der Berkumer Matronenaltar sowie weitere römische Weihe- oder Votivsteine erzählen heute im Rheinischen Landesmuseum auf ihre Weise vom Leben in diesem Raum zur Römerzeit.

Nachhaltiger nahmen die Franken dann das Land unter Axt und Pflug. Als erste sind geistliche Grundherren urkundlich nachweisbar, darunter das Kölner Stift, das Bonner Cassiusstift, die Abtei Siegburg und das Kloster Nonnenwerth.

Als 1969 die neugegründete Gemeinde Wachtberg zur Nachfolgerin der alten Bürgermeisterei **Villip** wurde, hat man immerhin an der überlieferten Tradition angeknüpft und den bisherigen Verwaltungssitz in Berkum übernommen. Mag der Name verdrängt sein, die auch landschaftlich beherrschende Lage von Villip ist geblieben. Die *Pfarrkirche St. Simon und Judas* ist weit über das Tal des Godesberger Baches hinaus sichtbar. Verschiedene Stilepochen haben infolge mehrerer Bauphasen ihre Spuren hinterlassen. Ältester Teil ist der spätgotische Chor (15. Jh.), dem man 1713 das hallenartige, kreuzrippengewölbte Langhaus anfügte, noch später den Westturm mit geschweifter Haube vorsetzte. Trotz der Verbindung derart unterschiedlicher Stilelemente wirkt das Bauwerk erstaunlich geschlossen, was durch die Innenausstattung (18. Jh.) noch gefördert wird. Der Hochaltar ist wie die übrigen barocken Schnitzereien eher derb ländlich. Über dem Mittelbild mit der Kreuzigung steht die Figur des Auferstandenen. Die Statuen über den Durchgängen beim Altar stellen links den Kirchenpatron Simon, an Buch und Säge erkenntlich, und rechts den hl. Judas Thaddäus mit Buch und Kelch dar. Der linke Seitenaltar zeigt den hl. Sebastian und darüber den hl. Rochus, der rechte Maria als Himmelskönigin. Beziehungsreich zur Bedeutung der Kanzel steht auf ihrem Schalldeckel Johannes der Täufer mit dem Lamm, während auf dem Kanzelkorb die vier Evangelisten zu sehen sind. Auf den barocken Beichtstühlen geben die hl. Maria Magdalena und der hl. Petrus durch ihre Bußfertigkeit ein Vorbild. Die frühere Kirchenpatronin Cäcilia ist durch eine Wandfigur präsent. An der gegenüberliegenden Wand ist in ähnlicher Weise eine Statue der hl. Barbara angebracht, die vielleicht als Patronin des Bergbaues zu den hiesigen Steinbruchbetrieben in Beziehung steht.

Das Ausstattungsprogramm schließt sich in der fast stereotypen Wiederholung der landläufigen Heiligengestalten dem üblichen Ausstattungsmuster katholischer Landkirchen dieser Zeit an. Bei nicht allzu hohem künstlerischen Rang bietet Villip aber gerade in der Schlichtheit einen getreuen Spiegel der Vorstellungswelt der damaligen Landbevölkerung.

Das *Pfarrhaus* (1751) errichtete der Herr von Gudenau. Der zweigeschossige Rokokobau hat ein abgewalmtes Mansarddach und einen Mittelgiebel.

In der Talaue, wo Godesberger und Arzdorfer Bach zusammenfließen, entstand unterhalb Villips im frühen 13. Jh. eine Wasserburg, die ursprünglich ein Lehen der Grafen von Are-Hochstaden war, dann an das Erzstift Köln gelangte (1146) und sich zunächst im Besitz eines gleichnamigen Geschlechtes befand: **Schloß Gudenau.** Von diesem übernahm 1402 der Burggraf von Drachenfels die Wasserburg. Durch Heirat erlangten die Waldbott zu

Bassenheim auf Gudenau Besitzrechte. Der Schwerpunkt der kleinen Herrschaft verlagerte sich zusehends vom Drachenfels hierher, obwohl noch Mitspracherechte von Kurköln und der Grafen von Neuenahr bestehen blieben. Erst Kaiser Leopold I. erhob die Besitzungen der Waldbott in dieser Gegend zu einer Reichsherrschaft, das »Drachenfelser Ländchen« besaß nun weitgehende Eigenständigkeit.

Diese geschichtliche Rolle erklärt, warum die bescheidene Wasserburg des Mittelalters zu dem ansehnlichen Komplex heranwachsen konnte, der inzwischen zu einem beliebten Ausflugsziel geworden ist. Die Burg befindet sich in Privatbesitz. Sie gilt als »eine der weitläufigsten und gepflegtesten rheinischen Wasseranlagen« (Dehio).

Den Mittelpunkt bildet das Herrenhaus, das mit vier Flügeln einen Binnenhof umschließt. Darauf folgt unmittelbar eine dreiflügelige Torburg mit großem Torbau. Ein stehendes Gewässer umschließt diese Bauten. Dahinter steht eine hufeisenförmige zweite Vorburg, die gleichfalls früher wasserumwehrt war. Im Süden breitet sich die waldumsäumte Gartenanlage aus.

Das prachtvolle Allianzwappen der Waldbott und Merode (1562) begrüßt über dem Torbogen der *Vorburg* den Besucher. Der quadratische Torbau steht zwar, wie auch die übrigen Teile der Vorburg, auf älteren Fundamenten, erhielt aber erst 1708 sein heutiges Aussehen mit dem geschweiften Dach und der aufsitzenden Laterne. Die zwei runden Flankiertürme mit ihren Zwiebelhauben sind dagegen früheren Datums (16./17. Jh.).

Schloß Gudenau. Zeichnung von Moerner, 1869

Eine Brücke führt über den breiten Wassergraben (Farbabb. 28) zur zweiten Vorburg, deren Aussehen aber im 19. Jahrhundert nachhaltig verändert wurde. Zwei rundbogige Durchfahrten und der Eckturm im Nordosten stammen noch aus der früheren Anlage.

Das zweigeschossige *Herrenhaus* (Abb. 104) steht über einen dreigeschossigen Trakt mit der ersten Vorburg in Verbindung. Den Zugang flankieren zwei weibliche Barockfiguren mit Wappenschildern der Familie Waldbott. Von den Postamenten gehen hübsche Balustraden aus. Das Hauptgebäude ist im Kern noch gotisch, erhielt aber während mehrerer Umbauten vom 16. bis 18. Jh. seine jetzige Gestalt. Der runde Eckturm mit der spitzen Haube und der spätgotische Erker in Haustein, der auf vier ausladenden Konsolen ruht und an der Brüstung mit Maßwerk verziert ist, gehören noch zum alten Baubestand. Die übrigen Ecktürme stammen in ihrer jetzigen Form mit den Barockhauben wohl erst aus dem 17. Jh. Gartenseitig umfassen zwei Seitenflügel hufeisenförmig eine kleine barocke Terrasse. Die ursprüngliche Innenausstattung ging überwiegend verloren.

Der *Park* (17. Jh.) hat teilweise noch Eigentümlichkeiten der Entstehungszeit bewahrt. Dazu gehört die geometrische Anlage, die aus einem Renaissancegarten entwickelt wurde. Aus ihm dürfte der bronzene Springbrunnen übernommen worden sein. Das runde Becken hat dicke Buckel, der Balusterfuß Blattmuster. In der Mitte der Anlage befindet sich ein Teich und südlich davor eine Grotte, die aus Schlacken mit bunten Muschelornamenten erbaut ist. Die verwitterten Sandsteinplastiken im Parkgelände sind süddeutscher Herkunft (18. Jh.).

Auf der Höhe zwischen Ort und Burg steht der Turm der ehemaligen *Villiper Windmühle*, die mit ihren Wohn- und Wirtschaftsgebäuden zur Burg gehörte (Abb. 100).

Südlich von Villip liegt der kleine Ort **Holzem**, dessen Name wohl mit einer früheren Bezeichnung für den Wachtberg zusammenhängt, der noch auf alten Karten »Holtzheimer Busch« heißt.

Einer glücklichen Fügung verdankt das kleine Dorf eine wohl allzu wenig bekannte Kostbarkeit, die *Nepomukkapelle* (1743). In Holzem weilte oft in jungen Jahren der berühmteste Tenor des 18. Jh., der kurfürstliche Hofsänger Anton Raaff. Sein Vater war Gutsverwalter auf Gudenau, und ein Onkel wohnte hier in Holzem. Nachdem Raaff zu Wohlstand und Ansehen gekommen war, ließ er auf seine Kosten den kleinen Saalbau errichten. Äußerlich wirkt das Kapellchen aus verputztem Bruchstein eher bescheiden, nur der hohe Dachreiter mit seiner Schweifhaube verleiht dem Bau seinen besonderen Charakter. Die Wetterfahne zeigt den hl. Johannes Nepomuk. Seine Statue befindet sich auch in der Nische über dem Eingang. Das Giebelfeld darüber schmückt eine Uhr (Abb. 103). Der Barockaltar im Innern ist offensichtlich von einem Künstler des kurfürstlichen Hofes in Brühl oder Bonn geschnitzt worden (Abb. 105). Der Aufbau ist zwar ländlicher Art, aber geschmackvoll. Die Madonna in der Altarnische ist eine nachträgliche Zutat aus Oberammergau, aber gleichfalls passend. Dagegen stammen die beiden Figuren über den seitlichen Durchgängen noch aus der Bauzeit der Kapelle. Sie stellen den hl. Nepomuk (links) und den hl. Antonius von Padua (rechts) dar. Ganz überraschend sind die Ornamente und Reliefs auf dem Antependium, da sie kaum in den würdigen Rahmen zu passen scheinen. Von üppigem

Dekor umrankt, sitzen unter einem Baldachin Amor und Psyche liebevoll umschlungen. Diese antik-heidnischen Motive inmitten den Zeugnissen dörflich-katholischer Frömmigkeit waren zweifellos für einen anderen Platz bestimmt. Vielleicht gehörten sie einmal zur Holzvertäfelung in einem Schloß.

Auch **Gimmersdorf** kann sich einer wertvollen kleinen Kapelle rühmen. Wie in Holzem überragt ein barocker Dachreiter die aus Bruchstein gemauerte *Josephskapelle* (1713). Über dem Eingang wacht in einer Nische der Patron des Gotteshauses (Abb. 107).

Der spätbarocke Altar enthält ein Ölgemälde mit der inhaltlich legendären und im Rheinland ikonographisch seltenen Darstellung des Tempelganges Mariä. Das Mädchen Maria schreitet die Tempeltreppe hinan, wo der Hohepriester und die Tempeljungfrauen es willkommen heißen. Darüber sieht man Christus mit der Weltkugel. Die bekrönende Holzplastik ist abermals vom Motiv her hier ungewöhnlich: Der stehende Gottvater hält den Leidensmann vor sich. Zur weiteren Ausstattung gehören eine Rokokomadonna, ein Kruzifix (18. Jh.) und das Bildnis der hl. Mutter Anna (um 1800, signiert: AAK).

Berkum ist in Anknüpfung an seine historische Rolle im »Ländchen« Sitz der Gemeindeverwaltung von Wachtberg. Schon immer verkehrsgünstig an der ›Essen-Mehlemer Bezirksstraße‹ von Mehlem nach Meckenheim und Rheinbach, der heutigen L 123, gelegen, trug die Möglichkeit des Trachytabbaues früh zur Begründung eines soliden Wohlstandes bei.

Die *Gereonskirche* (1770) hat ihre einstige Rolle an die moderne Pfarrkirche Maria-Rosenkranz-Königin (1971) abgetreten, die von dem Kölner Architekten Nikolaus Rosin erbaut wurde. Die Gereonskirche ist ein schlichter Saalbau mit dreiseitigem Chorschluß, vorgesetztem Westturm (1783) und nachträglich angefügter Sakristei (1898). Der barocke Hochaltar zeigt im Mittelbild die Apostel Petrus und Paulus.

Bemerkenswert sind einige alte Grabkreuze (17./18. Jh.) auf dem Friedhof vor der Kirche wegen ihrer plastischen Reliefs.

An der Straße zum Wachtberg liegt nicht weit vom Ort entfernt die *Burg Odenhausen* (1560). Ein Herr von Odenhausen besaß hier bereits im 14. Jh. eine Motte, deren Fundamente westlich der Burg festgestellt sind. Sie war Lehen der Abtei Siegburg. Die heutige Anlage erbauten die Lehensträger Arnold von Blanckart und dessen Gemahlin, eine Schenck von Nideggen. Das Allianzwappen der Bauherren steht über dem Torbogen der Hauptburg. Später wechselten die Besitzer mehrfach. Doch konnte die in einfachen Renaissanceformen errichtete Burg dies ohne Substanzverlust überstehen. Heute wirkt die Anlage nach gründlicher Renovierung sehr ansprechend.

Der zweiteilige Komplex besteht aus Wirtschaftshof oder Vorburg und Herrenhaus oder Hauptburg. Die Hauptburg setzt sich aus zwei rechtwinklig aneinanderstoßenden zweigeschossigen Wohntrakten über quadratischem Grundriß zusammen. Geschweifte Giebel und hübsche Erker beleben die Wohnbauten. Die nicht überbauten Seiten des Hofes waren durch hohe Schildmauern und einen Eckturm befestigt, wie unter anderem eine alte Federzeichnung (1730) festgehalten hat.

Von der Vorburg steht noch der Eingangstrakt mit dem schönen Portal, das mit einem Schweifgiebel der Renaissance abschließt.

Von der Burg gelangt man südwärts an dem Radioteleskop vorbei nach **Werthoven,** das bis 1934 den für manche anzüglichen Namen Pissenheim trug, der sich aus Pisinhaim allmählich in die verfängliche Schreibweise verwandelt hatte. Doch auch der heutige Name knüpft an alte Tradition an, den »Werther Hof«, der früher Eigentum des Klosters Nonnenwerth war.

Zunächst dürfte jeden Besucher das *Radom* (Radarschutzdom) mit seiner weißlich reflektierenden Kugel fesseln, das als Wahrzeichen unserer Zeit am Weg liegt. Mittels dieser Großradaranlage lassen sich Satellitenbeobachtungen durchführen. Das 1969 eröffnete Forschungsinstitut beschäftigt sich mit wehrtechnischen Entwicklungsaufgaben und in diesem Zusammenhang wohl auch mit astrophysikalischen Fragestellungen.

Die *Jakobuskapelle* war ehemals vermutlich Teil eines karolingischen Hofgutes und dürfte damit die älteste Kirche im heutigen Wachtberg sein (Abb. 108). In den flachgedeckten Bruchsteinbau ist der völlig verschieferte Westturm eingebaut. Gewisse Veränderungen erfolgten im 17. und 18. Jh., ohne daß der beinahe archaisch wirkende Charakter entscheidend gestört worden wäre. Damals wurde auch der kleine Altaraufsatz im rechteckigen Chor aufgestellt, in dessen Mittelnische die Himmelskönigin erscheint. Die flankierenden Figuren der hl. Jakobus und Joseph und die Kreuzigungsgruppe ergänzen die Ausstattung. Das Vesperbild (1470/80) erinnert an die Werke des Weichen Stils und verrät so seine Kölner Herkunft.

Abseits der Straßen liegt zwischen Werthoven und Berkum die höchste Erhebung dieser Gegend, der Hohenberg (263 m). An seinen Flanken klaffen noch die Narben vom früheren Gesteinsabbau; dort gewann man auch einen Teil der Baustoffe für die Vollendung des Kölner Domes (1829–75).

Auch **Kürrighoven** unterhielt enge Beziehungen zum Kloster Nonnenwerth. Die sehr schlichte *Scholastikakapelle* (18. Jh.?) verdankt den Nonnenwerther Benediktinerinnen Existenz und Schutzheilige.

Da am Oberlauf des Mehlemer Baches gelegen, wird folgerichtig **Oberbachem** schon in alten Urkunden der Eifeler Abtei Prüm so genannt (9. Jh.). Bereits im 12. Jh. entstand hier eine eigene Pfarrkirche. Von ihr übernahm die 1790 neugebaute *Pfarrkirche Hl. Dreikönige* das Patrozinium. Der tonnengewölbte Saal hat einen Chorturm, womit er die aus mehreren Bonner Stadtteilen bekannte Eigenart älterer Kirchenbauten aufgreift. Die qualitätvolle Ausstattung verdankt die Kirche der Auflösung des Klosters Marienforst bei Bad Godesberg, wobei Hoch- und Seitenaltäre sowie die Kanzel hierher gebracht wurden. Das Mittelbild mit der Anbetung der Drei Könige paßt auch inhaltlich zu dieser Stätte. Über den gedrehten Säulen stehen bewegte Figuren der Apostel Petrus und Paulus. Aus der bekrönenden Rahmung tritt Maria huldvoll die Arme ausbreitend hervor. Figuren von Christus und Johannes dem Täufer stehen auf den Durchgängen. Die Seitenaltäre zeigen die Schmerzhafte Mutter (links) und den hl. Sebastian (rechts). Die Barockkanzel bildet mit den Altären eine stilistische Einheit. Auch die barocke Orgel (um 1730) fügt sich nahtlos ein, obwohl sie nicht aus dieser Gegend, sondern aus Vreden in Westfalen stammt. Erwähnt seien noch eine Anna selbdritt (15. Jh.) und die von Engeln begleitete ländliche Barockmadonna.

Niederbachem bildete ursprünglich zusammen mit Oberbachem eine lockere, den Bach säumende Siedlung. Die beiden Orte hießen gemeinsam Bacheim (798; also: Bachheim). Erst allmählich kristallisierten sich die beiden Ortskerne heraus. Die wohl um das Jahr 1000 erbaute und später erweiterte Kirche ging infolge des Dreißigjährigen Krieges zugrunde. An ihrer Stelle entstand die neue *Gereonskirche* (1681), deren Chor und Querschiff nachträglich vergrößert wurde (1849). Das alte Patrozinium deutet auf das Kölner Gereonsstift hin, das hier stark begütert war.

Der Hochaltar der Bauzeit ist bis auf das Altarbild der Dreifaltigkeit über dem Seitenportal verschwunden. Stattdessen fand der Barockaltar aus Losheim in der Eifel Aufstellung, dessen Blatt den hl. Karl Borromäus zeigt (um 1700). Bemerkenswert ist vor allem der linke Seitenaltar, wo man auf dem Bild mit dem hl. Sebastian im Hintergrund die Godesburg und das Bonner Münster sowie Dom und Gereonsstift in Köln erkennt (Abb. 109). Kanzel und Taufstein gehören in das 17. Jh. Die Madonna (1660) in der Taufkapelle ist eine niederrheinische Arbeit. Unter mehreren Barockfiguren sind die des hl. Gereon und Abraham mit Isaak und Engel thematisch von Interesse. Der stukkierte Orgelprospekt entstand im 19. Jh. Die Bildserien mit Kreuzweg, Aposteln und Marienleben an der Wand wurden hingegen neu angeschafft. Es handelt sich um Kupferstiche des Kölner Künstlers Jacques Honervogt, der seit 1608 in Paris wirkte. Der ansprechende Kirchhof besitzt alte Grabsteine (17./18. Jh.) und ein Hochkreuz (1714).

In der Umgebung findet der Naturfreund reichlich Studienobjekte am Dächelsberg und im Naturschutzgebiet Rodderberg (vgl. S. 295). Dort verläuft auch die Landesgrenze zwischen Nordrhein-Westfalen und Rheinland-Pfalz. Die Grenzziehung ist derart, daß die »ausländischen« Orte stark nach Bonn-Bad Godesberg tendieren und am Leben der Bundeshauptstadt lebhaft Anteil nehmen, so daß sie hier nicht einfach ausgeklammert bleiben dürfen. Verwaltungsmäßig gehören diese Orte zur Stadt Remagen.

Lärm und Hektik, die heute der Verkehr entlang und auf dem Rhein erzeugt, lassen nur schwer jene Empfindungen nachvollziehen, die Ernst Moritz Arndt 1844 in Rolandswerth während seiner »Wanderungen aus und um Godesberg« niederschrieb. Er schilderte, wie der Wanderer »nun auf einmal in viel lichterem, erhabnerem Glanze das Siebengebirge jenseits, über sich die Trümmer von Rolandseck und unter sich die Inseln Nonnenwerth und Grafenwerth erblickt. Hier steht er an einem der herrlichsten Punkte am Rheinstrom«.

Am ehesten hat die Insel **Nonnenwerth** mit dem Franziskanerinnenkloster den Zauber der damaligen Stimmung bewahrt, obwohl es auch hier zeitweise laut herging. Das Kloster war 1122 für Benediktinerinnen gegründet worden und konnte sich trotz vieler, vor allem auch lagebedingter Schwierigkeiten bis zur Säkularisation (1802) halten. Franz Liszt lebte hier zwei Jahre mit der Mutter Cosima Wagners, der Gräfin Marie d'Angoult. Er soll sogar erwogen haben, auf Dauer seinen Wohnsitz auf der Insel zu nehmen.

Johanna Schopenhauer hatte bei ihrem »Ausflug an den Niederrhein im Jahr 1828« noch einen weniger guten Eindruck gewonnen. Zwar pries sie die vom Rhein umflossene Insel als einen »in Silber gefaßten Smaragd«, doch das Kloster traf sie als ernüchternde Gaststätte an,

Insel und Kloster Nonnenwerth und Rolandseck. Federlithographie 1832

die allmählich zu zerfallen begann, nachdem die britischen Gäste ausblieben. Und so notierte die Schriftstellerin: »(...) die Geister der früher hier hausenden frommen Klosterfrauen, über diese Entheiligung ihres ehemaligen Wohnsitzes zürnend, scheinen gleich Rachegöttinnen alles Gedeihen von dem neuen Etablissement abzuwenden. Es ruht kein Segen darauf.«

Erst 1854 besiedelten wieder Ordensfrauen die Insel, dieses Mal anstelle der Benediktinerinnen Schwestern aus der Genossenschaft der Franziskanerinnen von Waldbreitbach, die hier unter anderem ein Mädchengymnasium unterhalten. Die eigentlichen Klostergebäude stammen noch aus den Zeiten der Benediktinerinnenabtei, die übrigens Rolandswerth hieß. Ein Besuch der Insel ist nur mit Zustimmung des Klosters und nach vorheriger Anmeldung gestattet.

Der Koblenzer Baudirektor Nikolaus Lauxem erbaute 1773–75 die Abtei völlig neu als zweigeschossiges Quadrum mit Binnenhof. Der Nordflügel ist durch einen dreiachsigen und dreigeschossigen Mittelrisalit ausgezeichnet. Der weit nach Süden vorspringende Westflügel ist mit drei Zwerchgiebeln ausgestattet. So werden die im Blick des Besuchers liegenden Fronten spürbar hervorgehoben.

Die in der Nordwestecke der Anlage befindliche *Kirche St. Clemens* setzt innerhalb des Gesamtkomplexes keine markanten architektonischen Akzente. Über der durch Pilaster gegliederten Giebelfassade ragt ein schmaler Dachreiter empor. In den Eingangsjochen ruht auf toskanischen Säulen die große Empore für den Nonnenchorraum. Der Hochaltar (18. Jh.), der erst neuerdings angekauft wurde, verdeckt das wertvolle Gemälde einer Kreuzabnahme. Es ist ein Werk von Andreas Müller (1869), der zur Düsseldorfer Malerschule zählt und auch zur Ausmalung der Apollinariskirche in Remagen beigetragen hat.

Rolandseck, der südlichste Punkt unseres Ganges durch Bonn und seine Umgebung bildete schon vor über hundert Jahren Höhe- und Endpunkt einer Reise in den Bonner Raum. Eine von Köln herführende Privatbahn entließ hier am Ziel ihrer Strecke die Sommerfrischler in eine Landschaft, die man auch schon als »Herzstück der Rheinromantik« bezeichnet hat. Den Gästen bereitete man buchstäblich einen »großen Bahnhof«, und ein solcher ist das *Bahnhofsgebäude* im Doppelsinn des Wortes noch heute (Abb. 112). Der helle langgestreckte Bau wurde 1855/56 errichtet. Eine Hochterrasse auf gußeiserner Konstruktion umläuft den Komplex. In der Schalterhalle gibt es keine Fahrkarten mehr, sie ist lediglich Vorraum für die anschließenden Festsäle. Im oberen Stockwerk besitzen die Dekken noch den ursprünglichen Stuck.

Als die Bahn im Zuge ihrer Betriebsrationalisierung diese Nebenstation schloß, hatte der engagierte und vermögende Kunstmäzen Johannes Wasmuth die Idee, den wilhelminischen Prachtbau zu einer Förderstätte für Künstler zu machen. Mit den Pianisten Stefan Askenase und Yaltah Menuhin gründete er die Gesellschaft »Arts and Music«, die mit Veranstaltungen unterschiedlicher Art dem Bahnhof zu neuem Leben verhalf und nicht zuletzt auch anregend auf die Bonner Kulturszene wirkte. Das wiederum weckte die Hilfsbereitschaft, so daß mit

Ansicht von Rolandseck, Nonnenwerth und Drachenfels. Lithographie um 1840

Hilfe von Spenden und Arbeitseinsätzen der Bahnhof restauriert werden konnte. Vom Schriftsteller bis zum Clown oder zur Chansonnette gaben sich meist wenig oder unbekannte Akteure in der neuen Bleibe die Hand. Jetzt ist ihr Ruf so gefestigt, daß die Gesellschaft auch Prominenz verpflichten kann, wobei sie es versteht, zugleich originellere Persönlichkeiten anzusprechen. Wer hier auftreten durfte, blieb oft dem Anliegen treu und dem Ort verbunden. Unter den Gästen sollen auch jetzt noch Yehudi Menuhin und Marcel Marceau gelegentlich zu sehen sein.

Das wachsende Ansehen lockte potentere Stifter. Die Landesregierung von Rheinland-Pfalz sah die Chance, einen kulturellen Vorposten an der Grenze zur Bundeshauptstadt einrichten zu können. Durch eine Stiftung, an der sich auch die Deutsche Bundesbahn beteiligte, wurde die Zukunft gesichert. Das Milieu wurde zusehends vornehmer. Aus dem touristischen Animierbau ist sowohl ein »großer Kunstbahnhof« geworden, wo man eine Sammlung der Werke Hans Arps und Wechselausstellungen besichtigen kann, als auch ein Gebäude, in dem Botschafter zum Empfang bitten, Politiker sich der Kamera stellen oder glänzende Feste gefeiert werden.

Der *Rolandsbogen* auf der Höhe zwischen Rolandseck und Rolandswerth bildet seit jeher einen der wichtigsten Anziehungspunkte in dieser Gegend (Abb. 113). Von Rolandswerth kann man ihn zu Fuß erreichen, es führt aber auch eine gewundene Fahrstrecke zur Anhöhe. Schon allein die Aussicht belohnt die Mühe.

Der Rolandsbogen ist letzter Rest der Burgruine Rolandseck, »die sich aber durchaus nicht so malerisch« ausnahm, als unsere bereits zitierte Zeugin, Johanna Schopenhauer, sie 1828 besuchte. Ein Wintersturm brachte 1839 den Bogen zum Einsturz. Das beliebte Reiseziel der Romantiker fand vor allem in Ferdinand Freiligrath einen wortgewaltigen Werber für den Wiederaufbau. Reichliche Spenden erlaubten bereits im folgenden Sommer die Wiederherstellung des Bogens nach einem Entwurf des Kölner Dombaumeisters Ernst Friedrich Zwirner.

Die Burg war als kölnische Grenzfeste von Erzbischof Friedrich I. zu Beginn des 12. Jh. gegründet und 1326 erheblich verstärkt worden. Sie war wiederholt heftig umstritten. Schon im Burgundischen Krieg (1475) wurde sie zerstört. Seit dem Dreißigjährigen Krieg (1632/33) blieb sie endgültig Ruine.

Mehr als geschichtliche Fakten hat die Sage die Phantasie der Besucher beflügelt, und sie tut es vielleicht heute noch oft. Der Erzählstoff bietet sich bei so enger Nachbarschaft von Burg und Kloster an. Ernst Moritz Arndt hat die Geschichte erzählt: »Auf dieser Burg hat sich die süße romantische Fabel herabgesenkt, welche von hier einen Ritter Roland auf das unten auf der Insel liegende Frauenkloster aus einem Guckfensterchen auf die Zelle seiner Geliebten in schmerzenvoller Sehnsucht so lange hinabschauen läßt, bis ihm die Liebe ob seinem dort verschlossenen Glücke das Herz bricht.« Aber der Gelehrte beläßt es nicht dabei, sondern klärt auf: »Die wirkliche Geschichte lehrt uns, daß Rolandseck als Luststelle häufig von Kölner Erzbischöfen besucht war.« Geschichte und Sage lieferten Vorwände, immer neue Varianten der traurigen Geschichte zu erfinden.

Siebengebirge

Die Silhouette des Siebengebirges bildet nicht nur einen landschaftlichen Höhepunkt in der Umgebung Bonns, sondern ist – wie wir sahen – bereits in kurfürstlicher Zeit in die Stadtplanung miteinbezogen worden. Obwohl außerhalb der Stadtgrenzen gelegen, stellen die Berge und Täler um Königswinter und Bad Honnef neben dem Kottenforst das wohl beliebteste Naherholungsgebiet dar. Bei Naturfreunden genießt das Siebengebirge sogar weltweites Ansehen wegen seiner geologischen Besonderheiten.

Reisende des 18. Jh. waren wohl die ersten, die in bewegten Worten die Szenerie dieses Rheinabschnittes feierten. In der Folgezeit fehlte es nicht am Lob der Dichter und Denker von Friedrich Schlegel bis Friedrich Nietzsche. »Echo tönt von den sieben Bergen« bei so viel Lob. Diesen treffenden Titel gab Josef Ruland seinem Buch, in dem er die Lobsprüche aller Zeiten gesammelt hat.

Der Historiker Hellmuth Gensicke meinte einmal, das Siebengebirge habe von jeher sein Eigenleben geführt. Die äußere Idylle trügt, denn verschiedene Mächte stritten lange um die

Der Rhein zwischen Bonn und Bad Godesberg mit Drachenfels und Godesburg. Stahlstich um 1840

Vorherrschaft in diesem Raum. Es sind dieselben geschichtlichen Kräfte, deren Spuren uns im Stadtbezirk Beuel begegnet sind. Am bedeutendsten war auch hier Kurköln und die ihm verbundenen Stifte Cassius und Florentius in Bonn, ferner Schwarzrheindorf und Vilich sowie die Benediktinerabtei Siegburg.

Köln hatte allerdings Mühe, in diesem Grenzbereich seine Macht zu behaupten, wie die ehemaligen Burgen auf Drachenfels und Wolkenburg ahnen lassen. Hier waren es die Grafen von Sayn, die mit ihrer Löwenburg der kurkölnischen Expansion Trutz boten. Etwa um 1200 dürfte der Aufbau der Löwenburg eingesetzt haben. Vom Haus Sayn über die Grafen von Sponheim-Heinsberg fiel die Burg schließlich an die Herren von Löwenburg, die im Umkreis eine kleine Herrschaft hielten mit Honnef als Hauptort. Als diese Familie ausstarb, wurde ihr Eigentum über Heinsberg schließlich an Jülich-Berg übereignet (1362). Daraus hat man dann das bergische Amt Löwenburg gebildet, das alle nicht kurkölnischen Orte bis über die Siegmündung hinaus erfaßte. Nur um Königswinter besaß Kurköln noch eine Enklave innerhalb der Grafschaft oder des späteren Herzogtums Berg. Bergisches Territorium griff seinerseits weiter rheinabwärts über den Strom, zu ihm gehörten Rodenkirchen und Wesseling.

Den ersten ehemals bergischen Ort berührt der Rhein mit **Bad Honnef**, das allmählich aus mehreren alten Siedlungen, darunter Rhöndorf, Rommersdorf und Selhof, zusammengewachsen ist. Als Ergebnis langwieriger Auseinandersetzungen der verschiedenen Grundeigentümer einigten sich 1361 Kurköln und die Herren von Löwenburg, jeweils die Herrschaftsrechte gemeinsam wahrzunehmen. Doch allmählich wurde Kurköln aus seinem Anteil hinausgedrängt, so daß 1789 hier das Hauptgericht des bergischen Amtes Löwenburg seinen Sitz hatte.

Von der *Burg Löwenburg* sind nur noch Reste auf dem gleichnamigen Berg erhalten, nachdem schon im 16. Jh. ihr Niedergang einsetzte. Die Löwenburger Richter hatten ihren Sitz im Rhöndorfer *Haus Im Turm*. Aus der einst wasserumwehrten Anlage sind noch Reste in dem um 1830 entstandenen klassizistischen Herrenhaus enthalten. Für die Bevölkerung bildete allerdings das »Gemeindehaus Hontes« am Markt den Mittelpunkt.

Über die *Pfarrkirche St. Johann Baptist* übten die Abtei Siegburg und die Grafen von Berg als Sayn-Löwenburgische Erben gemeinsam das Patronat aus. Dem romanischen Westturm verlieh erst die Romantik des vorigen Jahrhunderts sein jetziges Aussehen mit den Dreiecksgiebeln und dem hohen Turmhelm. Auch hier ist Ernst Friedrich Zwirner für die Pläne verantwortlich (1860). Die schöne spätgotische Halle entstand in zwei Bauphasen (Ende 15. und Anfang 16. Jh.). Das elegante Spiel der netzartig versponnenen Gewölberippen verleiht dem weiten Raum eine besondere Note, in der sich schon von Ferne ein neuer, fast weltlich anmutender Baugedanke anzukündigen scheint, der sich von der reinen Sakralarchitektur der Früh- und Hochgotik abzulösen beginnt. Der östliche Erweiterungsbau entstand 1912.

Dort steht im neugotischen Nebenchor noch ein Sakramentshaus (um 1500), das aus einer zerstörten Honnefer Kapelle stammen soll. Der sehr einfache Taufstein (13. Jh.), ein Weihwasserbecken aus Ittenbach (17. Jh.), zwei schmiedeeiserne Leuchter und der aus Langenfeld-Richrath stammende barocke Orgelprospekt seien am Rande erwähnt. Bemerkens-

89 BRÜHL Schloß Augustusburg, Vestibül

90   BRÜHL   Schloß Augustusburg, Ostansicht

92   BRÜHL   Jagdschloß Falkenlust ▷

91   BRÜHL   Schloß Augustusburg, Barockgarten nach Süden

93 SECHTEM Weiße Burg

94 SECHTEM Graue Burg

95 SECHTEM Nikolauskapelle

96 WALBERBERG St. Walburgis

97 MERTEN St. Martin und Friedhofsportal

98 ROISDORF Wolfsburg

99 BORNHEIM Ehemaliges Gerichtsgebäude

102 HOLZEM Nepomukkapelle ▷

100 VILLIP Windmühle

101 RHEINBACH Hexenturm und Wassemer Turm

103 WALDORF Rodenkircher Hof

104 SCHLOSS GUDENAU ▷

105 HOLZEM   Nepomukkapelle, Altar

106 RÖSBERG   St. Markus, Detail des Balcachinaltars

107 GIMMERSDORF   Josephskapelle

108 WERTHOVEN   Jakobuskapelle

110 HEMMERICH   Ruine der Burg

◁ 109 NIEDERBACHEM   Gereonskirche, Hl. Sebastian   111 DRACHENBURG   am Drachenfels ▷

113 ROLANDSBOGEN

◁ 112 BAHNHOF ROLANDSECK   114 SIEGAUE ▷

werter sind eine schöne Muttergottes (um 1500), die, gemessen an der Entstehungszeit, überraschend altertümliche Züge aufweist, und das sogenannte Heilige Grab. In einer Wandnische steht der Sarkophag mit dem Leichnam Jesu, den Trauernde umringen. Dieses in der Kölner Werkstatt geschaffene Tuffsteinwerk wiederholt ein am Mittelrhein beliebtes Motiv. Ein nahe verwandtes Grab dieser Art befindet sich in Remagen.

Ein ausdrucksstarkes Gabelkruzifix (14. Jh.) birgt die *katholische Kirche* im Ortsteil **Selhof**. Rückseitig sind zwischen den Schultern Christi Andenkensteine aus Palästina eingelassen, die in der Volksfrömmigkeit fast ebenso große Verehrung genossen wie »echte« Reliquien.

Die kleine *St.-Anna-Kapelle* (1868–69) wurde von August Lange im Auftrag einer privaten Stiftung errichtet und bietet auf engem Raum wesentliche Beispiele für die historisierende Architektur des 19. Jh. An das zweijochige Schiff schließt sich ein quadratischer, eingerückter Vorchor an, der mit einer ⅜-Apsis schließt. An die beiden Seiten des Vorchores sind die Sakristei und die Loge der Stifterfamilie gesetzt. Beide greifen ihrerseits den ⅜-Schluß der Apsis auf und führen also in der Grundrißdisposition deren geometrisches Muster fort. Die Schmuckformen sind sparsam, aber wirkungsvoll über den Baukörper verteilt. Aufwendiger sind lediglich das doppelbahnige Fenstermaßwerk und die Krabbenbekrönung der Vorhalle.

Der Ortsteil **Rhöndorf** ist als Wohnsitz des ersten Bundeskanzlers Konrad Adenauer bekannt geworden. Die Gedächtnisstätte im Zennisweg und sein Grab auf dem nahen Friedhof werden nicht nur von Parteifreunden besucht.

Das *Bundeskanzler-Adenauer-Haus* besteht aus Wohnhaus samt Garten und Pavillon sowie einem Ausstellungsbau. Mit der Abfindungssumme als abgesetzter Oberbürgermeister von Köln (1937) ließ er sich von seinem Schwager dieses Haus bauen, das er bis zu seinem Tod am 19. April 1967 bewohnt hat. Die Erben ließen alles unverändert und schenkten das Haus der Bundesrepublik.

In der Diele des ehemaligen Wohnhauses hängt der Stammbaum der Familie Adenauer. Außerdem sind Erinnerungen an Köln zu sehen. Die große antike Tonvase im Musikzimmer schenkte der umstrittene zypriotische Erzbischof Makarios. Die Gemälde im Speisezimmer stammen aus Familienbesitz. Einige stellen holländische Landschaften dar. Im Frühstückszimmer, der »Kajüte«, hängen unter anderem Bilder der Freizeitmaler Churchill und Eisenhower. Im Arbeitszimmer steht der Schreibtisch aus Adenauers Urlaubsort Cadenabbia. Den Teppich schenkte ihm die ehemalige Schahgattin Soraya. Die Bilder im Schlafzimmer zeigen Adenauers Eltern.

Um mehr Ruhe zu finden, ließ sich Adenauer 1964 im Garten einen eigenen Pavillon bauen. Auf der Gartenterrasse diktierte er seine (unvollendeten) »Erinnerungen«. Auf der nahen Bocciabahn suchte er bis zuletzt Entspannung.

Der *Ausstellungsbau* versteht sich als »Gedenkstätte für den deutschen Staatsmann und verdienten Europäer«. Die drei Räume schildern Adenauers Leben und Wirken: Vom Kaiserreich bis zur Nazizeit (Raum A), Wiederaufbau bis Ende der Kanzlerschaft (1945–63, Raum B), Politik der Wiedervereinigung Europas (Raum C). Hinzu kommen Wechselaus-

SIEBENGEBIRGE / DRACHENFELS

Königswinter mit Drachenfels und Wolkenberg. Kupferstich nach einer Zeichnung von Bernhard Hundeshagen um 1850

stellungen, Filmvorführungen und Tagungen. Man sieht desgleichen manche Kuriosa aus Adenauers Privatleben wie den bekannten Pepitahut oder seine Bocciakugeln. Auch Erinnerungsstücke fremder Politiker wie Chruschtschow, Churchill, Eisenhower oder de Gaulle sind ausgestellt. Die Stiftungsverwaltung arbeitet im Keller des Adenauer-Wohnhauses, wo auch das Archiv untergebracht ist.

Auf dem *Waldfriedhof* befindet sich das Grab Adenauers, der im Alter von 91 Jahren in Rhöndorf starb. Der geborene Kölner war zweimal Oberbürgermeister seiner Heimatstadt (1917–33, 1945–49) und wurde jedesmal zwangsweise seines Amtes enthoben, zuerst durch die Nationalsozialisten, dann durch die britische Besatzungsmacht. Den Schlüssel des Kölner Rathauses nahm er stillschweigend mit und verwahrte ihn im Rhöndorfer Schreibtisch.

Zu Füßen des Drachenfelses liegt, umgeben von spätbarocken Fachwerkhäusern, die *Marienkapelle* (1714). Jan Wellem stiftete den großartigen Altaraufsatz (18. Jh.). Eine Muschelnische darin nimmt eine hölzerne Muttergottesfigur auf.

Der »meistbestiegene Berg Deutschlands«, der **Drachenfels,** gehört wohl zu den bekanntesten Punkten des Rheinpanoramas (Farbabb. 24). Selbst auf Ausländer übt er eine solche Anziehungskraft aus, daß man ihn scherzhaft zum »höchsten Berg Hollands« erklärt hat. Die Zahnradbahn war bei ihrer Eröffnung im Jahre 1883 die erste ihrer Art in Deutschland und muß auf 1,52 km eine Steigung von 255 m überwinden. Seit der Jahrhundertwende werden auch Esel als Reittiere angeboten, die in einer Dreiviertelstunde den Weg zum Gipfel schaffen.

SIEBENGEBIRGE / KÖNIGSWINTER

Die Burgruine, von der man einen schier überwältigenden Blick über das Siebengebirge und die Köln-Bonner Bucht sowie hinüber zur Eifel und zum Westerwald hat, übte schon auf die Romantiker eine besondere Faszination aus. Ihre Gedichte und Lieder haben den Ruf von Berg und Burg in die Lande gesungen und die Volkstümlichkeit beider begründet.

Dabei sind die Überreste der kurkölnischen Burg eher kläglich. Sie sollte zur Erbauungszeit (12. Jh.) zusammen mit der linksrheinischen Burg Rolandswerth gegenüber dem Kaiser die erzbischöfliche Macht behaupten. Den mächtigen Bergfried baute etwas später der Propst des Bonner Cassiusstiftes aus. Nachdem 1632 bereits die Burg geschleift worden war, riß ein Bergsturz eine Hälfte davon in die Tiefe. Der Torso war nicht nur Gegenstand der schon genannten romantischen Schwärmerei, sondern zugleich des deutschen Nationalismus, als 1819 bei der Ruine das erste *Denkmal an die Befreiungskriege* errichtet wurde. Ernst Friedrich Zwirner ließ sich bei dem Entwurf dieser neugotischen Spitzsäule offenbar von dem Hochkreuz in Friesdorf inspirieren, das er wenig später restaurierte.

Unterhalb des Burgberges entwickelte sich seit dem 12. Jh. ein Ort, der bald durch Mauern gesichert wurde. Neben dem Weinbau boten die Steinbruchbetriebe den Bewohnern Arbeitsmöglichkeiten. Der Trachyt des Drachenfelses wurde bereits von den Römern gewonnen. Im Mittelalter lieferte er das Baumaterial für viele bedeutende Kirchenbauten im Rheinland. Heute zeigt sich das Gestein gegenüber der Umweltverschmutzung jedoch überaus anfällig. Der (stellenweise) zerbröckelnde Kölner Dom legt dafür ein trauriges Zeugnis ab.

Die kurkölnische Enklave **Königswinter** inmitten des alten bergischen Hoheitsgebietes hat bis heute in mehreren Straßenzügen das ursprüngliche Ortsbild weitgehend bewahren können. Vor allem entlang der Hauptstraße stehen alte Häuser verschiedener Stilepochen, vom einfachen Fachwerk über Rokoko und Empire bis zu den typischen Bürgerhäusern des vorigen Jahrhunderts. Besonders hervorgehoben sei ein spätbarocker Wohnbau (1732) in der Klotzstraße, in dem heute das *Siebengebirgsmuseum* untergebracht ist. Die modern konzipierte Ausstellung vermittelt einen Überblick über die wechselvolle regionale Geschichte, angefangen von den prähistorischen und archäologischen Funden bis zur Gründung der Bundesrepublik Deutschland. Dokumente und andere Zeugnisse aus der Vergangenheit der Burgen, Herrschaften, Klöster, Stifte und Gemeinden sowie von Einzelpersönlichkeiten machen das historische Geschehen anschaulich. Die Wirtschaftsgeschichte bestimmen Rheinschiffahrt, Weinbau, Steinmetzhandwerk und Backofenbau als Haupterwerbszweige der Bevölkerung. Rheinromantik und Tourismus veränderten auf ihre Weise die Lebens- und Arbeitsbedingungen des einfachen Volkes. Die Bestände gehören dem »Heimatverein Siebengebirge e. V.«, der bereits 1927 ein Heimatmuseum begründete, das 1934 das jetzige Gebäude bezog und 1984 neu eröffnet worden ist. Breiten Raum nimmt darüber hinaus die Darstellung der natürlichen Gegebenheiten ein, insbesondere die geologischen und petrographischen Exponate. Außerdem werden Werke des aus Königswinter stammenden Malers Franz Ittenbach (1813–79) gezeigt. Der »Düsseldorfer Hof« am Rheinufer war ursprünglich Besitz des Klosters Heisterbach, wie das Wappen im Giebel (1764) anzeigt.

Anfang Oktober wird das Winzerfest begangen, bei dem ein Weinbrunnen »sprudelt« und in typisch rheinischer Verbindung von Frömmigkeit und Lebensfreude eine Prozession um die Kirche zieht. Ein Büstendenkmal (1816/17) erinnert an den rheinischen Dichter Wolfgang Müller »von Königswinter«, dessen umfangreiches Werk vorwiegend vor rheinischem Lebenshintergrund spielt.

Die *Remigiuskirche* war eine Filiale des Stiftes Vilich. Die mittelalterliche Kirche mußte 1779/80 der jetzigen dreischiffigen Halle weichen. Die Architektur folgt ganz dem Stil des Louis seize, während die Ausstattung weitgehend neubarock ist. Der Orgelprospekt soll aus Kloster Heisterbach stammen, wie auch ältere Teile der Kanzel angeblich derselben Herkunft sind. Die erheblich überarbeiteten Holzskulpturen sind dagegen barocke Originale. Aus der säkularisierten Kölner Kirche St. Johann Baptist und St. Kordula gelangte das wertvolle Armreliquiar der hl. Margarethe hierher. Der mumifizierte Unterarm ist sichtbar und mit edelsteinbesetzten Bändern gefaßt. Da Reliquien meist in einem geschlossenen Gehäuse verwahrt werden, bietet diese einen seltenen Ausnahmefall.

Das Bürgertum des 19. Jh. hat den Zeugnissen alter Geschichte die eigenen Denkmäler hinzugefügt. Eines der auffälligsten dieser Art am Mittelrhein ist zweifellos die *Drachenburg*, neben dem Drachenfels ein weiteres Wahrzeichen von Königswinter (Abb. 111).

Der Bonner Gastwirtssohn Stephan Sarter (1833–1902) machte als Bankier und Börsenmakler Karriere. Er war befreundet mit Ferdinand de Lesseps, dem Erbauer des Suezkanals, und wurde von Herzog Georg von Sachsen-Meiningen geadelt. Der frischgebackene Freiherr beauftragte Wilhelm Hoffmann mit den Plänen für die Drachenburg. Das neugotische Gemisch aus Burg und Schloß konnte 1884 eingeweiht werden und erhielt regen Beifall. Doch kam Baron Sarter nicht mehr in den Genuß, das Gebäude zu bewohnen. Finanzielle und private Probleme führten ihn ins Ausland, wo er verstarb.

Hoffmann änderte ältere Pläne der Architekten Bernhard Tüshaus und Leo von Abbema ab und schuf eine plastisch stark durchgebildete Silhouette, wodurch die Drachenburg selbst innerhalb der äußerst bewegten Landschaftskulisse auch von Ferne sichtbar und unverwechselbar ist. Im Geschmack der Zeit verwendete er reichlich die Zierformen mittelalterlicher Architektur, angefangen von staufischen Bossenquadern bis zu den spätgotischen Ecktürmchen, wie sie auch am Nordturm des Kölner Domes erscheinen. Die Natursteinverkleidung des Ziegelbaues unterstreicht die historisierenden Absichten. Die drei Kaiserskulpturen an der Südfassade beschwören die glorifizierte deutsche Vergangenheit.

Im überaus großzügig angelegten Treppenhaus schildern Gemälde Szenen aus der Vergangenheit des Rheinlandes. In den meisten Räumen blieben die Gemälde erhalten. Sie sind aufgeleimt und gehören zum festen Raumschmuck: Jagdszenen am Rhein im Speisesaal oder der Nibelungen Not im »Nibelungenzimmer«. Den größten Teil der Rheinfront nimmt die Kunsthalle ein, die ursprünglich eine Mittelkuppel besaß. Auch andere bauliche Veränderungen sowie der Verlust der alten Glasfenster haben den einstigen Raumeindruck beträchtlich verändert, der nicht – wie sein Name nahelegt – für Ausstellungen dienen, sondern die Kunst verherrlichen sollte. Beim »Kneipzimmer« am Nordende künden freizügige Szenen aus der antiken Vorstellungswelt von der Belesenheit des Bauherren. Wie in allen anderen

285

SIEBENGEBIRGE / KLOSTER HEISTERBACH

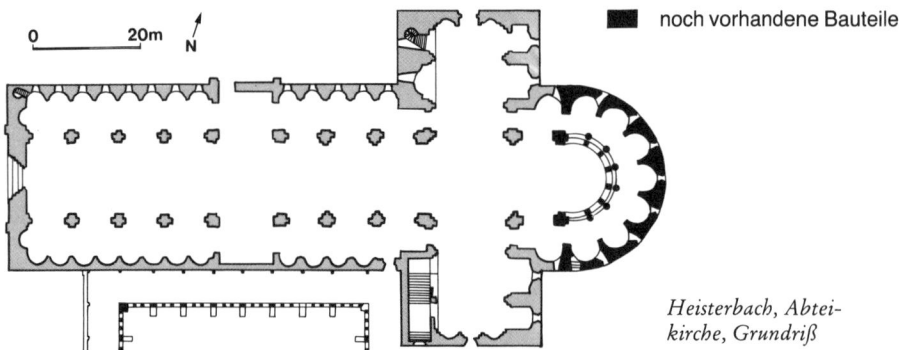

Heisterbach, Abteikirche, Grundriß

Räumen sind die Wandmalereien erneuert. Die Ausstattung wird wohl am treffendsten als Kitsch beschrieben.

Der *Petersberg,* als einziger der »sieben Berge« auf gewundener Straße mit dem Auto erreichbar, ist erst durch die Zeitgeschichte allgemein bekannt geworden. Hier war der Sitz der Alliierten Kommission (1949–52), hier beherbergte die Bundesregierung illustre Gäste von Königin Elisabeth II. von England bis Leonid Breschnew. Das Hotel fiel nach langen Diskussionen 1987 der Spitzhacke zum Opfer, um im alten Charakter zum modernen Gästehaus der Regierung neu aufgebaut zu werden.

Schon in grauer Vorzeit zogen sich germanische Stämme auf den Berg zurück, wie ein Steinwall bezeugt. Hier stand eine imposante Klosterkirche (um 1100), deren Fundamente man erst jüngst ausgegraben hat. Von Augustinern angelegt, danach kurzfristig von Zisterziensern benutzt, verfiel der Bau, als die Mönche ins Tal zogen und 1189 das **Kloster Heisterbach** gründeten. Die Kirchenruine der einstigen Abtei gehört mit zu den bekanntesten Sinnbildern der sogenannten Rheinromantik (Farbabb. 26). Der Torso zeigt noch so viele Details, daß er kunstgeschichtlich leicht einzuordnen ist. Die Zisterzienserkunst ist nichts anderes als der Versuch, ein einheitliches Bauschema für Kirche und Kloster zu schaffen und dieses auf alle Gründungen anzuwenden. Im weiteren Umkreis von Bonn sind an drei Stellen zisterziensische Bauten zu sehen, von denen Heisterbach der früheste ist (1202–37). Ihm folgt seine Tochtergründung, Kloster Marienstatt bei Hachenburg im Westerwald (1243), und als letztes der Altenberger Dom (1255). Diesen »bergischen Dom« sollten wir mit der hiesigen Ruine eingehend vergleichen!

Während im Tal der Dhünn ein reifes Werk der Hochgotik emporragt, bei dem alle Anregungen der nordfranzösischen Kathedralen berücksichtigt worden sind, duckt sich hier ein geringer dimensionierter und noch romanischer Formensprache verpflichteter Bau in das Grün des Waldtales. Mit dem Chorumgang hat man ein bei Wallfahrtskirchen beliebtes Motiv verarbeitet. Bereits die französischen Zisterzienser hatten es sofort nach dem Tode des hl. Bernhard von Clairvaux, der mit seinen Vorstellungen die Kunstentfaltung im Orden lange hemmte, schleunigst in ihre Neubauten übernommen. Die Heisterbacher Baumeister dagegen orientierten sich eher konservativ an der romanischen Prämonstratenserkirche von

Dommartin in der Picardie und lehnten sich bei der Übertragung der Formen in die regionale Bauweise lieber an niederrheinische Gepflogenheiten an. Zisterziensischer Geist äußert sich in dem strengen Aufbau des Chores und dem weitgehenden Verzicht auf architektonisches Zierwerk. Der Chorumgang dagegen hat Vorbilder in einer Reihe von jüngeren Ordensbauten, wurde ebenfalls in der Kathedralgotik meisterhaft realisiert und bald in Deutschland (Köln, Altenberg) übernommen.

Das in die Wand eingebundene Gliederungssystem steht innerhalb der staufischen Baukunst am Rhein: So haben auch St. Kunibert in Köln und St. Quirin in Neuß eine zweischalige und zweigeschossige Apsis, St. Gereon in Köln muschelartige Kappengewölbe im Chorumgang. Die Strebemauern außen und die abgeflachten Gewölbegrate wiederum muten wie eine Absage an die nordfranzösische Kathedralgotik an. Die Muldennischen im Erdgeschoß, die außen nicht hervortreten, waren seit ottonischer Zeit dagegen am Niederrhein geläufig.

So bietet sich ein fast verwirrendes Bild, gleichsam ein Mosaik aus verschiedenen Stilrichtungen. Die verwandten und dann doch wieder völlig verschiedenen Bauten von Altenberg und Marienstatt wirken demgegenüber leicht durchschaubar, insofern sie bis in die Details unter dem Einfluß der Kölner Dombauhütte stehen. Doch diese Ruine stellt eine Besonderheit innerhalb der zisterziensischen und rheinischen Bauschöpfungen dar.

Als die Säkularisation 1803 die meist degenerierten Klöster hinwegfegte, ging man mit den in Jahrhunderten gewachsenen kulturellen Werten weder pietätvoll noch sachverständig

Heisterbach, Abteikirche, Seitenansicht. Lithographie des 19. Jahrhunderts

um. Die beim Abbruch anfallenden Steine wurden zum Bau des Nordkanals vom Rhein zur Maas benutzt. Außer dem ruinösen Chor überdauerten lediglich Teile der Klostermauern und das barocke Pfortenhaus (1750). Die Chorruine ist gründlich renoviert worden (1987), wobei auch die Grundmauern der Kirche freigelegt waren. Entsprechende Hinweise gestatten es, die einstigen Proportionen des Bauwerks abzuschätzen.

Hier lebte der berühmte Cäsarius von Heisterbach († 1240) als Mönch. Seine Fabulierkunst, die er zur Belehrung der Klosternovizen einsetzte, hinterließ eine Fülle unterhaltsamer, gleichwohl erbaulicher »Unterredungen«, die über ihre eigentliche Absicht hinaus einen mitunter recht drastischen Einblick in mittelalterliche Denk- und Lebensgewohnheiten vermitteln. Bei der Ruine steht sein Denkmal (1897).

Die Klöster Petersberg und Heisterbach gehörten zur Pfarrei Dollendorf, das aus **Nieder-** und **Oberdollendorf** zusammengewachsen ist. Älter ist Niederdollendorf, wo man fränkische Gräber entdeckt hat. Das Bonner Cassiusstift und das Stift Vilich waren hier begütert. Zuletzt bestand das Gericht Dollendorf im Rahmen der bergischen Amtsverwaltung.

Sowohl bei der *Michaelskirche* in Niederdollendorf als auch bei der *Laurentiuskirche* in Oberdollendorf blieb jeweils der romanische Chorturm (12. Jh.) erhalten. Ähnlichkeiten erklärten wir wiederholt schon aus der Zugehörigkeit zum Stift Vilich. Gegen Ende des 18. Jh. sind barocke Saalbauten an die Stelle der mittelalterlichen Kirchenschiffe getreten, wie man zum Teil an der Kirche von Oberdollendorf (1792/93) noch ablesen kann. Wir verlassen das Rheintal, um die östlich im Schatten des Siebengebirges liegenden Orte zu besuchen, die teilweise schon zum bergischen Amt Blankenberg gehörten.

Im Hügelland zwischen Kölner Bucht und auslaufendem Niederwesterwald liegt **Oberpleis,** wo ein alter Fronhof mit Kirche um 1100 in das Eigentum des Klosters Siegburg überging. Bis 1803 bestand hier eine Benediktinerpropstei, die kurz nach ihrer Gründung ihre Kirche erhielt, die heutige *Pfarrkirche St. Pankratius*.

In zwei Bauphasen wurde die dreischiffige, romanische Pfeilerbasilika fertiggestellt. Von etwa 1100 bis um 1160 wurde der erste Bauabschnitt abgeschlossen, dem noch die Hallenkrypta, im Kern das ursprünglich flachgedeckte Langhaus und der Westturm angehören. Der kreuzförmige Grundriß der Ostanlage und die Hallenkrypta lassen das bauliche Vorbild des Mutterklosters Siegburg erkennen. Um 1220 wurden Chor und Querschiff neu aufgeführt und das Langhaus eingewölbt. Von 1891–94 hat man die Kirche unter Heinrich Wiethase gründlich restauriert. Die Architektur zeigt viele interessante Details. Nur auf einige davon kann hier aufmerksam gemacht werden. So hat der Westturm im vierten Geschoß reiche Blendbogenstellungen, die seine mächtige Erscheinung mildern. Die gekuppelten Schallöffnungen im Glockengeschoß erinnern an ähnliche Strukturen bei benachbarten Kirchen. Im dritten Geschoß seiner Westwand sieht man drei Steinreliefs mit Tierfiguren, die Unheil abwehren sollten – Aberglaube an der Schauseite des christlich-frommen Gebäudes!

In der Apsis achte man auf die hochgelegenen Rundbogenfenster in den anlaufenden Gewölbekappen sowie auf die beiden großen Sechspaßfenster in jeder der Querschifffronten. Diese Anordnung ist im Rheinland selten und hat merkwürdigerweise Parallelen in französischen und oberitalienischen Zisterzienserkirchen. Da sich damals gerade im nahen

Kosmosbild von Oberpleis

Heisterbach Zisterzienser niedergelassen hatten, möchte man fast an eine Vermittlung durch diesen Orden glauben.

Kostbarstes Ausstattungsstück ist der Altaraufsatz, der landläufig als *Dreikönigenaltar* bezeichnet wird. Neuere Forschungen machen es indes wahrscheinlich, daß hier Maria als »Königin der Engel« (Regina Angelorum) dargestellt ist. Die monumentale und symmetrische Komposition des dreiteiligen Tuffreliefs weist es als Schöpfung der Hochromanik um 1160 aus. Die Madonna und die nicht bekrönten Engelfiguren sind stilistisch mit Figuren in Siegburg und im Schnütgen-Museum zu Köln verwandt.

Bei der jüngeren Bausanierung wurde ein teilweise erhaltener Tonfliesenboden mit einem Kosmosbild (um 1200) freigelegt. Die Symbole und Inschriften geben die mittelalterliche Lehre von den vier Elementen, Jahreszeiten und Temperamenten wieder, ausgehend von den Mikrokosmos-Makrokosmos-Harmonien Tsidors von Sevilla. Das Original zeigt heute das Schnütgen-Museum in Köln, am Ort selbst ist eine Kopie eingefügt.

Auch der übrigen Einrichtung sollte man Aufmerksamkeit schenken: der spätromanischen und spätgotischen Bemalung, dem Taufstein von 1702, dem hölzernen Vesperbild im Chorumgang (15. Jh.).

An der Südseite der Kirche liegen Reste der ehemaligen *Klostergebäude*. Der erhaltene Westflügel des romanischen Kreuzganges stammt aus der Zeit um 1160. Das heutige Pfarrhaus von 1645 ist das ehemalige Propsteigebäude. Ein Barocktor führt zu dem großen Wirtschaftshof. In dessen westlicher Umfassungsmauer steckt noch ein spätromanisches Hoftor aus dem 13. Jh. Geht man zur Nordseite der Kirche, entdeckt man ein ikonographisch interessantes Friedhofkreuz aus Tuffstein (17. Jh.). Im Ort selber wäre noch das *Herrenhaus Niederbach* (1742) bemerkenswert.

Von Oberpleis oder direkt von Siegburg aus wurde 1100 **Aegidienberg** gegründet. Der ältere Name Honneferode mag daran erinnern, daß es anfangs eine Filiale von Honnef war. Von dem romanischen Kirchenbau aus der zweiten Hälfte des 12. Jh. ist nur noch der Westturm erhalten. Alt ist das romanische Taufbecken (um 1200), dessen Stein, Latit (Andesit), vom Stenzelberg kommt.

Siegburger Eigentum war auch die Pfarrkirche St. Martin (ursprünglich St. Georg) in **Niederpleis.** Das Cassiusstift in Bonn hat vermutlich von dem Burghof aus, der hier den Übergang über die Sieg schützte, die Kirche *St. Martin* gegründet, die erst später in Siegburger Besitz gelangte. Nur die Untergeschosse des Westturmes und das Taufbecken aus Latit stammen noch aus der Mitte des 12. Jh. Nach reger Bautätigkeit im 19. Jh. bestimmen heute neuromanische Formen die Kirche. Das hölzerne Vesperbild (16. Jh.) entstammt einer Kölner Werkstatt.

Auch die Kirche *St. Margaretha* in **Stieldorf** befand sich im Besitz des Bonner Cassiusstiftes (1131 bestätigt). Nur der romanische Westturm blieb von der alten Anlage des 12. Jh. erhalten. Die Pläne für den Neubau der Jahre 1850/51 lieferte der Kölner Dombaumeister Zwirner. Damit ist dies die erste neuromanische Kirche des Rheinlandes! Im Innern beachte man den spätromanischen Taufstein (13. Jh.) aus Latit.

Bonn für Naturfreunde

Das Bonner Stadtgebiet hat Anteil an zwei Großlandschaften, weil gerade an dieser Stelle der Rhein das Schiefergebirge, das er in meist engem Tal durchzieht, verläßt und in die Ebene eintritt, die letzter Ausläufer des Norddeutschen Tieflandes ist. Am Siebengebirge vollzieht sich der Übergang vom Mittelrheintal zum Niederrhein. Rechtsrheinisch säumen in der Ferne dann noch für eine Weile die Höhenzüge des Bergischen Berglandes die Ebene, aus der sie treppenartig allmählich nordostwärts ansteigen.

Linksrheinisch verschwindet das Schiefergebirge schon früher. Im Bonner Stadtgebiet bilden Kreuzberg und Venusberg seine letzten Ausläufer. Südwestlich davon dringt abermals die Ebene ein Stück in das Bergland ein. Diese Bucht bei Duisdorf vermittelt seit alters her den Zugang vom Niederrhein zur Eifel.

Die westliche Begrenzung unseres Raumes bildet ein schmaler, langgestreckter Höhenzug, der als Ausläufer der Eifel nordwestlich in die Ebene zieht, das Vorgebirge oder Ville. An dessen Westabfall fließt die Swist zur Erft und diese schließlich zum Rhein.

Mit dem Rohbau für diese Landschaft wurde bereits im Erdaltertum (Paläozoikum) während der Devonzeit begonnen, als ein Meeresarm das Rheinland überflutete und über Jahrmillionen gewaltige Massen an Sanden und Schlamm absetzte. Mit dem Rückzug des Meeres wurde der einstige Meeresboden durch Bewegungen der Erdkruste gehoben und gefaltet sowie durch die Kräfte der Erosion modelliert. Die Sedimente wurden zu jenem Gestein (Tonschiefer, Grauwacken), das durch den Einschnitt des Rheines später wieder freigelegt worden ist.

Spätere erdgeschichtliche Vorgänge, von denen noch die Rede sein wird, haben im Bonner Raum die alten Fundamente weitgehend zugedeckt. Wir begegnen den devonischen Gesteinen noch im Sockel des Siebengebirges und in dem des Höhenzuges von Lannesdorf bis zum Kreuzberg. Aus diesen sonst tieflagernden Schichten des Erdaltertums werden übrigens die Mineralwasserquellen von Bad Godesberg und Roisdorf gespeist.

Um so deutlicher haben jene Ereignisse ihre Spuren hinterlassen, die sich vor etwa 40 Millionen Jahren während des Tertiärs abspielten. Das aus ehemaligem Meeresboden aufgefaltete »Siebengebirge« war längst zu einer flachwelligen Ebene abgetragen, die anschließend aber durch Erdbewegungen auf ihre heutige Höhe angehoben wurde. Es herrschte feuchtwarmes Klima. Auf dem Grund flacher Seen bildeten sich durch Ablagerungen aus verwitterten Grauwacken und Tonschiefern Tonlager, wie sie innerhalb der Stadt bei Ippendorf und Röttgen vorkommen.

Die weitaus wichtigste Tertiärbildung ist aber die Braunkohle, die aus den Gehölzen ausgedehnter, später überfluteter Sumpfwälder stammt. Im Bonner Stadtgebiet sind kleinere Vorkommen bei Bad Godesberg, am Engelsbach bei Poppelsdorf und bei Röttgen, rechtsrheinisch bei Pützchen festgestellt worden.

In dieser »Braunkohlenzeit« erfuhr der Bonner Raum eine letzte und folgenschwere Erschütterung. Spannungen in der Erdkruste führten zu deren Zerklüftung, wodurch einerseits den vulkanischen Kräften des Erdinnern neue Wege an die Oberfläche gebahnt wurden, andererseits Teile der Erdkruste ihren bisherigen Halt verloren: Zwischen Eifel und Bergischem Land, die allmählich auseinanderwichen, sank eine riesige, annähernd dreieckige Erdscholle ein. Die Kölner Bucht war entstanden! Nur in der Mitte des Senkungsfeldes blieb ein schmaler, langgestreckter Horst stehen: die Ville mit dem Vorgebirge. Sie zerlegt den Südzipfel der Niederrheinischen Bucht in das Rheintal bei Bonn und die Zülpicher Börde. Bei diesen Bewegungen der Erdkruste wurden gewaltige Mengen von Sanden und Kies vom Schiefergebirge in das Senkungsgebiet geschwemmt. Umgekehrt trug der Wind von Nordosten feinen, kalkreichen Tonstaub, den Löß, herbei und lagerte ihn am Vorgebirge, an der Ville, in der Duisdorfer Lößbucht und sogar noch am Kreuzberg ab.

Am eindrucksvollsten äußerte sich diese erdgeschichtliche Unruhe in vulkanischen Aktivitäten. Sie alle werden überschattet von denen des gewaltigen Siebengebirgsvulkans. Die innerhalb des Stadtgebietes anzutreffenden Vulkanbauten nehmen sich demgegenüber recht bescheiden aus. Es sind linksrheinisch Lyngsberg und Godesberg, rechtsrheinisch der durch den Bergbau inzwischen abgetragene Finkenberg in Beuel sowie Ennert und Kuckstein. Der Rodderberg-Vulkan ist jedoch wesentlich jünger.

Während der Eiszeit (Pleistozän) fiel dem Rhein zunehmend eine entscheidende Rolle bei der Ausbildung der heutigen Landschaft zu. Schon seit dem Ende des Tertiärs hatte ein breiter Strom Sande und Kiese über den Bonner Raum gewälzt und die Braunkohlenwälder der Ville überflutet. Dann aber scheint sich von den Alpen her ein breiter Schmelzwasserfluß durch die Senkungsfelder des Oberrheingrabens und Neuwieder Beckens den Weg zur Köln-Bonner Bucht gebahnt zu haben. Der Wechsel zwischen Zeiten mit zunehmender Vergletscherung und nachfolgendem Abschmelzen ließ periodisch die Flüsse mächtig anschwellen, wobei sie sich schrittweise in den Gesteinsuntergrund eingruben. Ehe freilich der Rhein mit seinen Nebenflüssen endgültig ein Flußbett geschürft hatte, war sein Lauf wechselnd und unregelmäßig, so daß man mitunter weitab von seinem heutigen Bett Ablagerungen aus dieser Zeit finden kann.

Das periodische Eintiefen des Strombettes läßt sich gut am Geländeprofil des Bonner Raumes ablesen. Man muß sich nur klarmachen, daß in Perioden mit großer Wasserführung der Rhein rasch dahinbrauste und sich tiefer in das Gestein einkerbte. Bei geringer Wasserführung war auch die Fließgeschwindigkeit langsamer; dafür konnte sich das Bett nach den Ufern zu verbreitern.

Die Hauptterrasse wäre demnach die älteste und folglich die höchste Stufe. Linksrheinisch wird sie vom Hardtberg (156 m), Kreuzberg (157 m), Venusberg (162 m) und Rodderberg (195 m) markiert, rechtsrheinisch vom Ennert (151 m). Sie ist hauptsächlich mit Flußschottern bedeckt. Die Mittelterrasse, die nächstjüngere und tiefere Stufe, ist aus Kiesen und Sanden aufgebaut und vom Löß umlagert, wodurch sie landwirtschaftlich gut genutzt werden kann, wie etwa im Vorgebirge. Innerhalb von Bonn liegen auf ihr Duisdorf und Muffendorf (etwa 80 m) sowie Pützchen, Limperich oder Küdinghoven (rund 80 m).

Die Niederterrasse schließlich mit ihren Ablagerungen von Kiesen, Sanden und Lehm bildet sowohl den Siedlungsraum von Alt-Bonn und Beuel wie auch den Raum für das heutige Bett des Rheins. Ihre Höhe bewegt sich linksrheinisch ungefähr zwischen 52 m in der Mehlemer Aue und 65 m am Godesberger Rathaus, rechtsrheinisch um 60 m (Vilich und Beuel). Der Rheinwasserpegel liegt durchschnittlich niedriger, nämlich bei 44 m. In Bonn ist der Rhein 380 m breit.

Innerhalb der Niederterrasse hat der Rhein oft seinen Lauf gewechselt, ehe dem der Mensch Einhalt gebot. Alte Talfurchen sind stellenweise noch zu erkennen. Die sogenannte Gumme ist ein solcher Altrheinarm, der von Bad Godesberg am Venusberg und am Bonner Münster vorbeifloß und sich ungefähr beim Alten Friedhof in zwei Arme teilte, von denen einer in Richtung Hersel weiterführte, der andere zum »Entenfang« bei Brühl.

Man sollte sich über die Oberflächengestalt des Bonner Raumes gleich zu Beginn eines Besuches Klarheit verschaffen. Folgende Aussichtspunkte seien empfohlen: Hotel ›Casselsruhe‹ auf dem Venusberg, Kreuzberg, Godesburg, Redoutenpark in Bad Godesberg, Alter Zoll, Terrasse Stadthaus, Restaurant ›Cäcilienhöhe‹ in Bad Godesberg (Goldbergweg), Restaurant ›Ambassador‹ im Bonn-Center, Von-Sandt-Ufer in Plittersdorf, »Waldheide« in Oberwinter, Café »Heimatblick« in Roisdorf am Vorgebirge und rechtsrheinisch das Hotel »Wald-Café«, Am Rehsprung in Holzlar, Ennert und Drachenfels.

Die nachfolgenden Hinweise führen zu einigen Punkten im Bonner Stadtgebiet, die für Naturfreunde von Interesse sein dürften. Sie können und wollen nicht mehr als Anhaltspunkte liefern. In jedem Fall ist eine gründlichere Auseinandersetzung, oftmals unter Benutzung einschlägiger Literatur, erforderlich.

Wegen seiner naturkundlich herausragenden Bedeutung wird im zweiten Teil dieses Kapitels auch das Siebengebirge kurz beschrieben, obwohl es außerhalb der Bonner Stadtgrenzen liegt, jedoch eine landschaftsprägende Kulisse für den Bonner Raum bildet, dessen Erforschung ein Anliegen bedeutender Gelehrter der Bonner Universität war und ist.

Das **Mündungsgebiet der Sieg** und die Auenbereiche ihres Unterlaufes zeigen trotz vielfältiger menschlicher Beeinflussung noch einen vergleichsweise hohen Grad an Naturnähe (Abb. 114). Ähnlich wie der Rhein hat auch die Sieg im Zusammenhang mit den erdgeschichtlichen Vorgängen seit dem Tertiär verschiedene Flußterrassen ausgebildet. Bei Geislar gelangt man an den Rand der oberen Niederterrasse, vor der sich das alluviale Hochflutbett der Sieg befindet. Verlehmte Sande und Kiese bilden den Untergrund. Eine im Gelände deutlich wahrnehmbare Steilkante leitet zur unteren Niederterrasse über. Außer dem heutigen Flußbett sind Altarme und verlassene Strömungsrinnen erkennbar, aber auch die vom Menschen geschaffenen Deiche und Absperrwerke. Die großräumigen Flußverlagerungen haben so ein eigentümliches Relief geschaffen, das in der näheren Umgebung nirgends mehr so einprägsam studiert werden kann.

Die naturbelassenen Bereiche sind nicht nur erdgeschichtlich interessant, sondern tragen verschiedene Vegetationseinheiten mit entsprechender Flora. Besonders wertvoll sind die Wasserpflanzengemeinschaften mit Laichkräutern und Wasserhahnenfuß-Arten, denen sich sogar die Gelbe Teichrose (Nuphar lutea) und die selten gewordene Seekanne (Nymphoides peltata) zugesellen können. Oft säumen Röhrichte die Gewässer mit Rohr-Glanzgras (Phalaris arundinacea) und Schilfrohr (Phragmites australis). Eine Weichholz-Aue mit verschiedenen Weidenarten als Gebüsch oder als Auenwald schließt sich an. Schwarzpappel (Populus nigra), Silber- und Bruchweide (Salix alba, S. fragilis) sind vorherrschend. Menschliche Nutzung ließ die »Kopfweiden« entstehen, die aber einen hohen ökologischen Stellenwert besitzen. Auf den schmalen Streifen dieser Weidenbüsche und -bäume folgt die Hartholz-Aue, die infolge ihrer größeren Baumgruppen mitunter parkartig anmutet. Auch die stärker gestaltete und genutzte Landschaft erweist sich hier oft als stark strukturiert, was eine Vielzahl von Pflanzenarten bedingt, die hier nicht einmal genannt werden können.

Dies wiederum schafft zusammen mit dem Bodenrelief eine Unzahl von Kleinstlebensräumen für die Tierwelt. Vor allem durch seine reichhaltige Vogelwelt mit etwa 80 Brutarten, darunter Pirol und Nachtigall, hat das Gebiet einen ausgezeichneten Ruf bei Ornithologen. Zur Zugzeit fallen neben vielen anderen auch Gänsesäger, Kormorane oder Rotschenkel ein. Weitere Arten finden hier ihr Winterquartier, neben zahllosen Bleßrallen etwa Stock-, Krick- oder Knäkenten, Bekassinen und Flußuferläufer. Die Fischerei geht auf Plötze, Rotfedern, Döbel, Schleien, Karpfen, Hechte, Flußbarsche, Bachforellen und Aale.

Ein Kernbereich ist als Naturschutzgebiet ausgewiesen, worin die Sieg mit ihren Uferzonen, der Sieglarer See mit dem Altarm der Sieg, die Altarmrinne »Schwarzer Pfuhl« und der Mühlenragen mit »Allheil« ökologisch besonders wertvoll sind. Zusätzlich sollen ca. 13 ha Auenwald neu angelegt werden – ein gutes Beispiel für »wildlife management«.

Im **Ennert** bei Beuel liegt die höchste Erhebung von Bonn, der Paffelsberg (194,8 m). Hier läuft das Rheinische Schiefergebirge nach Norden zur Sieg hin aus. Seine Hochfläche bildete einst die Hauptterrasse des Rheins. Weiße Rheinkiesel verraten, daß auf diesem Niveau (Paffelsberg) einmal der Strom floß. Beim Forsthaus Hardt sind Bodenvertiefungen und Hügel aus roter Erde Spuren früherer Alaungewinnung. Westlich des Ennert in Beuel liegt die Bergruine des Finkenberg, der ehemals 115 m hoch war und durch den Basaltabbau gänzlich abgetragen wurde. Sein Gestein wurde durch Vielzahl und Mannigfaltigkeit seiner mineralischen Einschlüsse seinerzeit bekannt.

Auf dem basaltischen Gesteinsuntergrund der **Rabenley** gedeihen – begünstigt durch atlantische Klimaeinflüsse – Vorboten submediterraner und pontisch-pannonischer Vegetation. Auf dem Devonschiefer kommen solche Arten in dieser geographischen Höhe nicht mehr vor: Goldaster (Aster linosyris), Blauroter Steinsame (Lithospermum purpurocaeruleum), Kelch-Steinkraut (Alyssum alyssoides), Kahle Gänsekresse (Turritis glabra), Milder Mauerpfeffer (Sedum sexangulare), Wimper-Perlgras (Melica ciliata) und Blaustern (Scilla bifolia), der hier hart an der Nordgrenze seiner Verbreitung anlangt.

Der **Dornheckensee** ist mit 30 m der tiefste (künstliche) See im Bonner Gebiet. Das 1956 erstmals beobachtete Auftreten der Süßwassermeduse (Craspedacusta sowerbii) sorgte für

Schlagzeilen. Das Tier dürfte durch Vögel hierher verschleppt worden sein. Die Wandermuschel (Dreissena polymorpha) hat das Gewässer bereits erobert, wie auch eine im Rheinland nicht seltene Rasse der Schlamm-Muschel (Anodonta anatina avonensis).

Die **Godesburg** in Bad Godesberg steht auf einem Basaltkegel, der ursprünglich im Vulkanschlot steckte und vom Rhein und von dem früher mächtigeren Godesberger Bach aus dem ihn umgebenden Gestein herausgearbeitet wurde.

Auch der **Lyngsberg** in Lannesdorf verdankt seine Entstehung dem Vulkanismus, wobei Alkali-Olivin-Basalt gefördert worden ist und den heutigen Berg aufbaute.

Abgesehen von der schönen Aussicht vom **Kreuzberg** achte man auf die Steinblöcke und Schotter, die der Hauptterrasse des Rheins entstammen. Beim Aufstieg von Endenich aus ist Löß vom Weg angeschnitten.

Im Tannenbusch im Bonner Norden steht eine **Sanddüne** unter Schutz. Westwinde haben sie einst aus den Ablagerungen alter Rheinarme zusammengeweht.

Der **Rodderberg** oberhalb von Mehlem ist Produkt der jüngsten vulkanischen Aktivität in unserem Raum, von der Westeifel und Laacher-See-Gebiet so nachhaltig geformt wurden.

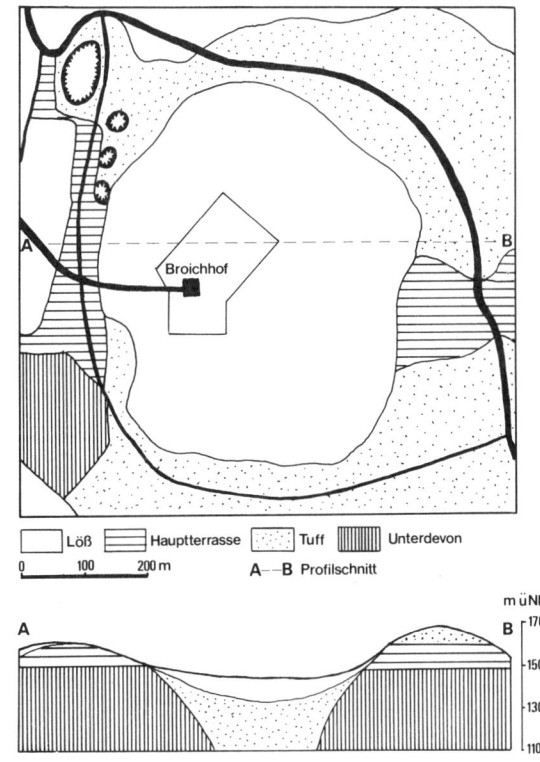

Rodderberg, geologische Karte

Erst vor etwa 11 500 Jahren kamen die Eruptionen zum Stillstand, zu einer Zeit also, da bereits vorgeschichtliche Jäger unser Gebiet durchstreiften. Geologisch gehört der Rodderberg zum Eifelvulkanismus, dessen nördlicher Ausläufer er ist. Erdgeschichtlich besteht kein Zusammenhang mit den übrigen Vulkanbauten in und bei Bonn.

Die fast kreisrunde Senke von etwa 800 m des ehemaligen Kraters erinnert auffällig an die Eifelmaare. Die Kraterböschungen sind durch Lößabdeckungen heute nicht mehr so steil wie einst, wie auch die Kratertiefe nur noch etwa 30 m gegenüber ursprünglich 50 m beträgt. Eine Lavasandgrube am Nordwestrand gewährt Einblick in die Abfolge der Förderprodukte: schwarze und rote Basaltschlacken, dazwischen Bruchstücke aus dem Grundgebirge, hellere Basalt-Tuffe, Bodenschicht. Der bizarre Felsen ist ein Basaltgang, der als glutflüssiger Schmelzgang in die Schlackenmasse eingedrungen war und dort erstarrte. Tafeln eines geologischen Lehrpfades geben zusätzliche Erläuterungen. Sie erlauben auch einen Vergleich mit dem gegenüberliegenden Siebengebirge, dessen sehr viel älterer Vulkan schon vor etwa 18 Millionen Jahren (Tertiär: Miozän) zum Erliegen gekommen ist.

Günstige Klima- und Bodenverhältnisse (Lavaverwitterung und Löß) bieten fast 200 Pflanzenarten Lebensraum. Bemerkenswert sind vor allem die Trockenrasen-Gesellschaften. Manche Vertreter der Flora sind submediterrane Arten und erreichen hier den äußersten nördlichen Vorposten ihres Verbreitungsgebietes. Leider hat der lebhafte Ausflugsverkehr manche früher noch verzeichnete Pflanze zum Verschwinden gebracht, darunter die prächtige Küchenschelle (Pulsatilla vulgaris). Weniger auffällige Arten haben da eher Chancen, von Blumenpflückern bei ihrem strafbaren Tun übersehen zu werden. Interessante Namen wären unter anderem Schmalblättriger Hohlzahn (Galeopsis angustifolia), Feld-Mannstreu (Eryngium campestre), Hügel-Meister (Asperula cynanchica).

Die Trockenrasenflora gedeiht heute nur noch auf Restflächen. Ausufernder Erholungsverkehr, Reitsport, Düngereinwehung und mangelhafte Beweidung beeinträchtigen die Entfaltung der im Rheinland selten gewordenen Vegetation und Flora.

Nur wenig jenseits der Bonner Stadtgrenze liegt südwestlich von Niederbachem der Steinbruch am **Dächelsberg**, der noch guten Einblick in die durch den tertiären Vulkanismus gestaltete Erde gewährt. Gleichzeitig mit dem Siebengebirge entstanden, sind dort aber die alten Aufschlüsse nach Unterschutzstellung (1900) langsam verwachsen und nur selten noch zu beobachten, während am Dächelsberg der Gesteinsabbau weiterging und immer wieder neue Ausbildungsformen der Basaltkörper freigelegt hat. Es handelt sich um die am Mittelrhein verbreiteten Alkalibasalte mit verschiedenen mineralischen Einsprenglingen (Olivin, Augit u. a.). Zwischen und zum Teil über den Basaltgebilden lagert verwitterter Trachyttuff.

Der ausgedehnte **Kottenforst** hat als Naherholungsgebiet außerordentliche Bedeutung und ist deshalb als »Naturpark« (gegr. 1959; seit 1978 Zweckverband mit dem Erholungspark Ville) ausgewiesen. Teile dieses »Naturparks Kottenforst – Ville« reichen bis in das Bonner Stadtgebiet. Neben seiner Erholungsfunktion besitzt er hohe ökologische Bedeutung. Es handelt sich hier um einen oft noch naturnahen Forst mit hohem Laubwaldanteil. Da der Gesteinsuntergrund stark tonhaltig ist, bilden sich allenthalben sumpfige Stellen, die der Volksmund Pfuhl, Broich oder Maar nennt, die vielfach als Laichgewässer für Amphi-

Kottenforst. Der naturnahe Maiglöckchen-Stieleichen-Hainbuchenwald ist mehrschichtig aufgebaut. Einzelne tiefbeastete Rotbuchen- und Stileichen-Überhälter (bis über 200 Jahre alt) zeugen noch heute von Mittelwald-Bewirtschaftung. In Bestandslücken absterbender oder durch Wind geworfener Bäume kommen lichthungrige Kräuter, Brombeersträucher und natürlicher Jungwuchs der Baumarten auf. (Abkürzungen: Hb = Hainbuche, Bu = Rotbuche, Ei = Stiel-Eiche, Li = Winter Linde; B1 = 1. Baumschicht, B2 = 2. Baumschicht, S = Strauchschicht, K = Bodenvegetation aus Kräutern, Gräsern, Gehölzsämlingen und Moosen)

bien dienen. Daran knüpft auch die Bezeichnung Venusberg an, die sich von ›Venn‹ (= Sumpf, Moor) ableitet.

Den Distrikt »Oberm Jägerkreuz« hat man zur »Naturwaldzelle« (19 ha) erklärt. Sie ist dem menschlichen Eingriff weitgehend entzogen und erlaubt ein Studium der Waldentwicklung. Es handelt sich vegetationskundlich um einen »Maiglöckchen-Stieleichen-Hainbuchenwald«, wie er auf staunassen Lößlehmböden (Pseudogley) stockt. Die Pflanzen der Krautschicht haben nur geringe Lichtansprüche oder wissen sich an den Belaubungsrhythmus der Bäume anzupassen. Man hat über 70 Arten von Gefäßpflanzen gezählt, denen noch Pilze und in geringer Zahl auch Moose hinzuzurechnen wären.

Von Süden her strebt bei Röttgen aus dem Kottenforst der **Katzenlochbach** dem Bonner Stadtgebiet zu und schneidet dabei die einförmige Lößlehmdecke auf, wobei die Terrassenkiese sowie älteres Gestein (Sande, Tone) freigelegt werden. Rinnsale führen zusätzlich Wasser herbei und erzeugen im Talgrund gelegentlich Versumpfungen. Zusammen mit dem bewegten Geländerelief ergeben sich so vielfältige Standorttypen und eine wechselhafte Vegetation mit entsprechender Flora. Mehr oder weniger flächenhaft ausgeprägt haben sich Quellfluren mit Bitterem Schaumkraut (Cardamine amara), Riesen-Schachtelhalm (Equise-

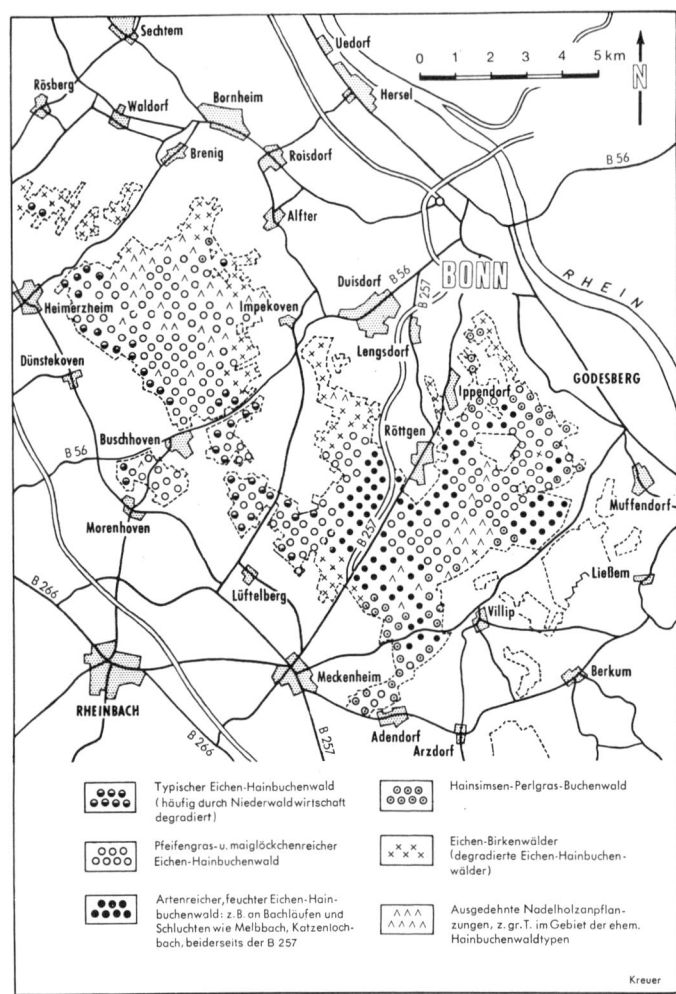

Waldgesellschaften im Naturpark Kottenforst

tum telmateja), Gegenblättriges Milzkraut (Chrysosplenium oppositifolium) und Quell-Sternmiere (Stellaria alsine), ferner verschiedene Ausprägungen der Erlenwälder sowie auf den Hängen gelegentlich Buchen- und Eichen-Hainbuchenwälder. Der im Gegensatz zu der relativ monotonen Flora des Kottenforstes reiche Artenbestand rechtfertigt einschneidende Schutzmaßnahmen für dieses Gebiet.

Das stellenweise romantisch wirkende **Melbtal** zeigt teilweise Reste eines natürlichen Auenwaldes mit der entsprechenden Begleitflora. Nahe dem Melbbad liegt ein neuer botanischer Garten, der ausschließlich Forschungszwecken dient.

Im Vorgarten des **Geologischen Instituts** der Universität, Nußallee 8, sind einige erdgeschichtlich interessante Objekte ausgestellt: ein versteinertes Stammstück eines Mammutbaumes aus der rheinischen Braunkohle (rund 25 Millionen Jahre alt), eiszeitliche Gletscherschliffe, vulkanische Produkte, Basaltsäulchen, »Gletschermühlen« und hinter dem Haus ein gewaltiger Korallenstock aus dem Devon des Bergischen Landes. – Belege zur Erdgeschichte, besonders zum tertiären Vulkanismus, im Bonner Raum zeigt auch das **Siebengebirgsmuseum** in Königswinter.

Schließlich ist auch das **Rheinische Landesmuseum** durch seine prähistorischen Funde auch für Naturfreunde von hohem Interesse.

Der **Botanische Garten** innerhalb des Schloßgrabens wurde 1819 anstelle des kurfürstlichen Barockgartens für die Universität angelegt (6,5 ha) und zählt damit zu den ältesten botanischen Gärten moderner Prägung (S. 103).

Die **Rheinaue** südöstlich des Regierungsviertels erhielt ihr jetziges Aussehen im Zusammenhang mit der Bundesgartenschau 1979. Das insgesamt 160 ha umfassende Gelände findet rechtsrheinisch seine Fortsetzung. Wenn auch nur als Freizeitanlage gedacht, kann doch die wechselvolle Bepflanzung und der Bestand an Eschen, Hainbuchen, Platanen, Roßkastanien, Stiel-Eichen oder Ulmen, können die Götterbäume oder die Pappelalleen am Rheinufer auch den Naturfreund erfreuen.

Das Naturschutzgebiet **Urfelder Weiden** zeigt noch den Gehölzgürtel, der einst auf weite Strecken den Fluß begleitete. Pappelauen, Eichen-, Hainbuchen- und gelegentlich Ulmenbestände bauen die Auenwaldreste auf. Viele Pflanzenarten haben sich angesiedelt, die aus südlicheren Gegenden durch den Rhein hierher verfrachtet worden sind. Fettwiesenareale weisen manche für das Rheinland besondere Pflanzenarten auf, wie Dornige Hauhechel (Ononis spinosa), Bunte Kronwicke (Coronilla varia) oder Hühnerbiß (Cucubalus baccifer).

Der **Entenfang** bei Wesseling mit seinen Teichen ist Überrest eines ehemaligen Rheinarmes. Sein Name rührt von seiner einstigen Bedeutung als Fangplatz für Enten, mit denen die kurfürstliche Tafel in Brühl oder Bonn beliefert wurde. Seinen heutigen Wert erhält das Areal als Brut- und Raststätte für viele und zum Teil seltene Vogelarten.

Südlich vor dem ehemaligen Schloß, der heutigen Universität, liegt der **Hofgarten,** der 1721/22 zunächst als Barockgarten französischen Stils angelegt worden war, nach dem Schloßbrand 1777 neu gestaltet und seit 1818 oft verändert wurde, so daß von den Plänen de Cottes (1720) nichts mehr übriggeblieben ist. Östlich der Adenauerallee schließt sich der **Stadtgarten** an. Beide bilden ein etwa 8 Hektar großes Parkgelände, das durch seinen Bestand an alten Bäumen mit schönen Lindenalleen darunter besticht.

Im **Kur- oder Stadtpark** von Bad Godesberg, in dem sich der Schwanenteich und die Brunnen- und Trinkhalle der Godesberger Säuerlinge (Draitschquelle, Obere- und Kurfürstenquelle) befinden, kann man gleichfalls einen prächtigen Baumbestand bewundern. Unter anderem wachsen hier mächtige Zypressen, Libanonzedern, Mammutbäume und der seltsame Ginkgobaum.

Im **Redoutenpark** fallen Rot- und Blutbuchen und kalifornische Roßkastanien mit merkwürdig zerschlissenen Blättern besonders auf. Im Redouten- und Schloßpark überrascht aber vor allem der Reichtum an empfindlichen Kleingehölzen, die man in diesen Breiten kaum erwarten würde. Das milde atlantische Klima, das Fremde manchmal als drückend empfinden, im Verein mit der geschützten Lage Godesbergs im Südzipfel der Köln-Bonner Bucht, erlaubt solchen Pflanzen Wachstum und Gedeihen: Agaven, Oleandern, Bananen, Orangen und Gummibäumen aus südlichen Florenbezirken, Schneekirschen oder Zaubernüssen aus dem Fernen Osten.

Die **Brühler Schloßparks** von Augustusburg und Falkenlust sind in ihren Waldteilen und der sie verbindenden Allee Naturschutzgebiet (seit 1972). Die Art und Weise, wie der Mensch hier durch Jahrhunderte hinweg immer wieder andere Ansprüche an die Natur gestellt hat, ließ ein eigenartiges Areal entstehen, das gleichermaßen künstlich wie natürlich ist. Etwa 70 verschiedene Arten von Wald- und Parkbäumen sind registriert, die von einer artenreichen Bodenflora begleitet werden. Entsprechend vielgestaltig ist die Tierwelt, darunter über 50 Brutvogelarten. Das Bemühen des Naturschutzes geht dahin, einen möglichst naturnahen Wald aufzubauen, ohne dabei historisch bedeutsame Gartenensembles substantiell anzutasten. Deshalb sind Rotbuchen-Eichen-Hainbuchen-Mischwälder begründet worden, zwischen denen sich Ulmen- und Roßkastanienbestände erstrecken.

In diesem Zusammenhang muß noch einmal der **Alte Friedhof** genannt werden, der (S. 89) in seiner Verbindung zur Stadtgeschichte ausführlich behandelt wurde. Es ist der Bestand an durchweg über hundert Jahre alten Bäumen, der ihn auch dendrologisch bemerkenswert macht. Genannt seien die Eiche aus Rügen auf dem Grab von Ernst Moritz Arndt, die Wellingtonie bei den Gräbern Benekendorf, die Blutbuchen bei der Kapelle, am Johannis- und Feckenkreuz sowie die Platanen und Ulmen im äußeren Westteil. Die Anpflanzungen mögen ein spätes Echo auf Rousseau sein.

Auch die anderen alten Friedhöfe Bonns besitzen wie der Alte Friedhof Grabstätten von bedeutenden Naturforschern. Hier seien nur die wichtigsten genannt. Auf dem alten Poppelsdorfer Friedhof ruht der bedeutende Geologe Hans Cloos (1880–1951), dem die Stadt Königswinter eine Gedenktafel am Drachenfels unterhalb der Burgruine gewidmet hat, um damit seinen wichtigen Beitrag zur Erforschung des Siebengebirges zu würdigen. Cloos beschäftigte sich unter anderem mit der »Architektur der Erdkruste«, veranschaulichte in Experimenten Grabenbrüche, wie sie bei der Entstehung des Rheintales angenommen werden, und rekonstruierte das ursprüngliche Aussehen des Drachenfelses. Berühmt ist sein »Gespräch mit der Erde« geworden, das er in einem gehaltreichen Buch dieses Titels geistvoll führte.

Hier liegt auch August Kekulé von Stradonitz begraben, dessen wir oben bereits gedachten. Sein Grab ziert ein lorbeergeschmücktes Medaillon. Ferner sind zu nennen der Geograph und Gründer der Norddeutschen Seewarte Wilhelm von Freeden (1822–1894) und der Geologe Gustav Steinmann (1856–1929), dessen Grabstein im Urnenhain mit zwei gekreuzten Hämmern und einem Goethezitat versehen ist. Auf dem liegenden Grabstein von Georg August Goldfuß liest man: »Thu nur das Rechte in deinen Sachen, das andere wird sich von selber machen.« Der Zoologe und Paläontologe war in Bonn Professor und Direktor des Naturhistorischen Museums.

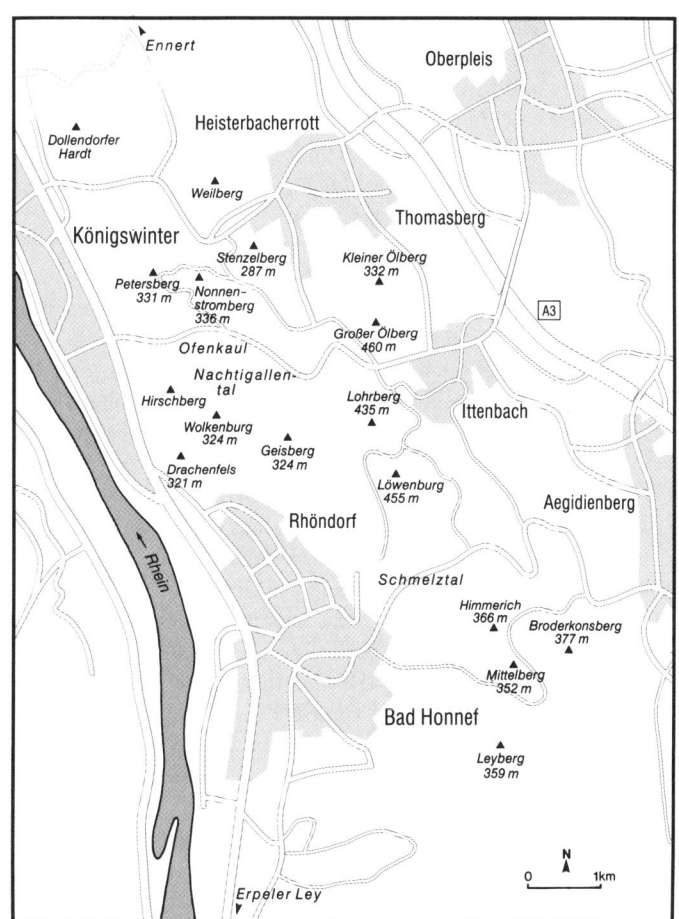

Siebengebirge, Übersicht über die wichtigsten Berge

Eine im höchsten Maße angemessene Grabstätte hat der Mineraloge Hugo Laspeyres (1836–1913) auf dem **Bergfriedhof Kessenich** gefunden. Von seinem Grab genießt man einen schönen Ausblick zum Siebengebirge, dessen Vulkangestein mit den vielfältigen mineralischen Einschlüssen ein großer Teil seiner Forschungen galt.

Sehr weit zurück in die Vorgeschichte der Naturwissenschaften versetzt uns ein Besuch in der **Kirche zu Vilich** (S. 204), deren gotischen Kapitele zu den ältesten naturalistischen Pflanzendarstellungen im mittelalterlichen Rheinland gehören. Ähnliche kennt man aus dem Kölner und dem Altenberger Dom.

In Bonn haben auch mehrere naturkundliche Vereine und die großen Naturschutzverbände ihren Hauptsitz. Außer dem bereits genannten Naturhistorischen Verein der Rheinlande und Westfalens gibt es den Deutschen Naturschutzring in Oberkassel als Dachorganisation für etwa neunzig Naturschutzverbände sowie die Bundesforschungsanstalt für Naturschutz und Landschaftsökologie in Bad Godesberg.

Alexander von Humboldt empfand das **Siebengebirge** als achtes Weltwunder. Hier »sind auf engem Raum fast alle Kräfte und Vorgänge vereinigt, die am Aufbau der Erdkruste arbeiten«, schreibt der Geologe Hans Cloos. Im engeren Sinne umfaßt das Siebengebirge nur die Berge zwischen Dollendorf im Norden und dem Honnefer Graben im Süden. Es sind dies nicht etwa sieben, sondern ungefähr vierzig Gipfel. Eine der möglichen Deutungen des Namens wird von dem Wort ›Siefen‹ (= schluchtartiges Tälchen) abgeleitet.

Die devonischen Gesteine bilden den Sockel der Vulkanbauten. Diese entstanden im Tertiär während insgesamt vier Eruptionsphasen. Gewaltige Mengen von Trachyttuffen wurden aus den Schloten geschleudert, die den Schiefer- und Grauwackenboden durchschlagen hatten. Sie breiteten sich als mächtiger Mantel über die Erdoberfläche. Glühendes Magma stieß nun in Subvulkanen nach, blieb aber weitgehend im dicken Tuffmantel stecken. Bemerkenswert ist die Reihenfolge, in der die Gesteinsschmelzen im Tuff erscheinen. Die ersten Eruptionen im Oligozän förderten Trachyt, der in Form von Staukuppen erstarrte. Dann folgten während des Miozäns in geringerer Menge Andesit sowie Basalt.

Die Vulkanite liegen in zahlreichen Varianten vor, so etwa Basalt auch als Basalttuff. Ebenso wechselt der Mineralbestand der Gesteine stark. Unter den geläufigeren seien nur Hornblende, Olivin, Plagioklas und Sanidin genannt, weiterhin Grüner Glimmer, Opaljaspis, Sillimanit und schwarzer Turmalin.

Wirtschaftliche Bedeutung erhielten die Ablagerungen von Kupfer und seinen Verbindungen (Kupferkies, Malachit, Cuprit, Kupferlasur) sowie Bleiglanz und Zinkblende. Die mineralischen Einschlüsse sind meist klein. Letzte Erinnerung an die einstige vulkanische Aktivität dieses Raumes mögen die subthermalen Säuerlinge wachhalten. Der auf der Rheininsel Grafenwerth wurde 1938 erbohrt.

Die jetzige Oberflächengestalt erhielt das Siebengebirge durch Erosionsvorgänge während des Pleistozäns, wobei die härteren Lavagesteine sich erst bei der Abtragung des Tuffs aus dem Boden schälten. Lediglich am Fuß oder in den mittleren Teilen der Kuppen blieb die Tuffdecke mehr oder weniger erhalten. In dieser Zeit suchte und grub sich der junge Rhein sein Bett. Die Seitenflüsse des Stromes folgten in etwa diesem Prozeß und schufen die heutigen Engtälchen zwischen den Hügeln. Angesichts der Bodenschätze war es nur eine Frage der Zeit, bis das Siebengebirge wirtschaftlicher Ausbeutung zum Opfer gefallen sein mußte. Der drohende Einsturz des Drachenfelses rief staatliche und private Initiativen auf den Plan. Der Berg wurde 1836 wohl das erste in Deutschland amtlich ausgewiesene Schutzgebiet. Seit 1869 gelang es dem damals gegründeten Verschönerungsverein für das Siebengebirge bis heute über 800 ha anzukaufen; so wurden etwa 4,5 km^2 zum Naturpark erklärt, wovon 4,2 km^2 unter Naturschutz stehen.

Das unterschiedliche Ausgangsgestein hat im Siebengebirge und seiner Umgebung ein buntes Bild sich abwechselnder Bodentypen hervorgebracht. Am meisten verbreitet sind Braunerden.

Ähnlich bedingt das Relief eine Reihe von Kleinklimaten, angefangen bei den heißen und trockenen Steilhängen im Rheintal bis hin zu den feucht-kühleren ›Siefen‹. In diesem Zusammenhang ist erwähnenswert, daß bei Oberdollendorf die nördliche Grenze des Weinbaues in Deutschland erreicht wird, der früher bis über Beuel hinaus und an der unteren Sieg bekannt war.

Vom Parkplatz am **Weilberg** geht ein bezeichneter Fußweg zum ehemaligen Steinbruch, wo Tafeln nähere Erläuterungen geben. Der Einschnitt des Weges läßt das vulkanische Profil erkennen, hier vor allem wechselnd geschichteter Trachyttuff, der an mineralischen Einschlüssen Plagioklas, Sanidin, Magnetit, Biotit (Lepidomelan), Augit und andere aufweist. Der Bruch mit seinen schönen Basaltsäulen zeigt, wie im mittleren Tertiär Lava in den Tuff eindrang und ihn in der Kontaktzone rötlich brannte. Eine zweite Eruption durchsetzte gangartig die ältere Lava, ehe sie sich trichterförmig im Tuff ausbreitete. Roter Grenztuff findet sich auch auf der Sohle des Aufschlusses und am Weg.

Auf der anderen Straßenseite liegt ein Parkplatz, von dem man zum **Stenzelberg** gelangt, der aus Latit aufgebaut ist. Charakteristisch für das Gestein des Berges sind einzelne Teile mit schaligen Absonderungen, die industriell nicht genutzt wurden und als bizarre Türme zurückblieben. Zahlreiche Einsprenglinge bewirken die körnige Struktur des Latit. Es sind vor allem Plagioklas und Sanidin.

Elsbeerenreiche Laubmischwälder bedecken Teile des **Nonnenstrombergs**. Der Aufstieg empfiehlt sich von der Petersberg-Straße aus, wobei sich beim Übergang vom Tuff zum Basalt der Wechsel der Vegetation beobachten läßt. Aus dem Artenreichtum seien hervorgehoben: Wirbeldost (Satureja vulgaris), Lungenkraut (Pulmonaria officinalis); weiter südlich: Berg-Hartheu (Hypericum montanum), Vogel-Nestwurz (Neottia nidus-avis), Süßholz-Tragant (Astragalus glycyphyllos).

Ungefähr gegenüber der Einmündung der Straße zum Petersberg auf die Landstraße zwischen Königswinter und Ittenbach befinden sich die **Ofenkaulen**. Ausgedehnte künstliche Höhlen zeugen von dem einstigen Abbau des Trachyttuffs als Material zum Bau von Backöfen. Das Begehen der durch Sickerwasser bedrohten Höhlen ist nur unter ortskundiger Führung vertretbar und erlaubt! Dank ihrer gleichmäßigen Temperatur und hohen Luftfeuchtigkeit waren die Ofenkaulen als Winterquartier für Fledermäuse bekannt.

Vom Parkplatz Margaretenhöhe sollte man zunächst den basaltischen **Ölberg**, mit 460 m die höchste Kuppe des Siebengebirges, besteigen. Von hier aus hat man an klaren Tagen eine hervorragende Aussicht auf Bonn, gelegentlich auch bis Köln. Durch die Wegemarkierung ist der südlich gelegene **Lohrberg** nicht zu verfehlen. Er liegt innerhalb einer Kette von Trachytbergen, die sich oberflächlich vom Drachenfels bis zur Perlenhardt erstreckt. Der Steinbruch am **Nasse-Platz** schneidet den hier auf Trachyttuff liegenden Trachyt an. Im Tuff fallen Reste aus dem Devongestein auf, im Trachyt die Sanidin-Tafeln. Daneben tauchen weißliche Aggregate von Plagioklas auf.

Südlich des Lohrbergs erhebt sich die **Löwenburg**. Von der Ruine auf dem Berg hat man einen ausgezeichneten Überblick. Der Gipfel besteht im wesentlichen aus Nephelin-Latit. Folgt man dem Weg südöstlich aufwärts, so sieht man stellenweise den durch hohen Gehalt an Hornblende dunkelgrauen Nephelin-Trachyt. Der reizvolle Wanderweg vom Löwenburger Hof am Fuß des Berges westwärts durch das Rhöndorfer Tal berührt noch weitere anstehende Vulkanite des Löwenburgkomplexes.

Der Buchenhochwald der Löwenburg, der reich mit Wald-Schwingel (Festuca altissima) vergesellschaftet ist, zeugt vom montanen Charakter der Vegetation. Sie hat Standorte der Zwiebel-Zahnwurz (Dentaria bulbifera). Im Wald stehen reichlich Eschen und Ulmen. Der montane Charakter der Vegetation verliert sich deutlich beim Abstieg, nicht zuletzt beim Übergang von Dolerit-Basalt zum Tuffmantel am Bergfuß mit seinem an Hainsimsen reichen Buchen-Eichen-Hochwald. Am Gasthof steht eine dichte Stechpalme (Ilex aquifolium).

Südwestlich Ittenbach, etwa 50 m westlich des Parkplatzes, befindet sich ein kleiner Steinbruch an der **Perlenhardt**. Im Gestein treten kleine Kristalle von Tridymit auf.

Der Trachyt des **Drachenfelses**, genauer Quarztrachyt und latitischer Quarztrachyt, wurde seit der Römerzeit als Baumaterial hochgeschätzt, das erst in der umweltverschmutzten Gegenwart seiner Anfälligkeit wegen bedeutungslos geworden ist, wie man an zerbröckelnden Teilen des Kölner Domes sehen kann. Im natürlichen Fels der Burgruine und deren Mauerwerk ist der Trachyt mit seinen typischen Sanidin-Einsprenglingen, die zum Teil recht groß (ca. 4 cm) werden, gut zu erkennen. Da die tafeligen Kristalle im Berg durchlaufend parallel angeordnet auftreten, konnte die ursprüngliche Form der Kuppe rekonstruiert werden. An den Steilhängen bildet die Felsenbirne (Amelanchier ovalis) einen gebüschartigen Bewuchs.

Vogelfreunde fesselte gelegentlich am Drachenfels das Vorkommen der Zippammer. Ob die seltene Ammer an diesem nördlichen Punkt ihrer Verbreitung auch nistet, konnte nicht festgestellt werden. Überraschend ist, daß an der Ruine angeblich schon einmal Mauerläufer beobachtet wurden – alles Indizien für die zoogeographische Grenzlage des Gebietes!

Etwa einen Kilometer westlich vom Drachenfels liegt die **Wolkenburg.** Auch dieser wenig besuchte Berg zeigt wie die vorigen Spuren des früheren Bergbaus. Das Gestein, Quarz-Latit, erinnert an das des Stenzelbergs, besitzt aber einen Sanidin-Gehalt von der Größenordnung des Drachenfelser Trachyts. Plagioklas und Hornblende liegen als einzige unter den mineralischen Anteilen in größeren Einzelstücken vor.

Die Schutthalden sind ergiebiges Beobachtungsgebiet, was Felsenspringer (Machilidae), Fliegen, Spinnen und andere Kleintiere angeht. Die Insekten-Fauna, besonders die der Käfer, spiegelt deutlich den Einfluß der geographischen Lage und landwirtschaftlichen Struktur des Gebietes wider und zeigt neben gemeinen Arten auch atlantische, kontinentale, mediterrane und boreale Vertreter. An der Wolkenburg befinden sich schwer zugängliche Standorte submediterraner Felsenheide, ähnlich wie an der Rabenley.

Empfehlenswert ist, vom Drachenfels oder der Wolkenburg aus durch das **Nachtigallental** nach Königswinter zu gehen. Abgesehen von dem landschaftlichen Reiz trifft man dort auf das unterdevonische Gestein, das oberflächlich zu Graulehm verwittert. Im Rhöndorfer Tal gibt es Fragmente eines Schluchtwaldes. Sonst begleiten den Bach Erlen- und Eschenwäldchen. Als Folgestadium stockt in höherer Lage, etwa über der Kühlsbrunnen-Halde, perlgrasreicher Eichen-Hainbuchen-Wald; aus der Artenvielfalt seiner Krautschicht sei nur die Berg-Flockenblume (Centaurea montana) genannt. Berühmt waren die Lößwiesen des Talgrundes, aus denen menschliche Unvernunft leider manche Seltenheit verdrängt hat.

Der **Leyberg** liegt im weniger bekannten Südteil des Naturparks Siebengebirge und ist noch weit unberührter als andere Hügel. An seinem Nordhang wachsen stellenweise Siebenstern (Trientalis europaea), Zweiblättrige Waldhyazinthe (Platanthera bifolia), Geflecktes Knabenkraut (Dactylorhiza maculata) und die Arnika (Arnica montana). In Buchenbeständen kann gelegentlich die Zwiebel-Zahnwurz (Dentaria bulbifera) gefunden werden. Am Berghang sind Große Sternmiere (Stellaria holostea) und Echte Nelkenwurz (Geum urbanum) recht häufig. Wald-Bingelkraut (Mercurialis perennis) tritt mitunter massenhaft auf, vereinzelt Nickendes Leimkraut (Silene nutans). Unter den Sträuchern fallen Elsbeere (Sorbus torminalis) und Geißblatt (Lonicera periclymenum) auf, an Felsen Nördlicher Streifenfarn und Milzfarn (Asplenium septentrionale und A. trichomanes).

Das **Schmelztal** leitet seinen Namen von dem früheren Erzabbau her. Die Halden der Grube Johannisberg markieren die Stelle, wo (damals) abbauwürdige Erzadern mit Blei, Zink und Kupfer das Tal nordsüdlich queren. Das Metall wurde am Ort gewonnen, die zur Verhüttung nötige Holzkohle aus den Meilern der Wälder herbeigeführt (»Kohlstraße«).

Recht angenehm ist eine Wanderung durch das vom Schmelztal abzweigende Einsiedlertal und über die Hänge des Schellkopfs. An manchen Stellen des Bachbetts sind Quellfluren ausgebildet. In den Erlen-Eichen-Wäldchen wachsen die Große Segge (Carex pendula) und sogar die seltene Schlanke Segge (C. strigosa), die dort die Ostgrenze ihrer Verbreitung erreichen dürfte.

Ein ausgedehnter Fußweg führt von Bad Honnef westwärts zu den Andesit-Kuppen von **Himmerich, Mittelberg** und **Broderkonsberg.** Letzterer besitzt oberoligozäne Quarzit-Lagerstätten, die von etwas Tuff begleitet werden. Im Nord- und Südwesthang der Berge liegen Quarzitfindlinge. Das Hauptgestein der Kuppen ist häufig von Basaltdurchbrüchen geringen Umfangs durchsetzt. Der Latit des Himmerich ist pfeilerförmig ausgebildet und erinnert an die entsprechende Absonderungsform beim Basalt.

Literarisches Bonn
Detlev Arens

> Dicea: »La Melb ha foce
> nel Reno, sai? Di fronte
> hai di Venere il monte
> e il monte della Croce.
>
> Nessun dei due t'adeschi!
> Qua il fuoco e lí la cenere:
> la Croce accanto a Venere.
> Filosofi, i Tedeschi!«
>
> (Luigi Pirandello, Melbthal)

»Sie sagte: ›Die Melb mündet / in den Rhein, weißt du? Gegenüber / hast du den Venusberg, und den Kreuzberg. // Keiner von beiden verlocke dich! / Hier das Feuer und dort die Asche:/ das Kreuz neben Venus. / Philosophen, diese Deutschen!‹« (Übersetzung Willi Hirdt) – Das Gegenüber von Kreuz- und Venusberg als Paradigma teutonischen Tiefsinns, während das Weltkind in der Mitte durchs Melbtal wandelt: Auch so kann eine Örtlichkeit in die Literatur eingehen. Wie selbstverständlich setzt Pirandellos Spiel mit den Namen voraus, daß es sich hier, wo schon Geländeformen Bedeutungsträger sind, um Kulturlandschaft handelt. Und daß dem Autor, der im zitierten Gedicht seine Liebe zu einer Bonnerin besingt, die viel eher poesie- denn philosophieträchtige Opposition sehr zupaßkommt, sollte keineswegs verwundern. Eher läßt sich fragen, warum niemand sonst auf die naheliegende Idee kam, sich in dieser Umgebung als anderen Tannhäuser zu stilisieren. Der Einfall wenigstens wäre eines Heinrich Heine nicht unwürdig gewesen.

Die Verse Pirandellos sind nur ein, wenn auch besonders originelles Beispiel für ›Bonn in der Literatur‹, den einen Aspekt unseres Themas. Immerhin haben Dichter die Stadt so häufig zum Gegenstand ihrer Werke gemacht, daß sich unmöglich alle Belege präsentieren lassen. Und auch was den anderen Aspekt, nämlich die ›Literaten in Bonn‹ angeht, muß auf Vollständigkeit verzichtet werden. Wer alle Poeten würdigen wollte, die hier lediglich ein oder zwei Semester die Universität besuchten, würde bald vor der gewaltigen Stoffülle kapitulieren.

Doch wäre das ›Literarische Bonn‹ ohne die wissenschaftliche Hochschule nicht vorstellbar, obgleich seine – gewiß bescheidenen Anfänge – denen der Universität etwas vorausliegen. Seit 1760 artikuliert sich hier eine bürgerliche Öffentlichkeit; die für sie wichtigste Publikation jener Jahre, Friedrich Gottlieb Klopstocks *Deutsche Gelehrtenrepublik* (1774) subskribieren in Bonn siebzehn Abnehmer (in Köln ganze zwei). Schon 1763 erscheinen die *Bönnischen Anzeigen von gelehrten Sachen, Staatsbegebenheiten und vermischten Neuigkeiten,* um 1780 geben Residenzstadt-Poeten erstmals selbstverfaßte Gedichte heraus. Und natürlich ließen auch Arbeiten Bonner Professoren die Zahl der Druckerzeugnisse ansteigen.

Solche Zunahme schriftstellerischer Aktivitäten vollzog sich unter dem Horizont der Aufklärung. Als die Universität 1786 feierlich eröffnet wurde, sollte sie nach dem erklärten Willen des Kurfürsten Max Franz von Österreich den Ideen dieser Bewegung verpflichtet sein; nicht zuletzt deshalb hatte ihr Kölner Pendant, damals ein Hort der Reaktion, gegen die Gründung erbittert protestiert.

Der erste Bonner Rektor hieß Bonifaz Anton Oberthür; ihn hatte der geistliche Landesherr ein Jahr vorher mit der Aufgabe betraut, das Schulwesen seines Territoriums grundlegend zu erneuern. Oberthür gehörte dem Illuminatenorden an, einem freimaurerischen Geheimbund, der das Licht der Vernunft zunächst nur im Schutz der eigenen, streng abgeschirmten »Minervalkirchen« leuchten lassen wollte. Der Bonner Zweig wirkte indessen nicht nur hinter verschlossenen Türen, sondern suchte auch öffentlichen Einfluß zu nehmen. Allerdings mußte die von ihm herausgegebene Zeitschrift *Beiträge zur Ausbreitung nützlicher Kenntnisse* ihr Erscheinen bald wieder einstellen.

Als die Obrigkeit den Orden entdeckte und sofort verbot, suchten viele ehemalige Illuminaten nach neuen Wegen und Organisationsformen, die ihnen weiterhin den Kampf für bürgerliche Freiheiten und sozialen Fortschritt erlaubten. Wie an manchen anderen Wirkungsstätten des Ordens, etablierte sich auch in Bonn eine sogenannte Lesegesellschaft (Lesekabinett), und neun ihrer dreizehn »Stifter« waren zuvor Mitglieder des Geheimbundes. Die Lesegesellschaft sollte überall dort Einspruch erheben, »wo Ausschweifung und Zügellosigkeit jeder Art den heiligen Namen der Aufklärung entweihen, wo Scheintugend im Schmucke der wahren Rechtschaffenheit erscheint, (...) wo noch immer das Vorurteil seinen verderblichen Szepter über die Häupter der Nationen schwingt, wo blinder Aberglaube den wohltätigen Strahlen der Vernunft den Zugang verschleußt, wo Anarchie und Despotismus die Grenzen der Freiheit streitig machen«.

Ihr Ziel sah die Gemeinschaft erreicht, »wenn durch unsere Mitwirkung die Vernunft in ihre eigentümlichen Rechte eingesetzt, die Sphäre der Wahrheit erweitert, (...) wenn jeder Mensch das wahre Interesse seiner Existenz kennen und fühlen lernt (...) und wenn endlich derjenige Grad von Einsicht, den jeder zu seiner individuellen Bestimmung nötig hat, herrschend wird«. Auch dieses ehrgeizige Programm sollte durch die Herausgabe eines Journals gefördert werden, der Plan kam indessen nie zur Ausführung. Doch wie immer, die Lesegesellschaft war ein politisches Forum, und die Auseinandersetzung mit Literatur im weitesten Sinne diente als Vehikel der gesellschaftlichen Emanzipation. Übrigens existiert die »Lese« noch heute, aber hier findet sich längst nicht mehr die soziale Avantgarde zusammen.

Mitglied der Lesegesellschaft war seit dem 2. Mai 1789 Eulogius (eigentlich: Johann Georg) Schneider, sicher die schillerndste Figur jener bewegten Bonner Jahre. Er hatte an der hiesigen Universität den Lehrstuhl für Schöne Wissenschaften, also Literatur und Dichtkunst, inne, ein großer Ruf als rhetorische wie auch schriftstellerische Begabung eilte ihm voraus. Während sich bald erwies, daß seine Redegewalt in der Residenzstadt tatsächlich keine Konkurrenz fürchten mußte, erschien sein mehrmals angekündigter Gedichtband erst

1790. Er stellt, das läßt sich heute sagen, dem poetischen Talent des Autors nur ein mäßiges Zeugnis aus, enthielt indessen Verse, die wegen ihres Inhalts viel Aufsehen erregten: »Kein Federzug, kein: Dies ist unser Wille, / Entscheidet mehr des Bürgers Los. / Dort lieget sie im Schutte, die Bastille, / Ein freier Mann ist der Franzos!« Daß der Aufstand eines Volkes gegen seine gottgewollte Regierung derart hochgestimmt (und unter so souveränem Umgang mit den Endreimen) begrüßt wurde, konnten auch die aufgeklärtesten Förderer Schneiders nicht hinnehmen. Zwar ließ es der Kurfürst einstweilen noch bei einem Verkaufsverbot und scharfem Tadel bewenden, als sich der gewesene Franziskaner jedoch immer mehr radikalisierte, erzwang der Landesherr seinen Abschied. Schneider geht nach Straßburg, wo ihn das Jahr 1793 als öffentlichen Ankläger beim Revolutionstribunal sieht. Im Dezember holt er seine Braut an die neue Wirkungsstätte, wegen des dieserhalb getriebenen Aufwands zeigen ihn seine Widersacher an, Schneider wird verhaftet und endet am 1. April 1794 unter dem Fallbeil ...

Noch stärker als Ende des 18. Jahrhunderts ist das ›Literarische Bonn‹ zur Zeit der Romantik mit der Hochschule verbunden gewesen, nun mit der 1818 neu eingerichteten ›Preußischen Rhein-Universität‹, die ab 1828 den Namen ›Rheinische Friedrich-Wilhelms-Universität‹ trug. Um durch »den Glanz seines Namens dieser Universität einen herrlichen Aufschwung zu geben«, hatte Staatskanzler Karl August von Hardenberg den weithin bekannten Propagandisten der Romantik, August Wilhelm Schlegel (1767–1845), nach Bonn berufen. Der ältere der beiden Schlegel-Brüder hatte mit seinen Wiener Vorlesungen ›Über dramatische Kunst und Literatur‹ (1808) einem breiteren Publikum den Begriff Romantik überhaupt erst anschaulich werden lassen, darüber hinaus als fulminanter Shakespeare-Übersetzer den deutschen Bühnen diesen bedeutendsten Dramatiker der Weltliteratur erschlossen. Daß ein solcher Mann die akademische Jugend anziehen mußte, stand außer Frage.

»Er ging selten über die Straße, meist ritt er und trug deshalb Sporen, oder er fuhr sogar in das Colleg in seiner gelben, den Bonnern höchst auffälligen Kalesche. Im modernsten Pariser Anzuge, mit Glacéhandschuhen und ganz parfumiert von guter Gesellschaft und eau de mille fleurs, aber die Zierlichkeit und Eleganz selbst, bestieg er das Katheder, sein Diener in der freyherrlichst Schlegelschen Hauslivrée schritt ihm mit zwei silbernen Armleuchtern, in denen Wachskerzen brannten, voraus und blieb während der Vorlesung zur Seite des Herrn stehen, um die Wachslichter zu putzen.« So beschreibt Heinrich Heine seinen einstigen Mentor, und in diesen Zeilen hallt auch der Spott wider, mit dem damals nicht wenige Bonner und manche seiner Kollegen den zweifellos pfauenhaft eitlen Professor bedachten. Aber in seinen Vorlesungen saß zuweilen über die Hälfte der damaligen Studentenschaft, Schlegels teilweise erhaltenen Manuskripte zeugen von rastloser Tätigkeit.

Als jedoch im Gefolge der Karlsbader Beschlüsse die staatliche Repression immer unerträglicher wurde, war selbst der konservative »Chef der Romantiker« (Heine) zur Aufgabe seiner Lehrtätigkeit gesonnen. Er schrieb nach Berlin, daß es ihm unter den gegenwärtigen Umständen an der nötigen Heiterkeit und Gemütsruhe fehle, seine Kräfte ferner dem öffentlichen Unterrichte zu widmen. Nur die Zusicherung, er werde künftig das »Studium des

Heinrich Heine. Radierung von Ludwig Grimm, 1827

◁ *August Wilhelm von Schlegel. Stahlstich von Carl Meyer, um 1840*

Sanskrit und der indischen Literatur« ganz zurückgezogen betreiben können, ja sogar eine indische Druckpresse wolle man ihm stellen, bewegte den renommierten Gelehrten zur Rücknahme seines Entlassungsgesuchs. Fortan steht also die indische Philosophie im Mittelpunkt seiner wissenschaftlichen Arbeit, nach seinen Shakespeare-, Calderón- und Dante-Übersetzungen ediert er textkritische Ausgaben der Bhagawadgita sowie des Ramajana. Außerdem gibt er eine eigene Zeitschrift, die *Indische Bibliothek,* heraus, veröffentlicht Beiträge im Pariser *Journal Asiatique.* Nicht wenige seiner prominenten ausländischen Besucher während dieser Zeit verdankt Bonn dem »ersten deutschen Brahminen«.

Und trotz aller Distanziertheit kümmert er sich doch um die Belange der Stadt, spielt eine ganz wesentliche Rolle beim Aufbau des »Königlich Rheinischen Museums Vaterländischer Altertümer« (des heutigen Rheinischen Landesmuseums), läßt sich sogar in den Rat wählen. Daß er dort 1825, seiner romantischen Affinität zum Mittelalter ungeachtet, für den Abriß des Cölntors stimmt, erscheint zumindest aus heutiger Sicht völlig unverständlich.

Schlegels Veranstaltungen besuchten unter anderen auch August Heinrich Hoffmann von Fallersleben und Adele (Adelaide) Schopenhauer, die Schwester des Philosophen. Für keinen anderen Hörer aber dürfte das Zusammentreffen mit dem »Chorführer der neuen Schule« wichtiger gewesen sein als für den schon zitierten Heinrich (damals noch: Harry) Heine. Der gebürtige Düsseldorfer verdankt – so jedenfalls sein Biograph Franz Futterknecht – August Wilhelm Schlegel seine »romantische Erleuchtung« und »Ernennung zum Dichter«. Tatsächlich hat der Professor die Poeme seines Hörers intensiv gelesen und korrigiert, ihm vor allem auf dem Gebiet der Metrik gründliche Kenntnisse vermittelt. Heine eignete ihm drei Sonette zu, eines davon steht im *Buch der Lieder;* es feiert den Angesprochenen als Erneuerer: »(...) bei deinem Gruße / Aufwachte lächelnd Deutschlands echte Muse«. Selbst Heines späteres Werk *Die Romantische Schule*, das ja eine außerordentlich böse Charakterisierung Schlegels gibt, spricht dem einstigen Mentor gewisse Verdienste keineswegs ab.

Nur ein Jahr hat Heine die Bonner Universität besucht, doch nicht von ungefähr widmen die Biographen dieser kurzen Zeit meist ein eigenes Kapitel. Es war das erste Hochschul-Jahr des Dichters, und es fiel in die Anfangsphase einer offen betriebenen Restaurationspolitik. Der preußische Staat versuchte jede freiheitliche Regung an den Universitäten zu unterdrücken, die Ermordung August von Kotzebues durch den Theologiestudenten Karl Ludwig Sand hatte den willkommenen Anlaß für das Verbot der Burschenschaften gegeben. Jeder preußischen Universität wurde eigens ein Richter beigeordnet, er übte die akademische Disziplinargewalt aus. Der Bonner hieß Mittermaier und lud Heine am 26. November 1819 vor, weil ihm der Student als Teilnehmer eines Fackelzuges gemeldet worden war, der zum Jahrestag der Völkerschlacht bei Leipzig stattgefunden hatte. Heine wußte den Fragen des Inquisitors listig auszuweichen, doch blieb ihm diese erste Konfrontation mit der Staatsmacht stets in Erinnerung.

Während Heines Bonner Jahr entstanden einige Gedichte, das bekannteste trägt den Titel *Die Nacht auf dem Drachenfels* und thematisiert ein dort veranstaltetes Fest der Burschenschafter. Deren nationales Pathos wird übrigens schon hier ironisiert: Der hehren Feier folgt die Erkältung auf dem Fuß. Im Sommer 1820 zieht sich Heine nach Beuel zurück, hier beginnt er die Verstragödie *Almansor*, mit der er ebensowenig reüssieren sollte wie mit seinen anderen Stücken. In Beuel entsteht auch seine erste veröffentlichte Auseinandersetzung mit der Romantik, die »einer kleinen Programmschrift gleichkommt« (Gerhard Höhn).

Die freundlichsten Erinnerungen aber hat der Dichter an Godesberg bewahrt. Im *Buch Le Grand (Reisebilder, Zweiter Teil)* gedenkt er dieses Städtchens (»das Abendgeläute von Königswinter verhallte, der Rhein murmelte leiser«), und noch in seiner Pariser »Matratzengruft« erscheint ein Plittersdorfer Gasthaus als schmerzlich-schönes Bild. So beschwört er das Gedicht 12 der *Lamentationen (Nachgelesene Gedichte 1845–1856*, III. Abteilung): »Das Städtchen, das mir im Sinne schwebt, / Ist Godesberg, ich denke. / Dort wieder unter dem Lindenbaum / Sitz ich vor der alten Schenke.// (...) Ich sah hinauf nach dem Drachenfels, / Der, hochromantisch beschienen / Vom Abendrot, sich spiegelt im Rhein / Mit seinen Burgruinen«. Sogleich aber bricht der – realistische – Doppelgänger (ein typisches Heine- und ein Todesmotiv) in diesen Tagtraum ein, hält die Wirklichkeit »einer Krankenstube des fernen Paris« gegen das trügerische Idyll. Und wohl kaum ein Leser wird ohne Ergriffenheit den komisch-verzweifelten Kampf des gesunden gegen das kranke Ich verfolgen, an dessen Ende nicht der junge Harry einen Pokal Rheinwein trinken wird, sondern der todgeweihte Heinrich seine Medizin: »Auch von der Mixtur – ein Eßlöffel voll – / Zwölf Tropfen stündlich in jeden.«

Während seiner Bonner Zeit besuchte Heinrich Heine auch die Vorlesungen Ernst Moritz Arndts, der von allen Professoren der Rhein-Universität am meisten unter der reaktionären preußischen Politik zu leiden hatte. Heine griff ihn später wegen seiner Deutschtümelei (in Tateinheit mit Franzosenhaß) scharf an, die Staatsmacht sah Arndt damals jedoch nur als entschiedenen Gegner des feudalen Partikularismus und unzeitgemäßen Bannerträger der Ideale aus den Freiheitskriegen. Schon als er 1818 den vierten Teil seines Werks *Geist der Zeit* veröffentlicht hatte, worin er das Regime heftig attackierte, hieß es aus Berlin, man könne »keinen Lehrer an preußischen Hochschulen dulden, der solche Grundsätze aufstellen, und solche unschickliche und unnütze Dinge vortragen würde, wie diese Schrift enthalte«. Im Juli mußte er neben anderen Professoren eine Hausdurchsuchung über sich ergehen lassen, ein ganzes Bataillon Infanterie hatte die Obrigkeit zur Absicherung dieser Maßnahme beordert. 1820 wurde Arndt vom Dienst suspendiert, 1826 amtsenthoben, und er blieb bis 1840 vom Universitätsbetrieb ausgeschlossen. Über seine Lage mag ein Brief vom 15. Januar 1827 Auskunft geben, der an den Staatsminister von Altenstein gerichtet ist. Es heißt darin: »Hier muß ich für Weib und Kinder und für die Abwendung des letzten Verderbens (...) zwei Bitten an Euer Excellenz bringen: Erstens, daß wenn ich auch meines Lehramts entsetzt bleibe, meiner Frau und meinen vielen kleinen Kindern doch das Anrecht auf die akademische Witwenkasse in Bonn bleibe und Zweitens, daß die Versetzung und anderweitige Verwendung meiner Person nicht über mich verfügt werde.«

Gleich nach seiner Wiedereinsetzung wählte ihn die Universität Bonn zu ihrem Rektor, gegen Arndt stimmte nur August Wilhelm Schlegel. Erst mit 85 Jahren zog er sich 1854 vom Lehrbetrieb zurück, 1848 hatten die Abgeordneten der Frankfurter Paulskirche ihn durch die Alterspräsidentschaft geehrt. 1860 starb er in der Stadt, mit der seiner Überzeugung nach »an Schönheit und Lage kaum ein Ort Teutschlands sich vergleichen« konnte. Damals war er als politischer Publizist fast vergessen, aber seine vaterländischen Lieder in aller Munde. *Der Gott, der Eisen wachsen ließ*, *Was ist des Deutschen Vaterland?* bzw. *Frischauf Kameraden! Wir ziehen in das Feld* gehörten lange zum eisernen Bestand deutscher Männerchöre. Daß sich diese Verse der chauvinistischen Ideologie späterer Jahre so paßgenau einfügen ließen, muß auch ihrer nationalen Beschränktheit angelastet werden.

Arndt hat die originär romantische Phase des Literarischen Bonn um einige Dekaden überlebt, die Dichtung der Jüngeren, die Friedrich Sengle treffend »rheinische Kleinmeister« genannt hat, rechnet schon dem Biedermeier zu. Ein aufschlußreiches Zeugnis für den Geist jener Zeit sind die Schilderungen des »Maikäferbunds«, diesen Namen gaben die Bonner Poeten ihrem Freundeskreis. Zeitweilig gehört ihm der Schweizer Historiker und Kunstkritiker Jacob Burckhardt (1818–1897) an, er wird später die Bonner Jahre als die schönsten seines Lebens bezeichnen. Beiträge zur Zeitschrift *Maikäfer* lieferte der Dichter Emanuel Geibel (1815–1884), welcher 1835/36 in Bonn studiert hatte. Der Kristallisationskern des Bundes aber waren – auch schon vor ihrer Heirat – Johanna und Gottfried Kinkel, deren skandalumwitterte Verbindung den Provinzstädtern manchen Gesprächsstoff gab.

Gottfried Kinkel hatte sich 1837 als evangelischer Theologe habilitiert, nach seinem Bruch mit der Kirche jedoch eine (außerordentliche) Professur für neuere Kunst-, Literatur- und Kulturgeschichte wahrgenommen. Geboren in Oberkassel, hat dieser Schriftsteller seiner engeren Heimat mehr Aufmerksamkeit gewidmet als die in Bonn ansässigen Romantiker.

1845 veröffentlicht er *Die Ahr. Eine romantische Wanderung vom Rheintal in die Hohe Eifel*, 1847 stellt er das *Rheinische Jahrbuch* zusammen. Darüber hinaus sind viele seiner Poeme Preislieder auf rheinische Landschaften, namentlich auf die ›Sieben Berge‹ (»Du da, mein wackerer Drachenfels, / Mit der brüchigen Mauerkrone«). Heute lesen sich diese Dichtungen wie biedere Repetitionen romantischer Formeln; *Hans Ibeles in London*, der zweibändige Roman seiner Frau Johanna verrät da bedeutend mehr Talent, wie sie überhaupt die größere Persönlichkeit gewesen sein dürfte.

Wegen seiner Beteiligung am Pfälzischen Aufstand 1849, der schon etliche revolutionäre Aktivitäten vorausgegangen waren (u. a. führte er den Sturm auf das Siegburger Zeughaus an), verschwand Kinkel zunächst in der berüchtigten Spandauer Zitadelle, aus der ihn sein Freund Carl Schurz, auch er ein rheinischer 48er, unter abenteuerlichen Umständen befreien konnte. Er floh nach England, wohin ihm seine Frau Johanna mit den Kindern folgte. Acht Jahre, nachdem Johanna Kinkel durch einen tragischen Unfall ihr Leben verloren hatte, verließ er die Insel, um als Professor für Kunst- und Literaturgeschichte am Polytechnikum Zürich zu lehren. In Zürich ist er 1882 gestorben. Sein Geburtsort Oberkassel setzte ihm 1906 ein Denkmal, an dessen Sockel ein Medaillon auch Johanna Kinkel ehrt.

Kinkel hatte seine Professur 1848 verloren, 1850 wurde der Bonner Karl Simrock (1802–1876) sein Nachfolger. Zwei Jahre später erhielt er das erste germanistische Ordinariat an der Universität seiner Heimatstadt. Neben seinen großen Veröffentlichungen mittelalterlicher Versepen publizierte er 1837 auch die *Rheinsagen* sowie 1838–40 *Das malerische und romantische Rheinland*, 1840/41 gab er zusammen mit Christian Joseph Matzerath und Ferdinand Freiligrath das *Rheinische Jahrbuch für Poesie und Kunst* heraus. Seinen Übersetzungen mittelhochdeutscher Texte steht die Zunft heute reserviert gegenüber, in seinen zahlreichen Gedichten findet sich kaum je ein eigener Ton. Das gleiche gilt für die Arbeiten Wilhelm Müllers (1816–1873), der sich, um Verwechslungen auszuschließen, nach seiner Heimatstadt »Müller von Königswinter« nannte. Aus dem Kreis der »Maikäfer« trat noch Alexander Kaufmann hervor, doch sind auch seine volksliedhaften Gedichte längst vergessen.

Zum literarischen Leben Bonns gehört gleichfalls der Salon der Sibylla Mertens-Schaffhausen, dem Annette von Droste-Hülshoff ebenso verbunden war wie Adele und Johanna Schopenhauer, letztere die Verfasserin seichter Romane und bestgehaßte Mutter der Philosophiegeschichte. Sibylla Mertens' Gut Auerhof bei Plittersdorf sah zwar auch illustre männliche Gäste, enger schloß sich die begüterte Tochter eines Kölner Bankiers jedoch nur an die genannten Frauen an. Mit Adele Schopenhauer war sie eng befreundet, ihr ließ sie einen Grabstein auf dem Bonner Alten Friedhof setzen. An das Haus der Sibylla Mertens mag Johanna Schopenhauer zuerst gedacht haben, wenn sie über ihren neuen Wohnsitz schrieb: »Auch wird es wenig kleinere Städte in Deutschland geben, wo (die häusliche Geselligkeit) geistreicher und anmutiger sich gestaltet als in Bonn.«

Zu den Studenten der hiesigen Universität, die später durch schriftstellerische Leistungen von sich reden machten, zählten auch Friedrich Nietzsche, der seinerzeit hochberühmte, heute jedoch kaum mehr gelesene Paul Heyse, Friedrich Spielhagen und nicht zuletzt Karl

Luigi Pirandello, Foto von 1942 *Wilhelm Schmidtbonn, Foto um 1930*

Marx. Der schon genannte Luigi Pirandello (1867–1936) promovierte hier bei dem Romanisten Wendelin Foerster über den Dialekt seiner sizilianischen Heimat, woran heute noch eine – sachlich nicht ganz korrekte – Gedenktafel im Romanischen Seminar erinnert, die Pirandellos Geburtsstadt Agrigent hat anbringen lassen.

Nicht nur in den frühen Dichtungen des Italieners, sondern auch in Somerset Maughams vielleicht ambitioniertestem Roman *Auf Messers Schneide* (The Razor's Edge, 1944) findet Bonn wohlwollend Erwähnung: »Als wir auf unserer Rheinwanderung durchgekommen waren, hatte ich es liebgewonnen. Mir gefiel die Art, wie das Licht über die Dächer und den Fluß strahlte, und seine alten Gäßchen und seine Villen und Nußbaumalleen und der Rokokobau der Universität.« Auf diesen Kammerton sind die meisten Erwähnungen in der schöngeistigen Literatur gestimmt, Eugenie Marlitts Roman *Das Geheimnis der alten Mamsell* (1868) macht da ebensowenig eine Ausnahme wie etwa Josef Wincklers *Adelaide. Beethovens Abschied vom Rhein* (erschienen 1936). Nur Jakob Wassermanns zweibändiges Werk *Christian Wahnschaffe* (1919) zeichnet keine Idylle. Zur friedlichen Stadt bildet der nahegelegene Biergarten den krassen Gegensatz; hier vergreift sich ein Trupp Corpsstudenten an einer Kellnerin. Immerhin stellt der Titelheld angesichts derartiger Rohheiten und also in Bonn erstmals seine Lebensführung in Frage, im weiteren Verlauf des Romans wird er sich zu einem »wahrhaft geistigen Menschen« läutern.

LITERARISCHES BONN

Jakob Wassermann, Foto um 1935

Nicht unerwähnt bleiben darf schließlich auch ein »Sohn dieser Stadt«, dem die Literaturkritik oft das Etikett ›Heimatdichter‹ angehängt hat, ohne damit seinem Schaffen völlig gerecht zu werden. Jedenfalls hat Wilhelm Schmidtbonn (1876–1952) höher gezielt, davon legt etwa seine Tragödie *Der Graf von Gleichen* Zeugnis ab. Im Düsseldorfer Schauspielhaus, wo Schmidtbonn damals als Dramaturg arbeitete, wurde das Stück 1908 uraufgeführt, in den Berliner Kammerspielen brachte es Max Reinhardt auf die Bühne, Hauptdarsteller waren keine geringeren als Tilla Durieux und Paul Wegener. Stilistisch oszilliert *Der Graf von Gleichen* zwischen Naturalismus und Neoromantik, darin manchen Stücken Gerhart Hauptmanns verwandt. – Schmidtbonn hat nie mehr einen ähnlichen Theatererfolg verbuchen können, und sein Ruhm verblaßte schon zu Lebzeiten. Nach einem ruhelosen Leben zog es ihn wieder nach Bonn, in Bad Godesberg konnte er ein Haus am Rhein mieten, von dem er »schon als Knabe gewünscht hatte, einmal dort zu wohnen«. Seine Heimatstadt schildert er als Inbild bürgerlicher Friedlichkeit, über dem ein Abglanz des Rokoko liegt. So bewahrt es auch Schmidtbonns wohl bekanntester Roman *Der dreieckige Marktplatz*, hier hat er der unmittelbaren Umgebung seines Geburtshauses ein Denkmal gesetzt: »Sommerabends stellten die Bewohner der Häuser Stühle und kleine Bänke vor die Ladentür, saßen da und ließen die Sterne über ihrem Kopf aufziehen. Man rief sich Scherze von Tür zu Tür zu. Man träumte und schlief ein.«

»Bonn hat eine erste literarische Sensation, seitdem es eine Bundeshauptstadt gibt. Wolfgang Koeppens Roman ›Das Treibhaus‹ war wenige Wochen nach seinem Erscheinen in Bonn in keiner der vielen Buchhandlungen mehr zu erhalten.« Das ist nun allerdings ein ganz anderer Ton, den der *Südkurier* anläßlich des ersten Nachkriegsromans über das »politische Bonn« anschlägt. Selbstverständlich hat auch in der Belletristik Bonns Wahl zur Bundeshauptstadt als Zäsur gewirkt. Dieser Schauplatz, gestern noch einer unter fast beliebig vielen, nun erhoben zur Metropole – er war ein bedeutungsträchtiger Stoff. Aber Bonn war eben auch eine Hauptstadt ohne Hauptstadtgeschichte, ohne den Aspektereichtum einer Metropole. So blieb das Gemeinwesen beinahe ausschließlich Chiffre für die dort betriebene Politik, hatte lange Zeit – jedenfalls in der Literatur – kaum Eigenleben. »Keine Frage: Überblickt man das Bild, das westdeutsche Autoren seit Koeppens ›Treibhaus‹ von der Bundeshauptstadt gezeichnet haben, so stellt man fest, daß es sich fast drei Jahrzehnte lang kaum verändert hat. Bonn – das ist ein kleinkarierter Regierungssitz voller Politiker, die sich in kurzsichtigem Pragmatismus – wenn nicht Schlimmerem – erschöpfen; ein Hort der Intrigen und Geheimdienstagenten; eine Stadt mit schweißtreibendem Klima und ohne hauptstädtische Kurzweil« (Hartwig Suhrbier).

Doch nun endlich zu Koeppens Roman selbst, auf den diese Leitmotive ja zurückgehen. Seine Hauptfigur ist der entschiedene Pazifist und Oppositionsabgeordnete Keetenheuve, er handelt von dessen Scheitern an der Restaurationspolitik zu Beginn der fünfziger Jahre. Bonn und sein Umland (Remagen, Godesberg, Mehlem, Beuel, Siebengebirge) geben die Kulisse für solche Art Staatskunst ab: »Und zwischen den alten, verfallenen Dörfern, verlo-

Wolfgang Koeppen, Foto von 1966

Heinrich Böll, Foto um 1962

ren, einsam, zerstreut, auf Kohläckern, Brachen und mageren Weiden standen die Ministerien, die Ämter, die Häuser der Verwaltung, sie waren in alten Hitlerbauten untergekrochen, schrieben ihre Akten hinter Speerschen Sandfassaden und kochten ihre Süpplein in alten Kasernen.«

Aber so sieht Bonn eben ein Außenseiter, der eine Außenseiter unter lauter Teilhabern (an) der Macht. Andere Motive haben einen direkteren Bezug zur hauptstädtischen Wirklichkeit, etwa das der Ersatzmetropole (»Korodin verließ am Bahnhof die Straßenbahn. Ein Schutzmann spielte Schutzmann am Potsdamer Platz«). Und sicher meint die Titel-Metapher, die auf das schwüle Bonner Klima anspielt, auch die Isolation des Regierungssitzes mit, eine Isolation, die heute noch manche Parlamentarier vom »Raumschiff Bonn« sprechen läßt.

Als *Das Treibhaus* 1953 herauskam, ergoß sich eine Flut von Schmähkritiken über den Roman. Nur ganz wenige Rezensenten hielten dagegen, am kompetentesten sicher Karl Korn in der *Frankfurter Allgemeinen Zeitung*. Vor allem vertritt er vehement die Auffassung, daß es sich hier nicht um einen simplen Schlüsselroman, sondern um ein Stück moderner Literatur handelt, dessen so umstrittene künstlerische Mittel seinem Thema ganz angemessen seien. Das »Skandal-Buch« wurde übrigens mitnichten ein Verkaufserfolg – dank der massiven Verrisse. Heute hat die Kritik Wolfgang Koeppen längst Abbitte geleistet, sie feiert ihn nun als »den« Romancier der Nachkriegsrepublik schlechthin, nennt ihn »einen Mythos zu Lebzeiten«. Mit seinem Fazit: »›Das Treibhaus‹ ist eine Klasse Literatur, wie sie nur selten erreicht wird«, steht Karl Korn heute keineswegs mehr allein.

»Clowns in der Manege« scheinen Keetenheuve die Kollegen Abgeordneten, *Ansichten eines Clowns* heißt der wohl bekannteste Roman Heinrich Bölls, der von einem professionellen »Komiker« handelt, einem Außenseiter gleich Keetenheuve. Und auch hier dominiert – bei aller Unterschiedlichkeit der beiden Werke – die Perspektive der Hauptfigur, des 27jährigen Hans Schnier. Er verliert allen Halt, nachdem seine Geliebte Marie ihn verlassen und Heribert Züpfner, einen Exponenten des »Dachverbandes katholischer Laien«, geehelicht hat. Am Ende – das Romangeschehen spielt sich innerhalb weniger Stunden ab – sitzt er auf der Bahnhofstreppe (»die dritte Stufe von unten«) und singt zur Guitarre, neben sich den Hut für die Almosen.

Auch Bölls Roman machte Skandal, teilte aber die Kritiker wenigstens in rückhaltlose Fürsprecher und heftige Opponenten. Zehn Jahre nach dem Erscheinen von Koeppens Roman *Das Treibhaus* hatte der Kölner Autor zwar nicht die Politik der Adenauerära selbst, aber einen wesentlichen Teil ihrer gesellschaftlichen Stützen bloßgestellt, eben den »katholischen Klüngel«. Tatsächlich gilt die Böllsche Satire ausschließlich dem Establishment, während er die Welt der minder Privilegierten warmherzig und solidarisch schildert. Bölls moralischer Rigorismus verleitet ihn hier ab und an zu bloß schematischen Zurechnungen, da jedoch seine Gesellschaftskritik nie jenseits des Schnierschen Erfahrungshorizonts stattfindet, bleibt sie durchweg auch ästhetisch vermittelt.

Dazu stimmt ebenfalls, daß Bonner Politik und die Stadt Bonn nicht einfach gleichgesetzt werden. Im Gegenteil: »Es ist mir immer unverständlich gewesen«, bemerkt Hans Schnier,

»warum jedermann, der für intelligent gehalten werden möchte, sich bemüht, diesen Pflichthaß auf Bonn auszudrücken. Bonn hat immer gewisse Reize gehabt, schläfrige Reize, so wie es Frauen gibt, von denen ich mir vorstellen kann, daß ihre Schläfrigkeit Reize hat. (...) Bonns Schicksal ist es, daß man ihm seine Schläfrigkeit nicht glaubt«. Derart entschieden nimmt kein anderes Werk der Nachkriegsliteratur für die Stadt Partei.

Größere Zurückhaltung übt da Bölls nachgelassener Roman *Frauen vor Flußlandschaft* (1985). Der schöne Titel und die Handlungsorte (»Geräumige, überdachte Terrasse einer großbürgerlichen Villa aus der Zeit der Jahrhundertwende zwischen Bonn und Bad Godesberg«, »Rheinpromenade zwischen Bonn und Bad Godesberg in dichtem Nebel«) lassen für unser Thema mehr erwarten, als der Text hält. Erika Wubler jedenfalls, der wichtigsten Person in diesem szenischen Lesestück, steht der Sinn nicht nach Landschaft: »Meine Angst sinkt für Augenblicke, kommt wieder hoch, und der Blick in das schöne Rheintal da unten macht mir keine Freude. Ich denke an einen Vers, den ich in der Schule gelernt habe: ›Wo immer die Welt am schönsten war, da war sie öd und leer.‹« Die Schauplätze sind hier nur mehr Versatzstücke einer politischen Unter-Welt, wo die Herren dieser Schöpfung nicht davor zurückschrecken, auch einmal einen Menschen in den Tod zu treiben. Das Machtkartell im Vorder- und Mittelgrund der politischen Bühne, gesehen aus der Perspektive seiner ersten Opfer, der Ehefrauen – dieses Thema läßt der Stadt und ihrer Umgebung eigentlich keinen Raum, denn »der Ort ist unschuldig, kann sich nicht betroffen fühlen«.

Böll bleibt mit diesem Werk, das er – wäre ihm die Zeit dazu geblieben – sicher noch einmal überarbeitet hätte, bei seinen alten Fragestellungen, er bleibt auch bei seiner Attitüde. So mag erlaubt sein, an dieser Stelle noch an einige frühere Bonn-Romane zu erinnern, auch wenn ihnen kein literarischer Nachruhm zuteil wurde. Und da zeigt sich immerhin, daß Günther Weisenborns grobgerasterter Text *Auf Sand gebaut* (1956) ein sehr aktuelles Thema hat. Ein junger Mann kämpft für ein Verbot gesundheitsgefährdender Zusatzstoffe in Lebensmitteln, sein beinahe übermächtiger Widersacher ist ein Wirtschaftsverband. Der scheut auch vor den übelsten Machenschaften nicht zurück, um ein entsprechendes Gesetz zu verhindern, das schließlich doch – Ende gut, alles gut – die vereinigten Parlamentarierinnen aller Bundestagsparteien noch durchsetzen.

Während Weisenborn die kalte Welt der großen Politik und die anrührende der kleinen Leute gegenüberstellt, nutzt der gebürtige Aachener Michael Horbach den Kontrast zwischen vergangenem und gegenwärtigem Bonn, um in seinen Romanen *Gestern war der Jüngste Tag* (1960) und *Die Kanzlerreise* (1974) gut und böse säuberlich zu scheiden. Erinnerungen an das alte Bonn beschwören auch die unterhaltenden Romane von Alexandra Cordes, die aus Bonn stammt. Caroline Muhr hält sich in *Freundinnen* (1979) an das Siebengebirgspanorama als Gegenbild, vor allem aber an den Rhein, ein trotz seines Zustands grandioses Stück Natur. Und wenn der Strom dann doch noch sein Bett verläßt, scheint er in seiner zurückgewonnenen Wildheit fast wie ein Widerpart des politischen wie des provinziellen Bonn.

Dem wohlfeilen Spott vieler Zeitgenossen verdankt Bonn den Neckzettel ›Bundesdorf‹. Ihn hängt auch der erste Thriller, der das hauptstädtische Bonn zum Thema macht, dem

Gemeinwesen an. John le Carrés *Eine kleine Stadt in Deutschland* (1968) vergleicht – und auch dies Motiv kehrt seit Koeppen immer wieder – Bonn mit Berlin, selbstredend zum Nachteil des ersteren: »Allein die Wahl Bonns als Wartesaal für Berlin war immer schon eine Ungereimtheit, jetzt ist sie ein Mißbrauch.« Eine derart feste Überzeugung kann auch schon einmal Betonbauten zum Leben erwecken: »Vielleicht wird eines Tages das ganze graue Gebirge über die Autobahn davonschlüpfen und sich in aller Stille vor dem ausgebrannten Reichstag niederlassen.«

Doch wurde Bonn seit Ende der siebziger Jahre immer häufiger zum Schauplatz diverser Kriminal- und Agentenromane, und gerade diese Tatsache signalisiert, daß es als Bundeshauptstadt immer mehr Anerkennung findet. Offensichtlich hat sich hier ein ganz eigenes Milieu herausgebildet, in dem Autoren auch atmosphärisch dichte Geschichten ansiedeln können. So eröffnete ein großer Taschenbuchverlag vor einiger Zeit die Reihe *Bonn im Krimi*, und die hiesige Agentenszene fand sogar schon Eingang in die ›hohe Literatur‹. Martin Walsers 1987 erschienene Novelle *Dorle und Wolf* handelt von einer ehelichen Gemeinschaft, die der männliche Partner zum Zwecke der Nachrichtenbeschaffung eingegangen ist. Seine Frau ist nämlich – Sekretärin im Bonner Verteidigungsministerium, notabene mit – wenn auch nur indirektem – Zugang zu wichtigen Akten. Diesem DDR-Spion, er wird genauso maliziös-vertraulich beim Vornamen genannt wie seine schwäbische Gattin, verschwimmt unterdessen allerdings das Feindbild, und er stellt sich den bundesdeutschen Behörden. Der anschließende Prozeß offenbart den monströsen Leerlauf des geheimdienstlichen Getriebes wie das absurde Rechtsdenken der zuständigen Justizorgane.

Wo die Staatsapparate sich derart blind verstehen, daß sie schon auf der Ebene des Spielmaterials die Konkurrenz der Systeme austragen können, wo Ost und West so intim miteinander sind, daß gerade das gutgläubigste Unternehmen den abgefeimtesten Hintergedanken fürchten läßt, da muß Hauptstadt sein. Wenn die realen Gegebenheiten dieser westlichen Metropole schon auf deren Inszenierung hin überschritten sind, dann braucht von ihnen kein Aufhebens mehr gemacht zu werden. Folgerichtig findet sich bei Walser auch nicht ein einziger Hinweis auf die Inkongruenz von Stadt und Funktion, die ehedem so viele Ortsbeschreibungen nach sich gezogen hatte. Hier genügen die lapidaren Adressen, reicht zur Charakterisierung des Bonner Ambiente »eine vom Kliniknachtdienst zurückkommende Asiatin«. Ihr Arbeitsplatz liegt auf dem Venusberg – womit der Kreis des ›Literarischen Bonn‹ auch topographisch geschlossen wäre.

Glossar

Allianzwappen Verbindung der Wappenschilde zweier oder mehrerer Familien
Anna selbdritt Figurengruppe, bestehend aus der hl. Mutter Anna, der hl. Maria und dem Jesusknaben
Antependium Frontverkleidung des Altartisches
Apsis Meist halbrunder Raum, der einem Hauptraum angefügt ist: Standort des Altars
Attika Mauerzone über dem Gesims einer Säule- oder Pilasterordnung; sie kann aus Balustern bestehen oder mit Statuen besetzt sein.
Baluster Stützglied mit stark profiliertem Säulenschaft
Balustrade Aus Balustern gebildetes Geländer, besonders in der Renaissance und im Barock
Dadaismus Kunstrichtung mit surrealistischen, kubistischen und futuristischen Akzenten
Dienste Plastische, halb- oder dreiviertelrunde, bisweilen auch rechteckige Bauglieder, die der Wand vorgelegt sind und die die Gewölbe zu »tragen« scheinen
Epitaph Wanddenkmal für einen Verstorbenen, meist mit Inschrift und Relief
Fiale Bekrönung des Strebepfeilers in Form eines Türmchens
Gabelkruzifix Kruzifix in Form einer Gabelung (Y)
Joch Gleichartiges Grundrißelement, das durch vier Eckstützen bezeichnet ist und meist eine überwölbte Raumeinheit bildet
Kaffgesims Außen unter den Fenstern durchlaufendes, abgeschrägtes Gesims
Kapitell Oberster, zwischen Stütze und Last vermittelnder Teil einer Säule oder eines Pfeilers
Kartusche Gerahmte Fläche, oft kunstvoll ausgebildet als Träger von Wappen, Initialen, Emblemen

Konche Nische auf halbkreisförmigem Grundriß, muschelförmig überwölbt
Konsole Vorspringendes Tragelement, auf dem ein Bogen, Gesims, Erker oder Skulpturen stehen
Laterne Runder oder polygoner durchfensterter Aufbau über einer Decken- oder Gewölbeöffnung
Lisene Senkrechter, wenig vortretender Mauerstreifen ohne Basis und Kapitell
Maßwerk Ornamental ausgebildete, geometrische Fensterteilung
Mensa Deckplatte des Altars
Mezzanin Zwischengeschoß, Halbgeschoß
Motte Mittelalterliche Turmburg auf einem künstlich aufgeschütteten Erdhügel
Palas Wohnbau einer Burg
Pietà s. Vesperbild
Pilaster Mit der Wand verbundener, aus ihr nur z.T. hervortretender Pfeiler, der im Unterschied zur Lisene Basis und Kapitell hat
Piscina Becken an der Wand des Altarraums zum Auswaschen des Altargerätes
Point de vue Blickfang am Ende einer Straßen- oder Gartenachse
Postament Unterbau; Sockel von Stützgliedern oder Statuen
Prospekt Sichtbare, kunstvolle Front einer Orgel
Refektorium Speiseraum in einem Kloster
Retabel Altaraufsatz
Risalit In Gesamthöhe des Gebäudes vortretender Bauteil
Rundstab Stabförmiger Bauteil mit zylindrischem Querschnitt, meist bei Profilen, Rippen, Gewänden von Fenstern und Portalen
Rustika Mauerwerk aus Quadern, deren Stirnseite grob behauen ist

319

GLOSSAR

Scheibenkreuz Kreuz mit Rundscheibe als Hintergrund

Schweifhaube Turmdach mit geschweifter Kontur

Sedilie Freistehender Einzelsitz für Priester und Altardiener

Tabernakel Gehäuse zur Aufbewahrung der Hostie

Toskanisch Römische Säulenordnung, eine Variante der dorischen Ordnung

Tryptichon Drei durch Scharniere verbundene Tafeln im Altaraufsatz

Vesperbild Figur der Muttergottes mit dem toten Christus auf dem Schoß

Wimperg Giebelartige gotische Bekrönung von Portalen und Fenstern

Würfelkapitell Kapitell von kubischer Form

Ziborium Der Begriff bezeichnet sowohl den Hostienbehälter eines Altars wie auch den Baldachin über dem Altar

Zwerggalerie Kleiner Laufgang mit eigener Bogenstellung, meist unter dem Dachansatz

Zwiebelhaube Turmdach, das unten konvex und oben konkav geschwungen ist

Praktische Reisehinweise

Vor Reiseantritt bzw. Stadtrundgang

Das Presse- und Werbeamt der Stadt Bonn verschickt auf Wunsch Prospekte. Es ist auch bei der Zimmervermittlung behilflich. 5300 Bonn 1, Münsterstraße 20, ∅ 0228/ 773466 u. 773467. Das Büro liegt gegenüber dem Hauptbahnhof in der Cassius-Bastei. Dort kann man nach der Ankunft Weiteres erfragen (Informationsmaterial gegen Unkostenerstattung).

Bildschirmtext-Teilnehmer finden unter der Btx-Nummer 925300 unter anderem auch touristische Informationen zu Bonn.

Karten, Spezialführer

Karten, die einer ersten Orientierung dienen, sind in der Tourist-Information des Presse- und Werbeamtes erhältlich. Sehr genau sind die Stadt Bonn und die umliegenden Ortschaften in dem Köln/Bonn Stadtatlas (RV-Verlag) sowie im Falk-Plan von Bonn dargestellt.
Folgende Karten sind auf besondere Interessen zugeschnitten:

Hans-Jörg Thiemann: Radfahrer-Stadtplan. Bonn mit St. Augustin, Alfter, Meckenheim, Wachtberg, Königswinter, Bad Honnef. 1:20000 (ADFC)

ADAC Stadtplan Bonn 1988 (speziell für Autofahrer; Autobahnen, Durchfahrtsstraßen, City)

Rheinlauf mit Beschreibung von Mainz bis Köln. Stollfuß-Verlag, Bonn o. J. (Ausgaben in Deutsch, Englisch, Französisch, Niederländisch und Japanisch)

Köln/Bonn und Umgebung. Freizeitkarte mit Tips und Rad-Wanderungen. 1:100000 (Mair)

Tourenkarte Eifel/Ahr/Mosel/Mittelrhein (mit Sehenswürdigkeiten). 1:200000 (Aral)

Naturpark Siebengebirge.
1:25000 (Landesvermessungsamt NRW)

Kottenforst im Naturpark Kottenforst-Ville (Wanderhefte).
1:25000 (Landesvermessungsamt NRW)

Die Spezialliteratur über die Kultur und Geschichte Bonns ist so umfangreich, daß sie an dieser Stelle nicht auch nur annähernd vollständig genannt werden kann. Die Buchhandlung Röhrscheid in Bonn (Am Hof 28) hat allerdings eine eigene Abteilung mit Bonn- und Rheinlandliteratur, in der man stöbern kann. Anregungen gibt die Literaturauswahl in diesem Buch (s. S. 345ff.).

PRAKTISCHE REISEHINWEISE

Anreise

Mit der Bahn

Sämtliche linksrheinischen, nord-südlich verkehrenden Züge halten am Hauptbahnhof, viele auch an den Bahnhöfen Bad Godesberg und Mehlem. Die Nebenlinie in die Eifel (Euskirchen) besitzt mit Duisdorf einen weiteren Bahnhof im Stadtgebiet. Nahverkehrszüge der Bundesbahn verkehren im Halbstunden-Takt. Von den rechtsrheinischen Bahnhöfen Oberkassel und Beuel ist letzterer der wichtigere, weil hier auch Fernzüge halten. In Köln können alle wichtigen internationalen West-Ost-Verbindungen (Paris, Warschau) erreicht werden.

Reiseauskünfte erteilt die Bundesbahn unter ∅ 0228/693131. Platzreservierungen können über ∅ 0228/715343 erfolgen.

An allen Bahnhöfen kann man direkt auf U-Bahn und Omnibus umsteigen. Auf ihrer Rheinuferstrecke verkehrt die Stadtbahnlinie 16 von Bad Godesberg über Bonn bis nach Köln-Mülheim. Mit der Linie 18 (Vorgebirgsbahn) ist eine über Brühl führende Verbindung geschaffen.

Mit dem Bus

Der Fernreisende dürfte wohl nur im Rahmen von Pauschalreisen, wie sie von zahlreichen Unternehmern angeboten werden, mit dem Bus nach Bonn kommen. (Haltestelle ist der Busparkplatz Thomastr./Am Alten Friedhof). Im Nahverkehr haben die ca. 30 Omnibuslinien dagegen eine erhebliche Bedeutung, zumal sie in ein weitreichendes Verbundsystem mit den Straßenbahnen (s. Verkehrsmittel) integriert sind.

Die Fahrplanauskunft für Busse und Straßenbahnen ist über ∅ 0228/711813 (8–16 Uhr) zu erreichen.

Mit dem Auto

Bonn ist über die Bundesautobahnen A 59, A 565, A 555 aus allen Richtungen leicht zu erreichen. Reizvoller ist die Anreise über die Bundesstraßen beiderseits des Rheins (B 9, 42) oder über die Eifel (B 257) und den Westerwald (B 8). Umweltbewußte Fernreisende können Autoreisezüge der Bundesbahn bis zur Ladestelle Köln-Deutz benutzen.

Mit dem Flugzeug

Am günstigsten ist wohl die Anreise über den internationalen Großflughafen Köln/Bonn, dessen dezentrales Abfertigungssystem dem Fluggast kurze Wege garantiert. Der eigene Autobahnanschluß führt unmittelbar an den Terminal heran. Bis Bonn sind es 22 km Entfernung, die außer mit Privatflugzeug auch mit Taxi oder dem Flughafenbus (Linie FL, Abfahrt vor dem Abfertigungsgebäude) zurückgelegt werden können.

Der Flughafenbus verkehrt ab 5.40 Uhr; von 6.40–2.40 Uhr fährt er alle 30 Minuten und noch einmal um 22.30 Uhr. Abfahrt am ZOB (Zentraler Omnibus-Bahnhof). Die Fahrzeit beträgt etwa 30 Minuten.

Neben den Kurzparkzonen am Eingang des Flughafens bestehen weitläufige Parkflächen, wobei die Gebühren beim Zentralparkplatz etwas höher liegen als beim entfernteren Parkplatz Nord. Bei längerer Reisedauer und für Pauschalreisende gibt es preisgünstigere Sonderregelungen.

In den Fällen, wo mit Köln/Bonn kein direkter Linienverkehr besteht, kann bei Ankunft in Düsseldorf und Frankfurt der von der Lufthansa gecharterte Airport-Express benutzt werden. Der hochmoderne Zug verkehrt regelmäßig auf der Rheinstrecke der Bundesbahn, bietet denselben Komfort wie im Flugzeug einschließlich der Gepäckbeförderung und ist eine umweltfreundliche Alternative zu den Kurzstreckenflügen zwischen Frankfurt und Köln/Bonn. Der Airport-Express hält in Bonn-Hauptbahnhof, wo mit gültigem Flugticket der Lufthansa bereits das Check-In erfolgt.

Flughafen Köln/Bonn, ⌀ 02203/401
Information, ⌀ 02203/40222 o. 40 2256
Flughafen-Reisebüro, ⌀ 02203/4021 12–4
Flughafen-Restaurant, ⌀ 02203/40 23 07

Privatflieger steuern den Flughafen Hangelar an, ⌀ 02241/22000

Viele Fluggesellschaften sind über den Flughafen zu erreichen, einige haben Agenturen in Bonn:

British Airways, Münsterstraße 5, ⌀ 0228/657025, Mo–Fr, 9–18 Uhr

Deutsche Lufthansa, Friedrichstr. 57, ⌀ 0228/5191, Mo–Fr, 9–18 Uhr
Platzbuchung, ⌀ 0228/5191
Auskunft, ⌀ 02203/2404

Swissair, Maximilianstr. 24, ⌀ 0228/633537, Mo–Fr, 9–12.30 u. 13.30–17.30 Uhr

Mit dem Schiff

Während der Saison kann man die fahrplanmäßigen Verbindungen von Mainz oder Köln der Köln-Düsseldorfer Deutsche Rheinschiffahrt AG benutzen. Eine Sonderregelung ermöglicht den problemlosen Übergang von der Bundesbahn auf das Schiff und umgekehrt, wobei an der Anlegestelle die vorhandene Fahrkarte auf das gewünschte Verkehrsmittel umgeschrieben wird. Die Saison beginnt in der Regel am Gründonnerstag und erstreckt sich bis ins letzte Drittel des Oktober. Das Büro der »Köln-Düsseldorfer« ist am Brassertufer in Bonn, ⌀ 0228/632134, in der Nähe des Alten Zolls.

Die Bonner Personen-Schiffahrt (BPS) bietet während derselben Zeit Rheinfahrten bis St. Goarshausen und Moselfahrten bis Winningen an. Ihr Büro liegt ebenfalls beim Alten Zoll und ist unter ⌀ 0228/63 6542 zu erreichen.

Die Verbindung zwischen beiden Rheinufern besorgen vier Fähren:

Personenfähre Bonn-Beuel, Mo–Sa, 7.10 bis 19.30 Uhr, So u. feiertags erst ab 9 Uhr

Autoschnellfähre Bad Godesberg–Niederdollendorf, ⌀ 0228/362237, Mo–Sa ab 5.45 Uhr von Bad Godesberg, So ab 7.45 Uhr, letzte Fähre um 21.45 Uhr

Großfähre Königswinter–Bad Godesberg-Mehlem, ⌀ 0228/21595, Betriebsbeginn 5.45 Uhr, So 7.45 Uhr, letzte Fähre um 22.45 Uhr

Rheinfähre Rolandseck–Bad Honnef, Mo–Sa 6.30–21 Uhr, So u. feiertags ab 8 Uhr

Kurzinformationen von A–Z

Antiquariate

Bücher-Etage, Martinplatz 2, ⌀ 63 87 61 (Mo–Fr ab 10 Uhr, Sa 10–14 Uhr)
Chrispells, Beuel, Combahnstr. 15, ⌀ 47 18 15
Clement, Rathausgasse 18, ⌀ 63 66 22 (Mo–Sa ab 10 Uhr, Sa 10–14 Uhr)
Meuschel, Bad Honnef, Hauptstr. 19a, ⌀ 0 22 24/7 84 85
Nosbüsch, Bonner Talweg 14, ⌀ 22 92 51
Werner Weick, Sternstr. 2, ⌀ 65 78 22 (vor allem Graphik, große Auswahl an Bonner und rheinischen Motiven)

Antiquitäten

Aus der Vielzahl der Geschäfte können nur wenige genannt werden:

Goodman, Beuel, Bergweg 3, ⌀ 46 52 73
Hampel, Bonn, Königstr. 65, ⌀ 21 95 55
Korth, Bonn, Münsterstr. 15, ⌀ 65 49 09
Kommende Ramersdorf, Oberkasseler Str. 10, ⌀ 44 07 34 u. 44 07 36
Schierenberg, Bad Godesberg, Friesdorfer Str. 11, ⌀ 31 70 68

Apotheken

Im ganzen Stadtgebiet, während der üblichen Geschäftszeiten geöffnet. Andernfalls verweist ein Schild auf die nächste Apotheke mit Nacht- und Sonntagsdienst. Auskunft dazu erteilt auch der Telefonansagedienst unter ⌀ 11 50 00.

Wegen ihrer historischen Einrichtung besonders hervorzuheben ist die Alte Apotheke in Bad Godesberg, Koblenzer Str. 58.

Ärzte

Sie können im Notfall über die Arztrufzentrale erbeten werden unter ⌀ 02 28/67 10 11. Krankentransporte sind anzufordern unter ⌀ 02 28/71 71. Ausländer aus EG-Ländern können anerkannte Krankenscheine bei den Ortskrankenkassen in solche umtauschen lassen, die in der Bundesrepublik gültig sind.

Auktionen

Zwei- bis dreimal jährlich bei August Bödiger, Franziskanerstr. 17, ⌀ 65 99 91.

Aussichtspunkte

linksrheinisch:

Stadthaus, Sternplatz
Bonn-Center, Bundeskanzlerplatz
Godesburg, Bad Godesberg
»Cäcilienhöhe«, Bad Godesberg, Goldbergweg 17
»Casselsruhe«, Venusberg
»Heimatblick«, Roisdorf
Kloster Kreuzberg
Rodderberg bei Mehlem
Rolandsbogen, Rolandswerth

rechtsrheinisch:

Fovauxhütte, Beuel, auf dem Ennert
Jugendhof Rheinland, Oberdollendorf
Siebengebirge und Ölberg, Drachenfels
»Wald-Café«, Holzlar, Am Rehsprung

Autofahren

Da es innerhalb des Stadtgebietes nicht immer ein reines Vergnügen ist, wird unbedingt geraten, die öffentlichen Verkehrsmittel zu benutzen. »Park and ride« ist leicht möglich von der Endstation der Linie S in Bad Honnef, an der U-Bahn-Station in Ramersdorf sowie von den Großparkplätzen bei der Stadthalle in Bad Godesberg (Rigalsche Wiesen).

Freie Parkmöglichkeiten gibt es in der Innenstadt kaum. Der ruhende Verkehr wird streng überwacht. Auch die Garagen verfügen nicht unbedingt über freie Plätze.

Durchgehend geöffnet sind folgende Garagen:

Stadthausgarage, Berliner Platz, Zufahrt durch die Maxstr., ⌀ 65 60 85
Stiftsgarage, Einfahrt: Kölnstr. 14–16, ⌀ 63 48 14
Universitäts-Tiefgarage, Am Hofgarten, ⌀ 63 09 11

Begrenzte Öffnungszeiten haben:

Marktgarage, Stockenstr., ⌀ 65 17 61
Bahnhof-Münstergarage, Münsterstr., ⌀ 65 17 61
Theater-Garage, Einfahrten: Brassertufer u. Berliner Freiheit, ⌀ 65 44 30

Folgende Garagen haben bis nach Mitternacht geöffnet, während sich andere Garagen nach den Ladenschlußzeiten richten:

City-Parkgarage, Oxfordstr., ⌀ 65 52 81
Hertie-Kaufhof-Tiefgarage, Einfahrt: Windeckstr., ⌀ 96 13 48, Kunden erhalten gegen Verkaufsquittung einen Preisnachlaß.

Tankstellen, die ständig geöffnet haben, gibt es am Verteilerkreis (ARAL, SVG), in der Endenicher Str. 92 (OK) und an der Godesberger Allee 129 (BP).

Neben den bekannten Automobilclubs (ADAC, AvD etc.) hat neuerdings in Bonn auch ein ökologischen Erfordernissen stärker Rechnung tragender Verein seinen Sitz, der VCD (Verkehrsclub der Bundesrepublik Deutschland), Bonn-Oberkassel, Kalkuhlstr. 4, ⌀ 44 42 90.

Über die aktuelle Verkehrslage unterrichtet ständig der Westdeutsche Rundfunk in seinem 2. Programm (WDR II).

Bei Problemen mit dem Autoschlüssel hilft gegen Vorlage der Wagenpapiere: Schlüsselzentrale Bonn, Römerstr. 55–59, ⌀ 63 12 31 und Guett-Dern-Schlüsseldienst, Réaumurstr. 59, ⌀ 25 50 50.

Autovermietung

Avis, Adenauerallee 4, ⌀ 22 30 47
Hertz, Adenauerallee 216, ⌀ 21 70 41
InterRent, Kölnstr. 8 (und Filialen), ⌀ 63 66 52

Weitere Firmen sind dem Branchentelephonbuch zu entnehmen.

Bahnhöfe

Auskünfte über Reisezüge, Hauptbahnhof,
⌀ 1 94 19
Bonn-Bad Godesberg und Mehlem,
⌀ 36 32 48
Bonn-Oberkassel, ⌀ 44 18 73
Bonn-Beuel, ⌀ 46 44 96

Bäder

Frankenbad, Adolfstr. 45, ⌀ 77 24 62
Viktoriabad, Franziskanerstr. 9, ⌀ 77 24 58
Kurfürstenbad, Bad Godesberg, Kurfürstenallee 7a, ⌀ 35 39 86
Hallenbad Beuel, Goetheallee 29–35, ⌀ 77 63 69
Hardtbergbad, Duisdorf, In der Dehlen, ⌀ 62 62 18 (auch mit Freibad)

Hinzu kommen folgende Freibäder, die bis auf das in Friesdorf beheizbar sind:

Römerbad, Eduard-Spoelgen-Str. 11, ⌀ 67 76 11 (Nähe Friedrich-Ebert-Brücke)
Melbbad, Trierer Str. 59, ⌀ 77 24 61
Freibad Friesdorf, Bad Godesberg, Margarethenstr. 14, ⌀ 31 11 50
Freibad Rüngsdorf, Bad Godesberg, Am Schwimmbad 8, ⌀ 33 13 24
Ennertbad, Beuel, Holtorder Str. 40, ⌀ 48 27 64

Das Heilbad in Bad Godesberg erlaubt Trink- und Badekuren bei Herzleiden und Erkrankungen des Inneren. Zu den Kureinrichtungen gehören außer dem Kurfürstenbad (s. d.) die Trinkhalle, Brunnenallee 33.

Banken/Sparkassen

Banken und Sparkassen haben meistens Mo–Fr ab 8.30 Uhr (in der Innenstadt durchgehend) bis 16 Uhr geöffnet, Do auch bis 17 oder 18 Uhr, dafür Fr nur bis 15.30 Uhr. Der Schalter der Deutschen Verkehrs-Kredit-Bank im Hauptbahnhof ist von Mo–Sa 7.30–11.45 Uhr und 12.15–18.30 Uhr, So 8.30–13 Uhr (1.10–31.3.: 9.15–12.15 Uhr) besetzt (⌀ 63 29 58). Die gängigen ausländischen Währungen kann man bei den meisten Geldinstituten wechseln.

Etwa 25 Bankunternehmen besitzen Filialen in Bonn. Als unmittelbar ansässige Firmen wären die Sparkasse Bonn mit ihren über 50 Zweigstellen in der Stadt sowie die Godesberger Kreditbank e. G. zu nennen.

Behinderte

Die Stadt verfügt über zahlreiche Einrichtungen für Behinderte. Darüber hinaus ist ein Spezialtransportdienst eingerichtet (Auskünfte erteilen das DRK, Johanniter- und Malteser-Unfallhilfe sowie das Gustav-Heinemann-Haus). Im Gustav-Heinemann-Haus, Waldenburger Ring 44, ⌀ 66 40 31, gibt es ein Freizeit- und Begegnungszentrum sowie ein behindertengerechtes Schwimmbad. Schließlich wird durch spezielle Auszeichnung von Sonderparkplätzen und von reservierten Plätzen in öffentlichen Verkehrsmitteln auf die Bedürfnisse Behinderter Rücksicht genommen.

Bibliotheken

Archiv der sozialen Demokratie, Friedrich-Ebert-Stiftung, Godesberger Allee 149, ∅ 883416, Mo–Do 9–17 Uhr, Fr 9–16 Uhr (Geschichte der Arbeiterbewegung)

Bezirksbücherei Bad Godesberg, Koblenzer Str. 75, ∅ 773284–86

Bezirksbücherei Beuel, Friedrich-Breuer-Str. 65, ∅ 776247

Bibliothek der Pädagogischen Fakultät, Römerstr. 164, ∅ 710254, Lesesaal Mo–Fr 9–18 Uhr, Ausleihe Mo–Fr 9–15 Uhr, Di u. Do bis 17 Uhr, Lehrbuchsammlung Mo–Fr 9–13 Uhr, Di u. Do 15–17 Uhr

Gesamtdeutsches Institut, Deutschlandhaus, Adenauerallee 8, ∅ 207344, Mo–Fr 9–19 Uhr, Sa 9–13 Uhr (Präsenzbibliothek mit Büchern und Zeitschriften über und aus der DDR sowie zur Deutschen Frage)

Ibero-Club, Adenauerallee 132a, ∅ 213187, Di 17–18.30 Uhr, Do 9.30–11.30 u. 14.30–16.30 Uhr, Fr 11–13 Uhr (Bücher und Zeitschriften aus und über Spanien, Portugal, mittel- u. südamerikanischen Ländern)

Institut Français, Adenauerallee 35, ∅ 737609, Mo–Fr 9–12 u. 14–18 Uhr, Mi bis 17 Uhr

Instituto Argentino de Cultura (Kulturabteilung der argentinischen Botschaft), Adenauerallee 52, Mo–Do 9.30–12.30 u. 14.30–16 Uhr, Fr 9.30–12.30 Uhr, ∅ 222084 (vorwiegend Literatur und Zeitungen aus Argentinien)

Stadtbücherei und Zentralbibliothek, Bottlerplatz 1, ∅ 773648 (Ausleihe), 774570 (Information), 774593 (Englische Bücherei), 774591 (Kinderbücherei), Mo, Mi, Do, Fr 11–19 Uhr, Sa 10–13 Uhr

Universitätsbibliothek, Adenauerallee 39–41, ∅ 737352, Lesesaal Mo–Fr 9–21 Uhr, Sa 9–12 Uhr, Handschriftenlesesaal Mo–Fr 9–13, 14–16.30 Uhr

Wissenschaftliche Stadtbibliothek und Stadtarchiv, Stadthaus, ∅ 773684, Mo–Do 9–12 u. 14–17 Uhr, Fr bis 16 Uhr, Sa 9–12 Uhr (Stadtgeschichte, Zeitungsausschnittsammlung, Bildarchiv, Bibliothek zur rheinischen Landeskunde)

Buchhandlungen

Buchhandlungen findet man überall in Bonn. Deshalb können hier nur einige genannt werden, die wegen ihrer Größe oder ihres Angebotes bemerkenswert sind.

Behrendt, Am Hof 5a, ∅ 658021 u. 658020 (Jura, Medizin)

Bouvier, Am Hof 32/Fürstenstr. 3, ∅ 729010 (mit weiteren Filialen im Stadtgebiet)

Der kleine Laden, Sternstr. 95, ∅ 634335 (Kinder- und Jugendbücher)

Horus Buchladen, Bismarckstr. 19, ∅ 225946 (Okkultismus)

Lempertz, Fürstenstr. 1, ∅ 632973 (Katholische Theologie)

Röhrscheid, Am Hof 28, ∅ 7290126 (Rheinische Landeskunde)

Park-Buchhandlung, Bad Godesberg, Am Kurpark 1, ∅ 35 21 91

Camping

Campingplatz Genienau, Mehlem, Im Frankenkeller 2, ∅ 34 49 49

Campingplatz »Siebengebirgsblick«, Am Rheinufer, 5480 Rolandswerth, ∅ 0 22 28/ 78 26

Camping OWV 1923, Rheinufer, Königswinter-Oberdollendorf, ∅ 0 22 23/2 23 32

Camping Veronika Giesen, Linzer Str. 191, Bad Honnef, ∅ 0 22 24/69 19

Campingplatz Rheinbreitbach, Heerstr. (Rheinufer)

Campingbedarf halten in großer Auswahl bereit:

Zelte Weber, Vorgebirgsstr. 86, ∅ 63 25 23

Wischeid-Plaghi, St. Augustiner Str. 147, Beuel, ∅ 46 04 22

Diplomatische Vertretungen

Über einhundert Botschaften sind mit ihren Residenzen und Konsularabteilungen über das gesamte Stadtgebiet verstreut. Hier können nur die touristisch wichtigsten Adressen genannt werden. Im Buchhandel ist eine Broschüre erhältlich, die sämtliche Vertretungen mit ihren Unterabteilungen enthält.

Amerikanische Botschaft (USA), Bad Godesberg, Deichmannsaue, ∅ 33 91

Belgische Botschaft, Kaiser-Friedrich-Str. 7, ∅ 21 20 01

Britische Botschaft, Bad Godesberg, Friedrich-Ebert-Allee 77, ∅ 23 40 61

Griechische Botschaft, Weberstr. 83, ∅ 21 56 54

Französische Botschaft, Bad Godesberg, Kapellenweg 1a, ∅ 36 20 31

Italienische Botschaft, Bad Godesberg, Karl-Finkelnburg-Str. 49, ∅ 8 20 06–0

Japanische Botschaft, Bonn-Center, ∅ 50 01

Kanadische Botschaft, Friedrich-Wilhelm-Str. 18, ∅ 23 10 61

Niederländisch Königliche Botschaft, Strässchensweg 10, ∅ 23 80 91

Österreichische Botschaft, Johanniterstr. 2, ∅ 23 00 51, Mo–Fr. 9–12 Uhr

Spanische Botschaft, Schloßstr. 4, ∅ 21 70 94

Schweizerische Botschaft, Bad Godesberg, Gotenstr. 156, ∅ 37 66 55, Mo–Fr 10–12 u. 14–17 Uhr

Einkäufe und Souvenirs

Die in Bonn massierte Kaufkraft spiegelt sich in vorzüglich sortierten Geschäften mit entsprechenden Preisen. In der Innenstadt von Bonn und Bad Godesberg wird praktisch alles angeboten, was Einheimische wie Ausländer wünschen.

Spezielle Bonner Souvenirs zu empfehlen fällt schwer. Den am Mittelrhein üblichen Kitsch dürfen wir dabei ohnehin übergehen.

An erster Stelle möchte man bei einer Stadt mit derartigem historischen und geistigen Hintergrund an die reiche Bonn-Literatur denken. Dazu zählen nicht nur die im Literatur-Verzeichnis dieses Buches erwähnten Titel oder künftige Neuerscheinungen, sondern auch die vielfältigen Buchproduktionen der Vergangenheit, wie sie in den Antiquariaten zu finden sind. Dort gibt es auch eine breite Auswahl von Stichen und besonders Rheinansichten. Wer als Musikliebhaber nach Bonn kommt, sucht vielleicht eher nach Noten-Reproduktionen aus dem Repertoire Beethovens oder erwirbt eine Büste. Die zahlreichen Antiquitätengeschäfte bieten gleichfalls manches, was sich als Souvenir eignet.

Essen und Trinken

Bonner Leben äußert sich nicht zuletzt in den schier unzähligen Lokalen unterschiedlichsten Charakters.

Eifel und Siebengebirge liefern Quellwasser für die Bonner Biere. Beliebt ist auch das obergärige »Kölsch«, das in Zylindergläsern serviert wird. In typisch rheinischen Weinstuben bekommt man noch Weine vom Siebengebirge oder von Mittelrhein und Ahr.

In Konditorei oder Café bevorzugt der Einheimische gedeckten Apfel-, Pflaumen- oder Streuselkuchen, mit oder ohne Sahne. Die Bonner Küche ist zwar durch die Ansprüche von Fremden und Ausländern vor der internationalen auf dem Rückzug, doch bieten manche Wirte noch rheinische Spezialitäten an. Die Speisekarte lasse man sich notfalls übersetzen. »Himmel und Erde« sind Äpfel mit Kartoffeln gekocht und gewürzt, gespickt mit gebratenen Speckstückchen, Zwiebelscheiben und gebratener Blutwurst. »Hämmchen« ist ein Eisbein, das mit Sauerkraut angerichtet wird. Mit dem »Halve Hahn« ist keineswegs Geflügel gemeint, sondern ein Gedeck mit »Röggelchen« (Roggenbrötchen), Holländer Käse, »Öllig« (Zwiebeln) und »Mostert« (Senf). Sauerbraten wird »nach rheinischer Art« mit einer Tunke aus Rosinen, Apfelkraut und Schwarzbrot verzehrt. Beliebt sind auch Dicke Bohnen mit Speck. Zu Eierpfannkuchen bestellt man während der Saison Spargel, der in der Regel frisch aus dem benachbarten Vorgebirge kommt.

Da es sich um Geschmackssachen im eigentlichen Sinne handelt, können an dieser Stelle nur subjektive Hinweise gegeben werden. Auch muß es bei einer Auswahl bleiben, wobei je nachdem einmal die Qualität des Angebots, die Originalität der Einrichtung, ein historischer Hintergrund oder die bevorzugte Lage die Entscheidung bestimmt haben. Die Öffnungszeiten der Lokale sind nicht immer mit denen der Küche identisch. Zusätzliche Tips und Hinweise bietet das »Restaurant Lexikon Köln/Bonn«, München, 2. Aufl. 1986.

Bistros, Cafés:

»aktuell« Nachrichten-Treff, Gerhard-von-Are-Str. 4–6, ⌀ 65 30 77, Mo–Sa 10–1 Uhr, So 15–24 Uhr

Bistro-Café Miebach, Markt 8, ⌀ 69 25 00, tgl. 9–24 Uhr (im Winter erst ab 10 Uhr)

Bonngout, Remigiusplatz 4, ⌀ 63 72 12, tgl. 9–24 Uhr

Café Dahmen, Poststr. 2, ⌀ 63 49 34, Mo–Fr 8–19 Uhr, Sa 8–18.30 Uhr

PRAKTISCHE REISEHINWEISE

Café Müller-Langhardt, Markt 36, ⌀ 63 74 46, Mo–Sa 8–18.30 Uhr

Café Ritterhaus, Kaiserstr. 1d, ⌀ 22 34 85, Mo–Sa 9–18.30 Uhr, So 10–18 Uhr

Insel-Café, Bad Godesberg, Theaterplatz 5–7, ⌀ 36 40 82, tgl. 5.30–20 Uhr

Gastwirtschaften, Restaurants:

Am Tulpenfeld, Heussallee 2–10, ⌀ 21 90 81, Mo–Fr 9–23 Uhr

Badische Weinstuben, Friedrichstr. 27, ⌀ 63 42 61, Mo–Fr 12–14.30 u. 17–24 Uhr

Casselsruhe, Venusberg, An der Casselsruhe, ⌀ 21 47 20, tgl. 12–14.30 u. 18–24 Uhr

Daufenbach, Brüdergasse 6, ⌀ 63 79 44, Di–So 6.30–23 Uhr (So nur Mittagstisch; auch Weinschänke)

Em Bahnhöffje, Beuel, Rheinaustr. 116, ⌀ 46 34 36, tgl. 10–1 Uhr (im Winter ab 17 Uhr)

Em Höttche, Markt 4, ⌀ 65 85 96, Mo–So 12–14.30 u. 18–24 Uhr, Bierstube 11–24 Uhr (historisches Gasthaus)

En de Ühl, Bad Godesberg, Oststr. 1, ⌀ 36 29 84, So–Fr 11–14 u. 17–1 Uhr

Hähnchen, Münsterplatz 21, ⌀ 65 20 39, tgl. 10–1 Uhr (Altdeutsches Bierhaus)

Im Bären, Acherstr. 1–3, ⌀ 63 32 00, tgl. 10–24 Uhr (ältestes Bonner Gasthaus)

Im Stiefel, Bonngasse 30, ⌀ 63 48 06, Mo–Sa. 12–24 Uhr

Maternus, Bad Godesberg, Löbestr. 3, ⌀ 36 28 51, Mo–Sa 12–15 u. 18–1 Uhr

Oberkasseler Hof, Oberkassel, Königswinterer Str. 613, ⌀ 44 11 51, tgl. 11–14 u. 17–1 Uhr

Redüttchen, Bad Godesberg, Kurfürstenallee 1, ⌀ 36 40 41, Mo–Sa 11–1 Uhr (Prominentenlokal, Anmeldung anzuraten)

Remise, Königstr. 84, ⌀ 22 06 50, Mo–Sa 11.30–14.30 u. 17–24 Uhr

Rheinpavillon, Rathenauufer, ⌀ 22 31 00, tgl. 8–23 Uhr

Salvator, In der Sürst 5–7, ⌀ 63 55 28, tgl. 10-24 Uhr (Bayerisches Wirtshaus)

Rheinterrasse Beethovenhalle, Wachsbleiche 17, ⌀ 63 33 48, tgl. 11–21 Uhr (bei Konzerten bis 24 Uhr)

Weinpavillon Rheinland-Pfalz, Rheinauenpark, Charles-de-Gaulle-Str., ⌀ 23 52 49, tgl. 10–22 Uhr (Winter ab 18 Uhr, Vorbestellung)

Zur Lese, Adenauerallee 37, ⌀ 22 33 22, Di–So 10-24 Uhr

Zur Lindenwirtin Aennchen, Bad Godesberg, Ännchenplatz 2, ⌀ 31 20 51, tgl. 17–24 Uhr (Historische Gaststätte)

Zur Waldburg, Schweinheim, Waldburgstr. 12, ⌀ 31 77 95, Do–Di 17–1 Uhr

Ausländische Küche:

Amerikanisch:

McDonald's, Poststr. 12 (und Filialen), ⌀ 63 11 63, Mo–Fr 7–24 Uhr, Sa 7–1 Uhr, So 9–24 Uhr

Sam's Quick, Münsterplatz 24, ⌀ 63 41 09, Mo–Fr 9–23 Uhr, So 11–23 Uhr

Balkan:

Balkan, Gerhard-von-Are-Str. 4, ⌀ 65 07 31, tgl. 11–15 u. 17–1 Uhr

Chinesisch:

Shanghai, Vivatsgasse 8, ⌀ 65 10 79, tgl. 12–24 Uhr (hinter dem Sterntor)

Sichuan Lau, Bad Godesberg, Am Michaelsplatz 3, ⌀ 35 46 99, tgl. 12–24 Uhr

Französisch:
Le Marron, Lengsdorf, Provinzialstr. 35, ⌀ 25 32 61, tgl. 12–15 u. 19–24 Uhr

Le Petit Poisson, Wilhelmstr. 23a, ⌀ 63 38 83, tgl. 11.30–15 u. 18–24 Uhr

Pierre et Patrice, Graurheindorfer Str. 1, ⌀ 65 26 21, tgl. 12–14.30 u. 19–24 Uhr

Schaarschmidt, Brüdergasse 14, ⌀ 65 44 07, tgl. 12–15 u. 18–24 Uhr

Griechisch:
Taverne Creta, Bornheimer Str. 139, ⌀ 65 84 88, Mo–Sa 17–1 Uhr, So 12–1 Uhr

Taverne Dionysos, Plittersdorf, Plittersdorfer Str. 22, ⌀ 35 49 14, tgl. 12–14.30 u. 18–24 Uhr (1. Mo im Monat geschlossen)

Sirtaki, Wittelsbacherring 27, ⌀ 65 76 12, So–Fr 12–15 u. 18–1 Uhr, Sa 18–1 Uhr

Bei Wassili, Friesdorf, Ecke Hochkreuzallee/Klufterstr., ⌀ 31 50 36, Mi–Mo 18–24 Uhr, So 12–14 u. 18–24 Uhr

Italienisch:
Caminetto, Römerstr. 83, ⌀ 65 42 27, tgl. 12–14.30 u. 18–23.30 Uhr

Grand' Italia, Bischofsplatz 1, ⌀ 63 83 33, tgl. 12–15 u. 18-24 Uhr

La Strada, Heiderhof, Akazienweg 4a, ⌀ 32 34 62, tgl. 12–14.30 u. 18–23 Uhr

Japanisch:
Miyako, Bornheimer Str. 15, ⌀ 63 66 37, tgl. 12–14.30 u. 18–23 Uhr

Koreanisch:
Spezialitäten-Restaurant Palais »Seoul«, Am Böselagerhof 15, ⌀ 63 77 34, Mo–Sa 12–15 u. 18.30–24 Uhr

Marokkanisch:
Restaurant Marrakesch, Friesdorf, Friesdorfer Str. 145, ⌀ 31 11 29, Do–Di 12–15 u. 18–1 Uhr

Portugiesisch:
Algarve, Graurheindorfer Str. 35, ⌀ 63 40 00, Di–Sa 18.30–24 Uhr, So 12–15 Uhr

Fado, Sandkaule 3a, ⌀ 63 90 78, tgl. 11.30–15 u. 18–24 Uhr

Spanisch:
Costa del Sol, Breite Str. 55, ⌀ 63 86 63, tgl. 18–1 Uhr

Vegetarisch:
Museumscafé, Colmantstr. 14–16, ⌀ 72 94 209, Di–Do 10–17, Fr 10–16, Sa u. So 11–17 Uhr (im Rheinischen Landesmuseum)

Restaurant »Natürlich«, Rosental, Rosenstr. 34, ⌀ 69 10 00, Di–So 18.30–24 Uhr

Verschiedenes:
Churrasco, Kaiserplatz 18, ⌀ 63 83 22, tgl. 11–24 Uhr

Country House, Bad Godesberg, Koblenzer Str. 5, ⌀ 35 43 91, tgl. 12–15 u. 18–24 Uhr

Suttons Irish Pub, Bad Godesberg, Michaelplatz 3, ⌀ 35 77 78, So–Do 11.30–1 Uhr, Fr u. Sa 11.30–3 Uhr

Zypriotisch:
Famagusta Taverne, Clemens-August-Str. 67, ⌀ 21 51 00, tgl. 12–15 u. 18–24 Uhr

Weinstuben:

Elsässer Weinstuben, Breite Str. 67, ⌀ 63 35 21, tgl. 18–1 Uhr

Weinhaus Jacobs, Friedrichstr. 18,
⌀ 63 73 53, Mo–Sa 17–1 Uhr

Weinhaus »Kinkel-Stuben«, Oberkassel, Kinkelstr. 1, ⌀ 44 15 58, tgl. 17–24 Uhr

Tee- und Weinhaus, Lennéstr. 20, ⌀ 22 37 82, Mo–Fr 11.30–14 u. 18.30–24 Uhr

Gut Sülz, Königswinter-Oberdollendorf, ⌀ 0 22 23/2 41 78, Di–Fr 16–24 Uhr, Sa u. So 15–24 Uhr (Wein vom Siebengebirge u. a.)

Fähren

s. Anreise mit dem Schiff

Feiertage und Feste

Außer den bundesweit geltenden Feiertagen werden in Nordrhein-Westfalen Fronleichnam (2. Donnerstag nach Pfingsten) und Allerheiligen (1. November) beachtet. An den Karnevalstagen, insbesondere am Rosenmontag, muß in Bonn wie im ganzen Rheinland mit geschlossenen Geschäften und Behörden gerechnet werden (s. auch Märkte, Religionsgemeinschaften)

Besonderheiten in Bonn:

Beethovenfest, alle drei Jahre im September (zuletzt 1986)
Berliner Theaterwoche, Mai/Juni, Bad Godesberg
Bonner Sommer, Mai bis September
Internationale Tanzwerkstatt, meist Juli/August
Bundespresseball, November

Frauen allein in Bonn

Frauenhaus Bonn, Beratungsstelle, Endenicher Str. 14, ⌀ 65 95 00

Führungen

s. Stadtrundfahrt

Fundbüros

Städtisches Fundbüro, Neues Stadthaus, Berliner Platz, ⌀ 77 25 92, Mo–Fr 8–12 Uhr, Do auch 14–16 Uhr

Bundesbahn-Fundstelle, Hauptbahnhof, ⌀ 71 51, tgl. durchgehend

Galerien

Die Fluktuation ist teilweise so groß, daß keine verbindlichen Angaben über Adressen, Öffnungszeiten und Kunstrichtungen gemacht werden können. Der kunstinteressierte Tourist sollte sich die (monatlich erscheinende) »Bonn-Information« besorgen.

Hotels

Bonn hat über 100 Hotels und andere Beherbergungsbetriebe mit insgesamt 4638 Betten, darunter acht Konferenzhotels mit Tagungs- und Veranstaltungsräumen. In der Tourist-Information des Werbe- und Presseamtes der Stadt Bonn ist ein umfangreicher Hotelnachweis kostenlos erhältlich.

Jugendherbergen

Venusberg, Haager Weg 42, ⌀ 28 12 00

Bad Godesberg, Horionstr. 60, ⌀ 31 75 16

Kaufhäuser/Warenhäuser

Kaufhof, Remigiusstr. 20, ⌀ 516–1

Hertie, Poststr. 23, ⌀ 712–0

Hertie Bad Godesberg, Am Fronhof 9, ⌀ 36 20 81

Kabarett

Bonnoptikum, Graurheindorfer Str. 23, ⌀ 63 35 78

Kinder

Bonn hat 289 öffentliche Kinderspielplätze. Dazu kommen noch als Spielplätze ausgestattete und freigegebene Spielplätze. Eine Besonderheit stellt das »Spielmobil« dar, das mit spezieller Einrichtung und nach festem Fahrplan auf leeren Plätzen vorfährt und diese in Spielplätze verwandelt. Außerdem gibt es elf pädagogisch betreute Spielhäuser. Auskünfte erteilt das Jugendamt der Stadt Bonn, Bottlerplatz 1, ⌀ 77–1.

Während der Sommerferien gibt diese Behörde auch ein Freizeit-Programm »In Bonn ist was los« heraus, das drei Wochen lang vielfältige Abwechslungen vorsieht.

Zur gleichen Zeit läuft im Rheinischen Landesmuseum ebenfalls ein Aktiv-Programm, das bei spannender Unterhaltung interessante Informationen vermittelt.

Rat und Hilfe für Kinder und Jugendliche erteilt das »Sorgentelefon« 1 11 03.

Kinos

Montags gelten in fast allen Bonner Kinos ermäßigte Einheitspreise. Die größten oder bekanntesten Lichtspielhäuser sind:

Atlantis 1 und 2, Kesselgasse 1, ⌀ 69 21 21

Neue Filmbühne, Beuel, Friedrich-Breuer-Str. 68, ⌀ 46 97 90

Bonner Kinemathek, ⌀ 46 97 21

filmpassage, Bad Godesberg, Alte Bahnhofstr. 9a–11, ⌀ 36 24 90

Filmstudio, Markt 10, ⌀ 65 40 00

Gangolf-Lichtspiele, Gangolfstr. 2, ⌀ 63 81 81

Hansa-Kinos, Kaiserplatz 18, ⌀ 65 17 50

Rex-Kino, Endenich, Frongasse, ⌀ 62 23 30 (Programm-Kino)

Stern-Lichtspiele, Markt 8, ⌀ 63 52 66

Universum-Lichtspiele, Bertha-von-Suttner-Platz 1, ⌀ 65 30 55

Kirchen

s. Religionsgemeinschaften

Konzerte

Kartenvorverkauf für Veranstaltungen der Stadt Bonn:

Konzert- und Theaterkasse, Mülheimer Platz 1, ⌀ 77 36 66 u. 77 36 67, Mo–Fr 11–13 u. 16–18 Uhr, Sa 11–13 Uhr; telefonische Kartenbestellung Mo–Fr 13.45–16 Uhr, Sa 11–13 Uhr

Kartenvorverkauf für andere Veranstalter:

Musikalienhandlung Braun-Peretti, Dreieck 16, ⌀ 65 50 88, Mo–Fr 8.30–13 u. 14.30–18.40 Uhr; telefonische Bestellung 9–12 Uhr

Buchhandlung Röhrscheid, Am Hof 29, ⌀ 7 99 01 64, Mo–Fr 9–18.30, Sa 9–14 Uhr

Buchladen Linz, Bad Godesberg, Alte Bahnhofstr. 20, ⌀ 36 24 48

Veranstalter und Veranstaltungsorte:

Beethovenhalle, Wachsbleiche, ⌀ 63 13 21

Buskuithalle, Siemensstr. 12, ⌀ 62 26 98 u. 62 86 64

Concert Cooperation Bonn, Moltkestr. 40, ⌀ 36 10 13

Gabriel Concerts, Sternstr. 61, ⌀ 65 69 00 u. 62 23 89, Mo–Fr 9–18 Uhr

Konzertrabofsky Bonn, ⌀ 66 20 01, Di–Fr 9–13 Uhr

Kulturforum der Stadt Bonn, Bonn-Center, Bundeskanzlerplatz, ⌀ 77 44 00, 77 45 17, 77 44 62 u. 21 25 21

Kulturzentrum Hardtberg, Duisdorf, Rochusstr. 276, ⌀ 64 95 18

Redoute ⌀ 36 40 41

Stadthalle Bad Godesberg ⌀ 36 40 35

Weitere Auskünfte über städtische Veranstaltungen erteilt das Kulturamt der Stadt Bonn, Rathaus Bad Godesberg, Kurfürstenallee 2–3, ⌀ 77 45 33, 77 45 18 u. 77 45 19

Mehrere Konzertreihen werden maßgeblich vom Chur Cölnischen Orchester ausgerichtet: Konzerte in der Redoute, im Rittersaal der Ramersdorfer Kommende, im Rheinischen Landesmuseum, Oratorien im Münster, in Remigius- und Marienkirche, Poppelsdorfer Schloßkonzerte, »Musik im Park« und Orgelkonzerte in der Kreuzbergkirche.

Lesetips

Neben der Sachliteratur über Bonn und Umgebung, wie sie im Literaturverzeichnis (S. 345 ff.) in Auswahl angegeben ist, existiert ein reiches Schrifttum vom Roman bis zum Krimi, das vom Handlungsablauf her zur Bonn-Literatur im weiteren Sinne gehört. Davon handelt ein eigenes Kapitel dieses Buches (S. 306 ff.).

Märkte

Täglich außer sonntags findet der mit reichem Angebot bestückte Wochenmarkt auf dem Bonner Marktplatz statt, ergänzt durch den Blumenmarkt auf dem Remigiusplatz. Etwa eine halbe Stunde vor Geschäftsschluß werden viele Waren zu Sonderpreisen angeboten. Nur zwei- oder dreimal wöchentlich werden die kleineren Märkte in Bad Godesberg, Duisdorf und Beuel abgehalten.

Weihnachtsmarkt ist während der Adventszeit auf dem Münsterplatz.

Jahrmärkte, insbesondere die »Kirmesse«, von denen es im Bonner Raum mehr als drei Dutzend gibt, zählen zu den typischen Bestandteilen rheinischen Volkslebens. Duisdorf macht mit seiner Maikirmes den Anfang. Muffendorf beschließt mit seiner Martinskirmes den Turnus. Pützchens Markt (Anfang September) ist die größte Veranstaltung dieser Art im Rheinland überhaupt.

Flohmärkte finden im allgemeinen jeden dritten Samstag im Monat von April bis Oktober in den Rheinauen statt. Bis August ist am direkt folgenden Sonntag der Flohmarkt in Bad Godesberg.

Mitfahrerzentrale

Herwarthstr. 11a, ⌀ 693081, Mo–Fr 9–18, Sa 9–13, So 11–14 Uhr

Museen

Akademisches Kunstmuseum, Am Hofgarten 21, ⌀ 737738; Abgußsammlung So–Fr 10–13 Uhr, Originale So u. Di 10–13 u. Do 16–18 Uhr. An allen Feiertagen geschlossen

Beethovenhaus, Bonngasse 20, ⌀ 635188, Mo–Sa 10–17, So 10–13 Uhr

Botanischer Garten, Meckenheimer Allee, ⌀ 732259, Mo–Fr 9–18 Uhr, Oktober bis März 9–16.30 Uhr, Gewächshäuser Mo–Fr 10.30–12 u. 14–16 Uhr

Ernst-Moritz-Arndt-Haus, Adenauerallee 79, ⌀ 773687, Di–So 10–17 Uhr

Frauenmuseum, Im Krausfeld 10, ⌀ 691344, Di–So 15–18 Uhr

Haus an der Redoute, Bad Godesberg, Kurfürstenallee 1a, ⌀ 774663, Di–So 10–17, Di u. Do 21 Uhr

Heimatmuseum Beuel, Steinerstr. 36, ⌀ 463074 u. 472391, Mi, Sa u. So 15–18 Uhr

Kurfürstliches Gärtnerhaus, Beethovenplatz, ⌀ 773688, Di–Sa 14–18 Uhr, So 10–13 Uhr

Oppelner Heimatstube, Rathaus Bad Godesberg, Kurfürstenallee 2/3, ⌀ 773180 (nach Vereinbarung)

Postwertzeichenausstellung, Bad Godesberg, Heinrich-von-Stephan-Str. 1, ⌀ 146058, Mi 10–15, So 9–12.30 Uhr

Rheinisches Landesmuseum, Colmantstr. 14–16, ⌀ 7294–1, Di–Do 9–17, Mi 9–20, Fr 9–16, Sa u. So 11–17 Uhr

Schloßmuseum Kommende Ramersdorf, Oberkasseler Str. 10, ⌀ 440734 u. 40736, Mo–Sa 10–18, So 11–15 Uhr

Schumann-Haus, Endenich, Sebastianstr. 182, ⌀ 773656, Mo, Mi, Fr 10–12, Mo u. Fr 16–19, Mi u. Do 15–18, So 10–13 Uhr (nur Gedenkzimmer)

Städtisches Kunstmuseum, Rathausgasse 7, ⌀ 773686, Di–So 10–17, Di u. Do bis 21 Uhr

Wissenschaftszentrum (Stiftung Preußischer Kulturbesitz), Kennedyallee/Ahrstr., ⌀ 302264, So–Fr 10–17, Do 10–18 Uhr

Zoologisches Forschungsinstitut und Museum Alexander Koenig, Adenauerallee

PRAKTISCHE REISEHINWEISE

160, ∅ 211026, 211027/28, Di–Fr 9–17, Sa u. So 9–12.30 Uhr

Museen außerhalb des Stadtgebietes

Bundeskanzler-Adenauer-Haus, Bad Honnef-Rhöndorf, ∅ 02224/6731, Di–So 10–16.30 Uhr

Glasmuseum der Stadt Rheinbach, Vor dem Voigtstor 23, ∅ 02226/81165, Di–Fr 10–12 u. 14–17, Sa 14–18 Uhr

Rheinbacher Kutschenmuseum im Fahrstall Mostert, Koblenzer Str. 4, ∅ 02226/4493, Mi 14–18 Uhr und nach Vereinbarung

Siebengebirgsmuseum, Königswinter, Klotzgasse, ∅ 02223/3703, Di–Sa 14–17 Uhr, So 10–16 Uhr

Nachtleben

Das Nachtleben Bonns ist – entgegen allen anderen Verlautbarungen – rege. Eine große Anzahl von Kneipen und Bars vor allem in der »Altstadt« bietet für jeden Geschmack und Geldbeutel etwas.

Notfälle

Notrufe:
Überfall, Verkehrsunfall, ∅ 110 (Polizei)
Notarzt, Rettungswagen, ∅ 112
Feuer, Technischer Hilfsdienst, ∅ 112
Arztrufzentrale, ∅ 671011
Polizeipräsidium, Friedrich-Ebert-Allee 144, ∅ 151
Telefonseelsorge, ∅ 11101 (ev.)/11102 (kath.)

Parkmöglichkeiten

s. Autofahren

Parks und Gärten

s. unter Museen sowie im Kapitel »Bonn für Naturfreunde« (S. 291 ff.)

Post

Hauptpost, Münsterplatz 17, ∅ 131, Mo–Fr, 8–18, Sa 8–13, So u. feiertags 11–12 Uhr, Nachtdienst (nach den Schalterstunden) für Postsparkasse, Auszahlung von Eurocheques, Einlieferung von Telegrammen und Einschreiben, Ferngespräche.

Bad Godesberg, Koblenzer Str. 67, ∅ 801, Mo–Fr 8–18, Sa 8–13, So u. feiertags 9–13 Uhr, Bereitschaftsdienst (wie in den vorgenannten Fällen) Mo–Fr 7–8 u. 18–22, Sa 7–8 u. 13–20 Uhr

Beuel, Kreuzstr. 22, ∅ 131, Mo–Fr 8–12.30 u. 15–18 Uhr, Sa 8–12 Uhr

Fernsprechauskunft Inland, ∅ 1188
Fernsprechauskunft Ausland, ∅ 00118
Telegrammaufnahme, ∅ 1131

Radio und Fernsehen

Im dritten Fernsehprogramm sind in Bonn vor allem die Sendungen des Westdeutschen Rundfunks (WDR), aber auch die des Südwestfunks (SWF) zu empfangen. Dasselbe gilt auch für den Hörfunk, wo zusätzlich zu den Sendungen von WDR I–III und SWF I–III auch die des in Köln ansässigen Deutschlandfunks (DLF) zu nennen sind. Die Verkehrslage für Bonn wird ständig über WDR II durchgegeben.

Radtouren

Beide Rheinufer sind Fußgängern und Radfahrern vorbehalten, so daß sich schöne und nicht sonderlich anstrengende Radtouren zwischen Kennedybrücke und Mehlem durchführen lassen. Fahrräder verleiht zu annehmbaren Bedingungen: Autohansa-Autovermietung Kurscheid KG, Römerstr. 4, ⌀ 631433. Die Wochenend- und Wochentarife sind besonders preisgünstig.

Von den Fachgeschäften sei genannt: Stromann, Bottlerplatz 7, ⌀ 636309.

Religionsgemeinschaften

Gemeindeleben entfaltet sich in 13 evangelischen, 52 katholischen, einer altkatholischen und 9 sonstigen Kirchengemeinden oder Glaubensgruppen. Mehrere Kirchenämter sorgen für ständigen Kontakt zur Bundesregierung. Ferner residieren in Bonn zwei Bischöfe: Der Bischof der Altkatholischen Kirche Deutschlands und der Griechisch-Orthodoxe Metropolit von Deutschland, Exarch von Holland und Dänemark.

Evangelische Hauptkirche: Kreuzkirche, Gemeindebüro: Adenauerallee 37, ⌀ 224071

Katholische Hauptkirche: Münster-Basilika St. Martin, Pfarramt: Gerhard-von-Are-Str. 1, ⌀ 633344, Katholisches Büro, Kaiser-Friedrich-Str. 9, ⌀ 218015

Altkatholische Bischofskirche St. Cyprian, Adenauerallee, Pfarrbüro, ⌀ 223607

Griechisch-Orthodoxe Metropolitankirche, Beuel, Dietrich-Bonhöffer-Str. 2, ⌀ 462041

Sonstige christliche Gemeinden

Adventgemeinde, Maarflach 12, ⌀ 356529

Die Christengemeinschaft, Bad Godesberg, Am Büchel 57, ⌀ 356109

Erste Kirche Christi, Wittelsbacherring 34, ⌀ 655090

Evangelische Freikirchliche Gemeinde, Baumschulallee 33a, ⌀ 654090

Evangelisch-lutherische St. Johannis-Gemeinde, Sebastianstr. 19, ⌀ 224222

Freie Christengemeinde, Römerstr. 41, ⌀ 655707

Freie evangelische Gemeinde, Hatschiergasse 12, ⌀ 635359

Heilsarmee, Kaiserstr. 65, ⌀ 223431

Mennoniten, Duisdorf, Schwalbenweg 5, ⌀ 621824 (Dr. Hamm)

Mormonen, René-Schickele-Str., ⌀ 645978

Nichtchristliche Gemeinschaften

Synagogengemeinde, Tempelstr. 2–4, ⌀ 213560, Bürozeit Mo–Fr 9–14 Uhr

Islam Birli, Kulturcamii Moschee, Wolfstr. 22, ⌀ 650290

Telefonseelsorge, ⌀ 11101 (evangelisch) u. 11102 (katholisch)

PRAKTISCHE REISEHINWEISE

Restaurants

s. Essen und Trinken

Rundflüge

Flugplatz Hangelar: Luftfahrschule NRW, St. Augustin, ⌀ 2 40 55, Wochenenden ab 10 Uhr

Flughafen Köln/Bonn: Air-Lloyd-Service, ⌀ 40 23 22, tgl. 11–17 Uhr

Sehenswürdigkeiten (außer Museen)

linksrheinisch:

Alte Sankt-Martin-Kirche, Muffendorf, ⌀ 32 24 16, zwecks Besichtigung Schlüssel im Pfarrbüro abzuholen, tgl. 8–12 Uhr

Alter Friedhof, Bornheimer Str., tgl. 8–17 Uhr, März–August 7–18 Uhr, ab April bis 19 Uhr, ab Mai bis 20 Uhr, Öffnung und Führung der Kapelle, 1.5.–30.9., Di u. Do 15 Uhr, 1. Sa im Monat 11 Uhr

Godesburg, ⌀ 31 60 71, Mi–So 10–18 Uhr (April–Oktober)

Helenenkapelle, tgl. 10–15 Uhr (April–September)

Kommende Muffendorf, nur von außen zu besichtigen

Kreuzberg-Kirche und »Heilige Stiege«, ⌀ 28 50 03, tgl. 15–17 Uhr, (Sommer), Hl. Stiege Sa u. So nach den Messen bis 17 Uhr

Kurfürstliches Schloß (Universität), nur der Innenhof ist zugänglich

Michaelskapelle bei der Godesburg, Auf dem Burgberg, tgl. 9–18 Uhr

Münster, ⌀ 63 33 44, tgl. 7–19 Uhr, Kreuzgang tgl. 9.30–17.30 Uhr

Namen-Jesu-Kirche, Bonngasse 6–8, Mo, Di, Do, Fr 10.30–16.30 Uhr

Palais Schaumburg, nur von außen zu besichtigen

Pfarrkirche Lengsdorf, St. Petrikette, ⌀ 25 42 01, momentan Außen- und Innenrenovierung, ungefähr ab November 1988

Pfarrkirche Lessenich, St. Laurentius,

Poppelsdorfer Schloß, nur der Innenhof und das Mineralogisch-Petrologische Museum sind zugänglich (s. dort)

Rathaus Bonn, nur von außen zu besichtigen

Redoute, nur von außen zu besichtigen

Remigiuskirche, Brüdergasse, ⌀ 63 53 54, tgl. 7–18 Uhr

Villa Hammerschmidt, nur von außen zu besichtigen

rechtsrheinisch:

Doppelkirche Schwarzrheindorf, Dixstr., tgl. bis 18 Uhr

St. Adelheidis, Pützchen, ⌀ 48 21 13, Innenraum nur vom Vorraum aus zu sehen, tgl. 9–18 Uhr

Stiftskirche Vilich, Adelheidisstr., ⌀ 46 61 08, nur vom Vorraum zu besichtigen oder im Pfarrbüro nachfragen

Vilicher Wasserburg, Lede, nur von außen zu besichtigen

Spaziergänge

s. Wandern

Sport

Möglichkeiten zum Schwimmen s. Bäder. Es gibt in Bonn 119 Sportplätze, 136 Sportanlagen und Turnhallen sowie 6 »Trimm-Dich«-Bahnen. Das Gesundheitsamt (Stadthaus, Berliner Platz 2, 5300 Bonn 1), verschickt kostenlos Broschüren und Informationen.

Stadtrundfahrten, Führungen

Treffpunkt für Stadtrundfahrten ist die Tourist-Information, Münsterstr. 20, beim Hauptbahnhof (Cassius-Bastei), ∅ 77 34 66. Sie dauert 2½ Std. und kostet z. Zt. DM 14,– (für Kinder die Hälfte); Mo–Sa 10 Uhr, Juli–September auch 14 Uhr

Weitere Rundgänge und -fahrten vermittelt das Presse- und Werbeamt der Stadt Bonn, Stadthaus, Berliner Platz 2, ∅ 77 39 21 u. 77 39 28 zu den üblichen Bürozeiten.

Regelmäßige Führungen:

Stadthaus (Aussichtsplattform), ∅ 77 23 23, Juni–Oktober Fr 14–16 Uhr sowie jeden 1. Sa im Monat 11–14 Uhr

Städtisches Kunstmuseum, Rathausgasse 7, ∅ 77 36 86, Do 17.30 Video-Vorführung

Volkssternwarte, Poppelsdorfer Allee 47, ∅ 22 22 70, bei klarem Wetter evtl. Sternführung (Zeiten bitte telefonisch vorher erfragen).

Botanischer Garten, ∅ 73 22 59, So 9 Uhr Führung durch die Gewächshäuser, Treffpunkt Haupteingang, Dauer 1½ Std. Gruppenführungen nach (z. T. schriftlicher) Voranmeldung.

Akademisches Kunstmuseum, Am Hofgarten 21, jeden So 11 Uhr

Beethovenhaus, Bonngasse 20, ∅ 63 51 88, schriftliche Anmeldung für die täglich stattfindenden Führungen ist, besonders in der Hochsaison, erforderlich.

Bundesrat, ∅ 16 41 48

Bundestag (nur an sitzungsfreien Tagen), Besucherdienst, ∅ 16 27 79

Rheinisches Landesmuseum, Colmantstr. 14–18, ∅ 72 94–3 54/3 56 (Anmeldung mindestens 10 Tage vorher)

Strom

Wechselstrom 220 V

Tagestouren

s. Anreise mit dem Schiff

Taxi

∅ 55 55 55, 61 20 20, 62 50 55, 65 00 55, 69 27 33

Theater

Kartenvorverkauf für Oper und Schauspiel

Konzert- und Theaterkasse, Mülheimer Platz 1, ⌀ 77 36 66 u. 77 36 67, Mo–Fr 11–13 u. 16–18 Uhr, Sa 11–13 Uhr, telefonische Kartenbestellung Mo–Fr 13.45–16 Uhr, Sa 11–13 Uhr

Oper Bonn, Am Böselagerhof 1, ⌀ 72 83 87, Großes Haus und Werkstattbühne, Abendkasse im Theater, ⌀ 72 82 17, offen 1 Std. vor Veranstaltungsbeginn

Schauspiel Bonn, Am Michaelshof 9, Bad Godesberg, ⌀ 8 20 80

Spielstätten des Schauspiels:

Kammerspiele Bad Godesberg, Am Michaelshof 9, ⌀ 8 20 80
Halle Beuel, Siegburger Str. 42, ⌀ 72 84 10
Werkstattbühne Rheingasse, ⌀ 77 36 80

Weitere Bühnen:

Brotfabrik, Kulturzentrum in Beuel, Kreuzstr. 16, Kartenvorbestellung, ⌀ 47 54 24

Contra-Kreis-Theater, Am Hof 5, ⌀ 63 23 07, Kartenvorverkauf Mo 10–14 Uhr, Di–Fr 10–20 Uhr, Sa 10–13 u. 18–20 Uhr, So 18–20 Uhr (Boulevardkomödien, Musicals)

Euro Theater Central, Mauspfad, ⌀ 65 29 51, Kartenvorverkauf Mo–Sa 10–13 Uhr und ½ Std. vor Beginn (Experimentiertheater)

Haus der Springmaus, Oxfordstr. Zwischen Nr. 10 u. Nr. 12, ⌀ 65 43 11, Vorverkauf Mo–Sa 17–20 Uhr (Kabarett)

Kleines Theater Bad Godesberg, Koblenzer Str. 78, ⌀ 36 28 39, Vorverkauf tgl. 16–19 Uhr (Komödie, Musical)

Theater der Jugend, Beuel, Hermannstr. 50, ⌀ 65 34 25, Vorverkauf ⌀ 46 36 72, tgl. 9–11 u. 13–15 Uhr, ferner im »Kleinen Lädchen«, Sternstr. 95, ⌀ 63 43 35

Theater im Keller (TIK), Duisdorf, Rochusstr. 30, ⌀ 64 58 61

Theatergemeinde Bonn, Bonner Talweg 10, ⌀ 21 87 54, Mo, Di, Do, Fr 8.30–13 u. 16–18 Uhr (nur Vermittler)

Es sei darauf hingewiesen, daß es äußerst schwierig ist, Karten für Opernaufführungen zu bekommen; deren Anfangszeiten können im übrigen recht unterschiedlich sein, so daß man sich jeweils bei der Kartenvorverkaufsstelle erkundigen muß.

Trinkgelder

gibt der Einheimische, indem er zugunsten des Kellners oder Taxifahrers den Rechnungsbetrag nach eigenem Dafürhalten spürbar aufrundet. Der besondere Charakter Bonns bringt es mit sich, daß das Personal auch »Besseres« gewöhnt ist.

Unterkunft

s. Hotels, Jugendherbergen

Vergnügungspark

Phantasialand, 5040 Brühl, Berggeist-Str. 31–41, ✆ 02232/3601. 4.–31. 10. tgl. 9–18 Uhr; Erw. DM 18,–, Kinder bis 6 J. DM 11,–, Gruppen ab 20 Pers. DM 15,–

Verkehrsmittel

Die Stadtwerke Bonn (SWB) betreiben die »Elektrischen Bahnen der Stadt Bonn und des Rhein-Sieg-Kreises« (SSB), deren Verkehrsgebiet sich vom Stadtgebiet bis Siegburg und Bad Honnef erstreckt. Es gibt sieben Stadtbahn- und Straßenbahn- sowie 30 Omnibuslinien. Seitdem mit anderen Unternehmen der »Verkehrsverbund Rhein-Sieg« (VRS) gebildet wurde, können in weitem Umkreis Nahverkehrsmittel einschließlich der entsprechenden Bundesbahn-Züge zu relativ günstigem Flächenzonentarif benutzt werden. Fahrkarten können an den Verkaufsstellen, wo man auch Auskünfte erteilt, erworben oder an Automaten gezogen werden. In den elektrisch betriebenen Zügen sind ebenfalls Fahrkartenautomaten installiert. Die Entwertung nimmt man selber vor. In unmittelbarer Nähe des Hauptbahnhofs liegt der Zentrale Omnibus-Bahnhof (ZOB). Weiteres s. Anreise. Übersichtskarte »Bahnen im Großraum Bonn« s. S. 342.

Wandern

Vor der Wanderung steht der Spaziergang. »Samstag abend in der City« heißt ein einstündiger Rundgang ohne Innenbesichtigung, zu dem im Sommer ab 18 Uhr eingeladen wird. Treffpunkt ist die Tourist-Information, Münsterstr. 20, ✆ 773466 u. 773467, die auch die erforderliche Anmeldung entgegennimmt. – Ein weiterer lohnender Spaziergang führt durch die Südstadt und ist auf S. 140f. beschrieben.

Die Umgebung Bonns gestattet viele ausgedehnte Wanderungen unterschiedlichen Schwierigkeitsgrades. Neben einem nicht immer gut gezeichneten Netz örtlicher Rundwanderwege bietet sich vor allem das gründlich durchdachte Wanderwegenetz der im Verband Deutscher Gebirgs- und Wandervereine zusammengeschlossenen Organisationen an, das auch in den offiziellen Karten der Vermessungsämter eingetragen ist. Im Bonner Bereich sind für die Auszeichnung dieser Wanderwege verantwortlich der Eifelverein (linksrheinisch) und der Westerwaldverein (rechtsrheinisch). Beide haben auch Ortsgruppen in Bonn und veranstalten eigene geführte Wanderungen.

Im Kottenforst und Siebengebirge gibt es überall Parkplätze, von denen Rundwanderwege abzweigen. Eine Tafel zeigt deren Verlauf und die jeweils gültige Wegemarkierung an.

Ein beliebter Spazierweg beiderseits des Rheins bilden die begeh- und befahrbaren (Fahrräder) Uferwege. Der Freizeitpark Rheinaue wird durch ein ausgedehntes Netz von Fußwegen erschlossen, das linksrheinisch 29 km und rechtsrheinisch 15,5 km Gesamtlänge erreicht.

Überörtliche Wanderwege, linksrheinisch:

Bonn – Berkum – Bad Neuenahr – Moselkern (Zeichen: 1; Eifelverein)

PRAKTISCHE REISEHINWEISE

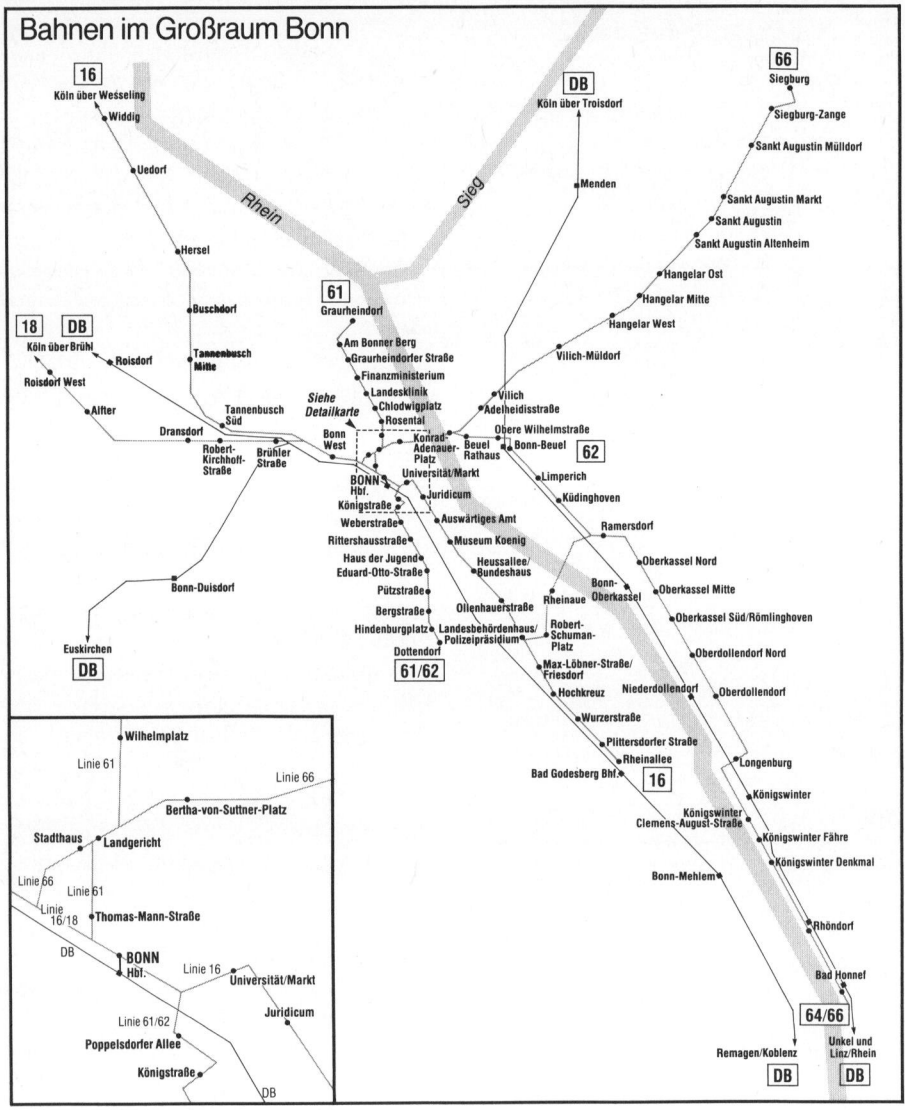

Bonn – Rheinbach – Aachen (Zeichen 10; Eifelverein)

Überörtliche Wanderwege, rechtsrheinisch:

Königswinter – Hanfbachtal – Hachenburg – Herborn (Zeichen: I; WWV) »Rhein-Höhenweg«; Beuel-Bhf. – Margarethenhöhe – Bad Honnef – Linz – Neuwied – Lahnstein (Zeichen: R; WWV)
Bad Honnef – Forsthaus Servatiushof – Flammersfeld (Zeichen: +; WWV)

Wanderparkplätze mit Rundwanderwegen, rechtsrheinisch:

Beuel: Vinxel, Pützchens Wiese, Ennertparkplatz, Niederholtorf;
Oberkassel: Am Buschhof (Ortsmitte, nördl. d. Kirche), Römlinghoven; Königswinter-Oberdollendorf: Heisterbach, Fähre
K.-Heisterbacherrott: Weilberg, Im Mantel (Stenzelberg), Ortsmitte
Königswinter: Petersberg, Margarethenhöhe, Röttgen, Ittenbach
Bad Honnef: Selhof (Jugendherberge), Hohenhonnef, Schmelztal

Wanderparkplätze mit Rundwanderwegen, linksrheinisch:

Venusberg: Jugendherberge, Sigmund-Freud-Str., Waldau
Ippendorf: Altersheim
Röttgen: Neuröttgen, L 261/Weingartsbahn
Bad Godesberg: Katharinenhof, L 158/Schlangenweg
Wachtberg-Niederbachem: Rodderberg, Sebastianushöhe
W.-Oberbachem: Steinreichsberg
W.-Holzem: Wachtberg
W.-Villip: Villiprott
Meckenheim-Merl: L 158/Adendorfer Allee
M.-Lüftelberg: L 113/Schmale Allee (bei Heidgen)
Swisttal-Buschhoven: B 56/Schmale Allee, Römerkanal
Alfter-Impekoven: Am Herkenbusch
Bornheim-Roisdorf: Buchholz, Heimatblick (beide südwestl. d. Ortes)
Bornheim Rösberg: Hovener Weg, Rietmaargäßchen
Bornheim Walberberg

Wildparks

s. »Bonn für Naturfreunde«, S. 291 ff.

Zeitungen, Zeitschriften

Als regionale Tageszeitungen für Bonn erscheinen: *Bonner Rundschau, General-Anzeiger* und das Boulevardblatt *Express für Bonn.* Hinzu kommt das geschickt gemachte Alternativblatt *De Schnüss.*

Für die Bonner Umgebung ist der *Rhein-Sieg-Anzeiger* wichtig, der in Bonn auch eine Redaktion unterhält.

In Bonn erscheinen ferner die überregionale Tageszeitung *Die Welt* und die überregionalen Wochenzeitungen *Rheinischer Merkur* und *Vorwärts.* Als journalistischer Treffpunkt gilt das Pressezentrum »Tulpenfeld«, Heussallee 2–10.

Wer tiefer in die Materie »Bonn« eindringen möchte, sich für Geschichte und Kultur interessiert, dem seien zum Einlesen zwei Zeitschriften empfohlen: *neues rheinland*, hrsg. v. Landschaftsverband Rheinland in Köln (Rheinland-Verlag, Abtei Brauweiler, 5024 Pulheim 2) und *Rheinische Heimatpflege* hrsg. vom Rheinischen Verein für Denkmalpflege und Landschaftsschutz (Düppelstr. 9–11, 5000 Köln 21).

Daneben gibt es eine Reihe von kleinen Zeitschriften, die von Vereinen herausgegeben werden und meist speziellere Themen pflegen. Hier hilft weiter: Bonner Heimat- und Geschichtsverein, Stadthaus, Berliner Platz 2 (Stadtarchiv), ⌀ 77 30 84.

Ausgewählte Literatur

An dieser Stelle kann keine vollständige Bibliographie erstellt, sondern nur eine Auswahl geboten werden. Diese ist notwendigerweise subjektiv und beschränkt sich fast ausschließlich auf selbständige Titel, die entweder als grundlegend oder besonders originell erscheinen oder denen der Verfasser viel verdankt. Auch die im Buch erwähnten Orte der Bonner Peripherie fanden Berücksichtigung, soweit dies sinnvoll erschien.

Abercron, Thomas: *Das Image von Bonn. Die psychologische Landkarte der Bundeshauptstadt.* Bonn 1982

Achter, Irmingard: *Die Stiftskirche St. Peter in Vilich.* Düsseldorf 1968 (Kunstdenkmäler d. Rheinlandes, Beih. 12).

Aders, Gebhard: *Bonn als Festung.* Bonn 1973

Arlt, Monika u. Joachim, Schwab, Gerhard: *Das Lippesche Landhaus Bonn-Oberkassel.* Hrsg. v. Versorgungswerk d. Architektenkammer Baden-Württemberg. Stuttgart 1988

Arndt, Ernst Moritz: *Wanderungen rund um Bonn ins rheinische Land.* Hrsg. v. Hermann Kochs. Köln 1978

Arndt, Ernst Moritz: *Erinnerungen 1769–1815.* Hrsg. v. Rolf Weber. Bonn 1985

Bauen im Bonner Raum 1949–69. Bonn 1969. (Kunst u. Alterum am Rhein, 21).

Beethoven, Mensch seiner Zeit. Hrsg. i. A. d. Stadt Bonn. Bonn 1980

Besch, Werner (Red.): *Rheinische Friedrich-Wilhelms-Universität Bonn.* Bonn 1988

Bezold, Friedrich v.: *Geschichte der Rheinischen Friedrich-Wilhelms-Universität.* 2 Bde. Bonn 1920/1933

Biesing, Winfried: *Drachenfelser Chronik. Geschichte eines Berges, seiner Burg und seiner Burggrafen.* Köln/Bonn 1980

Biesing, Winfried: *Petersberger Chronik. Der Petersberg seit dem Kapellenneubau des Jahres 1764.* Königswinter 1983

Bleibtreu, Leopold: *Das Rheinland im Zeitalter der französischen Revolution.* Bonn 1988

Bölling, Klaus: *Bonn von außen betrachtet.* München 1986

Bonn literarisch. *Geschichten und Gedichte der Gruppe 84.* Bonn 1986 (bonnmot Lesebuch, 2)

Bonn, Stadt und Umland. Hrsg. v. E. Mayer, Kl. Fehn u. P. W. Höllermann. Bonn 1987

Braubach, Max: *Die erste Bonner Hochschule. Maxische Akademie und kurfürstliche Universität 1774/77–1798.* Bonn 1966

Braubach, Max: *Kleine Geschichte der Universität Bonn 1818–1968.* Bonn 1968

Bücher, Johannes: *Bonn-Beueler Sprachschatz.* Köln 1986

Clemen, Paul: *Die Kunstdenkmäler des Landkreises Köln.* Düsseldorf 1897, Nachdruck Düsseldorf 1983 (Kunstdenkmäler Rheinprov. 4/I)

Clemen, Paul: *Die Kunstdenkmäler der Stadt und des Kreises Bonn.* Düsseldorf 1905, Nachdr. ebd. 1981 (Kdm. Rheinprov. 5/III)

Clemen, Paul: *Die Kunstdenkmäler des Siegkreises.* Düsseldorf 1907, Nachdr. ebd. 1984 (Kdm. Rheinprov. 5/IV)

Das Hochkreuz bey Godesberg. Bonn 1983 (Kunst u. Altertum am Rhein, 116)

Dennert, Eberhard: *Godesberg, eine Perle des Rheins.* Bonn 1897

Dietz, Josef: *Heimatbuch des Landkreises Bonn.* 2 Bde. Bonn 1958/59

Dietz, Josef: *Die Bonner Flurnamen.* Bonn 1973 (Veröff. d. Stadtarchivs Bonn, 11).

Dietz, Josef: *800 Jahre Merten, 1173–1973.* Bornheim 1973

Dietz, Josef: *Bonner Bilderbogen.* Bonn 1983

Dollen, Busso v. der: *Bonn-Poppelsdorf in Karte und Bild. Die Entwicklung der Bebauung eines Bonner Vorortes.* Bonn 1979 (Landeskonservator Rhld., Arbeitsh. 31)

Ehrhardt, Wolfgang: *Das Akademische Kunstmuseum der Universität Bonn unter der Direktion von Friedrich Gottlieb Welcker und Otto Jahn.* Bonn 1982

Eisentraut, Martin: *Alexander Koenig und sein Werk. Biographie eines Bonner Ehrenbürgers.* Bonn 1973

AUSGEWÄHLTE LITERATUR

Ennen, Edith: *Geschichte der Stadt Bonn.* 2 Bde. Bonn 1962

Ennen, Edith, Hellberg, Holzhausen, Walter u. Schroers, Gert: *Der Alte Friedhof in Bonn, geschichtlich, biographisch, kunst- und geistesgeschichtlich.* 5. durchges. Aufl. Bonn 1986

Ennen, Edith u. Höroldt, Dietrich: *Vom Drususkastell zur Bundeshauptstadt.* Bonn 1976

Eßer-Decker, Marlene: *Dransdorfer Bilderbuch. Fotos und Zeichnungen von Joseph Decker aus den Jahren 1909/10.* Bonn 1986

Flagge, Ingeborg: *Architektur in Bonn nach 1945. Bauten in der Bundeshauptstadt und ihrer Umgebung.* Bonn 1984

Floehr, Ralf: *Bonn, die gekaufte Hauptstadt.* Krefeld 1987

Fränzle, Otto: *Geomorphologie der Umgebung von Bonn.* Bonn 1969

Frechen, Josef: *Siebengebirge am Rhein, Laacher Vulkangebiet, Maare der Westeifel. Vulkanologisch-petrographische Exkursionen.* Berlin/Stuttgart 1976 (Sammlung Geolog. Führer, 56)

Fritzen, Hildegunde: *Die Geschichte des Klosters Schwarzrheindorf von den Anfängen bis zum Beginn der Neuzeit.* Bonn 1983 (Studien z. Heimatgesch. d. Stadtbez. Bonn-Beuel, 23)

Grunsky, Eberhard u. Osteneck, Volker: *Die Bonner Südstadt.* Brauweiler 1976 (Landeskonservator Rhld., Arbeitsh. 6)

Haberey, Waldemar, Beeh, Suzanne u. Beines, Johannes Rolf: *Farbfenster in Bonner Wohnhäusern.* Brauweiler 1988 (Landeskonservator Rhld., Arbeitsh. 24)

Hajdu, Joseph G. v.: *Königswinter. Entwicklung und wirtschaftliche Basis einer Fremdenverkehrsstadt.* Bonn 1969 (Arbeiten z. rh. Landeskde., 27)

Hansmann, Aenne u. a.: *Geschichte der Oberkasseler Straßen.* Bonn 1980

Hansmann, Wilfried u. a.: *Internationale Künstler in Bonn 1700–1860.* Ausstellung des Stadtarchivs und der Wissenschaftl. Stadtbibliothek im Ernst-Moritz-Arndt-Haus. Bonn 1984

Hansmann, Wilfried u. Knopp, Gisbert: *Schloß Brühl. Die kurkölnische Residenz Augustusburg und Schloß Falkenlust.* Köln 1987

Hartmann, Bettina: *Bonn. Kinder entdecken eine Stadt.* Köln 1987

Hauenschild, Almut: *Aus gut unterrichteten Kreisen.* Düsseldorf 1985

Hehl, Ulrich v. u. Schäfer, Manfred: *Meckenheim wie es war.* Meinerzhagen 1985

Henkels, Walter: *Der Kanzler hat die Stirn gerunzelt.* Düsseldorf 1984

Henkels, Walter: *Henkels großes Bonnorama.* Rastatt 1987

Henkels, Walter: *Der rote Teppich. Große Gala in Bonn.* Düsseldorf 1987

Herdam, Wolfgang: *Köln-Bonner Eisenbahnen.* Wesseling 1986

Himmelmann, Nikolaus: *Das Akademische Kunstmuseum der Universität Bonn. Das Haus und seine Geschichte.* Köln 1984

Hoffmann, Rita: *Spaziergänge in Bonn und Bad Godesberg.* Mönchengladbach 1981

Höroldt, Dietrich: *1000 Jahre Stift Vilich, 978–1978. Beiträge zur Geschichte und Gegenwart von Stift und Ort Vilich.* Bonn 1978

Höroldt, Dietrich: *Bonn, ehemals, gestern und heute. Eine Stadt im Wandel der letzten 60 Jahre.* Stuttgart 1983

Höroldt, Dietrich, Melchers, Paul u. Wenig, Otto: *Bonner Bibliographie und Literaturbericht 1965–1970,* Bonn 1973 (Veröff. d. Stadtarchivs Bonn, 9)

Höroldt, Dietrich u. Rey, Manfred van: *Bonn in der Kaiserzeit 1871–1914. Festschrift zum 100jährigen Jubiläum des Bonner Heimat- und Geschichtsvereins.* Bonn 1986

Hundeshagen, Bernhard: *Stadt und Universität Bonn am Rhein. Mit ihren Umgebungen in zwölf Ansichten dargestellt.* Nachdr. d. Ausg. 1832. Bad Honnef 1978

Kalnein, Wend Graf: *Das kurfürstliche Schloß Clemensruhe in Poppelsdorf. Ein Beitrag zu den deutsch-französischen Beziehungen im 18. Jahrhundert.* Düsseldorf 1956 (Bonner Beitr. z. Kunstwiss. 4)

Kisker, Ursula, Schäfer, Dieter u. Schwann, Harald: *Naturpark Kottenforst-Ville.* Düsseldorf 1985 (Beitr. z. Landesentwicklg., 42)

Klein, D. H. u. Rosbach, H.: *Bonn. Ein Lesebuch.* Husum 1987

Koeppen, H.: *Die Nibelungenhalle am Rhein. Ein Gedächtnistempel errichtet zum 100. Geburtstag Richard Wagners.* München 1913

Königswinter und das Siebengebirge. Geschichte, Berichte, Gedichte. Königswinter 1976

Krämer, Karl Emerich: *Von Burg zu Burg zwischen Köln und Aachen.* Duisburg 1979

Kraus, Gottfried: *Das Lagerbuch des Hofes Haistilberg in Oberkassel. Quellen zur Wirtschaftsgeschichte der Abtei Heisterbach.* Bonn 1987
Kurfürst Clemens August, Landesherr und Mäzen des 18. Jahrhunderts. Ausstellung in Schloß Augustusburg zu Brühl. Köln 1961
Kubach, Hans Erich u. Verbeek, Albert: *Romanische Kirchen an Rhein und Maas.* Neuss 1971
Kubach, Hans Erich u. Verbeek, Albert: *Romanische Baukunst an Rhein und Maas.* Bde. 1 u. 3. Berlin 1976
Leyendecker, Angelika: *Schloß Drachenburg.* Brauweiler 1979 (Landeskonservator Rhld., Arbeitsh. 36)
Lützeler, Heinrich: *Die Stiftskirche in Bonn.* Bonn 1978
Lützeler, Heinrich: *Bonn am Rhein, so wie es war.* 2 Bde. Düsseldorf 1978, Bonn 1980
Maaßen, German Hubert Christian: *Geschichte der Pfarreien des Dekanates Hersel.* Köln 1885
Maaßen, German Hubert Christian: *Geschichte der Pfarreien des Dekanates Königswinter.* Köln 1890. Nachdr.: Bad Honnef 1979
Maurer, Doris u. Maurer, Arnold E.: *200 Jahre Lese- und Erholungsgesellschaft Bonn.* Bonn 1987
Moeller, Magdalena M.: *August Macke.* Köln 1988
Neu, Heinrich: *Die Deutschordenskommende Ramersdorf.* Bonn 1961
Neu, Heinrich: *Heimatchronik des Landkreises Bonn. Mit einem wirtschaftsgeschichtlichen Beitrag von J. Zepp.* Köln 1953
Neu, Heinrich: *Das Schrifttum über die Stadt Beuel. Eine Bibliographie.* Bonn 1969 (Studien z. Heimatgesch. d. Stadtbezirkes Bonn-Beuel, 12)
Neu, Heinrich, Helfmeyer, Franz Josef u. Königs, Karl: *825 Jahre Doppelkirche Schwarzrheindorf 1151–1976.* Bonn 1976
Nießen, Josef: *Geschichte der Stadt Bonn.* Bd. 1. Bonn 1955
Oellers, Norbert: *Geschichte der Literatur in den Rheinlanden seit 1815.* In: Rheinische Geschichte, Bd. 3: Wirtschaft und Kultur im 19. und 20. Jh. Düsseldorf 1979, S. 553–696
Petri, Franz, Droege, Georg u. Flink, Klaus: *Handbuch der historischen Stätten Deutschlands.* Bd. 3: Nordrhein-Westfalen, Landesteil Nordrhein. Stuttgart 1970

Ressel, Gert: *Schwarzrheindorf und die frühstaufische Kapitellplastik am Niederrhein.* Köln 1977 (13. Veröff. d. Abt. Architekt. d. Kunsthist. Inst. d. Univ. Köln)
Rey, Manfred van: *Oberdollendorf und Römlinghoven.* Oberdollendorf 1987
Rheinische Kunststätten. Hrsg. v. Rhein. Verein f. Denkmalpflege u. Landschaftsschutz, Köln.

– Das Beethovenhaus in Bonn (188)
– Beuel am Rhein (9–10/1965)
– Die Heilige Stiege und Wallfahrtsstätte auf dem Kreuzberg in Bonn (20)
– Das Münster in Bonn (213)
– Die Pfarr- und Minoritenkirche St. Remigius in Bonn (170)
– Die Pfarrkirche St. Gallus in Bonn-Küdinghoven (287)
– Die Doppelkirche in Bonn-Schwarzrheindorf (93)
– Universitätsbauten in Bonn (190)
– Burgen, Kirchen und Schlösser im Raume Bonn (21)
– Stadt Bad Honnef (12)
– Stadt Bornheim im Vorgebirge (243)
– Schloß Augustusburg zu Brühl (23); auch engl. u. frz. Ausg.
– Das Jagdschloß Falkenlust zu Brühl (149)
– Stadt Brühl (126)
– Heisterbach und Oberdollendorf (218)
– Stadt Königswinter (65)
– Gemeinde Wachtberg im Drachenfelser Ländchen (216)

Rheinische Landschaften, hrsg. v. Rhein. Verein f. Denkmalpflege u. Landschaftsschutz, Köln:
– Die Waldteile der Brühler Schloßparke (1)
– Der Naturpark Kottenforst-Ville (10)
– Das Siebengebirge (13)
– Schutzwürdige Natur und Landschaft im Bonner Raum (16)
– Der Mittelrhein (26)
– Die Siegniederung (27)

Rheinisches Landesmuseum Bonn. Braunschweig 1977 (museum 3/77)
Rheinisches Landesmuseum Bonn. Führer durch die Sammlungen. Köln/Bonn 1977 (Kunst u. Altertum am Rhein, 79)
Rheinwald, Goetz, Wink, Michael u. Joachim, Hans-Eckart: *Die Vögel im Großraum Bonn.* 2 Bde. Düsseldorf 1984/87

AUSGEWÄHLTE LITERATUR

Roth, Hermann Josef: *Der Westerwald. Vom Siebengebirge zum Hessischen Hinterland. Kultur und Landschaft zwischen Rhein, Lahn und Sieg.* Köln 1987

Roth, Hermann Josef: *Köln mit Altenberg, Brauweiler, Brühl und Knechtsteden.* München/Zürich 1985 (Artemis-Cicerone)

Ruland, Josef: *Zwischen Melb und Weiher, Poppelsdorf.* Bonn 1983

Sadée, Emil: *Das Römische Bonn.* Bonn 1925

Schleifer, J. A.: *Bonn. Portrait der Bundeshauptstadt.* M. e. Vorwort v. Friedrich Nowottny. Bonn 1984

Schulte, Albert: *Die Schmerzenskapelle im Mehlemer Oberdorf 1681–1981.* Hrsg. Verein f. Heimatpflege u. Heimatgesch. Bad Godesberg. Bonn 1981

Schulten, Walter: *Die Heilige Stiege auf dem Kreuzberg zu Bonn. Ein Beitrag zur Kunst- und Frömmigkeitsgeschichte der Barockzeit.* Düsseldorf 1964 (Bonner Beitr. z. Kunstwiss. 8)

Schulze, J.: *Kirchenbauten des 19. Jahrhunderts im alten Siegkreis.* Köln 1977 (Landeskonservator Rhld., Arbeitsh. 21)

Schulze-Reimpell, Werner: *Vom kurkölner Hoftheater zu den Bühnen der Bundeshauptstadt.* Bonn 1983

Siering, Theo: *Kirchen in Bonn.* Bonn 1985

Sondermann, M. u. Schroeder, W.-P.: *So schön ist Bonn.* Bonn 1986

Spoelgen, Eduard: *Bonn und seine nähere und weitere Umgebung.* Nachdr. d. Ausg. 1926. Frankfurt 1981

Streiflichter aus dem Siebengebirge. Hrsg. v. Heimatverein Siebengebirge. Königswinter 1986

Sturm, Christiane u. Vilma: *... und um Bonn herum. Versuch einer Heimatbeschreibung.* Bonn 1981

Sturm, Vilma u. Haberey, Waldemar: *Bonner Bürgerhäuser.* Bonn 1979

Trier, Eduard u. Weyres, Willy: *Kunst des 19. Jahrhunderts im Rheinland.* 5 Bde. Düsseldorf 1979/81

Tück, H.: *Heimatgeschichte von Walberberg.* Brühl 1978

Verbeek, Albert: *Schwarzrheindorf. Die Doppelkirche und ihre Wandgemälde.* Düsseldorf 1953

Villip, 1000 Jahre. Wachtberg 1973

Weffer, Herbert: *Endenich, die Geschichte eines Bonner Vorortes.* Bonn 1987

Weffer, Herbert: *In Bonn wird bönnsch jebubbelt. Lustiges und Deftiges aus der Mundart der Hauptstadtbürger.* Köln 1984

Weffer, Herbert: *So lebten sie im alten Bonn. Texte und Bilder von Zeitgenossen.* Köln 1984

Wenig, Otto: *Buchdruck und Buchhandel in Bonn.* Bonn 1968

Wiedemann, A.: *Geschichte Godesbergs und seiner Umgebung.* Bonn 1930

Wildemann, Theodor: *Rheinische Wasserburgen und wasserumwehrte Schloßbauten.* Hrsg. v. Rh. Verein f. Denkmalpflege u. Landschaftsschutz. Neuß 1954

Wir verändern ein Stückchen Bonn. 1975 (Landeskonservator Rhld., Arbeitsh. 14)

Wirtgen, Heinz: *Geliebtes Bonn.* Bonn 1985

Wündisch, Fritz, *Brühl. Mosaiksteine zur Geschichte einer alten kurkölnischen Stadt.* Brauweiler 1987

Zeim, E. Charolotte: *Die rheinische Literatur der Aufklärung, Köln und Bonn.* Jena 1932. Nachdr. Hildesheim 1982 (Germanist. Texte u. Stud., 14)

Zeitschriften

Alt Bonn. Heimatblätter für die Stadt Bonn (Beilage der Bonner Rundschau). 1947 ff.

Bonner Geschichtsblätter. Jahrbuch des Vereins Alt-Bonn bzw. des Bonner Heimat- und Geschichtsvereins. 1937 ff.

Bonner Jahrbücher des Rheinischen Landesmuseums in Bonn und des Vereins von Altertumsfreunden im Rheinlande. 1842 ff.

Bonn information. Termine der Bundeshauptstadt.

bonntendenz. Gesellschaft, Umwelt, Zukunft. 1986 f.

Heimatblätter des Rhein-Sieg-Kreises. Zeitschrift des Geschichts- und Altertumsvereins für Siegburg und den (Rhein-)Siegkreis.

Rheinische Vierteljahresblätter. Mitteilungen des Instituts für Geschichtliche Landeskunde der Rheinlande an der Universität Bonn. 1931 ff.

Rheinische Heimatpflege. Mitteilungsorgan des Rheinischen Vereins für Denkmalpflege und Landschaftsschutz und des Verschönerungsvereins für das Siebengebirge. N. F. 1964 ff.
De Schnüss. Stattzeitung in Bonn. 1987 ff.

Ausgewählte Literatur zum Kapitel »Literarisches Bonn«

Böll, Heinrich: *Ansichten eines Clowns.* Köln München 1963

Böll, Heinrich: *Frauen vor Flußlandschaft.* Köln 1985

Braubach, Max: *Vom Westfälischen Frieden zum Wiener Kongreß (1648–1815).* In: Rheinische Geschichte, Bd. 2: Neuzeit, S. 219–365. Düsseldorf 1976

Futterknecht, Franz: *Heinrich Heine. Ein Versuch.* Tübingen 1985

Heine, Heinrich: *Sämtliche Schriften.* München 1968 ff.

Höhn, Gerhard: *Heine-Handbuch. Zeit, Person, Werk.* Stuttgart 1987

Horbach, Michael: *Gestern war der Jüngste Tag.* Basel 1960

Huch, Felix: *Der junge Beethoven.* Ebenhausen/München 1927

Koeppen, Wolfgang: *Drei Romane: Tauben im Gras. Das Treibhaus. Der Tod in Rom.* Frankfurt a. M. 1972

Kuhn, Axel: *Linksrheinische Jakobiner.* Stuttgart 1978

Le Carré, John: *Eine kleine Stadt in Deutschland.* Wien, Hamburg 1968

Marlitt, Eugenie: *Das Geheimnis der alten Mamsell.* Bergisch Gladbach 1987

Maugham, Somerset: *Auf Messers Schneide.* Zürich 1973 (detebe-Klassiker 20088)

Maurer, Doris u. Arnold E.: *Bonn erzählt. Streifzüge durch das literarische Bonn von 1780–1980.* Bonn 1983

Pirandello, Luigi: *Bonn im Werk von Luigi Pirandello. Mit Übersetzung und einer Einführung von Willy Hirdt.* Tübingen 1986

Schmidtbonn, Wilhelm: *Der dreieckige Marktplatz.* Frankfurt a. M. 1935

Suhrbier, Hartwig: *Vom »Treibhaus« zur »Krimikulisse«. Die Bundeshauptstadt in der Literatur.* In: Peter Grafe, Bodo Hombach, Reinhard Grätz (Hrsg.): Der Lokomotive in voller Fahrt die Rädern wechseln. Geschichte und Geschichten aus Nordrhein-Westfalen. Berlin, Bonn 1987, S. 126–131

Wassermann, Jakob: *Christian Wahnschaffe.* Berlin 1928

Abbildungs- und Copyrightnachweis

Farbabbildungen

Fridmar Damm, Köln   Titelbild, 20, 22
Friedrich Gier, Bonn   7–11, 16, 18, 29
Michael Jeiter, Morschenich   1, 3, 6, 21, 27
Wulf Ligges, Flaurling   15, 25, 26
Fritz Mader, Hamburg   17
Erhard Pansegrau, Berlin Vordere Umschlagklappe, Umschlagrückseite 2, 4, 12, 13, 14, 23, 24
Heinz Schmitz, Köln   28
Friedhelm Schulz, Bonn   5, 19

Schwarzweiß-Abbildungen

Akademisches Kunstmuseum, Bonn 66–68 (Wolfgang Klein)
Michael Bengel, Bergisch-Gladbach 25, 37, 39, 43, 45, 47, 101, 114
Michael Jeiter, Morschenich 17, 19, 38, 40, 50, 92–100, 102–113
Wulf Ligges, Flaurling 1, 2, 7, 13, 14, 20, 21, 23, 24, 26, 34, 42, 44, 46, 48, 71
Erhard Pansegrau, Berlin 3–6, 8–12, 15, 16, 18, 27–33, 41, 46, 49, 51, 52, 55, 57–65, 91
Rheinisches Amt für Denkmalpflege, Pulheim-Brauweiler 35, 36, 90
Rheinisches Bildarchiv, Köln 89
Rheinisches Landesmuseum, Bonn 69, 70, 72–76
Friedhelm Schulz, Bonn 22, 54
Städtisches Kunstmuseum, Bonn (Wolfgang Morell) 77–87, (Foto Sachse) 99
© Rosa Erpelding
Franz W. Seiwert, Der Architekt II, 1931, Abb. 76

© VG Bild-Kunst, Bonn, 1988
Wols, Ohne Titel, 1940/41   Abb. 81
Max Ernst, Oedipe II, 1934   Abb. 82
Max Ernst, Mon ami Pierrot, 1974   Abb. 83
Joseph Beuys, Rückenstütze eines feingliedrigen Menschen (Hasentypus) aus dem 20. Jh. n. Chr., 1972   Abb. 88
© Galerie Michael Werner, Köln
Jörg Immendorff, Café Deutschland II, 1978   Abb. 84
A. R. Penck, Iran Susanin begegnet Gog und Magog auf dem Weg nach Lakedömonien, 1974   Abb. 85
Georg Baselitz, Die Hand Gottes, 1964/65   Abb. 87
© Anselm Kiefer, Buchen
Anselm Kiefer, Der Rhein, 1982/83   Abb. 86

Textabbildungen

Christian Polenthon, St. Augustin   S. 139, 142, 143
Rheinisches Amt für Denkmalpflege, Pulheim-Brauweiler   S. 238
Rheinisches Bildarchiv, Köln   S. 192, 240, 247, 255, 289
Rheinisches Landesmuseum, Bonn   S. 253
Stadtarchiv und Wissenschaftliche Stadtbibliothek, Bonn   S. 14, 17, 18, 19, 20, 21, 22, 23, 25, 41, 42, 43, 46, 47, 48, 54, 56, 61, 62, 63, 82, 83, 85, 86, 94, 96, 99, 102, 103, 106, 108, 112, 135, 146, 147, 151, 158, 159, 186, 195, 212, 282 f., 287
Ullstein Bilderdienst, Berlin   S. 309, 313, 314, 315
Caitríona Wandersleb-Hertz, Bonn   S. 93

Werner Weick Kunstantiquariat, Bonn Frontispiz, S. 24, 27, 34, 44, 105, 131, 134, 145, 157, 187, 188, 193, 194, 197, 260, 261, 263

Die Skizze vom Alten Friedhof auf S. 89 wurde mit freundlicher Genehmigung des Stadtarchives der Publikation »Der Alte Friedhof in Bonn« (5. Aufl. 1986) entnommen.
Die Abbildungen auf S. 136 und 298 stammen aus Werner Kreuzer »Der Kottenforst im Naturpark Kottenforst-Ville« (3. Aufl. Düsseldorf 1975), Frontispiz, S.28.
Die Abbildung auf S. 198 wurde der Festschrift »825 Jahre Doppelkirche Schwarzrheindorf. 1151–1976« Schwarzrheindorf 1976, S. 48, entnommen.
Die Abbildung auf S. 295 wurde dem Aufsatz Bruno P. Kremers »Der Rodderberg: Bedeutung und Erhaltung eines rheinischen Naturschutzgebietes« (Rheinische Heimatpflege, 18. Jg., NF. H. 1/Januar–März 1981) entnommen.
Die Abbildung auf S. 297 wurde dem Heft »Schutzwürdige Natur und Landschaft im Bonner Raum« (H. 16, Rheinische Landschaften), Köln 1979, S. 19, entnommen.

Alle anderen Abbildungen sind den Archiven von Autor und Verlag entnommen.

Die Klappenkarten und die Karte auf S. 156 zeichnete Gerda Rebensburg, Köln.

Autor und Verlag danken Frau Caitríona Wandersleb-Hertz sowie den Herren Paul Metzger und Werner Weick für die Unterstützung bei der Beschaffung von historischen Bildvorlagen, Herrn Dr.-Ing. Rudolf Michel und Herrn Christian Polenthon für die Durchsicht des Textes.

Raum für Reisenotizen

Register

Personen

Abbema, Leo von 285
Adelheid (Äbtissin, Tochter v. Megingoz) 203
Adelheid von Vilich 207, 211
Adenauer, Konrad 93, 154, 157, 160, 239, 281 f.
Adolf zu Schaumburg-Lippe 151
Afinger, Bernhard 82, 94
d'Alton, Eduard 89, 91
Anderson, James 89, 91
d'Angoult, Marie (Gräfin) 259
Anno II. (Erzbischof) 195, 243
Antes, Horst 50, 151
Are-Hochstaden, Grafen von 244, 254
Arff (Bürgerfamilie) 100
Argelander, Friedrich Wilhelm August 89, 95, 104 f., 141
Arndt, Anna Maria 89
Arndt, Ernst Moritz 22, 82, 89 ff., 145 ff., 157, 262, 300, 310
Arnold von Blanckart 257
Arnold von Wied (Erzbischof) 195 f., 199, 201 f.
Aronson, Naoum 56
Arp, Hans 144, 262
Artario, Guiseppe 233, 237
Askenase, Stefan 261
Augustus 13

Bäumer, Elisabeth 64
Barbarossa 196
Baumeister, Willi 50
Beck, Otto 85
Becker, Ludwig 142
Beckmann, Max 151
Beethoven, Johann van 56, 83
Beethoven, Ludwig van 22, 55 ff., 83, 90 f., 160
Beethoven, Maria Magdalena van 56 f., 83, 89, 91

Begas, Karl 107
Beissel, Reiner 84
Benner, Walther 206
Berg, Bengt 149
Berg-Erlag, Wilfried 85
Bernhard von Clairvaux 286
Beuys, Joseph 50
Bischof, Gustav 89, 96
Bismarck, Otto von 141
Bleibtrau, Carl Heinrich 210
Bodmer, Hans Conrad 56
Boeselager, Josephine Auguste von 89, 90
Böhm, Dominikus 193
Böhm, Gottfried 42, 186, 194
Böll, Heinrich 10 f., 315 ff.
Boisserée, Familie 83
Boisserée, Melchior 89, 104
Boisserée, Sulpiz 89, 104
Bongarts, Maevis 87
Bornemann, Fritz 144
Bosquet, Jean 17
Bourdelle, Antoine 87
Brahms, Johannes 56, 160
Brambach, Kaspar Joseph 132
Branca, Alexander von 209
Brassert, Hermann 89
Braubach, Max 132
Breidenstein, Carl 89, 91
Breschnew, Leonid 286
Breuer, Leo 50
Bridinius 245
Brillie, Guiseppe 130, 233
Broich, Lucia von 207
Brüning, Peter 50
Bucher, Erich 64
Buchheister, Carl 50
Bücheler, Franz 134
Burckhardt, Jacob 311
Busch, Wilhelm 89, 95

353

REGISTER

Buscheweyk, Ferdinand   23
Busen, Peter Maria   89
Butzer (Bucer), Martin   19

Cäsarius von Heisterbach   243, 288
Campendonk, Heinrich   34, 49
Canaletto   151
Candrea, Jakob de   53
Capobus, Wilhelm   89 f.
Carlone, Carlo   233, 235
Carré, John le   317
Cassius   14, 29, 34, 37 f., 100
Castelli, Pietro   187, 233, 237
Cauer, Robert   94
Chruschtschow, Nikita   282
Churchill, Winston   281 f.
Cimiotti, Emil   50
Calusius, Rudolf   95
Clemens August (Kurfürst-Erzbischof)   20 f., 54, 59, 61, 101, 130, 135 f., 155, 189, 202, 215 ff., 240
Cloos, Hans   300, 302
Contzen, Gottfried Friedrich   37
Cordes, Alexandra   317
Corinth, Lovis   48
Cotte, Robert de   60 ff., 101, 136
Cuvillies, François   62, 216, 233, 236 f.

Dahlmann, Friedrich Christoph   23, 89, 92, 94
Damm, Johannes van   36
Dansard, Carl   141
Darboven, Hanne   50
Dechen, Heinrich von   89, 96
Delaunay, Robert   49
Derix, Hein   211
Derix, Wilhelm   211
Desmarees, Georg   235
Dieckhoff, August   106
Dierix, Bartholomäus   54, 216
Dietrich von Hengebach (Erzbischof)   186
Dietzel, Heinrich   132
Diez, Friedrich   89
Doetsch, Paula   89, 91
Dondorf, Adolf von   95
Drachenfels, Grafen von   253
Drenwett, Philipp Jacob   236
Droste-Hülshoff, Annette von   92, 312
Drusus   13
Dumont, Louise   48

Dupuis, Charles   158, 159
Durieux, Tilla   314

Eberhard von Virneburg   211
Ebert, Friedrich   151, 154
Eckermann, Johann Peter   96
Eichendorff, Hermann von   132
Eichendorff, Joseph von   132
Eichhoff, Johann Joseph   134
Eisenhower, Dwight David   218 f.
Elisabeth II.   46, 286
Engelbert II. von Falkenburg (Erzbischof)   19, 38, 51
Engert, Ernst Moritz   49
Ernst, Max   49
Eulenberg, Herbert   48
Everding, Hans   107
Ezzonen (Pfalzgrafen)   16

Faßbender, Joseph   50, 87
Ferber, Isaac   251
Ferdinand von Bayern (Erzbischof)   20, 52
Ferretti, Joseph   62
Finsterwalder, Ignatius   130, 132
Fischer, Theodor   55
Florentius   14, 29, 34, 38, 100
Franck, Johannes   132
Franz von Habsburg (Kurfürst-Erzbischof)   23
Franz Wilhelm von Wartenberg   38
Freeden, Wilhelm von   300
Freiligrath, Ferdinand   92, 262, 312
Frickel, Mathias   43, 106
Friedrich I. (Erzbischof)   262
Friedrich III.   246
Friedrich III. von Brandenburg (Kurfürst)   46
Friedrich der Schöne von Österreich   19
Friedrich Wilhelm von Preußen   41
Frommel, Carl Ludwig   187
Furk, Sebastian   240

Gaulle, Charles de   46, 282
Gebhard Truchseß von Waldburg (Erzbischof--Kurfürst)   19 f.
Geibel, Emanuel   44, 92, 311
Geiger, Rupprecht   50
Geißelbrunn, Jeremias   38
Geißler, Heinrich   89, 95
Gelderblom, Bernhard   64
Gensicke, Hellmuth   263
Georg von Sachsen-Meiningen   285